Wörlen · Kokemoor · Lohrer | Handels- und Gesellschaftsrecht

AF522976

Handels- und Gesellschaftsrecht

Begründet von
Dr. iur. Rainer Wörlen †
ehemals Professor an der Fakultät Wirtschaftsrecht
der Hochschule Schmalkalden

fortgeführt von
Dr. iur. Axel Kokemoor
Professor an der Hochschule Fulda

und
Dr. iur. Stefan Lohrer
Professor an der Technischen Hochschule Aschaffenburg

15., überarbeitete und verbesserte Auflage 2024

Verlag Franz Vahlen

Zitiervorschlag: Wörlen/Kokemoor/Lohrer HandelsR Kap. Rn.

vahlen.de

ISBN Print 978 3 8006 7375 9
ISBN E-Book 978 3 8006 7376 6

© 2024 Verlag Franz Vahlen GmbH
Wilhelmstraße 9, 80801 München
Druck und Bindung: Beltz Grafische Betriebe GmbH
Am Fliegerhorst 8, 99947 Bad Langensalza

Satz: R. John + W. John GbR, Köln
Umschlag: Martina Busch Grafikdesign, Homburg Saar

vahlen.de/nachhaltig

Gedruckt auf säurefreiem, alterungsbeständigem Papier
(hergestellt aus chlorfrei gebleichtem Zellstoff)

Alle urheberrechtlichen Nutzungsrechte bleiben vorbehalten.
Der Verlag behält sich auch das Recht vor, Vervielfältigungen dieses Werkes zum Zwecke des Text and Data Mining vorzunehmen.

„Am Handel
lernt man den Wandel"[*]

[*] Simrock Sprichwörter Nr. 4319.

Vorwort

Das vorliegende Lernbuch wendet sich in erster Linie an **Studierende** der **Rechts- und Wirtschaftswissenschaften**, des **Wirtschaftsrechts** sowie aller anderen Studiengänge an Universitäten, (Fach-)Hochschulen und Berufsakademien, deren Studienplan „Handels- und Gesellschaftsrecht" aufweist. Auch für **Rechtsreferendare** ist es zum (Wieder-)Einstieg sowie für eine komprimierte Wiederholung vor Prüfungen sehr geeignet.

Prüfungsschemata, Übersichten, Beispiele, Übungsfälle sowie **Lern- und Prüfungshinweise** erleichtern den Einstieg. Es wird großen Wert auf **Verständlichkeit, Struktur, Reduktion auf das Wesentliche, Arbeit mit dem Gesetz** und **aktives Lernen** gelegt.

Charakteristisch für das „Handels- und Gesellschaftsrecht" – wie auch die anderen von *Rainer Wörlen* begründeten „Lernbücher" – ist das besondere **didaktische Konzept** des **„Lernens im Dialog"**, das Spaß am Lernen ermöglichen soll. Es hat sich seit langem didaktisch bewährt und lässt ihn in dieser („seiner") Buchreihe weiterleben. Den Studierenden sei die Lektüre des nachfolgenden Auszugs aus Wörlens „Vorworts zur ersten Auflage – zugleich eine Arbeitsanleitung" wärmstens empfohlen!

Für die 15. Auflage wurden wiederum zahlreiche didaktische Verbesserungen vorgenommen und weitere Übersichten sowie Lern- und Prüfungshinweise eingefügt. Der Schwerpunkt der inhaltlichen Überarbeitung betraf den gesellschaftsrechtlichen Teil. Gerade im Bereich des Personengesellschaftsrechts (GbR, OHG und KG) gab es durch das am 1.1.2024 in Kraft getretene **MoPeG (Gesetz zur Modernisierung des Personengesellschaftsrechts)** zahlreiche Änderungen. Zu berücksichtigen waren auch das Gesetz zur Vereinheitlichung des Stiftungsrechts und zur Änderung des Infektionsschutzgesetzes vom 16.7.2021 (BGBl. 2021 I 2947), das Zweite Führungspositionengesetz vom 7.8.2021 (BGBl. 2021 I 3311), das Gesetz zur Umsetzung der Digitalisierungsrichtlinie vom 15.7.2022 (BGBl. 2022 I 1146), das Zweite Gesetz zur Änderung des DWD-Gesetzes sowie zur Änderung handelsrechtlicher Vorschriften vom 11.4.2024 (BGBl. 2024 I 120), der Regierungsentwurf für ein Viertes Bürokratieentlastungsgesetz vom 8.5.2024 (BT-Drs. 20/11306) sowie der Regierungsentwurf für ein Gesetz zur Umsetzung der Richtlinie (EU) 2022/2464 […] hinsichtlich der Nachhaltigkeitsberichterstattung von Unternehmen vom 24.7.2024 (abzurufen unter www.bmj.de). Ferner wurden Rechtsprechung sowie Schrifttum auf den neuesten Stand gebracht.

Hinweise und Anregungen zur Verbesserung nehmen wir gerne und dankbar entgegen. Unsere Anschriften lauten: Hochschule Fulda, Leipziger Str. 123, 36037 Fulda, E-Mail: axel.kokemoor@sk.hs-fulda.de sowie Technische Hochschule Aschaffenburg, Würzburger Straße 45, 63743 Aschaffenburg, E-Mail: stefan.lohrer@th-ab.de.

Fulda und Aschaffenburg, im Juli 2024

Axel Kokemoor
Stefan Lohrer

Aus dem Vorwort zur 1. Auflage – zugleich eine Arbeitsanleitung –

„Einführungen“, „Grundzüge“ und dergleichen haben gemeinsam, dass sie niemals vollständig sein können. So ist es nicht Ziel dieses Buchs, die Vielzahl der auf dem Markt befindlichen, zum Teil vorzüglichen und viel umfassenderen Einführungswerke nur um eine andersartige Stoffauswahl zu ergänzen (auf einige dieser Werke wird oft unter der Überschrift „Literatur zur Vertiefung“ ebenso verwiesen wie auf spezielle Lehrbücher).

Der *Zweck meiner Bücher* ist vielmehr ein „didaktisch-pädagogischer“: *Den Studierenden soll der Stoff nicht in einem vortragsähnlichen Monolog nahegebracht werden, sondern – wie es in der praxis- und anwendungsbezogenen Lehre an Fachhochschulen üblich ist – in Form eines „Lehrgesprächs“.* Ihnen soll anhand von zur Thematik hinführenden Fragen oft Gelegenheit gegeben werden, sich *zunächst eigene Gedanken* zu machen, bevor sie die Antworten lesen, die den Stoff lehrbuchartig darbieten.

Bei der Darstellung des Stoffs wird weitgehend die sog. „Fall-Methode“ angewandt: „Das Recht“ wird in der Praxis des täglichen Lebens von Rechtsfällen (Rechtsstreitigkeiten) beherrscht; so liegt es nahe, eine praxis- und anwendungsbezogene Lehre am „Fall“ zu orientieren. Ein solcher Fall endet regelmäßig mit einer Frage, und zu dieser Frage sollten die Studierenden bei der Durcharbeitung dieses Buchs wiederum – *auch ohne besondere Aufforderung – zunächst eigene Überlegungen* anstellen, bevor sie weiterlesen.

Erfolgreiches Lernen bedeutet schließlich nicht nur **Lesen** und **Nachdenken**, sondern immer und immer wieder: **Wiederholen!** Um den Studierenden Gelegenheit zu geben zu überprüfen, was von dem zuvor im Lehrgespräch Erarbeiteten (bzw. hier Gelesenen) im Gedächtnis haften geblieben ist, werden ihnen am Ende von Teilabschnitten Stoffgliederungsübersichten, Merksätze und Prüfungsschemata dargeboten. Sollte man bei der Lektüre dieser Übersichten feststellen, dass man der Zusammenfassung nicht ohne Schwierigkeiten folgen kann, sollte man tunlichst zurückblättern, um den Stoff nachzuarbeiten! Gegebenenfalls mache man sich Notizen, um einem „Problem“ anhand von vertiefender Literatur nachzugehen. […]

Schließlich soll dieses Buch bei der Stoffvermittlung auch ein wenig an die zivilrechtliche, gutachtliche Denkweise heranführen, deren Beherrschung für die Anfertigung von Prüfungsklausuren geboten ist. Bisweilen wird der Stoff, den ein Fall vermitteln soll, daher in gutachtenähnlicher Form „klausurmäßig“ aufbereitet.

Zur Perfektionierung ihrer Klausurtechnik sollten die Studierenden meine (in demselben Verlag erschienene) „Anleitung zur Lösung von Zivilrechtsfällen“ durcharbeiten (vgl. Literaturverzeichnis).

Es ist kein Zufall, dass in diesem Vorwort so häufig vom *„Arbeiten“* (*Durch*arbeiten und *Nach*arbeiten – auch *Vor*arbeiten kann nicht schaden!) die Rede ist. Es soll ja zugleich eine *Arbeits*anleitung sein.

„Ohne Arbeit kein Erfolg!" oder „Ohne Fleiß kein Preis!" sind nicht etwa Allgemeinplätze, sondern „die reine Wahrheit, nichts als die Wahrheit!" Das Arbeiten (Synonym: Studieren!) kann dieses Buch, wie auch andere, nicht ersetzen. Es kann und soll die Arbeit aber erleichtern und auflockern!

Bevor Sie mit der Lektüre beginnen, noch ein letzter Ratschlag, der, obwohl eigentlich selbstverständlich, nicht oft genug wiederholt werden kann: **Lesen Sie jede zitierte Vorschrift (= §!) sorgfältig durch.** Wenn Sie dieses Buch durcharbeiten, ist die ständige Benutzung (Lektüre) von Texten des HGB und BGB unerlässlich. Ausreichend und empfehlenswert ist die Anschaffung der neuesten Auflage der entsprechenden Textsammlungen „Beck-Texte im dtv": BGB (Nr. 5001 mit einer Einführung von *Köhler*) und HGB (Nr. 5002 mit einer Einführung von *Fleischer*). Gleiches gilt für die NWB-Textausgabe „Wichtige Gesetze des Wirtschaftsprivatrechts" mit der Einführung von *Güllemann*. Den Hinweis *„Lesen!"* werden Sie im Text dieses Buchs immer wieder finden. Wenn ich die Wichtigkeit der Gesetzeslektüre in meiner *„Anleitung zur Lösung von Zivilrechtsfällen"* noch mit dem Satz „Die halbe Juristenwahrheit steht im Gesetz" unterstrichen habe, so möchte/muss ich dem noch hinzufügen: **„Die Hälfte aller Fehler in juristischen Anfängerklausuren könnte vermieden werden, wenn die Bearbeiter die zitierten Vorschriften (genauer) lesen würden."**

Köln, im März 1992 Rainer Wörlen

Inhaltsverzeichnis

Verzeichnis der Übersichten

Verzeichnis der Abbildungen

Seite

Abkürzungen

aA . . . . anderer Ansicht
ABl. . . . . Amtsblatt (der Europäischen Union bzw. Europäischen Gemeinschaft)
Abs. . . . . Absatz
AcP . . . . Archiv für civilistische Praxis (Zeitschrift)
ad legendum . . . . lat.: „zum Lesen" (Ausbildungszeitschrift)
ADSp. . . . . Allgemeine Deutsche Spediteurbedingungen
aF . . . . alte Fassung
AG . . . . Aktiengesellschaft
AGB . . . . Allg. Geschäftsbedingungen
AktG . . . . Gesetz über Aktiengesellschaften und Kommanditgesellschaften auf Aktien (Aktiengesetz)
allg. . . . . allgemein/e/er/es
Anm. . . . . Anmerkung
AO . . . . Abgabenordnung
arg. . . . . Argument (lat.: argumentum)
Art. . . . . Artikel
AT . . . . Allgemeiner Teil
Aufl. . . . . Auflage

BÄO . . . . Bundesärzteordnung
BB . . . . Betriebs-Berater (Zeitschrift)
Bd. . . . . Band
Begr. . . . . Begründung
BGB . . . . Bürgerliches Gesetzbuch
BGBl. . . . . Bundesgesetzblatt
BGH . . . . Bundesgerichtshof
BGHZ . . . . Entscheidungen des Bundesgerichtshofs in Zivilsachen
BilMoG . . . . Bilanzrechtsmodernisierungsgesetz
BiRiLiG . . . . Bilanzrichtliniengesetz
BilRUG . . . . Bilanzrichtlinie-Umsetzungsgesetz
BRAO . . . . Bundesrechtsanwaltsordnung
BR-Drs. . . . . Bundesrats-Drucksache
BT-Drs. . . . . Bundestags-Drucksache
Buchst. . . . . Buchstabe
bzw. . . . . beziehungsweise

CEO . . . . Chief Executive Officer (=Vorstandsvorsitzende/r)
Cie. . . . . Compagnie (= Handelsgesellschaft)
CISG . . . . United Nations Convention on Contracts for the International Sale of Goods (= UN-Kaufrecht)
Co. . . . . Compagnie (= Handelsgesellschaft)
CR . . . . Computer und Recht (Zeitschrift)

DB . . . . Der Betrieb (Zeitschrift)
dh . . . . das heißt
DNotZ . . . . Deutsche Notar-Zeitschrift
DrittelbG . . . . Gesetz über die Drittelbeteiligung der Arbeitnehmer im Aufsichtsrat
DStR . . . . Deutsches Steuerrecht (Zeitschrift)
dtsch. . . . . deutsch/e/er/es
dtv . . . . Deutscher Taschenbuch Verlag

E . . . . Entwurf
eG . . . . eingetragene Genossenschaft

EG . . . . Europäische Gemeinschaft
eGbR . . . . eingetragene Gesellschaft bürgerlichen Rechts
EGHGB . . . . Einführungsgesetz zum Handelsgesetzbuch
EHGU . . . . Gesetz über elektronische Handelsregister und Genossenschaftsregister sowie das Unternehmensregister
Einf. . . . . Einführung
Einl. . . . . Einleitung
e. K. . . . . eingetragene(r) Kauffrau/Kaufmann
e. Kfm. . . . . eingetragener Kaufmann
e. Kfr. . . . . eingetragene Kauffrau
ERA . . . . Einheitliche Richtlinien und Gebräuche für Dokumenten-Akkreditive
erw. . . . . erweitert(e)
EStG . . . . Einkommensteuergesetz
etc . . . . et cetera (lat.: „und die übrigen [Dinge]" = und so weiter)
EU . . . . Europäische Union
eUCP . . . . Uniform Customs and Practice for Documentary Credits for Electronic Presentation
EuGH . . . . Gerichtshof der Europäischen Union
EuZW . . . . Europäische Zeitschrift für Wirtschaftsrecht
eV . . . . eingetragener Verein
evtl. . . . . eventuell

f. . . . . folgende (Seite)
Fa. . . . . Firma
FamFG . . . . Gesetz über das Verfahren in Familiensachen und Angelegenheiten der freiwilligen Gerichtsbarkeit
ff. . . . . fortfolgende (Seiten)
Fn. . . . . Fußnote
frz. . . . . französisch

G . . . . Gesetz
GbR . . . . Gesellschaft des bürgerlichen Rechts
gem. . . . . gemäß
Gen. . . . . Genossenschaft
GenG . . . . Gesetz betreffend die Erwerbs- u. Wirtschaftsgenossenschaften (Genossenschaftsgesetz)
Ges. . . . . Gesellschaft
GesR . . . . Gesellschaftsrecht
GewO . . . . Gewerbeordnung
gGmbH . . . . gemeinnützige GmbH
GmbH . . . . Gesellschaft mit beschränkter Haftung
GmbHG . . . . Gesetz betreffend die Gesellschaften mit beschränkter Haftung
GoB . . . . Grundsätze ordnungsmäßiger Buchführung
GuV . . . . Gewinn- und Verlustrechnung
GWB . . . . Gesetz gegen Wettbewerbsbeschränkungen (Kartellgesetz)

HandelsR . . . . Handelsrecht
HGB . . . . Handelsgesetzbuch
hM . . . . herrschende Meinung
HR . . . . Handelsrecht
HRefG . . . . Handelsrechtsreformgesetz
HReg. . . . . Handelsregister
Hrsg. . . . . Herausgeber
hrsg. . . . . herausgegeben
HRV . . . . Verordnung über die Einrichtung und Führung des Handelsregisters (Handelsregisterverordnung)
Hs. . . . . Halbsatz
HV . . . . Handlungsvollmacht, Handelsvertreter

IAS . . . . International Accounting Standards (Internationale Bilanzstandards)
ICC . . . . International Chamber of Commerce (Internationale Handelskammer)
idF . . . . in der Fassung
idR . . . . in der Regel
IFRS . . . . International Financial Reporting Standards (Internationale Rechnungslegungsstandards)
IHR . . . . Internationales Handelsrecht (Zeitschrift)
Incoterms . . . . International Commercial Terms (Internationale Handelsklauseln)
insbes. . . . . insbesondere
inkl. . . . . inklusive
InsO . . . . Insolvenzordnung
iSd . . . . im Sinne der/s
iSv . . . . im Sinne von
it. . . . . italienisch
iur. . . . . iuris (lat. „des Rechts“)
i. V. . . . . in Vollmacht
iVm . . . . in Verbindung mit
IWRZ . . . . Zeitschrift für Internationales Wirtschaftsrecht
IRZ . . . . Zeitschrift für Internationale Rechnungslegung

JA . . . . Juristische Arbeitsblätter (Zeitschrift)
JURA . . . . Juristische Ausbildung (Zeitschrift)
jurisPR-HaGesR . . . jurisPraxisReport Handels- und Gesellschaftsrecht (online-Zeitschrift)
JuS . . . . Juristische Schulung (Zeitschrift)
JR . . . . Juristische Rundschau (Zeitschrift)
JZ . . . . Juristenzeitung

Kap. . . . . Kapitel
Kfm./kfm. . . . . Kaufmann/kaufmännisch
KG . . . . Kommanditgesellschaft
KGaA . . . . Kommanditgesellschaft auf Aktien
KStG . . . . Körperschaftsteuergesetz

lat. . . . . lateinisch

MarkenG . . . . Gesetz über den Schutz von Marken und sonstigen Kennzeichen (Markengesetz)
mind. . . . . mindestens
Mio. . . . . Millionen
MitbestG . . . . Gesetz über die Mitbestimmung der Arbeitnehmer
MontanMitbestG . . . Gesetz über die Mitbestimmung der Arbeitnehmer in den Aufsichtsräten und Vorständen der Unternehmen des Bergbaus und der Eisen und Stahl erzeugenden Industrie
MoMiG . . . . Gesetz zur Modernisierung des GmbH-Rechts und zur Bekämpfung von Missbräuchen
MoPeG . . . . Gesetz zur Modernisierung des Personengesellschaftsrechts
mündl. . . . . mündlich
mwN . . . . mit weiteren Nachweisen

nF . . . . neue Fassung
NJW . . . . Neue Juristische Wochenschrift
NZG . . . . Neue Zeitschrift für Gesellschaftsrecht
NZS . . . . Neue Zeitschrift für Sozialrecht

O . . . . Ordnung
öff. . . . . öffentlich
OHG . . . . Offene Handelsgesellschaft

PartG	Partnerschaftsgesellschaft
PartGG	Partnerschaftsgesellschaftsgesetz
PatG	Patentgesetz
ppa.	per procura (= aufgrund erteilter Prokura)
R	Recht
RdTW	Recht der Transportwirtschaft (Zeitschrift)
rechtl.	rechtlich
RefE	Referentenentwurf
RegE	Regierungsentwurf
RG	Reichsgericht
RGZ	Entscheidungen des Reichsgerichts in Zivilsachen
RIW	Recht der internationalen Wirtschaft (Zeitschrift)
Rn.	Randnummer
Rpfleger	Der Deutsche Rechtspfleger (Zeitschrift)
RVG	Gesetz über die Vergütung der Rechtsanwältinnen und Rechtsanwälte
S.	Satz; Seite
s.	siehe
schriftl.	schriftlich
SE	Societas Europaea (Europäische Aktiengesellschaft)
sog.	sogenannt/e/r
StBerG	Steuerberatungsgesetz
StG	Stille Gesellschaft
StGB	Strafgesetzbuch
str.	streitig
Teilbd.	Teilband
TranspR	Transportrecht (Zeitschrift)
TRG	Transportrechtsgesetz
uÄ	und Ähnlich/e/r
uam	und anderes mehr
überarb.	überarbeitet
& Co./Cie.	und Compagnie (= Handelsgesellschaft)
UCP	Uniform Customs and Practice for Documentary Credits
UG	Unternehmergesellschaft (haftungsbeschränkt)
unstr.	unstreitig
UrhG	Gesetz über Urheberrecht und verwandte Schutzrechte (Urheberrechtsgesetz)
usw.	und so weiter
US-GAAP	US-Generally Accepted Accounting Principles
uU	unter Umständen
UWG	Gesetz gegen den unlauteren Wettbewerb
v.	von/vor
VAG	Gesetz über die Beaufsichtigung der Versicherungsunternehmen (Versicherungsaufsichts G)
Var.	Variante
vgl.	vergleiche
VO	Verordnung
Vorb.	Vorbereitung; Vorbemerkung
VVaG	Versicherungsverein auf Gegenseitigkeit
WM	Wertpapier-Mitteilungen (Zeitschrift)
WoVermG	Gesetz zur Regelung der Wohnraumvermittlung
WPO	Gesetz über eine Berufsordnung der Wirtschaftsprüfer (Wirtschaftsprüferordnung)

WR . . . . Wirtschaftsrecht (Zeitschrift)

ZAP . . . . Zeitschrift für die Anwaltspraxis
zB . . . . zum Beispiel
ZGR . . . . Zeitschrift für Unternehmens- und Gesellschaftsrecht
ZGS . . . . Zeitschrift für das gesamte Schuldrecht
ZHR . . . . Zeitschrift für das gesamte Handels- und Wirtschaftsrecht
Ziff. . . . . Ziffer
ZIP . . . . Zeitschrift für Wirtschaftsrecht und Insolvenzpraxis
zit. . . . . zitiert
ZPO . . . . Zivilprozessordnung
ZR . . . . Zivilrecht(ssachen)
ZRP . . . . Zeitschrift für Rechtspolitik
ZUR . . . . Zeitschrift für Umweltrecht

Literatur

Bitter, G./Heim, S., Gesellschaftsrecht, 6. Aufl. 2022 (zit.: Bitter/Heim GesR)

Bitter, G./Linardatos, D., Handelsrecht mit UN-Kaufrecht, 4. Aufl. 2022 (zit.: Bitter/Linardatos HandelsR)

Brox, H./Henssler, M., Handelsrecht (mit Grundzügen des Wertpapierrechts), 23. Aufl. 2020 (zit.: Brox/Henssler HandelsR)

Canaris, C.-W., Handelsrecht, 24. Aufl. 2006 (zit.: Canaris HandelsR)

Drescher, I./Fleischer, H./Schmidt, K., Münchener Kommentar zum Handelsgesetzbuch, Band 1: §§ 1–104a, 5. Aufl. 2021; Band 2: §§ 105–177a, 5. Aufl. 2022; Band 3: §§ 161–237, 4. Aufl. 2019 (zit.: MüKoHGB/Bearbeiter)

Ebenroth, C. T./Boujong, K./Joost, D., Handelsgesetzbuch, Kommentar, Band 1, §§ 1–342r, 5. Aufl. 2024; Band 2, §§ 343–475h, 5. Aufl. 2024 (zit.: Ebenroth/Boujong/Bearbeiter)

Eisenhardt, U./Wackerbarth, U., Gesellschaftsrecht I – Recht der Personengesellschaften mit Grundzügen des GmbH- und des Aktienrechts, 17. Aufl. 2022 (zit.: Eisenhardt/Wackerbarth GesR I)

Enders, T./Heße, M., Gesellschafts- und Handelsrecht, 5. Aufl. 2024 (zit.: Enders/Heße GesR/HandelsR)*

Fischinger, P. S., Handelsrecht, 3. Aufl. 2023 (zit.: Fischinger HandelsR)

Führich, E., Wirtschaftsprivatrecht, 14. Aufl. 2022 (zit.: Führich WirtschaftsPrivR)

Gruber, J., Handelsrecht – Schnell erfasst, 6. Aufl. 2019 (zit.: Gruber HandelsR)*

Grunewald, B./Müller H.-F., Gesellschaftsrecht, 12. Aufl. 2023 (zit.: Grunewald/Müller GesR)

Grüneberg, C., Bürgerliches Gesetzbuch, Kommentar, 83. Aufl. 2024 (zit.: Grüneberg/Bearbeiter)

Haag, O./Erdl, B., Handels- und Gesellschaftsrecht – Fälle und Schemata, 2016 (zit.: Haag/Erdl Fälle HandelsR/GesR)*

Hopt, K. J., Handelsgesetzbuch, Kommentar, 43. Aufl. 2024 (zit.: Hopt/Bearbeiter)

Jauernig, O., Bürgerliches Gesetzbuch, Kommentar, 19. Aufl. 2023 (zit.: Jauernig/Bearbeiter)

Jung, P., Handelsrecht, 13. Aufl. 2023 (zit.: Jung HandelsR)

Kindler, P., Grundkurs Handels- und Gesellschaftsrecht, 10. Aufl. 2024 (zit.: Kindler GK HandelsR)

Klein-Blenkers, F., Rechtsformen der Unternehmen, 2. Aufl. 2016 (zit.: Klein-Blenkers Rechtsformen)*

Lettl, T., Handelsrecht, 5. Aufl. 2021 (zit.: Lettl HandelsR)

Lettl, T., Fälle zum Handelsrecht, 5. Aufl. 2021 (zit.: Lettl Fälle HandelsR)

Lettl, T., Fälle zum Gesellschaftsrecht, 5. Aufl. 2022 (zit.: Lettl Fälle GesR)

Meyer, J., Wirtschaftsrecht: Handels- und Gesellschaftsrecht, 2018 (zit.: Meyer HandelsR/GesR)

Meyer, P., Transport- und Logistikrecht, 2022 (zit.: Meyer TransportR)*

Müglich, A., Transport- und Logistikrecht, 2002 (zit.: Müglich TransportR)*

Oetker, H., Handelsrecht, 8. Aufl. 2019 (zit.: Oetker HandelsR)

Prütting, J./Weller, M.-P., Handels- und Gesellschaftsrecht, 10. Aufl. 2020 (zit.: Prütting/Weller HandelsR)

Saenger, I., Gesellschaftsrecht, 6. Aufl. 2023 (zit.: Saenger GesR)

Schäfer, C., Gesellschaftsrecht, 6. Aufl. 2023 (zit.: C. Schäfer GesR)

Schmidt, K., Handelsrecht, 6. Aufl. 2014 (zit.: K. Schmidt HandelsR)

Schmidt, K., Gesellschaftsrecht, 4. Aufl. 2002 (zit.: K. Schmidt GesR)

Schulze, R./Dörner, H./Ebert, I., u.a., Bürgerliches Gesetzbuch, Handkommentar, 12. Aufl. 2024 (zit.: HK-BGB/Bearbeiter)

Schwabe, W., Handels- und Gesellschaftsrecht, Grundkurs – Materielles Recht und Klausurenlehre, 11. Aufl. 2022 (zit.: Schwabe HandelsR/GesR)

Simrock, K. J., Die deutschen Sprichwörter (1846), Nachdruck 2011 (zit.: Simrock Sprichwörter)

Steinbeck, A., Handelsrecht, 5. Aufl. 2021 (zit.: Steinbeck HandelsR)

Stöber, M., Handelsrecht, 2020 (zit.: Stöber HandelsR)*

Weber, K. (vormals Creifelds), Rechtswörterbuch, 32. Ed. Stand 1.3.2024 (zit.: Weber Rechtswörterbuch/Bearbeiter)*

Windbichler, C./Bachmann, G., Gesellschaftsrecht, 25. Aufl. 2024 (zit.: Windbichler/Bachmann GesR)

Wörlen, R./Kokemoor, A., Arbeitsrecht, 14. Aufl. 2023 (zit.: Wörlen/Kokemoor ArbR)*

Wörlen, R./Kokemoor, A./Lohrer, S., Sachenrecht, 12. Aufl. 2023 (zit.: Wörlen/Kokemoor/Lohrer SachenR)*

Wörlen, R./Metzler-Müller, K., Zivilrecht – 1000 Fragen und Antworten: Bürgerliches Recht, Handelsrecht, Arbeitsrecht, 6. Aufl. 2007 (zit.: Wörlen/Metzler-Müller ZivilR)*

Wörlen, R./Metzler-Müller, K.,/Balleis, K./Kokemoor, A., BGB AT – Einführung in das Recht und Allgemeiner Teil des BGB, 16. Aufl. 2023 (zit.: Wörlen/Metzler-Müller/Balleis BGB AT)*

Wörlen, R./Metzler-Müller, K./Balleis, K./Kokemoor, A., Schuldrecht AT, 15. Aufl. 2023 (zit.: Wörlen/Metzler-Müller/Balleis SchuldR AT)*

Wörlen, R./Metzler-Müller, K./Kokemoor, A./Balleis, K., Schuldrecht BT, 14. Aufl. 2022 (zit.: Wörlen/Metzler-Müller/Kokemoor, SchuldR BT)*

Wörlen, R./Schindler, S./Balleis, K., Anleitung zur Lösung von Zivilrechtsfällen – Methodische Hinweise und 22 Musterklausuren, 10. Aufl. 2020 (zit.: Wörlen/Schindler/Balleis ZivilR)*

* Diese Werke sind besonders gut für Anfänger geeignet.

1. Kapitel. Überblick: Handels- und Gesellschaftsrecht

Das Handels- und Gesellschaftsrecht ist für Unternehmerinnen und Unternehmer von grundlegender praktischer Bedeutung. Es ist u.a. für die Wahl der Rechtsform und Unternehmensgründung relevant. Zudem regelt es Haftungsfragen sowie den rechtlichen Rahmen für Geschäftsaktivitäten.

Hinweis: Das Handels- und Gesellschaftsrecht ist ein zentraler Bereich des Wirtschaftsrechts und die Grundlage für weitere Rechtsgebiete. Auch weist es je nach Prüfungsordnung eine hohe Klausurrelevanz auf. 1

■ Was versteht man überhaupt unter einem **Unternehmer**? Dies könnten Sie wissen bzw. durch die Gesetzeslektüre herausfinden.

Hinweis: Bevor Sie weiterlesen, sollten Sie zuerst versuchen, die im Buch gestellten Fragen selbst zu beantworten bzw. anhand des Gesetzes die Antwort herauszufinden. Zudem sollten Sie die im Buch genannten Normen lesen. Dadurch werden Verständnis, Gesetzesarbeit und aktives Lernen gefördert.

▶ Gemäß der Legaldefinition in § 14 I BGB ist Unternehmer eine natürliche oder juristische Person oder eine rechtsfähige Personengesellschaft, die bei Abschluss eines Rechtsgeschäfts in Ausübung ihrer gewerblichen oder selbständigen beruflichen Tätigkeit handelt.

■ Welche **Arten von Unternehmen** bzw. Rechtsformen für Unternehmen kennen Sie? Überlegen Sie, was Sie dazu vielleicht bereits wissen!

▶ Grob lässt sich unterscheiden wie in der nachfolgenden

Übersicht 1

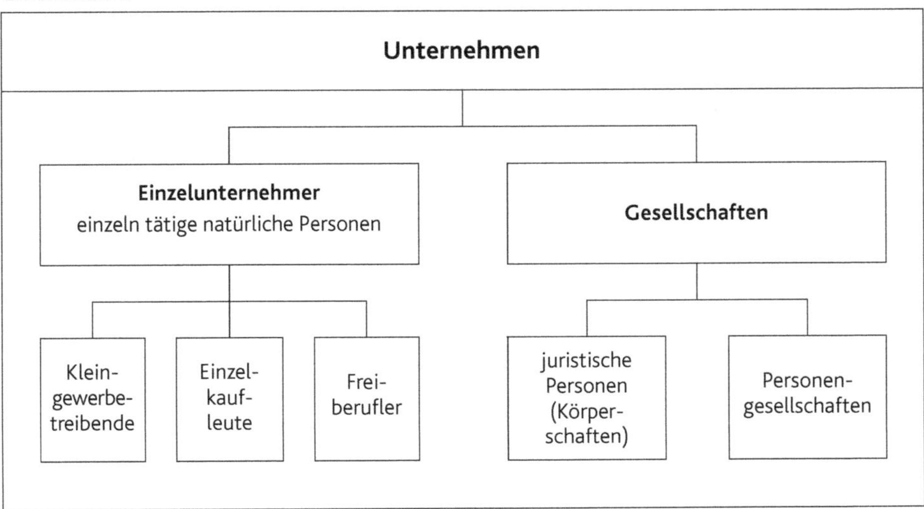

(siehe dazu näher → Kap. 3 Rn. 1 ff. und → Kap. 8 Rn. 1 ff.)

2. Kapitel. Einführung ins Handelsrecht

Am Anfang der Kapitel dieses Buches finden Sie jeweils die elementaren Lernziele. Diese können Sie als Minimallernziele verstehen und nach Abschluss des betreffenden Kapitels überprüfen, ob Sie diese tatsächlich beherrschen. 1

Hauptlernziele:
- Wie ist das Handelsrecht in die Gesamtrechtsordnung einzugliedern?
- Welche praktische Relevanz hat das Handelsrecht?
- Wer ist Adressat der handelsrechtlichen Vorschriften?
- Welche wichtigen Grundsätze gelten im Handelsrecht?

Das Handelsrecht ist primär im Handelsgesetzbuch (HGB) geregelt.

Hinweis: Wie in jedem neuen Rechtsgebiet sollten Sie sich zuerst einen Überblick über die Grobstruktur verschaffen, indem Sie die Inhaltsübersicht Ihres Gesetzestextes aufschlagen. 2

Dort sehen Sie, dass das HGB (wie auch das BGB) in fünf Bücher gegliedert ist, die wiederum in verschiedene Abschnitte untergliedert sind. Für das Studium des Handelsrechts sind insbesondere relevant:

Übersicht 2

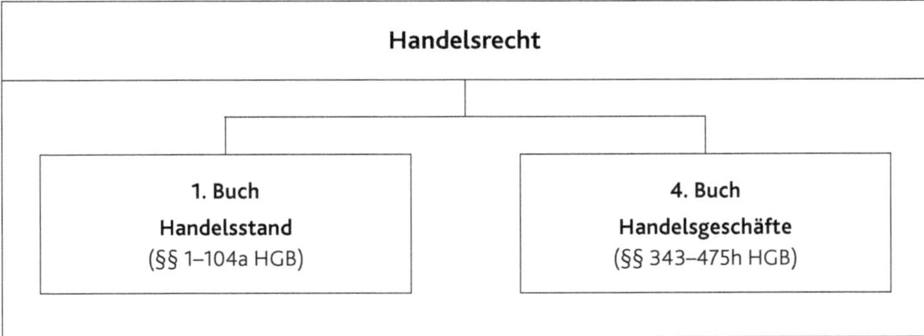

Im zweiten Buch des HGB finden sich Vorschriften zum Gesellschaftsrecht (OHG, KG, stille Gesellschaft) (→ Kap. 8 Rn. 1 ff.), im dritten Buch zur handelsrechtlichen Rechnungslegung (→ Kap. 9 Rn. 1 ff.).

Hinweis: Für das Verständnis eines Rechtsgebiets sind auch die Einordnung und die Kenntnis der Grundbegriffe sowie der geltenden Grundsätze sehr wichtig. Insbesondere Letzteres ist auch für die Argumentation in der Klausur bedeutsam.

I. Einordnung und Begriff

Das Handelsrecht wird gemeinhin als **Sonderprivatrecht der Kaufleute** bezeichnet![1] 3

1 ZB Canaris HandelsR § 1 Rn. 1 mwN; Kindler GK HandelsR § 1 Rn. 1 ff.

Dies erklärt sich aus der Stellung des Handelsrechts innerhalb unseres Rechtssystems. Wie Sie vermutlich wissen, ist unser Rechtssystem in zwei große Bereiche eingeteilt, das öffentliche Recht und das Privatrecht.

■[2] Zur Wiederholung: Worin besteht, vereinfacht ausgedrückt, der Unterschied zwischen öffentlichem Recht und Privatrecht?

▶ Das *öffentliche Recht* regelt neben den Beziehungen von staatlichen Hoheitsträgern untereinander die Beziehungen von Hoheitsträgern zu den Bürgern auf der Ebene der Über- und Unterordnung (zB Baurecht). Das *Privatrecht* betrifft die Beziehungen der Beteiligten auf der Ebene der Gleichordnung (zB Bürgerliches Recht).[3]

■ Welche beiden Ausprägungen lassen sich dem Begriff Sonderprivatrecht entnehmen?

▶ S. die nachfolgende Übersicht 3.

Übersicht 3

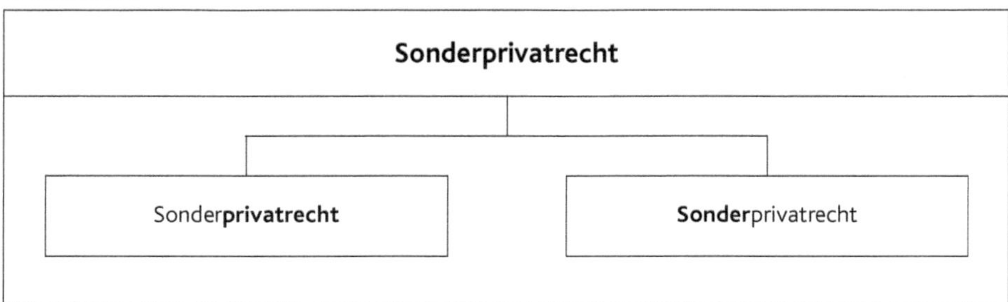

(1.) Das Handelsrecht ist Sonder**privatrecht**, da es einen Teil des Privatrechts bildet, wenngleich es bisweilen auch öffentlich-rechtliche Normen[4] enthält.[5]

(2.) Das Handelsrecht wird als **Sonder**privatrecht bezeichnet, um es von dem *allgemeinen*, vornehmlich im Bürgerlichen Gesetzbuch niedergelegten, Privatrecht abzugrenzen. Als Sonderprivatrecht gilt Handelsrecht traditionell nur für eine bestimmte Gruppe von Rechtssubjekten: es ist grundsätzlich nur auf *Kaufleute* (§§ 1–6 HGB) anwendbar. Mindestens eine der Parteien muss Kaufmann bzw. Kauffrau sein (dazu s. auch §§ 343, 345 HGB sowie näher → Kap. 3, Rn. 1 ff.).

4 Der Geltungsbereich des deutschen Handelsrechts ist somit nach dem **subjektiven System** ausgerichtet.[6] Für das subjektive System ist charakteristisch, dass es die Geltung handelsrechtlicher Vorschriften von einer persönlichen Eigenschaft mindestens eines der beteiligten Rechtssubjekte – eben der Kaufmannseigenschaft – abhängig macht.[7] Daher ist der Begriff des Kaufmanns ein zentraler Begriff des Handelsrechts.[8]

---

2 **„ ■ “ bedeutet immer, auch wenn das nicht jedes Mal ausdrücklich erwähnt wird: Achtung! Erst selbst nachdenken, bevor Sie weiterlesen! Der Pfeil („ ▶ “) weist auf die Antwort hin.**

3 Wörlen/Metzler-Müller/Balleis BGB AT Rn. 13 ff.

4 **ZB die §§ 8 ff. HGB sowie weitgehend auch die §§ 238 ff. HGB,** → Kap. 9 Rn. 1 ff.

5 Überblick dazu bei Wörlen/Metzler-Müller/Balleis BGB AT Übersicht 3 Rn. 18. Das Handelsrecht gehört zum Wirtschaftsprivatrecht. Zum Begriff Wörlen/Metzler-Müller/Balleis BGB AT Rn. 19 ff.

6 K. Schmidt HandelsR § 1 Rn. 4.

7 Canaris HandelsR § 1 Rn. 3.

8 S. zum Kaufmannsbegriff ausf. das → 3. Kapitel, Rn. 1 ff.

Im Gegensatz dazu steht das *objektive System*. Dieses stellt für die Geltung von handelsrechtlichen Vorschriften auf die Eigenart des jeweiligen Rechtsgeschäfts ab. Dieses System wird zB im französischen Handelsrecht bevorzugt.[9]

Grundsätzlich gelten *auch* die Vorschriften des BGB für Kaufleute, allerdings nur subsidiär.

■ Was das **„Subsidiaritätsprinzip"** in diesem Zusammenhang bedeutet, könnte Ihnen bekannt sein.[10] Lesen Sie Art. 2 I EGHGB und sagen Sie in eigenen Worten, was diese Vorschrift ausdrücken möchte! 5

▶ Die Vorschriften des BGB gelten für Kaufleute nur subsidiär. Das bedeutet, dass sie nur insoweit Anwendung finden, als es für den jeweiligen Sachverhalt keine Sondervorschriften gibt, vgl. Art. 2 I EGHGB.[11] In Handelssachen kommen die Vorschriften des BGB nur insoweit zur Anwendung, als nicht im HGB ein anderes bestimmt ist (Art. 2 I EGHGB, nochmal lesen!).

Sondervorschriften (leges speciales) für Kaufleute enthält vor allem das HGB.

II. Entstehung

Das Handelsrecht ist aus deutschen Stadtrechten des Mittelalters hervorgegangen und 6
stark beeinflusst vom italienischen und vor allem vom französischen Handelsrecht.[12] Im Gegensatz zum BGB, das damals völlig neu konzipiert wurde, hatte das HGB von 1897 bereits einen Vorläufer, nämlich das „Allgemeine Deutsche Handelsgesetzbuch" von 1861.[13] Darüber hinaus waren für die Entwicklung des Handelsrechts das Gewohnheitsrecht[14] sowie „Handelsbräuche" (vgl. § 346 HGB – lesen!) von besonderer Bedeutung.[15] Das HGB ist am selben Tag in Kraft getreten wie das BGB, nämlich am 1.1.1900.

III. Regelungsbereich und Grundsätze

Wir haben eben zwar festgestellt, dass das Bürgerliche Recht gegenüber dem Han- 7
delsrecht nur *subsidiär* gilt. Dennoch bedeutet das nicht, dass das HGB das BGB auf dem Gebiet des Handelsrechts völlig verdrängt. Dies gilt vor allem für den Handelskauf, für den das HGB in seinen §§ 373 ff. dem Kaufrecht des BGB (§§ 433 ff.) nur einige ergänzende Vorschriften hinzufügt. Das Bürgerliche Recht wird also an manchen Stellen durch handelsrechtliche Vorschriften ergänzt oder modifiziert.

Im Folgenden wollen wir uns die wichtigsten im Handelsrecht geltenden **Grundsätze** näher ansehen[16]:

---

9 S. Canaris HandelsR § 1 Rn. 3, mit krit. Würdigung beider Systeme.
10 Lesen Sie anderenfalls zB Wörlen/Metzler-Müller/Balleis BGB AT Rn. 39.
11 Nr. 2 der dtv-Gesetzessammlung HGB.
12 Für das französische Handelsrecht gab es bereits seit 1807 eine gesetzliche Kodifikation, den „Code de Commerce".
13 Wörlen/Metzler-Müller/Balleis BGB AT Rn. 40.
14 Dazu Wörlen/Metzler-Müller/Balleis BGB AT Rn. 5, 8 ff.
15 Ausf. zum Ganzen Canaris HandelsR § 1 Rn. 48–55.
16 Ausf. zu den Grundsätzen K. Schmidt HandelsR § 1 Rn. 72–74; Canaris HandelsR § 1 Rn. 15–19.

Übersicht 4

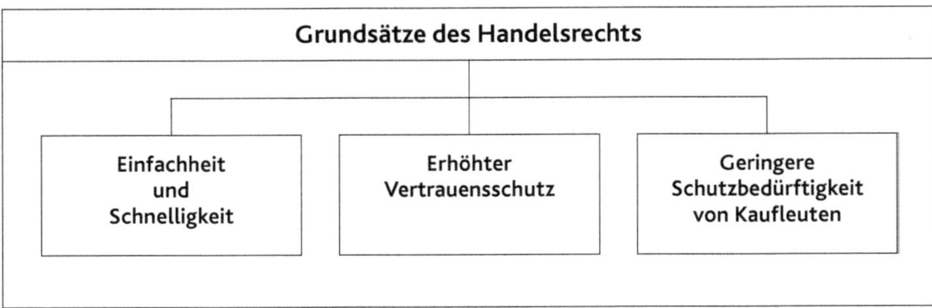

8 Das BGB gilt also selbstverständlich auch für den Handelskauf und für Kaufleute. Die Besonderheit der Vorschriften des HGB liegt einerseits darin, dass an Kaufleute in mehreren Beziehungen strengere Anforderungen (zB in §§ 362, 377 HGB – Sie brauchen diese Vorschriften jetzt ausnahmsweise nicht zu lesen) gestellt werden, als an andere Teilnehmer am Rechtsverkehr.

1. Einfachheit und Schnelligkeit des Handelsverkehrs

9 Im Bürgerlichen Recht gibt es den Grundsatz, dass Schweigen auf ein Angebot (= Antrag iSd §§ 145 ff. BGB) nicht als Annahme gilt. Kaufleute hingegen müssen sich ihr Schweigen auf einen Antrag gem. § 362 I 1 HGB (jetzt lesen!) als Annahme zurechnen lassen.

■ Wie lange haben *Nichtkaufleute* als Käuferin oder Käufer Zeit, um Mängel der Kaufsache zu rügen und Mängelansprüche geltend zu machen?

▶ Gemäß § 438 I Nr. 3 BGB haben Nichtkaufleute grundsätzlich zwei Jahre Zeit. Beachtenswert in diesem Zusammenhang ist beim Verbrauchsgüterkauf die Beweislastumkehr gem. § 477 I BGB innerhalb eines Jahres.

Hingegen muss der Käufer, der *Kaufmann* ist, die Ware unter den Voraussetzungen von § 377 I HGB *unverzüglich* untersuchen und entdeckte Mängel dem Verkäufer unverzüglich anzeigen. Unterlässt er dies, gilt die Ware gem. § 377 II HGB grundsätzlich als genehmigt (jetzt Vorschrift lesen!).

■ Was ist wohl der Grund dafür, dass das HGB hier für Kaufleute strengere Regeln enthält als das BGB?

▶ Da Kaufleute im Rechts- und Geschäftsverkehr im Regelfall über mehr Erfahrung verfügen als Nichtkaufleute, wird ihnen zumeist größeres Vertrauen entgegengebracht. Dieses Vertrauen soll durch die strengeren Vorschriften des HGB geschützt werden.
§ 377 HGB fördert zugleich die raschere Abwicklung des Handelsverkehrs, also die Einfachheit und Schnelligkeit des Handelsverkehrs.[17]

17 S. Canaris HandelsR § 1 Rn. 19.

2. Erhöhter Vertrauensschutz

Den erhöhten Vertrauensschutz bezweckt unter anderem auch § 15 HGB[18], der die „Publizität des Handelsregisters" regelt. Darauf wird unten (→ Kap. 5 Rn. 11 ff.) noch näher eingegangen. 10

3. Geringere Schutzbedürftigkeit von Kaufleuten

Andererseits kennt das Bürgerliche Recht eine Reihe von Formvorschriften, die die Beteiligten schützen sollen. Diese Vorschriften gelten dann aufgrund von Sonderregelungen des HGB für Kaufleute nicht: Während beispielsweise § 766 S. 1 BGB für die Bürgschaftserklärung die Schriftform vorsieht, sind Bürgschaftserklärungen von Kaufleuten bei einem Handelsgeschäft gem. § 350 HGB formfrei. 11

Hier enthält das HGB gegenüber dem BGB also Erleichterungen für Kaufleute:

■ Was ist der Sinn und Zweck von Formvorschriften? Was mag der Grund dafür gewesen sein, dass der Gesetzgeber die Kaufleute von der Einhaltung bestimmter Formvorschriften des BGB befreit hat?

▶ Formvorschriften sollen unter anderem Warn- und Schutzfunktionen[19] ausüben, um unüberlegte, übereilte Geschäftsabschlüsse zu verhindern. Aufgrund ihrer größeren Erfahrung im Geschäftsverkehr bedürfen Kaufleute dieses Schutzes nicht. Deshalb wird bei Kaufleuten von einer geringeren Schutzbedürftigkeit ausgegangen.[20]
Außerdem fördert die Befreiung von der Einhaltung von Formvorschriften ebenfalls die rasche Abwicklung des Handelsverkehrs.

Einen Überblick zu wichtigen Sonderregelungen des HGB können Sie sich mit Hilfe der Übersicht 39 → Kap. 7 Rn. 66 verschaffen.

Hinweis: Das Handelsrecht ist zT eng mit dem Bürgerlichen Recht verbunden. Ausgangspunkt einer Falllösung mit Schwerpunkt Handelsrecht ist häufig eine bürgerlich-rechtliche Anspruchsgrundlage. Im Handelsrecht selbst sind nur wenige Anspruchsgrundlagen zu finden.
Unbedingt darauf achten sollten Sie, dass handelsrechtliche Probleme und Vorschriften in der Klausur erst an der Stelle erörtert werden, an der diese in der Falllösung bedeutsam werden. Eine Vorprüfung ohne Zusammenhang mit den Voraussetzungen des Gesetzes sollten Sie vermeiden.

Lesen Sie zur Wiederholung und **Lernzielkontrolle** nun:

18 S. K. Schmidt HandelsR § 1 Rn. 74.
19 Wörlen/Metzler-Müller/Balleis BGB AT Rn. 290.
20 Canaris HandelsR § 1 Rn. 17.

Übersicht 5

12

Begriffe aus dem Handelsrecht (HR)
HR = Sonderprivatrecht der Kaufleute • Einordnung in unser Rechtssystem: HR ist (überwiegend) *Privatrecht* (wie zB das Bürgerliche Recht). • HR ist grundsätzlich nur auf *Kaufleute* anwendbar, dh mindestens eine der Parteien muss Kaufmann bzw. Kauffrau sein. • **Gesetzliche Grundlage:** insbesondere Handelsgesetzbuch (HGB).
• **Vorläufer:** Allg. Dtsch. Handelsgesetzbuch von 1861; Gewohnheitsrecht, Handelsbräuche (vgl. § 346 HGB).
• Das BGB gilt für Kaufleute neben dem HGB nur **subsidiär** (vgl. Art. 2 I EGHGB). Das **HGB** ist insofern **lex specialis**.
• **Grundsätze des HR**/Besonderheiten des HGB für Kaufleute gegenüber dem BGB:[21] 1. **Einfachheit und Schnelligkeit:** Raschere Abwicklung der Handelsgeschäfte – unverzügliche Mängelrüge (§ 377 HGB) – Formfreiheit von Bürgschaftserklärungen (§ 350 HGB) 2. **Erhöhter Vertrauensschutz** – Publizität des Handelsregisters (§ 15 HGB) – Schweigen auf Anträge = Annahme (§ 362 HGB) 3. **Geringere Schutzbedürftigkeit der Kaufleute** aufgrund größerer Erfahrung im Geschäftsverkehr Formfreiheit (§ 350 HGB)

Literatur zur Vertiefung (→ Kap. 2 Rn. 1–12): Bitter/Linardatos HandelsR § 1; Brox/Henssler HandelsR § 1; Canaris HandelsR § 1; Hucke/Christow, Handels- und Gesellschaftsrecht, Ad Legendum 2018, 60; Jung HandelsR Kap. 1; Kindler GK HandelsR § 1; Prütting/Weller HandelsR § 1; Macathy, Die Grundprinzipien des Rechts der Kaufleute, JuS 2022, 301; K. Schmidt HandelsR § 1.

21 → **Kap. 7 Rn. 66** (Übersicht 39).

3. Kapitel. Kaufleute

Hauptlernziele: 1

- Welche praktische Bedeutung hat der Begriff des Kaufmanns?
- Welche Arten von Kaufleuten werden unterschieden?
- Was ist ein Gewerbe, was ein Handelsgewerbe?
- Was ist ein freier Beruf?

Es war davon die Rede, dass das Handelsrecht das *Sonder*privatrecht der Kaufleute ist. Daher ist zu klären, wer als Kaufmann oder Kauffrau im handelsrechtlichen Sinne anzusehen ist. Der Kaufmannsbegriff ist, wie bereits erwähnt, ein zentraler Begriff des Handelsrechts. Das Handelsrecht ist idR nur auf Kaufleute anwendbar.

Der Begriff „Kaufmann“ ist uns aus der Sprache des täglichen Lebens bekannt.

> **Beispiel:** Zwei ehemalige Mitschüler A und B berichten einander von ihrem beruflichen Werdegang. A erzählt: „Ich habe meine Ausbildung beendet und bin jetzt als Bankkaufmann bei der Deutschen Bank AG angestellt.“ B sagt: „Ich bin selbstständige Versicherungskauffrau und habe ein Maklergeschäft.“

Nach allgemeinem Sprachgebrauch ist „Kaufmann“ bzw. „Kauffrau“ jeder, der in irgendeiner Weise kaufmännisch tätig ist. Als Synonym wird oft auch der Begriff Händler bzw. Händlerin verwendet.

Kaufmann im Rechtssinne ist aber nur diejenige Person, welche nach den handelsrechtlichen Bestimmungen als Kaufmann eingestuft wird (s. insbesondere §§ 1–6 HGB). Auch wenn sich das Gesetz hier ausdrücklich nur auf den „Kaufmann“ bezieht, zeigt uns § 19 I Nr. 1 HGB (s. dazu → Kap. 4 Rn. 3), dass man gleichermaßen auch von der „Kauffrau“ sprechen kann.

Es werden fünf Arten von Kaufleuten unterschieden:

Übersicht 6

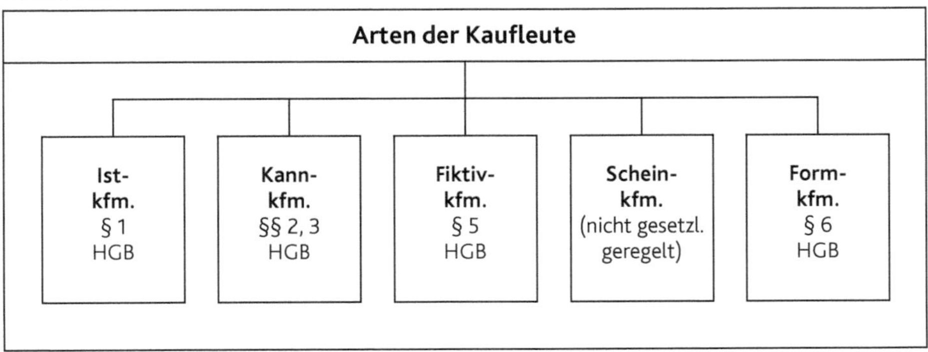

I. Istkaufleute nach § 1 HGB (Kaufleute kraft Handelsgewerbebetriebs)

2 Die erste Art von Kaufleuten, die wir uns ansehen wollen, sind die Istkaufleute gem. § 1 HGB. Der Name rührt daher, dass Istkaufleute kraft Betreibens eines Handelsgewerbes automatisch und zwingend Kaufleute sind.

Hinweis: Lesen Sie § 1 I HGB durch und versuchen Sie zu Übungszwecken ohne vorauszulesen ein Prüfungsschema zu entwickeln!

Kaufmann iSd § 1 I HGB ist, wer ein *Handelsgewerbe betreibt.*

Prüfungsschema § 1 HGB:

(1) **Gewerbe**
(2) *Handels*gewerbe
(3) **Betreiben**

1. Gewerbe

3 Lesen Sie § 1 HGB aufmerksam ganz durch!

Erste Voraussetzung für die Kaufmannseigenschaft ist das Vorliegen eines Gewerbes. Diese und die weiteren Voraussetzungen iSv § 1 I HGB verdeutlichen wir uns anhand des ersten Übungsfalls:

Übungsfall 1[22]

Der Kunstmalerin A ist die Durchführung einer eigenen Ausstellung in einer bedeutenden Galerie gelungen. Schon bald zeigt sich, dass sich die Vogelfederbilder der A ungeheuer gut verkaufen. Rasch hat A 25 Bilder abgesetzt und dafür 100.000 EUR eingenommen.

Die Rechtspflegerin des örtlichen Amtsgerichts fordert sie auf, sich innerhalb von vier Wochen im Handelsregister eintragen zu lassen; andernfalls müsse A ein Zwangsgeld in Höhe von 1.000 EUR zahlen. A hält das für rechtswidrig.

Wer hat Recht?

4 Um die Frage beantworten zu können, müssen wir schon ungefähr wissen, was das Handelsregister ist und wer verpflichtet ist, sich dort eintragen zu lassen.

Das *Handelsregister* ist ein öffentliches, von den Gerichten elektronisch geführtes Verzeichnis (§ 8 I HGB). Dort werden die Kaufleute eines Amtsgerichtsbezirks sowie bestimmte auf sie bezogene Tatsachen und Rechtsverhältnisse eingetragen (s. auch § 29 HGB). Im Einzelnen kommen wir auf das Handelsregister unten (→ Kap. 5 Rn. 1 ff.) ausführlicher zu sprechen.

Nach *§ 14 HGB* kann das Registergericht denjenigen, der zur Eintragung in das Handelsregister verpflichtet ist, gegebenenfalls durch Zwangsgeld zu dieser Eintragung anhalten (§ 14 HGB lesen!). Gemäß § 14 S. 2 HGB darf das einzelne Zwangsgeld 5.000 EUR nicht überschreiten.

22 Nach Alpmann und Schmidt HandelsR, 12. Aufl. 2008, Fall 1.

Eine Verpflichtung der A, sich ins Handelsregister eintragen zu lassen, könnte sich aus *§ 29 HGB* ergeben (*lesen!*).

- ■ Welche wichtige Voraussetzung muss A demnach erfüllen, damit sie eintragungspflichtig ist? 5
- ▶ A müsste „**Kaufmann**" bzw. „Kauffrau" im Rechtssinne sein.
- ■ A könnte Istkaufmann gem. § 1 HGB sein. Was ist dazu Voraussetzung? (Lesen Sie nochmals § 1 I HGB!)
- ▶ A müsste gem. § 1 I HGB ein Handelsgewerbe betreiben.

Bevor wir feststellen können, ob es sich bei der Tätigkeit der A um ein Handelsgewerbe handelt, müssen wir prüfen, ob A überhaupt ein **Gewerbe** betreibt. Der Begriff des Gewerbes spielt auch bei anderen Vorschriften des HGB eine Rolle (zB § 2 HGB).

Der Begriff des Gewerbes ist nicht im HGB und auch nicht in der Gewerbeordnung definiert. Er ist von Lehre und Rechtsprechung entwickelt worden.

Nach hM versteht man unter Gewerbe jede nach außen gerichtete, selbstständige, nicht: „freiberufliche", planmäßig auf gewisse Dauer angelegte und mit Gewinnerzielungsabsicht bzw. entgeltlich ausgeübte Tätigkeit.[23] Zumindest Anhaltspunkte für diese Definition finden sich auch in § 15 II EStG.[24]

Prüfungsschema Gewerbe:

(1) Nach **außen** gerichtete
(2) **Selbstständige,** nicht freiberufliche
(3) Planmäßig auf **gewisse Dauer** angelegte
(4) Mit **Gewinnerzielungsabsicht** oder **entgeltlich** ausgeübte Tätigkeit

a) Nach außen gerichtete Tätigkeit

Nach außen gerichtet ist die Tätigkeit, wenn sie offen nach außen in Erscheinung tritt. Allein die – für Dritte nicht erkennbare – Absicht, ein Gewerbe zu betreiben, reicht nicht aus. Wer zB jahrelang privat an der *Börse spekuliert* hat, ohne dies öffentlich kundzugeben, betreibt kein Gewerbe im Sinne des Handelsrechts.[25] Auch wer sich als *„stiller Gesellschafter"* (§§ 230 ff. HGB)[26] beteiligt, betreibt kein Gewerbe und ist daher auch kein Kaufmann.[27] 6

---

23 S. zB Hopt/Merkt § 1 Rn. 11 ff.; Lettl HandelsR § 2 Rn. 6.

24 **§ 15 II 1 EStG hat folgenden Wortlaut:** „Eine selbständige nachhaltige Betätigung, die mit der Absicht, Gewinn zu erzielen, unternommen wird und sich als Beteiligung am allgemeinen wirtschaftlichen Verkehr darstellt, ist Gewerbebetrieb, wenn die Betätigung weder als Ausübung von Land- und Forstwirtschaft noch als Ausübung eines freien Berufs noch als eine andere selbständige Arbeit anzusehen ist."

25 Canaris HandelsR § 2 Rn. 7.

26 → **Kap. 8 Rn. 61**.

27 Jung HandelsR Kap. 2 Rn. 7.

b) Selbstständige, nicht freiberufliche Tätigkeit

7 „**Selbstständig**" ist eine Tätigkeit, wenn der Tätige *rechtlich* – nicht unbedingt von wirtschaftlichen Zwängen – frei ist. Selbstständig ist in diesem Sinne (wie zB ein Handelsvertreter gem. § 84 HGB), wer im Wesentlichen frei seine Tätigkeit gestalten und seine Arbeitszeit bestimmen kann.

Hinweis: § 84 I 2 HGB (lesen!) enthält die Legaldefinition für den Begriff Selbstständigkeit.

In unserem Mitschüler-Beispiel oben erfüllt der angestellte „Bankkaufmann" A daher den Kaufmannsbegriff nicht, weil es daran fehlt, dass er selbstständig ist. Ein Arbeitnehmer oder Beamter übt also keine selbstständige Tätigkeit aus.[28]

Hinweis: Schreiben Sie am besten § 84 I 2 HGB neben § 1 I HGB! Um in der Klausur keine Vorschrift oder Voraussetzung zu übersehen und um Zeit zu sparen, sollten Sie Ihren Gesetzestext durch Paragrafenverweise und Unterstreichungen „aufbereiten".
Überprüfen Sie allerdings vorab, inwieweit dies nach Ihrer Prüfungsordnung zulässig ist!

Weiterhin ist festzuhalten, dass (historisch bedingt) kein Gewerbe vorliegt, wenn es sich bei der ausgeübten Tätigkeit um einen sog. „freien Beruf" handelt.

8 ■ Was versteht man unter einem **„freien Beruf"**?
▶ Der Begriff „freier Beruf" ist ein historisch-soziologischer Begriff aus der Zeit des frühen Liberalismus.[29]

■ Welche Beispiele für freie Berufe fallen Ihnen ein? Überlegen Sie!
▶ Beispiele für freie Berufe sind (s. auch § 18 I Nr. 1 EStG):

> Ärzte, Architektinnen, Psychologen, Rechtsanwältinnen, Steuerberater, Wirtschaftsprüferinnen, Schriftsteller und Künstlerinnen.
> Kein freier Beruf ist allerdings der des Apothekers.[30]

„Freier Beruf" bedeutet allerdings nicht, dass der Staat sich jeden Eingriffs in den Beruf enthält; doch unterliegen die freien Berufe nicht der relativ strengen Aufsicht des Gewerbeaufsichtsamts nach der Gewerbeordnung.
Allgemein kann man sagen, dass freie Berufe, wie die genannten Beispiele zeigen, in der Regel eine höhere Bildung erfordern und vor allem durch die persönliche Mitarbeit des Inhabers geprägt sind (vgl. § 1 II 1 PartGG[31]). Dies zeigen auch die oben genannten Beispiele. In § 1 II 2 PartGG, welcher unmittelbar die sog. Partnerschaftsgesellschaft betrifft, findet sich eine Auflistung freier Berufe.

Hinweis: Soweit dies prüfungsrechtlich zulässig ist, könnten Sie sich als Hilfestellung für die Klausur § 1 II 2 PartGG neben § 1 I HGB schreiben.

Da die Grenzen zum Gewerbe manchmal fließend sein können, wird der freie Beruf in einer Vielzahl von Spezialgesetzen ausdrücklich geregelt. So heißt es zB im Standesrecht der Rechtsanwälte, § 2 BRAO: „Der Rechtsanwalt übt einen freien Beruf aus. Seine Tätigkeit ist kein Gewerbe."

---

28 Hopt/Merkt § 1 Rn. 14.
29 Denkrichtung und Lebensform, die die Freiheit, Autonomie und freie Entfaltung der Persönlichkeit befürwortete. Bedeutende Vertreter waren Adam Smith (1723–1798) und John Stuart Mill (1806–1873).
30 BGH NJW 1983, 2086.
31 Mehr zum PartGG bei → Kap. 8 Rn. 98.

Ähnliche Vorschriften enthalten zB für Ärzte § 1 II BÄO, für Zahnärzte § 1 IV ZahnheilkundeG (ZHG), für Steuerberater § 32 II StBerG sowie für Wirtschaftsprüfer § 1 II WPO.

c) Planmäßig auf gewisse Dauer angelegte Tätigkeit

Wenn die Tätigkeit „planmäßig auf gewisse Dauer" angelegt sein muss, so bedeutet das, dass sie nicht nur gelegentlich betrieben werden darf. Die Absicht des Handelnden muss auf eine Vielzahl von Geschäften gerichtet sein.[32] Es ist nicht zwingend, dass die Tätigkeit ununterbrochen ausgeübt wird oder die Haupteinnahmequelle darstellt; insofern kann auch ein Saisonbetrieb oder eine Nebentätigkeit als Gewerbe einzustufen sein.[33] 9

d) Gewinnerzielungsabsicht/Entgeltliche Tätigkeit

„**Gewinnerzielungsabsicht**" bedeutet, dass lediglich die *Absicht* bestehen muss, Einnahmen zu erzielen, die über die Kostendeckung hinausgehen. Entscheidend ist also *nicht*, ob tatsächlich ein Gewinn erzielt wird. Die Gewinnerzielungsabsicht fehlt zB bei karitativen oder nur kostendeckenden Tätigkeiten. Bei privatwirtschaftlichen Unternehmen wird die Gewinnerzielungsabsicht vermutet.[34] 10

Die Erforderlichkeit der Gewinnerzielungsabsicht ist inzwischen umstritten. In der Literatur wird teilweise vertreten, dass eine Gewinnerzielungsabsicht für den Gewerbebegriff entbehrlich ist. Anstelle der Gewinnerzielungsabsicht soll nach dieser Ansicht nur noch geprüft werden, ob eine **entgeltliche Tätigkeit** am Markt vorliegt.[35]

■ Wie würden Sie, nachdem Sie diese Abgrenzungskriterien des Gewerbes kennengelernt haben, die Tätigkeit der Malerin A in Übungsfall 1 einstufen? Betreibt A ein Gewerbe? (Überlegen Sie!)

▶ Als Kunstmalerin übt sie einen *freien Beruf* aus. Sie betreibt also kein Gewerbe und damit auch kein Handelsgewerbe. Da A folglich nicht Kauffrau ist, kann die Rechtspflegerin nicht gem. § 29 HGB verlangen, dass sich A in das Handelsregister eintragen lässt. Insofern kann auch kein Zwangsgeld iSd § 14 HGB festgesetzt werden.

Hinweis: Vor dem Hintergrund der richtigen Schwerpunktsetzung sollten Sie die Voraussetzungen des Gewerbes in einer Klausur nur dann ausführlich prüfen, wenn diese problematisch erscheinen!

2. Handelsgewerbe

Um die Kaufmannseigenschaft einer gewerbetreibenden Person nach § 1 HGB zu begründen, muss das ausgeübte Gewerbe ein Handelsgewerbe sein. 11

Handelsgewerbe ist gem. § 1 II HGB „jeder Gewerbebetrieb, es sei denn, daß das Unternehmen nach Art oder Umfang einen in kaufmännischer Weise eingerichteten Geschäftsbetrieb nicht erfordert".

32 RGZ 74, 150.
33 Hopt/Merkt § 1 Rn. 13.
34 Hopt/Merkt § 1 Rn. 15.
35 S. dazu K. Schmidt HandelsR § 9 Rn. 37 ff.; Canaris HandelsR § 2 Rn. 3 ff.; Lettl HandelsR § 2 Rn. 9 und 21 f.

Mit der Formulierung von § 1 II HGB *„es sei denn,* daß das Unternehmen nach Art oder Umfang einen in kaufmännischer Weise eingerichteten Geschäftsbetrieb *nicht* erfordert“, wird demjenigen, der behaupten will, dass ein Gewerbetreibender nicht Kaufmann ist, dafür die Darlegungs- und Beweislast auferlegt. Das Gesetz stellt also eine **widerlegbare Vermutung** auf.[36] Für die Rechtsanwendung bedeutet das: Jemand, der ein Gewerbe betreibt, ist Kaufmann, außer das Unternehmen erfordert nach Art oder Umfang nicht einen in kaufmännischer Weise eingerichteten Geschäftsbetrieb.

Hinweis: Nur wenn ein Sachverhalt Angaben enthält, die zweifelhaft erscheinen lassen bzw. Kriterien aufführt, nach denen sich beurteilen lässt, ob nach Art und Umfang ein in kaufmännischer Weise eingerichteter Geschäftsbetrieb erforderlich ist, ist zu überprüfen, ob das Gewerbe auch ein Handelsgewerbe darstellt.

Überliest man das Wort *„nicht“* (vor *„erfordert“*), hat man „Art *oder* Umfang“ im Sinn:

■ Also ist jemand nur Kaufmann, wenn sein Gewerbetrieb (falls er überhaupt ein Gewerbe betreibt ...) nach Art *oder* Umfang (=„alternativ“) „einen in kaufmännischer Weise eingerichteten Geschäftsbetrieb [...] erfordert“?

▶ Nein; das *„nicht“* wurde überlesen! Die negative Formulierung „es sei denn, daß [...] *nicht* erfordert“ bedeutet: „Der Gewerbebetrieb muss nach Art **und** (nicht: oder, also kumulativ) Umfang kaufmännische Einrichtungen **erfordern** (nicht: haben; unstr.)“[37].

Merken Sie sich das bitte!

12 ■ Welche Abgrenzungskriterien kommen Ihrer Meinung nach in Betracht, um festzustellen, ob ein Gewerbetrieb nach Art und Umfang eine kaufmännische Organisation *erfordert* oder nicht?

▶ Überlegen Sie selbst, bevor Sie die **Kriterien** lesen! Es gibt nach dem Wortlaut des § 1 II HGB Kriterien nach der Art und Kriterien nach dem Umfang der Geschäftstätigkeit.

„Art“ der Geschäftstätigkeit (qualitative Kriterien):

Beispiele:
- Vielfalt der Produkte und Dienstleistungen sowie der Geschäftsbeziehungen,
- Inanspruchnahme von Kredit,
- Teilnahme am Wechselverkehr und
- umfangreiche Werbung.[38]

„Umfang“ der Geschäftstätigkeit (quantitative Kriterien):

Beispiele:
- Umsatz,
- Höhe des Anlage- und Umlaufvermögens,
- Zahl der Beschäftigten und
- Zahl und Organisation der Betriebsstätten.[39]

36 Jung HandelsR Kap. 2 Rn. 17.
37 Hopt/Merkt § 1 Rn. 23.
38 Bitter/Linardatos HandelsR § 2 Rn. 14; Hopt/Merkt § 1 Rn. 23.
39 Bitter/Linardatos HandelsR § 2 Rn. 14; Hopt/Merkt § 1 Rn. 23.

Entscheidend ist das **Gesamtbild** des Gewerbebetriebes.[40]

Hilfreich zur Einordnung und zur Abgrenzung ist der Gegenbegriff zum Handelsgewerbe: das *Kleingewerbe*.

3. „Betreiben" des Handelsgewerbes

Die letzte Voraussetzung für den Istkaufmann ist das „Betreiben". Nur der „Betrei- 13
ber" des Handelsgewerbes ist Kaufmann iSd § 1 HGB.

■ Frage: Sind die ehemaligen Mitschüler A und B in dem eben (→ Kap. 3 Rn. 1) genannten Beispiel Kaufleute im handelsrechtlichen Sinn oder nicht? Überlegen Sie und lesen Sie § 1 HGB nochmals!

▶ Kaufmann iSd § 1 I HGB ist, wer ein Handelsgewerbe *betreibt*. Handelsgewerbe ist, wie Sie bereits wissen, gem. § 1 II HGB „jeder Gewerbebetrieb, es sei denn, daß das Unternehmen nach Art oder Umfang einen in kaufmännischer Weise eingerichteten Geschäftsbetrieb nicht erfordert".
Somit ist die selbstständige Versicherungsmaklerin B gegebenenfalls Kauffrau im Sinne des HGB. Auch das Bankgewerbe ist zwar ein Handelsgewerbe. Da A aber bei einer Bank *angestellt* ist, *betreibt* er dieses Gewerbe nicht und ist nicht Kaufmann im Rechtssinn.

Wie Sie am Beispiel des Bankkaufmanns A gelernt haben, reicht es für die Kaufmannseigenschaft iSd HGB nicht aus, wenn jemand für einen anderen in dessen Handelsgewerbe tätig ist. Ein Handelsgewerbe „betreibt" als Kaufmann nur derjenige, auf dessen **Namen** das Geschäft läuft, wer also aus den Geschäften **berechtigt und verpflichtet** wird.[41]

Angestellte einer Bank, einer Versicherung oder anderer Unternehmen sind jedenfalls nicht Kaufleute im Sinne des Handelsrechts, auch wenn sie als Berufsabschlussbezeichnung „Kaufmann" (wie gesehen zB: Bankkaufmann, Versicherungskauffrau) führen. Sie sind vielmehr Handlungsgehilfen iSd §§ 59 ff. HGB, die wir später noch kurz behandeln werden.[42]

Wer ein Handelsgewerbe betreibt, ist also zwangsläufig Kaufmann – ob er will oder nicht! Man nannte ihn früher deshalb auch Musskaufmann (§ 1 HGB aF). Als solcher hat er gem. **§ 29 HGB** die Pflicht, sich zur Eintragung ins Handelsregister anzumelden. Der Begriff „Istkaufmann" ist also treffend. Derjenige, der ein Handelsgewerbe betreibt, ist gem. § 1 HGB (automatisch) Kaufmann.[43]

Selbst wer seiner Pflicht zur Eintragung ins Handelsregister gem. § 29 HGB nicht nachkommt, ist Kaufmann. Die Wirkung der Eintragung ist insofern nur **deklaratorischer** (rechtserklärender) und nicht konstitutiver (rechtsbegründender) Natur.[44]

Lernzielkontrolle: Die wesentlichen Voraussetzungen für die Kaufmannseigenschaft nach § 1 HGB sind auf der folgenden Übersicht 7 zusammengefasst.

---

40 Canaris HandelsR § 3 Rn. 9.

41 Jung HandelsR Kap. 2 Rn. 25.

42 → **Kap. 6 Rn. 1 ff.**

43 K. Schmidt NJW 1998, 2162.

44 S. zu den Begriffen **deklaratorisch** und **konstitutiv** näher → **Kap. 3 Rn. 18** sowie → **Kap. 5 Rn. 9.**

Übersicht 7

14

Istkaufleute gem. § 1 HGB	
1. Handelsgewerbe	2. Betreiben
zu 1: **Gewerbe:** Jede (a) nach außen gerichtete, (b) selbstständige, nicht: „freiberufliche", (c) planmäßig auf gewisse Dauer angelegte und (d) mit Gewinnerzielungsabsicht/entgeltlich ausgeübte Tätigkeit. a) **Nach außen gerichtete Tätigkeit:** Nicht heimliche Börsenspekulation oder „stiller Gesellschafter". b) **Selbstständige Tätigkeit:** *Rechtliche* Selbstständigkeit; wirtschaftliche Selbstständigkeit nicht erforderlich; **Kein „freier Beruf":** „höhere" Tätigkeiten, zB Ärztinnen, Architekten, Rechtsanwältinnen, Steuerberater, Wirtschaftsprüferinnen, Schriftstellerinnen, Künstler; Merkmal: persönliche Mitarbeit des Inhabers (s. die Auflistung in § 1 II 2 PartGG). c) **Planmäßig auf gewisse Dauer:** Nicht nur gelegentliche Tätigkeit. d) **Gewinnerzielungs*absicht*:** tatsächlicher Gewinn unerheblich; aA: entgeltliche Tätigkeit.	
Handelsgewerbe: jeder Gewerbebetrieb, es sei denn, dass er nach Art *oder* Umfang einen in kaufmännischer Weise eingerichteten Geschäftsbetrieb *nicht* erfordert, § 1 II HGB; widerlegbare gesetzliche Vermutung („… es sei denn, daß…")	
zu 2: **Betreiben:** Gewerbe wird auf den Namen des Kaufmanns abgewickelt. Kaufmann ist also nur derjenige, der aus den Geschäften berechtigt und verpflichtet wird. Ein angestellter „Bankkaufmann" zB ist daher *kein* Kaufmann im Rechtssinne (sondern Handlungsgehilfe nach §§ 59 ff. HGB).	

II. Kaufleute kraft Eintragung

15 Istkaufleute (§ 1 HGB) sind (automatisch) Kaufleute, ohne dass es auf eine Eintragung ins Handelsregister ankommt. Kann- und Fiktivkaufleute (§§ 2, 3 und 5 HGB) erlangen hingegen die Kaufmannseigenschaft erst durch die Eintragung ins Handelsregister.

1. Kannkaufleute nach § 2 HGB

Hinweis: Lesen Sie § 2 HGB und versuchen Sie wieder selbst zu Übungszwecken ohne vorauszulesen ein Prüfungsschema zu entwickeln!

Prüfungsschema § 2 HGB:

(1) **Gewerbe**betrieb
(2) **Kein *Handels*gewerbe**
(3) (Freiwillige) **Eintragung** im Handelsregister

16 (1) Erste Voraussetzung zum Erwerb der Kaufleuteeigenschaft nach § 2 HGB ist der **Betrieb eines Gewerbes.** Wer kein Gewerbe betreibt (zB eine Freiberuflerin), wird auch durch Eintragung nicht zum Kaufmann bzw. zur Kauffrau.

(2) Kaufleute nach § 2 HGB sind gewerbliche Unternehmer, deren Betriebe aber **kein Handelsgewerbe** gem. § 1 II HGB darstellen. Sie betreiben also nur ein *Kleingewerbe*. § 2 HGB eröffnet den Weg zur Kaufmannseigenschaft kraft Eintragung für solche Gewerbe, die nicht schon gem. § 1 II HGB Handelsgewerbe sind (Abgrenzung: Handelsgewerbe ↔ Kleingewerbe). 17

(3) Sie können eine **Eintragung** ins Handelsregister vornehmen lassen. Dazu sind sie berechtigt, aber nicht verpflichtet (§ 2 S. 2 HGB). Sofern die Eintragung erfolgt ist, gilt das Gewerbe dieser Kaufleute als Handelsgewerbe iSd § 1 HGB. Somit wird durch die Eintragung ins Handelsregister eine Stellung als Kaufmann begründet. 18

- ■ Wissen Sie (noch), wie man diese Wirkung der Eintragung ins Handelsregister bezeichnet? (Nachdenken!)
- ▶ Da die Eintragung ins Handelsregister bei Kannkaufleuten (§ 2 HGB) die Kaufmannseigenschaft begründet bzw. „konstituiert", hat sie **„konstitutive"** (rechtsbegründende) Wirkung.
- ■ Welche Wirkung hat dagegen die Eintragung von Kaufleuten nach § 1 HGB? (Das sollten Sie noch wissen!)
- ▶ Istkaufleute bekommen die Kaufmannseigenschaft per Gesetz durch § 1 HGB zugesprochen. Durch die Eintragung ins Handelsregister wird nur nach außen erklärt, dass sie unter ihrer Firma existieren und wo der Sitz ihrer Niederlassung ist. Die Eintragung hat daher nur *„deklaratorische"* (rechtserklärende) Wirkung.[45]

Für die Herbeiführung der Eintragung werden keine weiteren Tatbestandsvoraussetzungen aufgestellt. Es liegt somit im Ermessen der Kleingewerbetreibenden, auf diesem Weg Kaufmann oder Kauffrau zu werden. Solange ein in kaufmännischer Weise eingerichteter Geschäftsbetrieb nicht erforderlich ist, können Sie diesen Status wieder aufgeben (*„Kannkaufmann mit Rückfahrkarte"*[46], § 2 S. 2 und 3 HGB lesen!) 19

Kleingewerbetreibenden wird durch § 2 HGB die Möglichkeit gegeben, durch Eintragung in das Handelsregister freiwillig die Kaufmannseigenschaft zu erwerben. Dies ist sowohl für Einzelkaufleute als auch im Zusammenschluss zu einer offenen Handelsgesellschaft (§ 107 I HGB) oder einer Kommanditgesellschaft (§§ 161 II, 107 I HGB) möglich.[47]

2. Kannkaufleute nach § 3 HGB

Auf Betriebe der Land- und Forstwirtschaft finden die Vorschriften des § 1 HGB gem. § 3 I HGB keine Anwendung, dh ein Landwirt oder eine Forstwirtin können nicht Istkaufleute iSd § 1 HGB sein. 20

Die Landwirtin oder der Forstwirt sind also gegebenenfalls nur Kannkaufleute. Sie sind nach § 3 II iVm § 2 HGB gleichermaßen berechtigt, aber nicht verpflichtet, eine Kaufmannseigenschaft durch Eintragung ins Handelsregister herbeizuführen (§ 3 I und II HGB und – nochmals – § 2 HGB lesen!).

---

45 Vgl. dazu zB Wörlen/Metzler-Müller/Balleis BGB AT Rn. 86 f. sowie hier später in → **Kap. 5 Rn. 9**.

46 K. Schmidt NJW 1998, 2162 f.

47 Zu den Gesellschaften → **Kap. 8 Rn. 32 ff.**

3. Fiktivkaufleute nach § 5 HGB

21 **Prüfungsschema § 5 HGB:**

(1) **Gewerbebetrieb**
(2) **Eintragung** im Handelsregister

Lesen Sie zunächst § 5 HGB! Schwer verständlich, was dort ausgedrückt ist?

Es bedeutet sinngemäß: Unabhängig davon, ob Gewerbetreibende unter ihrer Firma ein Handelsgewerbe betreiben oder nicht, ob sie zur Eintragung in das Handelsregister verpflichtet oder berechtigt waren oder nicht, werden sie allein durch die Tatsache, dass sie im Handelsregister eingetragen sind, zu Kaufleuten. Wer im Handelsregister eingetragen ist, *gilt* als Kaufmann bzw. Kauffrau, auch wenn die Eintragung zu Unrecht erfolgt sein sollte. Die Kaufmannseigenschaft wird durch die Eintragung ins Handelsregister fingiert (gesetzliche Fiktion).[48] Man nennt diese Art des Kaufmanns daher Fiktivkaufmann.

Der zügigen Geschäftsabwicklung im Handelsverkehr würde es widersprechen, wenn die jeweilige Geschäftspartnerin die Kaufmannseigenschaft besonders nachprüfen müsste.

Rechtssicherheit und Vertrauensschutz machen es erforderlich, dass uU auch solche Rechtssubjekte wie Kaufleute behandelt werden, die es eigentlich (*ohne* die Eintragung ins Handelsregister) gar nicht sind.

§ 5 HGB, der durch das HRefG im Wesentlichen unverändert blieb, hat allerdings durch die Neufassung von § 2 HGB an Bedeutung verloren: Eine Eintragung nach § 2 HGB, die materiell zu Unrecht erfolgte, gibt es nicht mehr, da diese Eintragung nunmehr ins Belieben der Gewerbetreibenden gestellt ist. Ein Gewerbe muss auch die durch Eintragung nach § 5 HGB zur Kauffrau gewordene Unternehmerin betreiben.

III. Scheinkaufleute

22 Die Rechtsfigur des Scheinkaufmanns ist **gesetzlich nicht geregelt**. Rechtssicherheit und Vertrauensschutz sind indessen auch dann geboten, wenn jemand im privaten Rechtsverkehr als Kaufmann oder Kauffrau auftritt, ohne tatsächlich Kaufmann oder Kauffrau im Sinne der §§ 1–6 HGB zu sein. Diese Personen werden als Scheinkaufleute bezeichnet, respektive Kaufleute kraft *Rechtsscheins*. Sie werden **als Kaufmann behandelt** und den strengeren Vorschriften des HGB unterstellt.

Die Lehre vom Scheinkaufmann zielt auf den Schutz der Geschäftspartner derjenigen, die sich als Kaufleute ausgeben, ohne es zu sein. Daher sollen diese Scheinkaufleute nur die *Pflichten* des ordentlichen Kaufmanns treffen; nicht aber sollen ihnen auch die Rechte und Vergünstigungen, die das HGB den Kaufleuten gewährt, zukommen. Dies wäre mit dem Grundsatz von Treu und Glauben des § 242 BGB nicht vereinbar.[49]

48 Canaris HandelsR § 3 Rn. 48 ff.; Jung HandelsR Kap. 2 Rn. 26.
49 S. zum Ganzen Brox/Henssler HandelsR Rn. 63 ff.; Hopt/Merkt § 5 Rn. 9 ff.

Im Interesse des Verkehrs- und Vertrauensschutzes muss sich diejenige Person, die sich im Geschäftsverkehr wie ein Kaufmann geriert, es aber pflichtwidrig unterlassen hat, die Registereintragung herbeizuführen, in Bezug auf bestimmte kaufmännische Pflichten auch wie ein Kaufmann behandeln lassen.[50]

Voraussetzungen:

- Rechtsscheintatbestand ist dem Scheinkaufmann zurechenbar,
- Dritter ist schutzwürdig, also gutgläubig, und
- Kausalität ist gegeben.[51]

IV. Kaufleute kraft Rechtsform (Formkaufleute; § 6 HGB)

Kaufleute im Sinne des HGB sind auch die Handelsgesellschaften (vgl. **§ 6 I HGB** 23
– lesen!), also insbesondere OHG, KG, GmbH, AG und KGaA. Als „Verein, dem das Gesetz ohne Rücksicht auf den Gegenstand des Unternehmens die Eigenschaft eines Kaufmanns beilegt" (**§ 6 II** = Formkaufmann) sind insbesondere GmbH, AG, KGaA und eG anzusehen. Sie sind kraft Gesetzes, auch ohne Vorliegen der Voraussetzungen von § 1 II HGB, stets Kaufleute.

Handelsgesellschaften nennt man deshalb Formkaufleute. Unabhängig davon, ob sie ein Handelsgewerbe betreiben oder nicht, sind sie kraft Gesetzes aufgrund ihrer Rechtsform Kaufleute.

Bei der GmbH verweist § 13 III GmbHG, bei der Aktiengesellschaft § 3 I AktG und bei der eG § 17 II GenG auf § 6 HGB. Diese Gesellschaften sind Formkaufleute, ohne dass es auf das Betreiben eines Handelsgewerbes (§ 1 II HGB) ankommt.

Personengesellschaften aber sind grundsätzlich nur dann Kaufleute kraft Rechtsform, 24
also Handelsgesellschaften in Form der OHG oder KG, wenn sie ein *Handelsgewerbe betreiben* (§§ 105 I, 161 I HGB). Wie bei Einzelkaufleuten ist also darauf abzustellen, ob eine Personengesellschaft ein Gewerbe betreibt, das einen nach Art und Umfang in kaufmännischer Weise eingerichteten Geschäftsbetrieb erfordert (§§ 161 II, 105 I iVm § 1 II HGB) oder kraft (fakultativer) Eintragung zur OHG oder KG wird (§§ 161 II, 107 I HGB).

Wird von der Personengesellschaft kein Gewerbe bzw. Handelsgewerbe betrieben und ist sie nicht ins Handelsregister eingetragen, ist eine Personengesellschaft keine OHG oder KG, sondern eine sog. BGB-Gesellschaft (= GbR).

Mit der rechtlichen Konstruktion der Gesellschaften werden wir uns später[52] noch ausführlicher befassen.

Man kann an dieser Stelle festhalten, dass es Kaufleute in Form von *Einzelkaufleuten* (§§ 1–5 HGB) und *Handelsgesellschaften* (§ 6 HGB) gibt.

Lernzielkontrolle: Die verschiedenen Arten der Kaufleute sind auf der folgenden Übersicht 8 (→ Kap. 3 Rn. 26) zusammengefasst. Prüfen Sie kritisch, ob Sie alles verinnerlicht haben!

50 Begr. zum Gesetzesentwurf der Bundesregierung, BR-Drs. 340/97, 32 f. (im Folgenden nur zit. als BR-Drs.).

51 Ausf. Hopt/Merkt § 5 Rn. 9 ff.

52 Unten → Kap. 8 Rn. 1 ff.

25 **Literatur zur Vertiefung (→ Kap. 3 Rn. 1–26):** Bitter/Linardatos HandelsR § 2; Brox/Henssler HandelsR §§ 2–4; Canaris HandelsR §§ 2 u. 3; Deutschmann, Die Kaufmannseigenschaft nach dem Handelsgesetzbuch, JURA 2024, 260; Haag/Erdl Fälle HandelsR/GesR Fälle 1.1–1.3; Hucke/Christow, Handels- und Gesellschaftsrecht, Ad Legendum 2018, 60; Jung HandelsR Kap. 2; Lettl Fälle HandelsR Fälle 1, 5 und 7; Lettl HandelsR § 2; Lieder, Referendarexamensklausur Handels- und Gesellschaftsrecht und Bürgerliches Recht, JuS 2014, 1009; Mönkemöller, Die Kleingewerbetreibenden nach dem neuen Kaufmannsrecht, JuS 2002, 30, 495; H.-F. Müller, Der Kaufmannsbegriff, JA 2021, 454; Petersen, Kaufmannsbegriff und Kaufmannseigenschaft nach dem Handelsgesetzbuch, JURA 2005, 831; Petig/Freisfeld, Die Kaufmannseigenschaft, JuS 2008, 770; Prütting/Weller HandelsR §§ 4–7; K. Schmidt HandelsR §§ 9 u. 10; K. Schmidt, Unternehmer, Verbraucher – Kaufmann, BB 2005, 837; Steinbeck, Grundlagen des Handelsrechts und examensspezifische Problemkonstellation, Ad Legendum 2013, 298; Wolf/v. Bismarck, Kaufmann, Unternehmer, Verbraucher – wann gilt das BGB, wann das HGB, wann Verbraucherrecht?, JA 2010, 841.

26

Übersicht 8

Zusammenfassung: Arten der Kaufleute nach dem HGB				
Istkaufleute	**Kannkaufleute**		**Formkaufleute**	**Fiktivkaufleute und Scheinkaufleute**
§ 1[53]	§ 2	§ 3	§ 6	
Voraussetzungen: 1. **Gewerbe** 2. **Handelsgewerbe** 3. **Betreiben**	1. **Gewerbebetrieb** 2. Kein Handelsgewerbe nach § 1 II (**Kleingewerbe**) 3. **Eintragung** ins HReg Gewerbe *gilt* dann als Handelsgewerbe	Betrieb der **Land- und Forstwirtschaft** => keine Anwendung von § 1 I!	**Handelsgesellschaften** = Kaufleute kraft Gesetzes aufgrund der Rechtsform	**Fiktivkaufleute** § 5 Gewerbetreibende, die im HReg eingetragen sind, *gelten* als Kaufleute
„Istkaufmann", da er/sie kraft Gesetzes (automatisch) Kfm/Kfr ist	*Berechtigung*, aber keine Verpflichtung zur Eintragung ins HReg gem. § 2 S. 2	*Berechtigung*, aber keine Verpflichtung zur Eintragung ins HReg, § 3 II, § 2	zB: OHG, KG, AG, KGaA, GmbH, UG, eG	Eintragung hat *konstitutive* Wirkung
Verpflichtung zur Eintragung ins HReg = § 29 Eintragung hat nur **deklaratorische** (= rechtserklärende) Wirkung	Eintragung hat **konstitutive** (= rechtsbegründende) Wirkung	Eintragung hat *konstitutive* Wirkung	*Verpflichtung* zur Eintragung ins HReg	**Scheinkaufleute**: Ohne Eintragung ins HReg Auftreten als Kfm/Kfr, ohne tatsächlich Kfm/Kfr zu sein Werden als Kaufleute behandelt und den Pflichten des ordentlichen Kfm unterworfen

53 §§ ohne Bezeichnung auf dieser Übersicht sind solche des HGB!

4. Kapitel. Handelsfirma

Hauptlernziele:
- Was versteht man unter einer Firma?
- Aus welchen Bestandteilen besteht eine Firma?
- Welche Grundsätze sind bei der Firmenbildung und Firmenführung zu beachten?
- Welche Rechtsfolgen bringt ein Inhaberwechsel mit sich?

I. Begriff und Bestandteile

Es wurde mehrfach erwähnt, dass Kaufleute verpflichtet (oder – im Falle der Kannkaufleute – berechtigt) sind, sich mit ihrer Firma ins Handelsregister eintragen zu lassen (§ 29 HGB). 1

1. Begriff

Zunächst wollen wir uns deshalb mit dem Begriff der Firma beschäftigen.

■ Was versteht man unter einer **Firma?** (Überlegen Sie selbst, bevor Sie weiterlesen!)
▶ Im allgemeinen Sprachgebrauch wird die Firma häufig mit dem Unternehmen oder dem Gebäude des Unternehmens gleichgesetzt.

> **Beispiel:** „Ich muss nochmal in die Firma".

■ Die juristisch korrekte Antwort gibt allerdings § 17 I HGB (lesen!):
▶ Die Firma ist der Name, unter dem ein Kaufmann seine Geschäfte betreibt und die Unterschrift abgibt.

Eine Firma im juristischen Sinne ist also gem. § 17 I HGB der **Name** des **Kaufmanns.** Ein Kaufmann kann unter seiner Firma klagen und verklagt werden (§ 17 II HGB). Die Firma ist der Name des Unternehmensträgers (Einzelkaufmann oder Handelsgesellschaft). Der Einzelkaufmann hat insofern zwei Namen. Die Firma ersetzt den Namen des Kaufmanns nur im Handelsverkehr. Daneben hat der Einzelkaufmann noch seinen bürgerlichen Namen.[54]

Die Firma ist so eng mit dem Unternehmen (Handelsgeschäft) verbunden, dass die Firma nur zusammen mit dem Unternehmen veräußert werden kann (vgl. § 23 HGB).

Nur ein Kaufmann (Einzelkaufmann oder Handelsgesellschaft) darf also eine Firma führen. Sonstige Unternehmer können im Geschäftsverkehr mit ihrem bürgerlichen Namen oder einer Geschäftsbezeichnung (zB Gasthof am Rathausplatz) auftreten.

2. Bestandteile

Die Firma besteht aus dem Firmenkern und dem Rechtsformzusatz.[55] 2

54 Hopt/Merkt § 17 Rn. 4.
55 Hopt/Merkt § 18 Rn. 8.

Übersicht 9

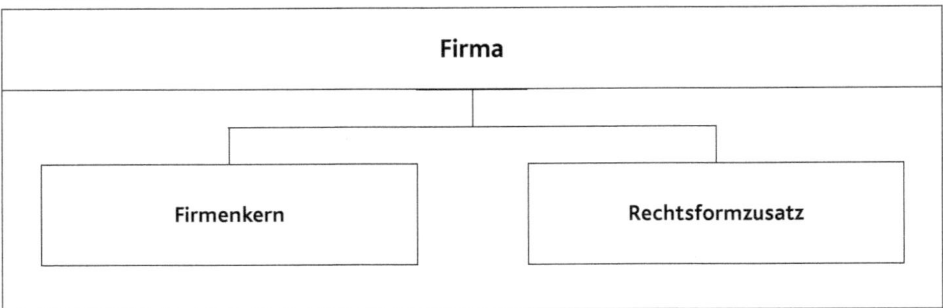

a) Firmenkern

Jedem Kaufmann, ob Einzelkaufmann, Personenhandelsgesellschaft oder Körperschaft, ist es freigestellt, zwischen verschiedenen Arten zu wählen.[56]

Hinweis: Insofern ist die Kenntnis dieser Optionen (und der nachfolgenden Grundsätze) auch für Gründerinnen und Gründer eines kaufmännischen Unternehmens von großer praktischer Relevanz.

Übersicht 10

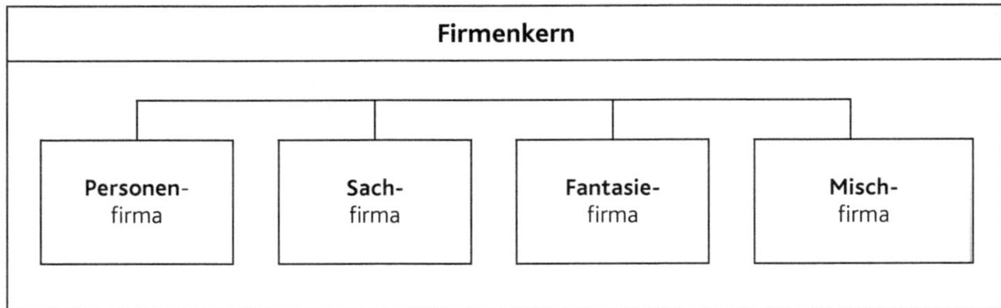

- **Personenfirma:**
  Enthält den bürgerlichen Namen des Unternehmers oder der Unternehmerin
- **Sachfirma:**
  Hinweis auf Unternehmensgegenstand
- **Fantasiefirma:**
  Fantasiebezeichnung ohne Bezug zum Unternehmensgegenstand oder zum bürgerlichen Namen
- **Mischfirma:**
  Kombination aus oben genannten Firmenarten.

■ Überlegen Sie sich jeweils ein Beispiel für jede Art des Firmenkerns!

Beispiele:
- Personenfirma: Maximilian Groß e.K.
- Sachfirma: Berliner Backwaren GmbH
- Fantasiefirma: Fantastica AG
- Mischfirma: Maximilian Groß Backwaren GmbH

56 Hierzu und zum Folgenden vgl. Kindler GK HandelsR § 4 Rn. 18 f.; Jung HandelsR Kap. 4 Rn. 9, 12 ff.

b) Rechtsformzusatz

Alle Firmen müssen neben dem Firmenkern einen Zusatz über die Rechtsform enthalten, um die Ausgestaltung der Haftung erkennbar zu machen. 3

Übersicht 11

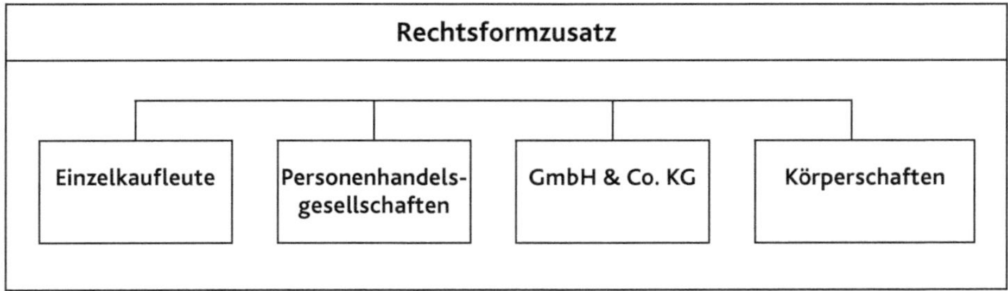

- **Einzelkaufleute** müssen gem. § 19 I Nr. 1 HGB die Bezeichnung „eingetragener Kaufmann/eingetragene Kauffrau“ oder allgemein verständliche Abkürzungen dieser Bezeichnung wie zB „e.Kfm./e.Kfr.“ oder „e.K.“ führen.
- Gemäß § 19 I Nr. 2 und Nr. 3 HGB muss bei **Personenhandelsgesellschaften** die jeweilige genaue Gesellschaftsbezeichnung oder die entsprechende allgemein verständliche Abkürzung, also „OHG“ oder „KG“, eingetragen werden.
- Wenn in einer OHG oder KG keine natürliche Person haftet, wie insbesondere bei der **GmbH & Co. KG** (→ Kap. 8 Rn. 94 ff.), muss die Firma gem. § 19 II HGB eine Bezeichnung enthalten, welche die Haftungsbeschränkung kennzeichnet.
- Entsprechende Bestimmungen für **Körperschaften** (also insbesondere AG, KGaA, GmbH/UG und eG) sehen die §§ 4, 279 AktG und §§ 4, 5a GmbHG sowie § 3 GenG vor.

Gemäß § 18 I HGB muss die Firma zur Kennzeichnung des Kaufmanns geeignet sein und Unterscheidungskraft besitzen. Insofern ist bei der Wahl des Firmenkerns darauf zu achten, dass dieser Kennzeichnungseignung und Unterscheidungskraft aufweist. Entscheidend ist die Identifizierungsfunktion der Firma, dh die hinreichende Individualisierung des Unternehmensträgers, um eine Verwechslung auszuschließen.[57] 4

Im Rahmen von § 18 I HGB geht es um die abstrakte Unterscheidungsmöglichkeit gegenüber anderen Firmen. Reine Produkt- und Branchenbezeichnungen sind unzulässig.[58]

Beispiele: Reifen GmbH und Bau AG wären firmenrechtlich unzulässig.

Auch Personenfirmen ausschließlich mit verbreiteten Familienamen, wie zB Müller, weisen keine hinreichende Unterscheidungskraft auf.[59]

II. Grundsätze der Firmenbildung und Firmenführung

Hinsichtlich der Firmenbildung und Firmenführung sind folgende firmenrechtliche Grundsätze zu beachten:[60] 5

57 Brox/Henssler HandelsR Rn. 109a.
58 Hopt/Merkt § 18 Rn. 6 f.
59 Hopt/Merkt § 18 Rn. 6.
60 Ausf. dazu Jung HandelsR Kap. 4 Rn. 15 ff.

Übersicht 12

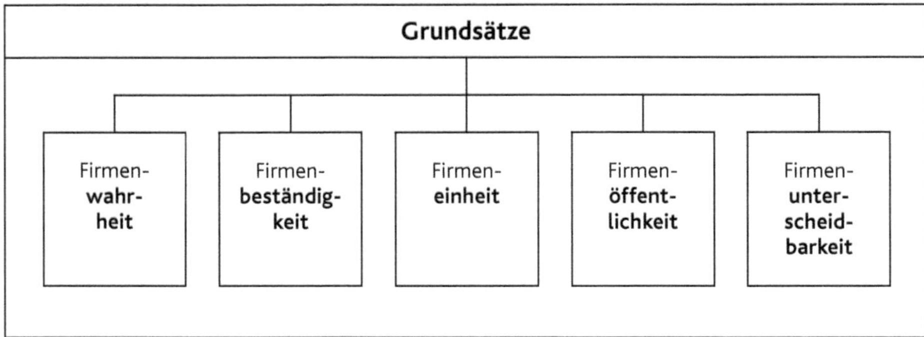

1. Firmenwahrheit

6 Für die Firmenbildung steht der Grundsatz der sog. Firmenwahrheit (Irreführungsverbot) im Vordergrund.[61] Nach § 18 II 1 HGB darf die Firma „keine Angaben enthalten, die geeignet sind, über geschäftliche Verhältnisse, die für die angesprochenen Verkehrskreise wesentlich sind, irrezuführen." Der Grundsatz der Firmenwahrheit bezieht sich auf alle Bestandteile der Firma, also auf Firmenkern und Rechtsformzusatz.[62]

Beispiele: Gebiets- und Städteangaben sind grundsätzlich nur für lokal führende Unternehmen zulässig. Die Hinweise „Deutsch", „Europäisch" und „International" setzen grundsätzlich Unternehmen voraus, die nach ihrer wirtschaftlichen Bedeutung auf den ganzen deutschen Markt zugeschnitten sind bzw. nach Größe und Marktstellung eine europäische bzw. internationale Relevanz haben.[63]

2. Firmenbeständigkeit

7 Der Grundsatz der Firmenwahrheit wird vom Gesetzgeber bewusst nicht überspannt, sondern findet gewisse Einschränkungen durch den Grundsatz der Firmenbeständigkeit. Dieser besagt, dass die Firma in bestimmten Fällen unverändert bestehen bleiben darf, obwohl sie im Firmenkern unwahr geworden ist.[64]

Mit diesem Problem beschäftigt sich unser nächster Fall:

Übungsfall 2

Die „Hans Hörnlein & Sohn OHG" wurde zum 31.12. aufgelöst, was im Handelsregister vermerkt wurde. Seniorchef Hans Hörnlein will sich zur Ruhe setzen, und sein Sohn Hans soll das Geschäft ab 1.1. des folgenden Jahres unter derselben Firma als Einzelkaufmann weiterführen. Das Registergericht hat gegen die Eintragung der Firma mit dem Zusatz „& Sohn OHG" Bedenken, da dadurch auf ein in Wahrheit nicht bestehendes Gesellschaftsverhältnis zu schließen ist und die Öffentlichkeit somit getäuscht werden könnte.
Kann die Firma „Hans Hörnlein & Sohn OHG" wieder ins Handelsregister eingetragen werden?

8 ■ Welcher Grundsatz des Firmenrechts könnte die Bedenken des Registergerichts rechtfertigen?

61 K. Schmidt HandelsR § 12 Rn. 88.
62 Hopt/Merkt § 18 Rn. 9.
63 Hopt/Merkt § 18 Rn. 23 und 25 f.
64 Brox/Henssler HandelsR Rn. 111.

▶ Durch den Zusatz „& Sohn OHG" ist auf ein Gesellschaftsverhältnis zu schließen, während Hans Hörnlein jun. als Einzelkaufmann tätig sein will. Dadurch könnte gegen den Grundsatz der Firmenwahrheit verstoßen werden. Dies lässt sich mit § 18 II und § 19 I Nr. 1 HGB (lesen!) begründen.

■ Wie müsste die Firma nach § 19 I HGB lauten? (Überlegen Sie!)

▶ Nach dem Wortlaut von § 19 I Nr. 1 HGB müsste die Firma „Hans Hörnlein, eingetragener Kaufmann" (oder e. Kfm. bzw. e. K.) heißen!

Nach § 22 I HGB darf bei Fortführung eines erworbenen Handelsgeschäfts zwar die bisherige Firma, auch wenn sie den Namen des bisherigen Geschäftsinhabers enthält, fortgeführt werden, § 19 I Nr. 1 HGB verlangt allerdings ausdrücklich die Kennzeichnung als Einzelkaufmann.

Die Einschränkung des Grundsatzes der Firmenwahrheit durch das Prinzip der Fir- 9
menbeständigkeit soll nur möglich sein, wenn der Handelsverkehr durch den fortgeführten Namen des Unternehmens nicht über dessen tatsächliche Rechtsform getäuscht wird. Der wichtigste Grundsatz ist – wie bereits erwähnt – der der Firmenwahrheit.[65]

In diesem Zusammenhang drängt sich natürlich die Frage auf: In welchem Fall kann der Grundsatz der Firmenbeständigkeit den Grundsatz der Firmenwahrheit angesichts der Regelung von § 19 HGB, der Kennzeichnungszusätze auch bei Fortführung der Firma nach den §§ 21, 22 und 24 HGB verlangt, noch durchbrechen?

■ Versuchen Sie selbst, nach der Lektüre von § 22 I HGB ein Beispiel dafür zu (er)finden! Überlegen Sie wieder erst, bevor Sie weiterlesen!

▶ Ganz einfach(?): Hans Hörnlein erwirbt von „Karl Klotz, e. Kfm." dessen Unternehmen und führt gem. § 22 I HGB die alte Firma fort. Das darf er, wenn Karl Klotz ausdrücklich einwilligt.

Hier ist auch keine „Irreführung" iSv § 18 II HGB zu befürchten, da die Haftungsverhältnisse klar sind (alle Vorschriften nochmals lesen!).

3. Firmeneinheit

Ein weiterer, aber gesetzlich nicht normierter Grundsatz für die Firmenbildung ist 10
der der Firmeneinheit. Danach darf ein Kaufmann zur Vermeidung von Irreführungen für *ein* Unternehmen nur *eine* einzige Firma führen.[66]

> **Beispiel:** Erwirbt der Kaufmann Hans Hörnlein ein weiteres Handelsgeschäft von Karl Klotz samt Firma, so kann er nur dann zwei verschiedene Firmen führen, wenn das erworbene Unternehmen von seinem bisherigen Handelsgeschäft organisatorisch streng getrennt und selbstständig ist. In diesem Fall könnte er zwei Firmen („Hans Hörnlein e. K." und „Karl Klotz e. K.") führen. Andernfalls, wenn er also beide Unternehmen zu einem Geschäft vereint, ist nur eine Firma zulässig.[67]

Zum Begriff des *Handelsgeschäfts* sollten Sie sich übrigens an dieser Stelle schon 11
merken, dass das HGB ihn nicht immer einheitlich gebraucht, sondern zwei verschiedene Dinge damit bezeichnet.

---

65 K. Schmidt HandelsR § 12 Rn. 88.
66 Brox/Henssler HandelsR Rn. 115.
67 Vgl. Bitter/Linardatos HandelsR § 3 Rn. 21 f.

- Was ist damit gemeint, wenn das HGB im Firmenrecht von Erwerb und Fortführung des Handelsgeschäfts spricht?
- ▶ Das Unternehmen bzw. der Betrieb des Kaufmanns oder der Kauffrau!
- Was kann man unter einem Handelsgeschäft auch noch verstehen?
- ▶ Handelsgeschäfte sind alle Rechtsgeschäfte eines Kaufmanns, die zum Betrieb seines Handelsgewerbes gehören (§ 343 I HGB). In diesem Sinne wird der Begriff des Handelsgeschäfts in den §§ 343 ff. HGB verwendet.

Hierauf werden wir noch zu einem späteren Zeitpunkt eingehen (→ Kap. 7 Rn. 1 ff.).

4. Firmenöffentlichkeit

12 Der Grundsatz der Firmenöffentlichkeit besagt, dass die Firma der Öffentlichkeit bekannt gegeben werden muss.

- Wie das geschieht und aufgrund welcher Vorschrift der Kaufmann zu dieser Kundmachung seiner Firma verpflichtet ist, müssten Sie eigentlich beantworten können, wenn Sie sich an die Lösung unseres ersten Übungsfalls erinnern. Dieser hat sich mit der Frage nach der Kaufmannseigenschaft der Kunstmalerin A befasst!
- ▶ Die Kundmachung der Firma geschieht vor allem durch die Anmeldung der Firma zur Eintragung ins Handelsregister. Dazu ist gem. **§ 29 HGB** jeder Kaufmann verpflichtet! (§ 29 HGB nochmals lesen! Lesen Sie auch an dieser Stelle schon § 31 und § 125 HGB.)
- Welche Möglichkeiten der Publizierung der Firma können Sie sich außerdem noch vorstellen? Denken Sie an die Praxis des täglichen Geschäftsverkehrs!
- ▶ Wahrscheinlich zu „einfach“: Anbringen eines Firmenschilds am Geschäftslokal oder allein der Gebrauch der Firma im Rechtsverkehr, zB durch entsprechend bedruckte Geschäftsbriefbögen (vgl. dazu § 37a HGB).

5. Firmenunterscheidbarkeit

13 Im Zusammenhang mit § 29 HGB ist zugleich auf den Grundsatz der Firmenunterscheidbarkeit (auch: Firmenausschließlichkeit) hinzuweisen, der aus **§ 30 HGB** folgt (lesen Sie § 30 I–III HGB). Aus diesen Vorschriften folgt, dass das Handelsrecht die Firma unter einen besonderen Schutz gestellt sehen will. Zu § 30 II HGB, also zum Fall, dass zwei Kaufleute am gleichen Ort den gleichen Vor- und Familiennamen tragen, folgendes

> **Beispiel:** Kurt Müller betreibt unter gleichnamiger Firma (Kurt Müller, e. Kfm.) in der Gemeinde Trostlosdorf einen Lebensmittelladen. Der zugezogene Versicherungsmakler Kurt Müller will sich in demselben Dorf ebenfalls unter der Firma „Kurt Müller, e. Kfm.“ niederlassen.

- Welchen Unterscheidungszusatz würden Sie ihm empfehlen, damit das Amtsgericht ihn beanstandungslos in das Handelsregister eintragen wird?
- ▶ ZB „Kurt Müller, Versicherungsmakler, e. Kfm.“.

Bei § 30 HGB geht es im Vergleich zu § 18 I HGB um die *konkrete* Unterscheidungsmöglichkeit zu bereits an demselben Ort bestehenden Firmen. Zweck der Vorschrift ist der Schutz der Öffentlichkeit vor Verwechslung der Firmen. Es gilt das Prioritätsprinzip, dh bereits im Handelsregister eingetragene Firmen haben Vorrang.[68]

68 S. Hopt/Merkt § 30 Rn. 1 und 6.

III. Schutz der Firma

Die Firma wird nicht nur nach dem HGB, sondern auch durch das MarkenG, das BGB und das UWG geschützt. 14

Übersicht 13

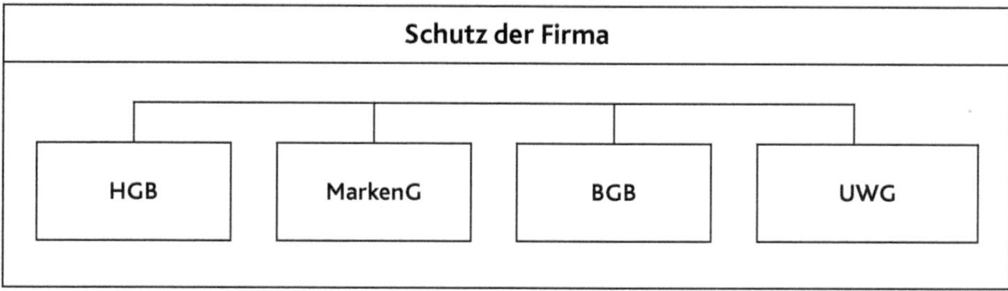

1. Nach HGB

Wird das Recht auf Firmenausschließlichkeit eines Kaufmanns durch einen anderen unzulässig beeinträchtigt, gewährt das HGB demjenigen, dessen Recht beeinträchtigt wird, gem. § 37 HGB in zweifacher Weise Firmenschutz.

Lesen Sie § 37 I und II HGB ganz durch!

■ Worin sehen Sie den wesentlichen Unterschied dieser beiden Absätze? (Überlegen Sie!)

▶ **§ 37 I HGB** gewährt dem Firmeninhaber *öffentlich-rechtlichen* Schutz. **§ 37 II HGB** gibt ihm *privatrechtliche* Ansprüche gegen denjenigen, der seine Firma unbefugterweise gebraucht.

Der Firmeninhaber kann seine Firma zusammen mit seinem Handelsgeschäft, also seinem Unternehmen, veräußern, indem er dem Erwerber die Fortführung der Firma, dh, die Beibehaltung des alten Namens gem. § 22 HGB gestattet.

Da die Firma aber kein selbstständiges Rechtsobjekt ist, kann sie niemals ohne das Handelsgeschäft, für welches sie geführt wird, veräußert werden. Eine solche Veräußerung würde gegen das ausdrückliche Verbot von § 23 HGB verstoßen und wäre deshalb nichtig (§ 23 HGB lesen!). 15

■ Wissen Sie noch, aus welcher Vorschrift (des BGB) sich die Nichtigkeit der Veräußerung in diesem Fall ergeben würde? (Überlegen Sie!)

▶ Antwort s. Fußnote[69].

> **Hinweis:** Notieren Sie sich diese Vorschrift im Gesetzestext nach Möglichkeit neben § 23 HGB!

Dem Firmenschutz dient auch § 37a HGB, den Sie nun nochmals lesen sollten.

2. Nach MarkenG

Das MarkenG sieht vor allem den Schutz der Firma im *geschäftlichen* Verkehr vor. 16

69 **§ 134 BGB!**

Wenn jemand unbefugt eine geschäftliche Bezeichnung (vgl. dazu § 15 II und III MarkenG) gebraucht, hat der Inhaber der Firma gem. **§ 15 IV MarkenG** einen Unterlassungsanspruch und gegebenenfalls einen Schadensersatzanspruch nach **§ 15 V MarkenG.**[70]

Gemäß § 5 I MarkenG werden *Unternehmenskennzeichen* und *Werktitel* als *geschäftliche Bezeichnungen* geschützt. Nach § 5 II 1 MarkenG sind Unternehmenskennzeichen solche Zeichen, die im geschäftlichen Verkehr als Name, als *Firma* oder als besondere Bezeichnung eines Geschäftsbetriebs oder eines Unternehmens benutzt werden.

3. Nach BGB

17 ■ Aus welcher Vorschrift des BGB könnte sich der Schutz der Firma eines Kaufmanns ergeben? Denken Sie dabei an den Begriff der Firma iSv § 17 HGB!

▶ Da die Firma gem. § 17 HGB der *Name* des Kaufmanns ist, unter dem er seine Geschäfte betreibt und seine Unterschrift abgibt, ist die Firma auch durch **§ 12 BGB** (Namensrecht) geschützt.[71] Entsprechend dieser Vorschrift haben Berechtigte einen Beseitigungs- und Unterlassungsanspruch, wenn ein Dritter die Firma unbefugt gebraucht.

Weil das Namenrecht ein „sonstiges“ Recht iSv § 823 I BGB ist, kommen bei schuldhafter Verletzung dieses Rechts auch Schadensersatzansprüche aus **§§ 823 I und II, 826 BGB** in Betracht.[72]

Auch **§ 1004 I BGB analog** kann bei Beeinträchtigung der Firma Anspruchsgrundlage für den Firmeninhaber sein.[73]

■ Warum wird hier § 1004 BGB *analog* angewendet?

▶ Weil § 1004 BGB direkt nur für Eigentumsverletzungen gilt.

4. Nach UWG

18 Daneben kommen auch Anspruchsgrundlagen (Unterlassung, Schadensersatz) aus dem Gesetz gegen den unlauteren Wettbewerb (UWG) infrage (**§§ 8 und 10 UWG**).[74]

IV. Inhaberwechsel und Fortführung der Firma

19 Beim Inhaberwechsel und der Fortführung der Firma ist einerseits zu differenzieren, ob ein Inhaberwechsel durch rechtsgeschäftlichen Erwerb (§ 25 HGB) oder durch Erbschaft (§ 27 HGB) erfolgt. Andererseits werden wir uns den „Eintritt“ in das Geschäft eines Einzelkaufmanns (§ 28 HGB) ansehen.

70 Näheres zB bei Götting/Hofmann/Zech, Gewerblicher Rechtsschutz, 12. Aufl. 2024, § 46 und § 11.
71 S. Grüneberg/Ellenberger § 12 Rn. 9 und 17.
72 S. Grüneberg/Sprau § 823 Rn. 14; Grüneberg/Ellenberger § 12 Rn. 39.
73 Grüneberg/Ellenberger § 12 Rn. 36 f.
74 Näher dazu Prütting/Weller HandelsR Rn. 683 f.

Übersicht 14

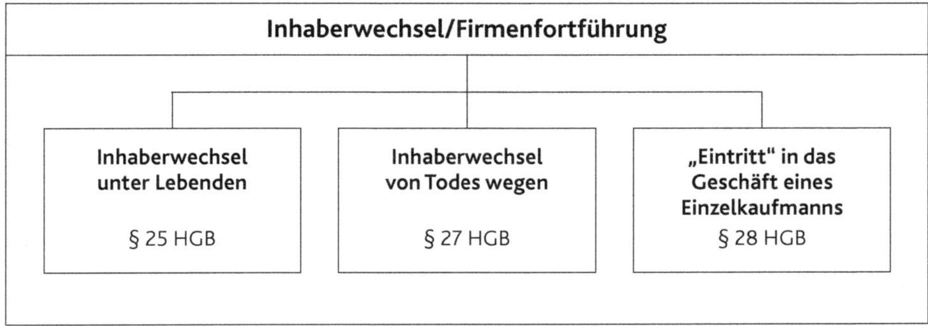

1. Inhaberwechsel unter Lebenden (§ 25 HGB)

Beim Inhaberwechsel durch rechtsgeschäftlichen Erwerb sind folgende Fragen relevant:

Übersicht 15

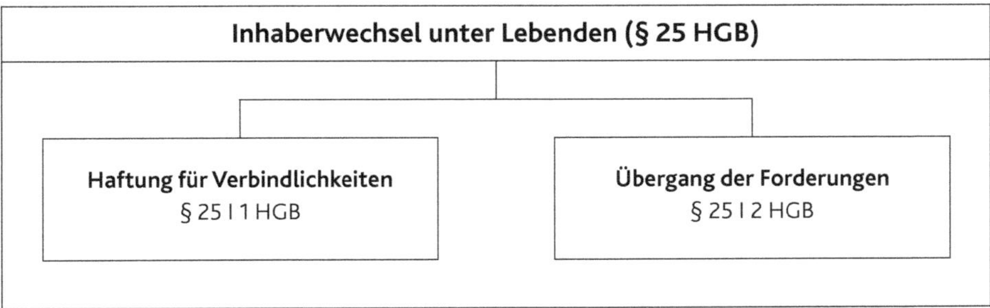

a) Haftung für Verbindlichkeiten (§ 25 I 1 HGB)

Prüfungsschema § 25 I 1 HGB: 20

(1) **Erwerb** eines Handelsgeschäfts unter Lebenden
(2) **Fortführung** des Handelsgeschäfts unter bisheriger Firma
(3) **Geschäftsverbindlichkeit** des früheren Inhabers
(4) **Keine** abweichende **Vereinbarung** iSv § 25 II HGB

Aus der engen Verbindung zwischen dem Handelsgeschäft und der Firma ergeben sich bei der Fortführung durch den Erwerber wichtige Konsequenzen hinsichtlich der Haftung für Verbindlichkeiten des bisherigen Inhabers.

Wir wollen diese Konsequenzen anhand des nächsten Übungsfalls etwas genauer betrachten.

Übungsfall 3

Gertrud Gans (G) liefert von Juli bis Oktober 2023 Waren im Wert von 5.000 EUR an die „Buchhandlung Wilhelm Wuttke, e. Kfm." (W). Als Inhaber war zu dieser Zeit Kuno Klotz (K) ins Handelsregister eingetragen, der die Buchhandlung vom Eigentümer W gepachtet hatte.
Nachdem K mit der Zahlung der Pacht in Verzug kam, kündigte W ihm fristgerecht und verpachtete die Buchhandlung Anfang Dezember 2023 an den Kaufmann Reinhold Raffke (R). R führt den Betrieb ab 1.1.2024 unter der Firma „Buchhandlung Wilhelm Wuttke, Inhaber R., e. Kfm." weiter.
G verlangt im Oktober 2024 von R Zahlung von 5.000 EUR. R wendet ein, dass zwischen ihm und dem Vorpächter K keinerlei Rechtsbeziehungen bestehen. Außerdem sei der Ausschluss seiner Haftung für Verbindlichkeiten des K im Juli 2024 ins Handelsregister eingetragen worden. G besteht dennoch auf Zahlung.
Zu Recht?

Hinweis: Gerade im Handels- und auch Gesellschaftsrecht sollten Sie sich jedenfalls bei komplexeren Fällen nach dem Lesen des Sachverhaltes zur graphischen Veranschaulichung eine Sachverhalts- und Personenskizze erstellen!

Ein *direkter Anspruch* der G gegen R aus Vertrag scheidet zweifellos aus, da G und R keinen Vertrag geschlossen haben. Vertragspartner der G war K.

■ Welchen Vertrag hatten G und K damals geschlossen?
▶ Einen Kaufvertrag iSv § 433 BGB, sodass G gegen K einen Anspruch aus § 433 II BGB hatte.

21 Als Anspruchsgrundlage der G gegen R könnte deshalb *§ 433 II BGB iVm § 25 I 1 HGB* (lesen!) in Betracht kommen.

Nach dieser Vorschrift würde R für die im Betrieb der Buchhandlung entstandenen Verbindlichkeiten des früheren Inhabers K haften, wenn er das Handelsgeschäft unter Lebenden erworben und unter Beibehaltung der Firma fortgeführt hätte.

Da die Buchhandlung des eingetragenen Kaufmanns W ein Handelsgewerbe iSv § 1 bzw. § 2 HGB ist, handelt es sich um ein **Handelsgeschäft** iSd § 25 I 1 HGB. Da R das Handelsgeschäft von W gepachtet hat, hat er es auch unter Lebenden **erworben** (Abgrenzung zum Inhaberwechsel von Todes wegen, § 27 HGB). Der Erwerb iSd § 25 HGB kann endgültiger oder vorübergehender Natur sein.[75] Hauptfall ist der Unternehmenskauf, also der endgültige Erwerb. Der Erwerb zur vorübergehenden Nutzung, der bei der Pacht stattfindet, reicht allerdings aus. Dies wird durch § 22 II HGB (lesen!) ausdrücklich klargestellt. Es reicht also der *Besitz*erwerb, Eigentumserwerb ist nicht nötig.

■ Hat der neue Pächter R das Unternehmen in unserem Fall auch unter Beibehaltung der Firma **fortgeführt**?
▶ Man könnte meinen, dass R unter Hinzufügung des Nachfolgezusatzes „Inhaber R." die Firma geändert hat. Für die Haftung des Erwerbers nach § 25 I 1 HGB ist das jedoch unerheblich, wie aus dem Wortlaut des Gesetzes eindeutig hervorgeht (§ 25 I 1 HGB nochmals lesen!). Die Beifügung eines Nachfolgezusatzes ist also insofern unerheblich.

Hinweis: „mit oder ohne" (Beifügung eines Nachfolgezusatzes) im Gesetzestext unterstreichen!

75 S. Hopt/Merkt § 25 Rn. 4.

Es handelt sich auch um eine im Betrieb des Geschäfts begründete Verbindlichkeit des früheren Inhabers, also um eine **Geschäftsverbindlichkeit** des **früheren Inhabers.** Somit sind alle Voraussetzungen für eine Haftung des Erwerbers R für die Verbindlichkeiten des früheren Inhabers gegeben.

■ Wer war in unserem Fall der frühere Inhaber der Buchhandlung?
▶ Nicht etwa der W! „Inhaber" ist nicht gleichbedeutend mit „Eigentümer", sondern mit „Besitzer". W hat die Buchhandlung selbst nicht betrieben und genutzt, sondern der frühere Pächter K. Dieser war der frühere Inhaber der Buchhandlung, der gegenüber G Verbindlichkeiten begründet hat.

Für die Haftung nach § 25 I 1 HGB kommt es also nicht darauf an, ob R das Geschäft 22
unmittelbar von K oder mittelbar über W erworben hat.

Maßgeblich ist allein die nach außen in Erscheinung tretende tatsächliche Fortführung des Unternehmens und der Firma, durch die der *Schein der Kontinuität* der Verhältnisse des Unternehmens nach außen dokumentiert wird.[76]

Danach muss R gem. § 433 II BGB iVm § 25 I 1 HGB der G gegenüber für die Kaufpreisschuld des K haften, dh er muss zahlen!

■ Ist dieses Ergebnis richtig oder haben wir in unserem Fall noch etwas vergessen? (Lesen Sie den Sachverhalt gegebenenfalls nochmals!)
▶ R beruft sich darauf, dass eine **abweichende Vereinbarung** vorliege, weil er mit K ei- 23
nen Haftungsausschluss vereinbart habe, der auch ins Handelsregister eingetragen sei.

Ob dieser Haftungsausschluss gegenüber G wirksam ist, ergibt sich aus § *25 II HGB* (lesen!).

■ Was meinen Sie? Sind die Voraussetzungen dieser Vorschrift in unserem Fall erfüllt, sodass der Haftungsausschlussgrund zugunsten des R eingreifen kann?
▶ Gemäß § 25 II HGB ist eine abweichende Vereinbarung einem Dritten gegenüber wirksam, wenn sie
  - in das Handelsregister eingetragen und bekanntgemacht oder
  - von dem Erwerber oder dem Veräußerer dem Dritten mitgeteilt worden ist.

  Nach dem Wortlaut von § 25 II HGB ist der Haftungsausschluss eigentlich wirksam. Ein Haftungsausschlussgrund greift aber nach hM nur ein, wenn er nach dem Erwerb des Unternehmens *unverzüglich* ins Handelsregister eingetragen und bekanntgemacht bzw. unverzüglich dem Dritten selbst mitgeteilt wurde.[77] Unverzüglich wird in § 121 I 1 BGB als „ohne schuldhaftes Zögern" legaldefiniert. Aus Gründen der Rechtssicherheit soll sich der Erwerber nicht erst dann auf einen solchen Haftungsausschluss berufen, wenn ein Gläubiger des Veräußerers an ihn herantritt. Er muss dem Gläubiger vielmehr im Interesse der Rechtsklarheit sofort nach Übernahme die Information zukommen lassen, also den Haftungsausschluss ins Handelsregister eintragen und bekanntmachen lassen oder dem Dritten selbst mitteilen (§ 25 II HGB nochmals lesen!).

R hat die Firma jedoch bereits im Januar 2024 übernommen und den Haftungsausschluss erst im Juli 2024 ins Handelsregister eintragen lassen. Sechs Monate sind nicht

76 Der Sinn und Zweck von § 25 HGB ist umstritten und es werden dazu verschiedene Theorien vertreten. Ausf. dazu Hopt/Merkt § 25 Rn. 1 mwN.
77 Brox/Henssler HandelsR Rn. 140; Hopt/Merkt § 25 Rn. 15 mwN.

mehr „unverzüglich“. Somit kann R sich nicht auf den Haftungsausschluss berufen, sondern er muss zahlen.

§ 25 I 1 HGB ist insofern ein Fall des gesetzlichen Schuldbeitritts. Der neue Inhaber haftet *neben* dem früheren Inhaber für dessen Geschäftsverbindlichkeit als Gesamtschuldner (§§ 421 ff. BGB).[78] Der Anspruch gegen den früheren Inhaber ist gem. *§ 26 I HGB* (lesen!) auf fünf Jahre zeitlich begrenzt.

b) Übergang von Forderungen (§ 25 I 2 HGB)

24 Genauso wie es möglich ist, dass der Erwerber ein Unternehmen mit Verbindlichkeiten übernimmt, ist es möglich, dass der ursprüngliche Unternehmensinhaber seinerseits Forderungen gegen Dritte und somit Schuldner hat. Diesen Fall regelt § 25 I 2 HGB (lesen!).

Prüfungsschema § 25 I 2 HGB:

(1) **Erwerb** eines Handelsgeschäfts unter Lebenden
(2) **Fortführung** des Handelsgeschäfts unter bisheriger Firma
(3) **Einwilligung** in Firmenfortführung
(4) Im Betrieb begründete **Forderung** des früheren Inhabers
(5) Keine abweichende **Vereinbarung** iSv § 25 II HGB

Bei einem Inhaberwechsel bedürfen nicht nur die Gläubiger des Unternehmens Schutz, sondern auch die Schuldner. Daher sollen die Schuldner von ihrer Schuld befreit werden (§ 362 I BGB lesen!), wenn sie in gewohnter Weise bei Firmenfortführung an den neuen Inhaber zahlen.

Gemäß § 25 I 2 HGB *gelten* die Forderungen den Schuldnern gegenüber als auf den Erwerber übergegangen. Die hM geht nur von einer Fiktion des Forderungsübergangs und nicht von einem tatsächlichen Forderungsübergang aus. Dies ergibt sich aus dem Wortlaut der Vorschrift („gelten“, „den Schuldnern gegenüber“) und dem Sinn und Zweck der Vorschrift (Schutz des Schuldners).[79]

Der alte Inhaber hat gegenüber dem neuen Inhaber gegebenenfalls einen Anspruch auf Herausgabe des Erlangten nach den Vorschriften über die ungerechtfertigte Bereicherung gem. § 816 II BGB sowie möglicherweise aus § 280 I BGB.[80]

Hinweis: Sie könnten sich die §§ 816 II und 280 I BGB an § 25 I 2 HGB notieren.

Umgekehrt kann allerdings der neue Inhaber, der eine Schuld des alten Inhabers bezahlt, uU von diesem dafür einen Ausgleich verlangen (vgl. §§ 421, 426 BGB[81]).

Lernzielkontrolle: Verdeutlichen Sie sich die Haftung für Verbindlichkeiten und den Übergang von Forderungen bei der Firmenfortführung nach rechtsgeschäftlichem Erwerb des Handelsgeschäfts bei Firmenfortführung nochmals anhand der folgenden Grafik (Übersicht 16).

78 Bitter/Linardatos HandelsR § 5 Rn. 32.
79 Ausf. Bitter/Linardatos HandelsR § 5 Rn. 36 ff. mwN; Hopt/Merkt § 25 Rn. 21 mwN; aA (tatsächlicher Forderungsübergang) zB K. Schmidt HandelsR § 8 Rn. 52 ff.
80 Bitter/Linardatos HandelsR § 5 Rn. 46.
81 S. allgem. zur Gesamtschuld zB Wörlen/Metzler-Müller/Balleis SchuldR AT Rn. 455 ff.

Übersicht 16

25

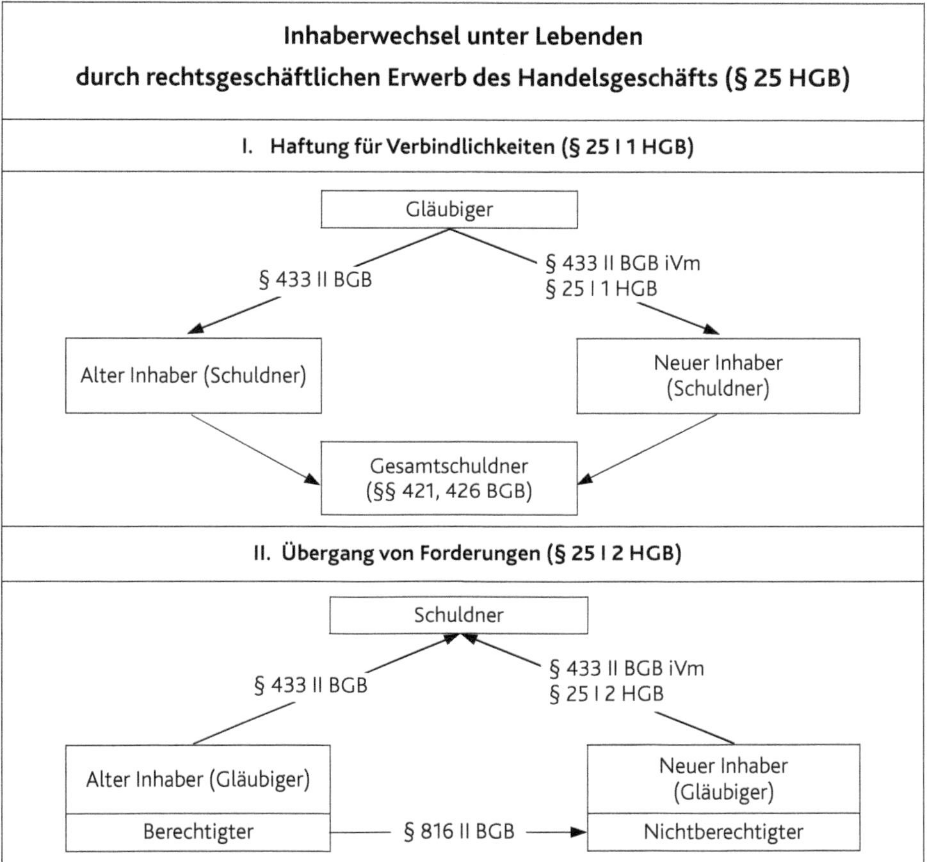

2. Inhaberwechsel von Todes wegen (§ 27 HGB)

So wie der rechtsgeschäftliche Erwerber eines Handelsgeschäfts bei Fortführung der Firma gem. § 25 I 1 HGB haftet, haftet auch derjenige, der ein Handelsgeschäft durch Erbschaft erworben hat. Das ergibt sich aus *§ 27 I HGB* (lesen!). 26

Prüfungsschema § 27 HGB:

(1) **Zum Nachlass gehörendes Handelsgeschäft** (Erbschaft)
(2) **Fortführung** des Handelsgeschäfts
(3) **Keine Geschäftseinstellung** innerhalb von drei Monaten, § 27 II HGB
(4) **Geschäftsverbindlichkeit** des früheren Inhabers
(5) Keine abweichende **Vereinbarung** iSv § 27 I iVm § 25 II HGB entsprechend

Die Haftung des Erben für die Verbindlichkeiten wird gem. § 27 II HGB (lesen!) ausgeschlossen, wenn der Erbe die Fortführung des Geschäfts innerhalb von drei Monaten nach Kenntniserlangung von der Erbschaft einstellt.

Im Übrigen gelten für die Haftung des Erben eines Handelsgeschäfts grundsätzlich auch die erbrechtlichen Regelungen des BGB (vgl. insbesondere §§ 1922 I, 1942 ff., 1967 ff. BGB).[82]

3. „Eintritt" in das Geschäft eines Einzelkaufmanns (§ 28 HGB)

27 Der Vollständigkeit halber wollen wir uns in diesem Zusammenhang noch *§ 28 HGB* Abs. 1 (lesen!) ansehen: Bei einem „Eintritt" in das Geschäft eines Einzelkaufmanns wird daraus automatisch eine Personenhandelsgesellschaft. Je nachdem, ob der Eintretende als persönlich haftender Gesellschafter oder nur als Kommanditist, dh als nur mit seinem Einlagekapital haftender Gesellschafter eintritt, wird daraus eine OHG oder eine KG.

In beiden Fällen haftet gem. *§ 28 I 1 HGB* die Gesellschaft auch für früher begründete Geschäftsverbindlichkeiten des Einzelkaufmannes.

Gemäß *§ 28 I 2 HGB* gelten die Forderungen den Schuldnern gegenüber als auf die Gesellschaft übergegangen.

Diese Rechtsfolgen treten gem. *§ 28 II HGB* ausnahmsweise nicht ein, sofern eine abweichende Vereinbarung unverzüglich[83] (§ 121 I 1 BGB) ins Handelsregister eingetragen und bekanntgemacht oder dem Dritten unverzüglich mitgeteilt wurde (Abs. 2 lesen!).

Prüfungsschema § 28 HGB:

(1) Geschäft eines **Einzelkaufmannes**
(2) **Gründung** einer neuen OHG bzw. KG („Eintritt")
(3) **Einbringung** des Handelsgeschäfts in die neu gegründete Gesellschaft
(4) **Fortführung** des Geschäfts des Einzelkaufmannes (Fortführung der Firma irrelevant)
(5) **Geschäftsverbindlichkeit/Forderung**
(6) **Keine** abweichende **Vereinbarung** iSv § 28 II HGB

Lernzielkontrolle: Bevor wir uns im Folgenden etwas genauer mit dem Handelsregister beschäftigen, sollten wir uns zum Firmenrecht noch die zusammenfassende Übersicht (17) ansehen.

Literatur zur Vertiefung (→ Kap. 4 Rn. 1–28): Bartels, Die Handelsfirma zwischen Namensrecht und Kennzeichenschutz, AcP 209 (2009), 309; Bitter/Linardatos HandelsR § 3 und § 5; Brox/Henssler HandelsR §§ 7 und 8; Bunsen, M&A: Der Unternehmenskauf im Überblick , JURA 2019, 844; Canaris HandelsR §§ 10–11; Fischinger HandelsR § 4; Flößer/Hoche, „Kein Gold in Eldorado" (Examensklausur Handelsrecht), JURA 2022, 1325; Haag/Erdl Fälle HandelsR/GesR Fall 3; Jakob, „Good Old Times", JA 2008, 101 (Klausur für Fortgeschrittene; Thematik: Probleme bei der Haftungskontinuität von Firma und Unternehmen); Jung HandelsR Kap. 4; Kindler GK HandelsR § 4; Koch, Semesterabschlussklausur Handelsrecht: Fortführung eines Handelsgeschäfts, JuS 2006, 142; Lotte/Bertl, Der Handel zieht alle Register (Fortgeschrittenenklausur Handels- und Gesellschaftsrecht), JuS 2014, 339; H.-F. Müller, Die Haftung beim Erwerb eines kaufmännischen Unternehmens, JA 2023, 188; Petersen, Das Firmenrecht zwischen Bürgerlichem Recht und Handelsrecht, JURA 2013, 244; Preisner, Examenstypische Klausurkonstellationen des Handels- und Gesellschaftsrechts, Teil I: Eintritt, Fortführung und Nachfolge, JA 2011, 826; Prütting/Weller HandelsR §§ 4 f.; K. Schmidt, HandelsR §§ 8 und 12; K. Schmidt, Haftung aus Fortführung eines insolventen Unternehmens, JuS 2014, 454; Weber, Von Firmen und Etablissements, JA 2015, 388; Zerres, Inhaberwechsel und rechtliche Konsequenzen, JURA 2006, 253.

82 Ausf. zu § 27 HGB: K. Schmidt HandelsR § 8 Rn. 125 ff.
83 Hopt/Merkt § 28 Rn. 6, § 25 Rn. 15.

Übersicht 17

28

Recht der Handelsfirma

1. Begriff und Bestandteile

Begriff:
Im Handelsrecht andere Bedeutung des Begriffs „Firma“ als im alltäglichen Sprachgebrauch: nicht das Unternehmen als „Betrieb“ (Gebäude), sondern der *Name des Kaufmanns*, unter dem er seine Geschäfte betreibt und die Unterschrift abgibt sowie klagen und verklagt werden kann (§ 17 HGB). Firma ist untrennbar mit Unternehmen verbunden (§ 23 HGB – „Handelsgeschäft“ doppeldeutig, hier: kaufmännisches Unternehmen, Betrieb; in §§ 343 ff. HGB: Rechtsgeschäfte des Kaufmanns!)

Bestandteile:

- **Firmenkern:**
  - Personenfirma
  - Sachfirma
  - Fantasiefirma
  - Mischfirma

§ 18 I HGB = Kennzeichnungseignung und Unterscheidungskraft

- **Rechtsformzusatz:**
  - für Einzelkaufmann: § 19 I Nr. 1 HGB
  - für Personenhandelsgesellschaften: § 19 I Nr. 2 und 3 HGB
  - für GmbH & Co. KG: § 19 II HGB
  - für AG, KGaA, GmbH/UG und eG: §§ 4, 279 AktG, §§ 4, 5a I GmbHG und § 3 GenG

2. Grundsätze für die Firmenbildung und -führung

a) **Firmenwahrheit (Irreführungsverbot):**
keine täuschenden Zusätze, insbesondere über Gesellschafter, Unternehmensgegenstand und Rechtsform (§ 18 II 1 HGB)
b) **Firmenbeständigkeit:**
Beibehaltung der alten Firma bei Namensänderung oder (Teil-) Inhaberwechsel
= §§ 21, 22, 24 HGB – Durchbrechung der Firmenwahrheit
Ausnahme: Irreführungsgefahr (§ 18 II iVm § 19 HGB)
c) **Firmeneinheit:**
Grundsätzlich nur eine Firma für dasselbe Unternehmen eines Kaufmanns
Mehrere Firmen nur bei *organisatorischer Trennung*
d) **Firmenöffentlichkeit:**
Bekanntgabe (Publizierung) der Firma in der Öffentlichkeit
ZB Pflicht zur Eintragung ins HReg. gem. § 29 HGB (außerdem zB Briefbogen)
e) **Firmenunterscheidbarkeit:**
Unterscheidbarkeit von anderen Firmen am selben Ort (§ 30 HGB)

3. Firmenschutz

Bei unzulässigem Gebrauch der Firma zweifacher Schutz nach **HGB:**
a) § 37 I HGB = öffentlich-rechtlicher Schutz
b) § 37 II HGB = privatrechtlicher Schutz:
- Ansprüche gegen unbefugte Benutzer zB §§ 12, 823 I und II, 826 oder analog § 1004 **BGB**
- Außerdem Schutz nach §§ 5, 15 **MarkenG** und §§ 8 f. **UWG**

4. Firmenfortführung bei Inhaberwechsel

- Neuer Inhaber eines Handelsgeschäfts kann Fa. „mit oder ohne" Nachfolgezusatz fortführen, wenn Einwilligung vorliegt = § 22 I HGB
- Erwerb kann auch vorübergehender Natur sein, zB Pacht = § 22 II HGB

a) Inhaberwechsel unter Lebenden – § 25 HGB –

aa) **Haftung für Verbindlichkeiten**

- Haftung nach § 25 I 1 HGB für Geschäftsverbindlichkeiten des früheren Inhabers unabhängig von Nachfolgezusatz.
- Möglichkeit des Haftungsausschlusses gem. § 25 II HGB
  Gegenüber Dritten nur wirksam, wenn *unverzüglich* eingetragen und bekanntgemacht bzw. unverzüglich dem Dritten mitgeteilt
- Haftung des Erwerbers *neben* früherem Inhaber als Gesamtschuldner (vgl. § 421 BGB – gegebenenfalls § 426 BGB).
- Ansprüche der Gläubiger gegen den früheren Inhaber gem. § 26 I HGB auf fünf Jahre zeitlich begrenzt

bb) **Übergang von Forderungen**

Gemäß § 25 I 2 HGB *gelten* die Forderungen den Schuldnern gegenüber auf den Erwerber übergegangen (hM: Fiktion des Forderungsübergangs).
Schuldner des früheren Inhabers, die an Erwerber zahlen, werden frei (§ 362 I BGB)
Bei Zahlung an Erwerber Anspruch des früheren Inhabers gegen den Erwerber aus ungerechtfertigter Bereicherung möglich gem. § 816 II BGB und gegebenenfalls aus § 280 I BGB

b) Inhaberwechsel von Todes wegen – § 27 HGB –

- Bei Übernahme des Geschäfts durch Erben gilt § 25 HGB entsprechend
- Zusätzlich: Erbe hat drei Monate Zeit zu „prüfen", ob er das Geschäft einstellt (§ 27 II HGB)
- Zur parallel bestehenden bürgerlich-rechtlichen Erbenhaftung vgl. §§ 1967 ff. BGB

c) „Eintritt" in das Geschäft eines Einzelkaufmanns – § 28 HGB –

- Durch „Eintritt" einer Person in Unternehmen entsteht Personenhandelsgesellschaft (OHG oder KG); die neue Gesellschaft haftet auch ohne Firmenfortführung für Altverbindlichkeiten (§ 28 I 1 HGB); Forderungen gelten gem. § 28 I 2 HGB als auf die Gesellschaft übergegangen;
- abweichende Vereinbarung iSd § 28 II HGB möglich

5. Kapitel. Handelsregister und Unternehmensregister

Hauptlernziele:

- Welche Informationen enthält das Handelsregister
- Wie ist das Handelsregister aufgebaut?
- Welche Arten von Tatsachen sind bzgl. des Handelsregisters zu unterscheiden?
- Welche Wirkungen hat eine Eintragung ins Handelsregister?
- Welche Publizitätswirkungen gibt es im Zusammenhang mit dem Handelsregister?

I. Inhalt und Zweck

1. Handelsregister

Die besondere Bedeutung des Handelsregisters für den Rechtsverkehr der Kaufleute 1
wurde schon mehrfach angedeutet. Die Vorschriften im HGB, die sich mit dem Registerrecht befassen, sind die §§ 8–16 HGB. Sie wurden durch das 2007 in Kraft getretene EHUG an das „Internetzeitalter" angepasst und auf den elektronischen Rechtsverkehr umgestellt. Das Handelsregister ist, wie bereits erwähnt, ein öffentliches Verzeichnis, das über die Rechtsverhältnisse von Kaufleuten eines bestimmten Amtsgerichtsbezirks Auskunft gibt. Laut § 8 I HGB wird das Handelsregister von den Gerichten geführt und zwar elektronisch. Anmeldungen zur Eintragung ins Handelsregister sind gem. § 12 I 1 HGB elektronisch in öffentlich beglaubigter Form einzureichen. Nach § 129 I 1 BGB ist eine Beglaubigung der Unterschrift durch einen Notar erforderlich.

Zweck des Handelsregisters ist es, die Sicherheit im Handelsverkehr durch Offenlegung der Rechtsverhältnisse der Kaufleute[84] zu gewährleisten.[85]

■ Frage: Wer kann ins Handelsregister **Einsicht** nehmen? Überlegen Sie und/oder schauen Sie ins Gesetz!

▶ Die Einsicht in das Handelsregister sowie in die zum Handelsregister eingereichten Dokumente ist gem. § 9 I 1 HGB jedem zu Informationszwecken gestattet.

Die Einsichtnahme erfolgt zumeist online über das Internet. Der Zugang erfolgt über das gemeinsame Registerportal der Länder unter www.handelsregister.de. Von den Eintragungen und den eingereichten Dokumenten kann ein (amtlicher) Ausdruck bzw. eine (beglaubigte) Abschrift verlangt werden (§ 9 IV HGB). Auch elektronisch übermittelte Daten können gem. § 9 III HGB beglaubigt werden.

Gemäß § 10 I 1 HGB werden Eintragungen in das Handelsregister durch ihre erstmalige Abrufbarkeit über das elektronische Informations- und Kommunikationssystem in elektronischer Form bekannt gemacht. Die **Bekanntmachungen** können unter www.handelsregister.de Rubrik „Registerbekanntmachungen"[86] eingesehen werden; die Bekanntmachungen sind ohne Anmeldung und kostenfrei zugänglich. Beispiele für elektronisch bekanntgemachte Eintragungen aus einem Handelsregister zeigt die folgende Übersicht 18 (→ Kap. 5 Rn. 2), die anschließend kurz kommentiert werden.

---

84 Für Gesellschaften bürgerlichen Rechts (= *keine Kaufmannseigenschaft*) wurde zum 1.1.2024 das **„Gesellschaftsregister"** (§ 707 BGB) neu geschaffen, auf das § 15 HGB (→ **Kap. 5 Rn. 11 ff.**) entsprechende Anwendung (§ 707a III BGB) findet.

85 Ausf. zu den Funktionen des Handelsregisters Jung HandelsR Kap. 3 Rn. 1.

86 www.handelsregister.de/rp_web/bekanntmachungen.xhtml (abgerufen am 1.7.2024).

Übersicht 18

2

www.handelsregister.de/rp_web/bekanntmachungen.xhtml
Amtsgericht Siegburg Aktenzeichen: HRA 2864 Bekannt gemacht am: 1.6.20xx 12:00 Uhr In () gesetzte Angaben der Anschrift und des Geschäftszweiges erfolgen ohne Gewähr. Neueintragungen 31.5.20xx ASTORIA Spiel- und Unterhaltungsautomaten GmbH & Co KG, Much, Sommerhausen 17, 53804 Much. Kommanditgesellschaft. (Betrieb von und Handel mit sowie die Aufstellung von Spiel- und Unterhaltungsautomaten aller Art). Nach Sitzverlegung (vormals Köln, AG Köln, HRA 18055) nunmehr: Geschäftsanschrift: Sommerhausen 17, 53804 Much. Jeder persönlich haftende Gesellschafter vertritt einzeln. Persönlich haftender Gesellschafter: ASTORIA Spiel- und Unterhaltungsautomaten GmbH, Much (Amtsgericht Siegburg HRB 7546), mit der Befugnis – auch für jeden Geschäftsführer –, im Namen der Gesellschaft mit sich im eigenen Namen Rechtsgeschäfte abzuschließen. Amtsgericht Siegburg Aktenzeichen: HRB 1676 Bekannt gemacht am: 1.6.20xx 12:00 Uhr In () gesetzte Angaben der Anschrift und des Geschäftszweiges erfolgen ohne Gewähr. Neueintragungen 31.5.20xx HOCO Composite Technologie GmbH, Opperzau, Auf dem Schlag 11, 51570 Windeck. Gesellschaft mit beschränkter Haftung. Gesellschaftsvertrag vom 16.5.20xx. Geschäftsanschrift: Opperzau, Auf dem Schlag 11, 51570 Windeck. Gegenstand: Entwicklung und Vertrieb von Werkstoffen zur Herstellung von Faserverbundbauteilen sowie die Produktionsanlagenentwicklung zur Herstellung von Faserverbundbauteilen; Erwerb gleicher oder ähnlicher Unternehmen im In- und Ausland; Beteiligung an solchen und Übernahme von deren Vertretung; Errichtung von Zweigniederlassungen. Stammkapital: 25.000 EUR**. Allgemeine Vertretungsregelung: Ist nur ein Geschäftsführer bestellt, so vertritt er die Gesellschaft allein. Sind mehrere Geschäftsführer bestellt, so wird die Gesellschaft durch zwei Geschäftsführer oder durch einen Geschäftsführer gemeinsam mit einem Prokuristen vertreten. Geschäftsführer: Hoffmann, Werner, Köln, *17.9.19xx . Einzelprokura: Schmidt, Georg, Köln, *6.1.19xx Amtsgericht Siegburg Aktenzeichen: HRB 1632 Bekannt gemacht am: 1.6.20xx 12:00 Uhr In () gesetzte Angaben der Anschrift und des Geschäftszweiges erfolgen ohne Gewähr. Veränderungen 31.5.20xx LEUTE planen- schlüsselfertiges Bauen GmbH, Siegburg, Im Klausgarten 32, 53721 Siegburg. Die Gesellschafterversammlung vom 24.4.20xx hat die Neufassung des Gesellschaftsvertrages beschlossen und hierbei insbesondere Änderungen in § 3 des Gesellschaftsvertrags (Stammkapital und Geschäftsanteile) und mit ihnen die Änderung der Firma und des Unternehmensgegenstandes beschlossen. Neue Firma: LEUTE Bauen-Wohnen GmbH. Neuer Unternehmensgegenstand: An- und Verkauf von bebauten und unbebauten Grundstücken und grundstücksgleichen Rechten, die Erschließung von Baugrundstücken, die schlüsselfertige Herstellung von Wohngebäuden und anderen Hochbauten aller Art als Bauträger oder Baubetreuer jeweils durch zu beauftragende Fachfirmen und die Vermietung solcher Geschäfte einschließlich der Vermittlung von Finanzierungen und Versicherungen aller Art. Neue Geschäftsführerin: Leute geb. Müller, Heidemarie, gen. Heidi, Siegburg, *10.2.19xx, einzelvertretungsberechtigt mit der Befugnis im Namen der Gesellschaft mit sich im eigenen Namen oder als Vertreter eines Dritten Rechtsgeschäfte abzuschließen. Nicht mehr Geschäftsführer Leute, Bruno, Siegburg, *9.7.19xx.

** Vgl. § 5 GmbHG.

Erläuterungen zu Übersicht 18:

Wenn Sie die Bekanntmachungen soeben aufmerksam gelesen haben, sollte Ihnen aufgefallen sein, dass die beiden GmbH unter der Rubrik „HRB“, Kommanditgesellschaften dagegen unter „HRA“ eingetragen sind.

■ Vielleicht wissen Sie bereits, wie das Handelsregister **aufgebaut** ist und welche Tatsachen jeweils eingetragen werden?

▶ Das Handelsregister gliedert sich in zwei Abteilungen (§ 3 I HRV[87]).

Übersicht 19

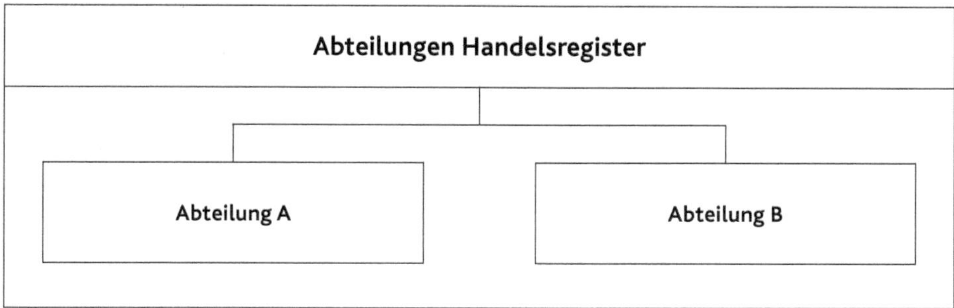

In **Abteilung A** (HRA) werden die Tatsachen über Einzelkaufleute und Personenhandelsgesellschaften, also insbesondere OHG und KG, aufgenommen, § 3 II Handelsregisterverordnung (HRV). 3

In **Abteilung B** (HRB) werden die Tatsachen über Kapitalgesellschaften, also insbesondere GmbH und AG, wiedergegeben (§ 3 III HRV).

Was im Einzelnen in das Handelsregister **einzutragen** ist, bestimmt sich nach dem HGB und den Nebengesetzen, insbesondere dem Aktiengesetz und dem GmbH-Gesetz sowie generell nach der HRV.

Wir wollen zumindest kurz festhalten, welche wichtigen Tatsachen in den Abteilungen HRA und HRB, die im „Originalhandelsregister“ in verschiedenen Spalten eingetragen wurden, mitgeteilt werden. 4

In Abteilung HRA (= ASTORIA ... KG) erscheinen Zeitpunkt („Datum“) der Eintragung, Firma und Ort der Niederlassung nebst Geschäftsanschrift, Gegenstand des Unternehmens, die allgemeine Regelung zur Vertretung, persönlich haftende Gesellschafter und die Geschäftsführer. Für die Eintragung im Original gelten für die Abteilung HRA im Einzelnen die §§ 40–42 HRV, für Abteilung HRB die §§ 43–46 HRV.

Aus unserer Handelsregisterbekanntmachung können wir aus der Abteilung HRB über die Kapitalgesellschaft „HOCO ... GmbH“ vor allem entnehmen: Zeitpunkt der Eintragung, Firma und Sitz nebst Geschäftsanschrift, Datum des Gesellschaftsvertrags, Gegenstand des Unternehmens, Höhe des Stammkapitals der Gesellschaft,

87 Nr. 4 der dtv-Gesetzessammlung HGB.

die allgemeine Regelung zur Vertretung und die Geschäftsführer, Regelungen der Geschäftsführungsbefugnis und Vertretungsmacht. Diese Tatsachen sind im Handelsregister für die Firma „LEUTE ... GmbH" bereits enthalten. Sie müssen bei Eintragungen von „Veränderungen" nicht wiederholt werden, wie sich aus einigen Bezugnahmeformulierungen ersehen lässt.

5 Die (sachliche) **Zuständigkeit** der Amtsgerichte als Registergerichte für die Eintragungen ins Handelsregister ergibt sich übrigens nicht aus den §§ 8–16 HGB, die das „materielle[88] Handelsregisterrecht" regeln. Die Zuständigkeit folgt aus §§ 374, 376 des Gesetzes über das Verfahren in Familiensachen und in den Angelegenheiten der freiwilligen Gerichtsbarkeit (FamFG) iVm § 23a I 1 Nr. 2 und II Nr. 3 GVG. Im FamFG sind unter anderem weitere Vorschriften für das Verfahren (=„formelles" Recht) in Handelssachen enthalten.

Eigene Register:[89]

- Für **Gesellschaften bürgerlichen Rechts** (GbR). Nach dem MoPEG (Personengesellschaftsrechtsmodernisierungsgesetz), am 1.1.2024 in Kraft getreten (→ Kap. 8 Rn. 15), wurde für GbR (= *keine Kaufmannseigenschaft*) ein „Gesellschaftsregister" (§ 707 BGB) neu geschaffen.
- Für **Genossenschaften** besteht ein eigenes Genossenschaftsregister.
- Für **Vereine** ein Vereinsregister.
- Für **Partnerschaftsgesellschaften** ein Partnerschaftsregister.

2. Unternehmensregister

6 Gemäß § 8b I 1 HGB wird das Unternehmensregister, sofern sich aus § 9a I HGB nichts anderes ergibt, vom Bundesministerium der Justiz elektronisch geführt (www.unternehmensregister.de).

Über die Internetseite des Unternehmensregisters ist eine Vielzahl von **unternehmensrelevanten Informationen** zugänglich (in § 8b II Nr. 1–13 HGB aufgelistet).

Gemäß § 9 VI 1 iVm § 9 I 1 HGB ist die Einsichtnahme in das Unternehmensregister jedem zu Informationszwecken gestattet.

II. Arten von Tatsachen

7 Es werden eintragungspflichtige, eintragungsfähige und nicht eintragungsfähige Tatsachen unterschieden.[90]

---

88 Vgl. zur Unterscheidung zwischen materiellem und formellem Recht zB Wörlen/Metzler-Müller/Balleis BGB AT Rn. 28.

89 Für **Stiftungen** (→ Kap. 8 Rn. 64) wird zum 1.1.2026 ferner ein **Stiftungsregister** eingeführt, s. Art. 3, 4 Gesetz zur Vereinheitlichung des Stiftungsrechts und zur Änderung des Infektionsschutzgesetzes v. 16.7.2021, BGBl. 2021 I 2947, Art. 3, 4: §§ 82b ff. BGB nF und StiftRG. Das Register wird gem. § 1 I StiftRG vom *Bundesamt für Justiz* geführt und sieht **lediglich** eine **negative Publizität** (vgl. → Kap. 5 Rn. 12) vor, s. § 82d BGB nF.

90 Bitter/Linardatos HandelsR § 4 Rn. 2 ff.

Übersicht 20

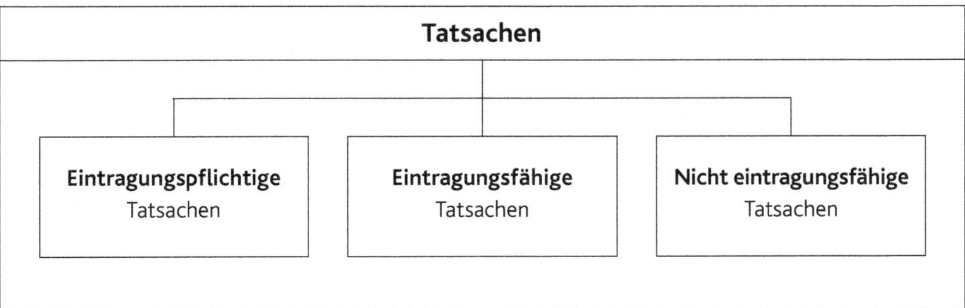

Eintragungspflichtige Tatsachen sind solche, zu deren Eintragung der Kaufmann gesetzlich verpflichtet ist (Wortlaut: „ist verpflichtet", „ist anzumelden").

Beispiele:
- Anmeldung der Firma gem. § 29 HGB (den Sie schon kennen, trotzdem: nochmals lesen!)
- Erteilung und Erlöschen der Prokura[91] gem. § 53 I und II HGB.

Eintragungsfähig sind Tatsachen, deren Eintragung zwar zulässig, aber nicht gesetzlich vorgeschrieben ist.

Beispiel: Der schon erwähnte Haftungsausschluss gem. §§ 25 II, 28 II HGB. 8

Nicht eintragungsfähig sind immer solche Tatsachen, für die das Gesetz keine Eintragung vorsieht.

Beispiele:
- Geschäftskapital einer Personengesellschaft oder eines Einzelkaufmanns
- Erteilung einer Handlungsvollmacht.[92]

Die wichtigsten eintragungsfähigen und -pflichtigen Tatsachen sind in einer zusammenfassenden Übersicht (22) bei Rn. 10 aufgelistet.

Bevor Sie diese Übersicht lesen, merken Sie sich nochmals, dass die Eintragungen ins Handelsregister unterschiedliche Wirkung haben:

III. Wirkung der Eintragung

■ Zur Wiederholung: Welche Wirkungen der Eintragung ins Handelsregister wird unterschieden? (Das könnten Sie noch wissen!) 9

▶ Es wird zwischen der deklaratorischen und der konstitutiven Wirkung einer Eintragung differenziert.

91 Ausf. dazu → **Kap. 6 Rn. 6 ff.**
92 Dazu ausf. → **Kap. 6 Rn. 19 ff.**

Übersicht 21

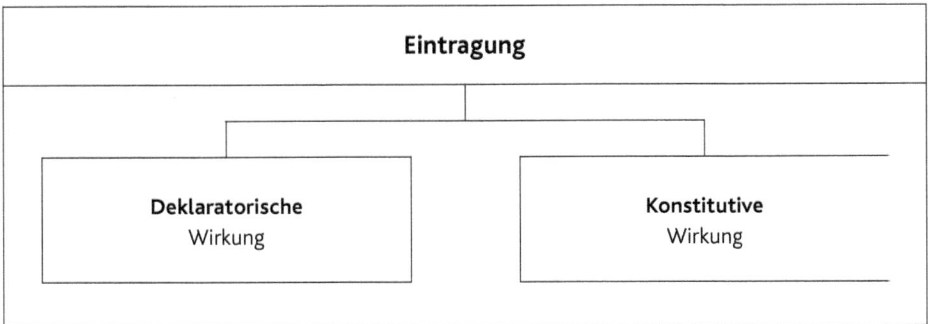

■ Zur Wiederholung: Worin liegt der Unterschied zwischen deklaratorischen und konstitutiven Eintragungen? (Überlegen Sie, bevor Sie weiterlesen!)

▶ **Deklaratorisch** ist eine Eintragung, wenn sie ein Rechtsverhältnis nur bekundet (erklärt), das ohne Rücksicht auf die Eintragung ohnehin schon besteht (zB § 29 iVm § 1 HGB).
Durch eine **konstitutive** Eintragung dagegen wird ein solches Rechtsverhältnis erst begründet.

Die wichtigsten **Beispiele**, die wir zur deklaratorischen und konstitutiven Wirkung genannt haben, waren

■ ... welche? (Erst nachdenken, dann weiterlesen!)

▶ Deklaratorisch: Die Eintragung als Istkaufmann (§ 1 HGB), Erteilung und Erlöschen der Prokura (§ 53 I, II HGB).
Konstitutiv: Die Eintragung als Kannkaufmann (§§ 2 und 3 HGB) sowie derjenigen Gesellschaften, die erst mit der Eintragung ins Handelsregister als Gesellschaft entstehen (zB AG gem. § 41 I 1 AktG, GmbH gem. § 11 I GmbHG).[93]

Lesen Sie nun **zur Lernzielkontrolle:**

93 Jung HandelsR Kap. 3 Rn. 8.

Übersicht 22

10

Handelsregister[94]

Inhalt:
Das Handelsregister (HR) ist ein öffentliches Verzeichnis über die Rechtsverhältnisse von Kaufleuten eines oder mehrerer Amtsgerichtsbezirke.
HR wird von Amtsgerichten geführt (§ 8 I iVm § 376 FamFG und § 23a I 1 Nr. 2 und II Nr. 3 GVG) = „Registergericht"

Zweck:
Sicherheit im Handelsverkehr durch Offenlegung der Rechtsverhältnisse zu gewährleisten = Publizität

- Einsichtnahme ist jedermann gestattet (§ 9 I 1)
- Verpflichtung des Registergerichts zur (elektronischen) Bekanntmachung der Eintragungen (§ 10 S. 1)

Aufbau:
Zwei Abteilungen = „HR A" und „HR B"

- HR**A** = Einzelkaufleute u. Personenhandelsgesellschaften
- HR**B** = Kapitalgesellschaften

Einzelheiten: vgl. §§ 40–42 HRV (Abteilung A)
§§ 43–46 HRV (Abteilung B)

Einzutragende Tatsachen:

- Nur im Gesetz vorgesehene Tatsachen dürfen eingetragen werden; andernfalls handelt es sich um **nicht eintragungsfähige** Tatsachen (zB Handlungsvollmacht, Geschäftskapital von Personengesellschaft oder Einzelkaufmann).

  Beispiele:

eintragungspflichtig	**eintragungsfähig**
• Istkaufmann (§ 1) • Errichtung einer Zweigniederlassung (§ 13 I 1) • Firma und Inhaber (§ 29) • Insolvenzeröffnung (§ 32 I 1) • Erteilung und Erlöschen von Prokura (§ 53 I und II) • Erhöhung und Herabsetzung der Einlagen von Kommanditisten (§ 175) • Gründung, Sitz und Firma von Handelsgesellschaften • bei juristischen Personen: zB Vorstandsmitglieder, Geschäftsführer, Grundkapital und Stammkapital	• Haftungsausschluss gem. §§ 25 II, 28 II

- **Wirkungen der Eintragungen:**
  → **deklaratorische** (rechtserklärende) Wirkung
  zB Eintragung des Istkaufmannes, §§ 1, 29
  → **konstitutive** (rechtsbegründende) Wirkung
  zB Eintragung als Kannkaufmann, § 2

94 §§ ohne Bezeichnung auf dieser Übersicht sind solche des HGB.

IV. Publizitätswirkung von Handelsregistereintragungen

11 Das Handelsregister dient der Sicherheit des Rechtsverkehrs und hat die Vermutung der Richtigkeit für sich. Durch die Offenlegung der wichtigsten Rechtsverhältnisse der Kaufleute kommt dem Handelsregister eine sog. Publizitätswirkung zu, die in § 15 HGB geregelt ist. Man unterscheidet zwischen sog. negativer Publizität (§ 15 I HGB) und positiver Publizität (§ 15 II und § 15 III HGB).[95]

Übersicht 23

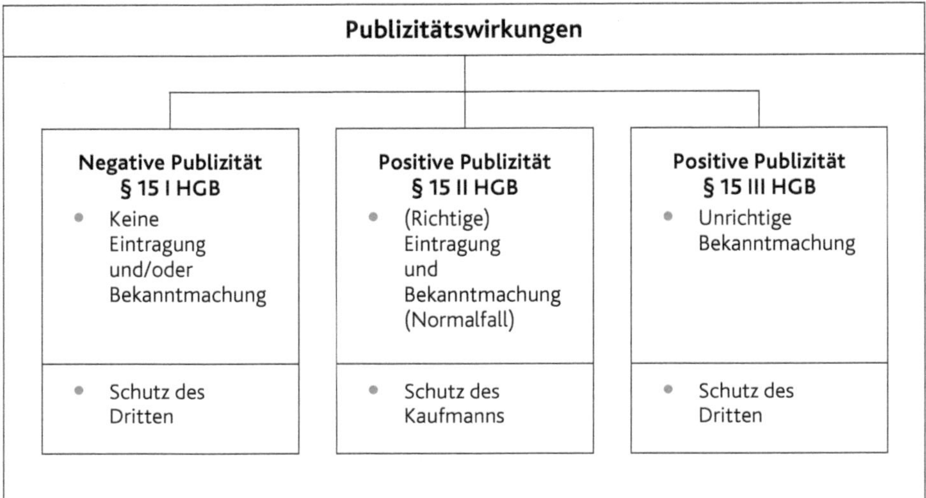

Hinweis: § 15 HGB stellt die für die Klausur wichtigste Vorschrift des Registerrechts dar.

1. Negative Publizität (§ 15 I HGB)

12 **Prüfungsschema § 15 I HGB:**

(1) **Eintragungspflichtige Tatsache**
(2) **Nicht eingetragen** und/oder **nicht bekanntgemacht**
(3) **Gutgläubigkeit** des Dritten

Die negative Publizität regelt § 15 I HGB: Solange eine einzutragende Tatsache nicht eingetragen und bekanntgemacht ist, kann sie gem. § 15 I HGB einem Dritten *nicht* entgegengehalten werden (§ 15 I lesen!).

(1) Erste Voraussetzung ist das Vorliegen einer **eintragungspflichtigen Tatsache** (Wortlaut: „einzutragende Tatsache“).[96]

95 Die Eintragung einer **GbR** in das **„Gesellschaftsregister“** (§ 707 BGB; → **Kap. 8 Rn. 15**) bewirkt gem. § 707a III BGB, dass **§ 15 HGB entsprechend anzuwenden** ist.
96 Hopt/Merkt § 15 Rn. 5.

Beispiel für eintragungspflichtige Tatsachen: Erteilung und Erlöschen der Prokura (§§ 53 I und II HGB) oder Ausscheiden eines Gesellschafters aus der OHG (§ 143 II HGB).

(2) Die Tatsache darf **nicht eingetragen** und/oder **nicht bekanntgemacht** worden sein.

(3) Dritte Voraussetzung ist die **Gutgläubigkeit** des Dritten. Er darf keine positive Kenntnis von der Tatsache haben (Wortlaut § 15 I HGB: „… es sei denn, dass sie [= die Tatsache] diesem bekannt war.").

Zur Veranschaulichung folgendes

Beispiel: Die Versicherungsgesellschaft V widerruft die Prokura ihrer Prokuristin P und kündigt ihr fristlos. Aus Versehen unterbleibt die Löschung der Prokura im Handelsregister. P schließt mit X einen Haftpflichtversicherungsvertrag. Wenige Tage später tritt der Versicherungsfall ein.

■ Muss V die Versicherungssumme an X zahlen?

▶ Die V muss zahlen und kann sich nicht darauf berufen, dass P zum Abschluss des Vertrags nicht mehr berechtigt war; denn bei der Entziehung der Prokura handelt es sich um eine eintragungspflichtige Tatsache gem. § 53 II HGB. Ist das Erlöschen der Prokura, wie hier, nicht eingetragen, so kann V sich gem. § 15 I HGB darauf gegenüber X, sofern dieser gutgläubig war, nicht berufen! Gutgläubig war X, wenn ihm das Erlöschen der Prokura nicht bekannt war.

Der gutgläubige Dritte darf also auf das „Schweigen des Handelsregisters" vertrauen. Daraus resultiert die Bezeichnung als *negative* Publizität.

Es wird das **abstrakte Vertrauen** geschützt. Das bedeutet, dass der Dritte sich auch auf die fehlende Eintragung im Handelsregister oder die fehlende Bekanntmachung berufen kann, wenn er gar nicht in das Handelsregister oder in die Bekanntmachungen Einsicht genommen hat.[97]

Der hM zufolge ist auch im Falle des **Fehlens der Voreintragung** (Fehlen der „Ersttatsache") § 15 I HGB grundsätzlich anwendbar.[98]

Beispiel: Eine erteilte Prokura wird widerrufen, ohne dass das Erlöschen der Prokura im Handelsregister eingetragen wird (eintragungspflichtig gem. § 53 II HGB). Auch bei fehlender Eintragung der Erteilung der Prokura ins Handelsregister (eintragungspflichtig gem. § 53 I HGB) ist § 15 I HGB anwendbar. Der Dritte kann sich also auf die fehlende Eintragung des Erlöschens der Prokura („Zweittatsache") im Handelsregister berufen, obgleich auch die Erteilung der Prokura („Ersttatsache") nicht im Handelsregister eingetragen war.

Die hM lässt sich aus dem Wortlaut des § 15 I HGB herleiten, der eine Voreintragung nicht voraussetzt. Zudem kann der Dritte die Ersttatsache, zB die Stellung als Prokuristin, bei Fehlen der Voreintragung auch anderweitig erfahren haben. Wenn die Ersttatsache allerdings ein *rein interner Vorgang* geblieben ist und sich die Zweittatsache in *kurzem Abstand* anschließt, kann sich der Dritte ausnahmsweise nicht auf § 15 I HGB berufen.[99]

Rechtsfolge des § 15 I HGB ist ein **Wahlrecht des Dritten:** er kann sich auf die Rechtslage nach dem Handelsregister oder auf die tatsächliche Rechtslage berufen.[100]

---

97 S. Bitter/Linardatos HandelsR § 4 Rn. 35.
98 S. Jung HandelsR Kap. 3 Rn. 12 mwN; Kindler GK HandelsR § 3 Rn. 25 ff. mwN.
99 Insgesamt zum Problem der fehlenden Voreintragung Hopt/Merkt § 15 Rn. 11 mwN.
100 Hierzu und zur sog. **Meistbegünstigungs-/Rosinentheorie** Hopt/Merkt § 15 Rn. 6 mwN.

Hinweis: § 15 I HGB hat eine sehr hohe Klausurrelevanz! Insofern würde es sich – wie auch bei anderen wichtigen Lerninhalten – anbieten, die **Struktur des § 15 I HGB** nochmals **anhand des Gesetzestextes** zu wiederholen.

2. Positive Publizität (§ 15 II HGB)

13 **Prüfungsschema § 15 II HGB:**

(1) **Eintragungspflichtige Tatsache**
(2) **Eingetragen** und **bekanntgemacht**
(3) Ausschluss: Innerhalb **„Schonfrist"** von **15 Tagen** bei **Gutgläubigkeit** des Dritten

§ 15 II HGB regelt den Normalfall in der Praxis, dh es liegt eine richtige Eintragung ins Handelsregister und deren Bekanntmachung vor.[101] Ist eine **eintragungspflichtige Tatsache**[102] ins Handelsregister **eingetragen** und **bekanntgemacht** worden, so muss ein Dritter sie gem. § 15 II HGB gegen sich gelten lassen. § 15 II HGB betrifft also einen Fall der positiven Publizität (Vorschrift lesen!).

Das Gesetz geht davon aus, dass jeder, der mit Kaufleuten Geschäfte macht („Dritter"), die Bekanntmachungen des Registergerichts liest.

§ 15 II 2 HGB gibt dem Dritten aber bis zu 15 Tage Zeit dazu (**„Schonfrist"**): „Dies gilt nicht bei Rechtshandlungen, die innerhalb von fünfzehn Tagen nach der Bekanntmachung vorgenommen werden, sofern der Dritte beweist, daß er die Tatsache weder kannte noch kennen mußte." Voraussetzung ist also auch die **Gutgläubigkeit** des Dritten.

Beispiel: Wieder kündigt die Versicherungsgesellschaft V der Prokuristin P. Diesmal wird die Prokura ordnungsgemäß im Handelsregister gelöscht. Nach drei Wochen schließt X mit P einen Versicherungsvertrag und verlangt einige Tage später nach Eintritt des Versicherungsfalls von V Zahlung.

■ Zu Recht?
▶ Diesmal hat X Pech gehabt; er muss gem. § 15 II 1 HGB die Löschung der Prokura gegen sich gelten lassen, da jedenfalls die Schonfrist von 15 Tagen abgelaufen ist.

3. Positive Publizität (§ 15 III HGB)

14 **Prüfungsschema § 15 III HGB:**

(1) **Eintragungspflichtige Tatsache**
(2) **Unrichtige Bekanntmachung** (Veranlassungsprinzip)
(3) **Gutgläubigkeit** des Dritten

§ 15 III HGB schließlich dehnt die positive Publizitätswirkung des Handelsregisters auch auf den Fall aus,

(1) dass einzutragende (das sind nach hM nur **eintragungspflichtige**[103]) Tatsachen

101 Hopt/Merkt § 15 Rn. 2.
102 Jung HandelsR Kap. 3 Rn. 19 mwN.
103 Hopt/Merkt § 15 Rn. 18.

(2) **unrichtig bekanntgemacht** wurden.

(3) Schließlich ist **Gutgläubigkeit** des Dritten erforderlich, dh er darf keine positive Kenntnis von der Unrichtigkeit der Bekanntmachung haben (Vorschrift lesen!).

Derjenige, der die Berichtigung einer falschen Bekanntmachung unterlässt, muss sich zugunsten des gutgläubigen Dritten so behandeln lassen, als ob die unrichtige Bekanntmachung mit seinem Willen fortbesteht.

> **Beispiel:** Nachdem V der P gekündigt hat, wurde die *Löschung* der Prokura beim Registergericht angemeldet und ins Handelsregister eingetragen. Durch ein Versehen wird aber im elektronischen Informations- und Kommunikationssystem der Landesjustizverwaltung die *Erteilung* der Prokura bekanntgegeben.

■ Muss V zahlen, wenn P nach Löschung der Prokura und der unrichtigen Bekanntmachung der Erteilung einen Versicherungsvertrag mit X geschlossen hat und der Versicherungsfall eintritt?

▶ In diesem Fall könnte sich X nach Abschluss eines Vertrags mit P gem. § 15 III HGB auf die unrichtige Bekanntmachung berufen.

Das Gesetz unterstellt, wie gesagt, dass jeder, der mit Kaufleuten Geschäfte macht, die Bekanntmachungen der Handelsregistereintragungen liest, ebenso wie die Kaufleute selbst und dass die V daher Gelegenheit hatte, die unrichtige Bekanntmachung berichtigen zu lassen.

Bei § 15 III HGB gilt allerdings nach der hM das **Veranlassungsprinzip.** Erforderlich ist also, dass der Inanspruchgenommene den Eintragungsantrag selbst gestellt oder zurechenbar (insbesondere durch seine Arbeitnehmer) veranlasst hat.[104]

Auch hier wird das **abstrakte Vertrauen** geschützt. Der Dritte kann sich auf die unrichtige Bekanntmachung berufen, auch wenn er gar nicht die Bekanntmachung gelesen hat.[105]

Rechtsfolge ist wie bei § 15 I HGB, dass der Dritte ein **Wahlrecht** hat: Dem Wortlaut von § 15 III HGB zufolge kann er sich auf die (unrichtig) bekanntgemachte Tatsache oder auf die tatsächliche Rechtslage berufen.

> **Lernzielkontrolle:** Prägen Sie sich die Publizitätswirkungen von § 15 HGB nochmals anhand der nächsten Übersicht (24) ein!

> **Literatur zur Vertiefung (→ Kap. 5 Rn. 1–15):** Beck, Positive Publizität des Handelsregisters gem. § 15 Abs. 3 HGB, JURA 2014, 507; Bitter/Linardatos HandelsR § 4; Bornemann, Der unberufene Geschäftsführer (Fortgeschrittenenklausur), JuS 2016, 244; Brox/Henssler HandelsR §§ 5 und 6; Canaris HandelsR §§ 4–6; Deckenbrock/Sossna, Grundfälle zum Rechtsschein des Handelsregisters, JuS 2024, 211; Fischinger HandelsR § 3; Flößer/Hoche, „Kein Gold in Eldorado“ (Examensklausur Handelsrecht), JURA 2022, 1325; Fröhleke/Seidel, § 15 III HGB nach dem DiRUG und dem MoPeG: Modernisiert, digitalisiert und alle Fragen geklärt?, JA 2024, 288; Funk/Mack, Handkäs mit Musik oder Klassiker des Handelsrechts in neuem Gewand (Schwerpunktbereichsklausur Handelsrecht), JURA 2018, 916 (15, 377 HGB); Haag/Erdl Fälle HandelsR/GesR Fall 3; Hucke/Christow, Handels- und Gesellschaftsrecht, Ad Legendum 2018, 60; Jung HandelsR Kap. 3; Kindl, Rechtsschein im HGB – aus-

104 S. Bitter/Linardatos HandelsR § 4 Rn. 19 f.
105 S. Hopt/Merkt § 15 Rn. 21.

gewählte Tatbestände, Ad Legendum 2023, 55; Kindler GK HandelsR § 3; Kneisel, Rechtsscheinhaftung im BGB und HGB – mehr Schein als Sein, JA 2010, 337; Körber/Schaub, § 15 HGB in der Fallbearbeitung, JuS 2012, 303; Lettl HandelsR § 3; Loose, Modernisierung am Polarkreis (Semesterabschlussklausur), JuS 2016, 1095; Lieder, Die Bedeutung des Vertrauensschutzes für die Digitalisierung des Gesellschaftsrechts, NZG 2020, 81; Lotte/Bertl, Der Handel zieht alle Register (Fortgeschrittenenklausur), JuS 2014, 339; Macathy, Die Grundprinzipien des Rechts der Kaufleute, JuS 2022, 301; Möslein, Publizität des Handelsregisters vs. Datenschutz (BGH 23.1.2024 – II ZB 8/23), JURA 2024, 663; Möslein, Ausschluss der Berufung auf fehlende Handelsregistereintragung nur bei positiver Kenntnis (BGH 9.1.2024 – II ZR 220/22), JURA 2024, 555; Petersen, Der Dritte im Handels- und Gesellschaftsrecht, JURA 2017, 294; Petersen, Handelsrechtlicher Verkehrsschutz, JURA 2013, 580; Petersen, Handelsrecht in der Examensvorbereitung, JURA 2013, 377; Preisner, Examenstypische Klausurkonstellationen des Handels- und Gesellschaftsrechts, Teil III: Haftung und Rechtsscheinhaftung, JA 2012, 163; K. Schmidt HandelsR § 13 und § 14; Steinbeck, Grundlagen des Handelsrechts und examensspezifische Problemkonstellation, Ad Legendum 2013, 298.

Übersicht 24

15

Zusammenfassung:
Publizitätswirkung des Handelsregisters nach § 15 HGB

§ 15 I – Negative Publizität
Solange eine einzutragende Tatsache nicht eingetragen ist, kann sie dem Dritten nicht entgegengehalten werden (Vertrauen auf das Schweigen des Handelsregisters)

Beispiel: Versehentliche Nichteintragung der Löschung einer Prokura (§ 53 II HGB)
→ Geschäfte zwischen dem durch die (ursprüngliche) Prokuristin vertretenen Kaufmann und dem Dritten sind wirksam.

§ 15 II – Positive Publizität
Ist eine Tatsache eingetragen und bekanntgemacht worden, muss der Dritte sie gegen sich gelten lassen (Normalfall); gegebenenfalls Schonfrist von 15 Tagen

Beispiel: Löschung der Prokura ist eingetragen; Dritter hat Bekanntmachung nicht gelesen
→ Geschäfte zwischen dem durch die (ursprüngliche) Prokuristin vertretenen Kaufmann und dem Dritten sind unwirksam.

§ 15 III – Positive Publizität
Wurde die einzutragende Tatsache unrichtig bekanntgemacht, kann der Dritte sich auf die unrichtig bekanntgemachte Tatsache berufen

Beispiel: *Löschung* der Prokura wird angemeldet und ins HR eingetragen; versehentlich wird aber die *Erteilung* der Prokura bekanntgemacht
→ Geschäfte zwischen dem durch die (ursprüngliche) Prokuristin vertretenen Kaufmann und dem Dritten sind wirksam.

6. Kapitel. Hilfspersonen der Kaufleute

Hauptlernziele: 1

- Wodurch unterscheiden sich die selbstständigen und die unselbstständigen Hilfspersonen der Kaufleute?
- Was versteht man unter Prokura und Handlungsvollmacht? Wer kann sie erteilen und welche Vertretungsmacht ist damit verbunden?
- Wann greift die gesetzliche Anscheinsvollmacht der Ladenangestellten und welchen Umfang hat sie?
- Wer ist Handelsvertreter, wer Handelsmakler? Welche Gemeinsamkeiten und Unterschiede bestehen?

Als wir uns soeben mit der negativen und positiven Publizität des Handelsregisters nach § 15 HGB befasst haben, hatten wir als Beispiel für einzutragende Tatsachen die Erteilung und Löschung der Prokura genannt. Die dabei angesprochene Prokuristin war für einen Kaufmann tätig geworden, mit anderen Worten: die Prokuristin ist eine Hilfsperson, derer sich der Kaufmann beim Betrieb seines Handelsgewerbes bedient bzw. bedienen kann. Je nachdem, ob diese Person in den Betrieb des Kaufmanns eingegliedert (dh regelmäßig: bei ihm angestellt) ist, oder ob ihre Tätigkeit in freier Mitarbeit erfolgt, spricht man im Handelsrecht von *unselbstständigen* oder *selbstständigen Hilfspersonen* der Kaufleute.

Übersicht 25

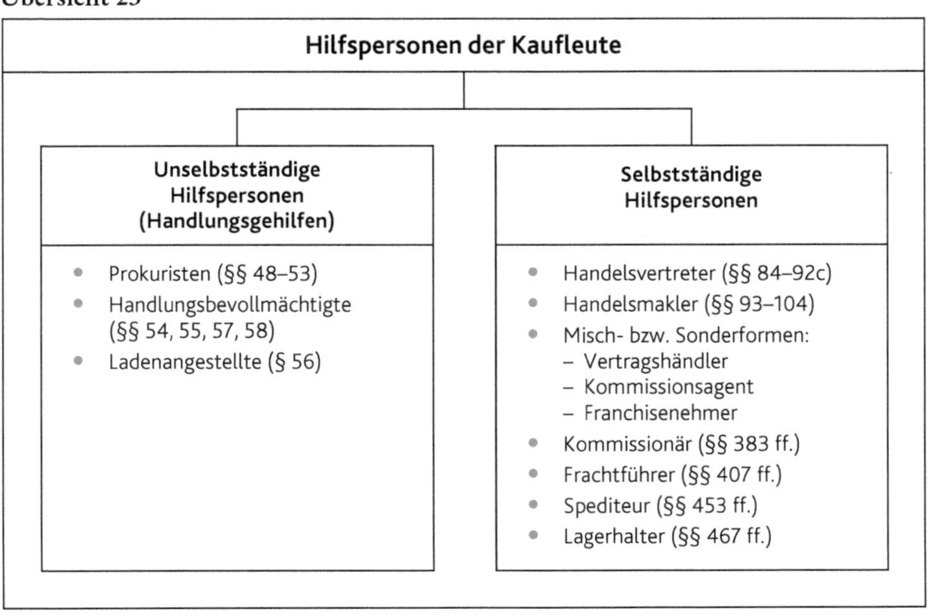

I. Unselbstständige Hilfspersonen als Vertreter (Handlungsgehilfen)

1. Überblick

2 Soweit diese Hilfspersonen kaufmännische Dienste leisten, nennt sie das HGB Handlungsgehilfen. Lesen Sie hierzu § 59 HGB! Diese Vorschrift bestimmt, dass der Handlungsgehilfe dem Kaufmann ortsübliche Dienste gegen entsprechende Vergütung zu leisten hat. § 59 HGB und auch die dazugehörigen §§ 60–83 HGB treffen allerdings keine Aussage darüber, welche *Arten* der Handlungsgehilfen es gibt. Vielmehr regeln die §§ 59 ff. HGB allgemein das Innenverhältnis zwischen Handlungsgehilfen und Kaufleuten als Arbeitgeber. Bei den §§ 59 ff. HGB handelt es sich sozusagen um „kaufmännisches Sonderarbeitsrecht",[106] mit dem wir uns vorerst noch nicht befassen wollen.

Welche Arten der Handlungsgehilfen – also der unselbstständigen Hilfspersonen der Kaufleute – es gibt, regeln vielmehr die Vorschriften des vorstehenden Fünften Abschnitts des Ersten Buchs des HGB, der mit der Überschrift *„Prokura und Handlungsvollmacht"* versehen ist. Wie jemand Prokuristin oder Handlungsbevollmächtigter wird, ergibt sich aus den §§ 48 ff. HGB, die besondere Regeln über die Vertretungsmacht der verschiedenen unselbstständigen Hilfspersonen der Kaufleute enthalten.

Hinweis: Während also die **§§ 59 ff.** HGB das **Innenverhältnis** zwischen dem Kaufmann und seinem Handlungsgehilfen betreffen, regeln die **§§ 48 ff.** HGB die Kompetenzen der Handlungsgehilfen im **Außenverhältnis**.

3 Entsprechend dem Umfang ihrer Vertretungsmacht im Außenverhältnis unterscheidet man drei Arten von unselbstständigen Hilfspersonen der Kaufleute:

(1) Prokuristen, (2) Handlungsbevollmächtigte und (3) Ladenangestellte.

Übersicht 26

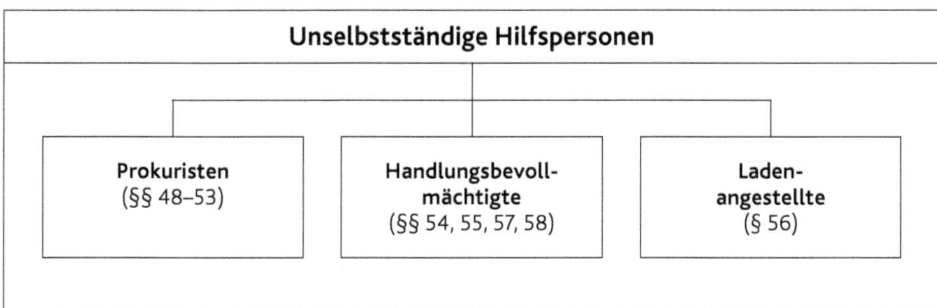

Während § 56 HGB den Sonderfall einer gesetzlichen Anscheinsvollmacht regelt, erhalten Prokuristen und Handlungsbevollmächtigte ihre besonderen handelsrechtlichen Kompetenzen durch *rechtsgeschäftliche* Vertretungsmacht (= Vollmacht), für deren *Erteilung* zunächst die Regelungen des BGB, insbesondere § 167 I BGB, gelten. Auch die *Wirksamkeit* des Vertreterhandelns richtet sich überwiegend nach dem Stellvertretungsrecht[107] des BGB, also nach den §§ 164 ff. BGB.

106 Hopt/Roth § 59 Rn. 1.
107 S. dazu Wörlen/Metzler-Müller/Balleis BGB AT Rn. 349 ff.

Prüfungsschema § 164 BGB:[108]

(1) Eigene **Willenserklärung** des Vertreters
(2) Erkennbar **in fremdem Namen**
(3) Innerhalb der zustehenden **Vertretungsmacht**

Wenn jemand als Prokurist, Handlungsbevollmächtigter oder Ladenangestellter handelt, kommen die jeweiligen handelsrechtlichen Spezialbestimmungen erst dann zur Anwendung, wenn es darum geht, ob der Vertreter „innerhalb der ihm zustehenden Vertretungsmacht" (vgl. § 164 I 1 BGB) gehandelt hat. Das HGB bestimmt vor allem den *Umfang* (Ausnahme: § 48 HGB, der auch die Erteilung der Prokura erfasst) der jeweiligen Vollmacht des auftretenden Handlungsgehilfen. Entgegen dem allgemeinen Sprachgebrauch kann also niemand „von Beruf" (zB) Prokurist sein. Den Beruf des Prokuristen gibt es ebenso wenig wie den des Stellvertreters nach § 164 BGB.[109] Für die Lösung von Fällen, in denen Handlungsgehilfen auftreten, ist es unerlässlich, sich diese Funktion der Prokura bzw. der anderen handelsrechtlichen Vollmachten klar zu machen.[110]

Den Unterschied zwischen der Prokura und der Handlungsvollmacht wollen wir uns anhand eines Falls verdeutlichen: 4

Übungsfall 4

Olga Ochs (O) ist Inhaberin einer großen Wurst- und Fleischfabrik mit mehreren Filialen. Sie bestellt ihre Mitarbeiterin Sieglinde Stier (S) durch ausdrückliche mündliche Erklärung zur Prokuristin und lässt die Prokura in das Handelsregister eintragen. Mit S trifft O eine Vereinbarung, dass diese nicht ohne Einwilligung der O Geschäfte mit einem Volumen von über 200.000 EUR abschließen darf. S gedenkt nun Unternehmenspolitik zu betreiben. Sie erwirbt für das Unternehmen einen auf die Produktion von bio-veganen Lebensmitteln spezialisierten landwirtschaftlichen Betrieb zum Preis von 2 Mio. EUR, um die Fabrik durch Veggie-Wurst und vegetarische Fleischalternativen zukunftsorientierter auszurichten. Die Landwirtin Beate Borstig (B), von der S den landwirtschaftlichen Betrieb gekauft hat, verlangt von O die Zahlung des Kaufpreises. Diese weigert sich, den Kaufpreis zu zahlen.
Hat B gegen O einen Anspruch auf Bezahlung des Kaufpreises von 2 Mio. EUR für ihren landwirtschaftlichen Betrieb?

Dies wollen wir nun prüfen!

■ Überlegen Sie, welche (bürgerlich-rechtliche!) Anspruchsgrundlage für das Verlangen der B in Betracht kommt!

▶ B verlangt von O ausdrücklich „Zahlung des Kaufpreises". Anspruchsgrundlage ist also § 433 II BGB!

Ein Anspruch der B gegen O auf Bezahlung des Kaufpreises von 2 Mio. EUR für ihren landwirtschaftlichen Betrieb könnte sich also aus § 433 II BGB ergeben. Voraussetzung für diesen Anspruch ist, dass zwischen O (!) und B ein wirksamer Kaufvertrag geschlossen wurde. Das wiederum erfordert, wie Sie wissen, zwei sich deckende Willenserklärungen: Angebot (=„Antrag") und Annahme.

108 Sofern nicht mehr gewusst, s. zB Wörlen/Metzler-Müller/Balleis BGB AT Rn. 354 f.
109 K. Schmidt HandelsR § 16 III S. 1 b.
110 K. Schmidt HandelsR § 16 III S. 1 b.

■ Wer hat in diesem Fall ein Angebot gemacht, und von wem wurde es angenommen?

▶ Das Angebot hat nicht die Vertragspartnerin der B, die O, gemacht, sondern ihre Prokuristin S; angenommen wurde es durch B.

■ Was ist Voraussetzung dafür, dass O sich das Angebot der Prokuristin S als eigenes zurechnen lassen muss? (Überlegen Sie!)

▶ *Falsch* wäre es, wenn Sie antworten wollten: „Dann müsste die Prokura der S wirksam sein"! Richtig ist allein: „Voraussetzung dafür ist, dass S die O bei Vertragsabschluss gem. § 164 I 1 BGB wirksam vertreten hat"!

5 Wir müssen also zunächst die **Voraussetzungen für ein wirksames Vertreterhandeln** nach § 164 I 1 BGB prüfen.

■ Wiederholungsfrage: Welche drei Voraussetzungen sind das? Das sollten Sie aus § 164 I 1 BGB herauslesen können!

▶ Voraussetzungen für eine wirksame Vertretung nach § 164 I 1 BGB sind[111]
1. eine eigene „*Willenserklärung*" des Vertreters,
2. die erkennbar „*im Namen* des Vertretenen" (also in fremdem Namen) erfolgt und
3. sich innerhalb der dem Vertreter „zustehenden *Vertretungsmacht*" bewegt.

Daraus ergibt sich für unseren Fall: S überbrachte nicht lediglich eine fremde, sondern gab eine **eigene Willenserklärung** in Form eines Kaufangebots ab. Dies müsste auch **im Namen** der O geschehen sein.

■ Der Sachverhalt von Übungsfall 4 sagt dazu nichts ausdrücklich. Woraus können wir dennoch schließen, dass S erkennbar in fremdem Namen, dh im Namen der O, gehandelt hat?

▶ Sie hat den landwirtschaftlichen Betrieb „für das Unternehmen" erworben. S hat also entweder ausdrücklich im Namen der O gehandelt oder aber zumindest mit Bezug zu deren Unternehmen.

■ Warum genügt bereits der Unternehmensbezug für ein Handeln im Namen der O? Lesen Sie § 164 I BGB genau!

▶ Es ergibt sich „aus den Umständen" iSv § 164 I 2, 2. Alt. BGB, dass S sich nicht selbst als Handelnde, sondern vielmehr die Unternehmensinhaberin verpflichten wollte! S hat also im Namen der O als Unternehmensinhaberin gehandelt.

Die Rechtsprechung legt derart „*unternehmensbezogene Geschäfte*" im Zweifel dahin aus, dass der Inhaber des Unternehmens und nicht der für das Unternehmen Handelnde Vertragspartei werden soll.[112]

Ob schließlich auch die dritte Voraussetzung von § 164 I 1 BGB, ein Handeln der S „innerhalb der ihr zustehenden **Vertretungsmacht**", vorliegt, können wir nur beurteilen, wenn wir die Eigenheiten der handelsrechtlichen Vollmacht „Prokura" kennen. An dieser Stelle wird also die Eigenschaft der S als Prokuristin bedeutsam, welche wir nun etwas näher untersuchen wollen.

---

111 → **Rn. 3**: Prüfungsschema § 164 BGB.

112 Und dies sogar dann, wenn der Inhaber des Unternehmens falsch bezeichnet wird oder sonst Fehlvorstellungen über ihn bestehen, s. zB BGH NJW 1998, 2897.

2. Prokuristen

Innerhalb der ihr zustehenden Vertretungsmacht hätte S als Prokuristin gehandelt, wenn ihr 6

(a) Prokura **erteilt** wurde,
(b) ihr Handeln vom **Umfang** der Prokura gedeckt ist und
(c) die Prokura **nicht** zuvor **erloschen** war.

a) Erteilung der Prokura

Die Prokura begründet rechtsgeschäftliche Vertretungsmacht. Es handelt sich um eine besondere Form der Vollmacht, deren Erteilung sich zunächst, wie bereits angedeutet, nach den allgemeinen Vorschriften des BGB richtet. Gemäß § 167 I BGB kann sie dem Prokuristen selbst, aber auch einem Dritten, dem gegenüber der Prokurist als Vertreter handeln soll, erteilt werden. 7

Prüfungsschema § 48 HGB:

(1) **Berechtigter** Vollmachtgeber (Inhaber eines Handelsgeschäfts oder gesetzlicher Vertreter) (§ 48 I HGB)
(2) Ausdrückliche und persönliche **Erklärung** (§ 48 I HGB) gegenüber zu Bevollmächtigendem oder Dritten
(3) **Bevollmächtigte(r):** eine oder mehrere (§ 48 II HGB) *natürliche* Person(en)
[(4) Deklaratorisch: Eintragung und Bekanntmachung (§ 53 I HGB)]

Der Erklärende, dh der **berechtigte** Vollmachtgeber, muss gem. § 48 I HGB (lesen!) *Inhaber* eines *Handelsgeschäfts* sein. Prokura erteilen kann also nur der *Kaufmann* selbst (falls nicht mehr gewusst: → Kap. 4 Rn. 11!) oder sein gesetzlicher Vertreter (zB die Geschäftsführerin einer GmbH oder der Vorstand einer AG).[113]

Weiterhin setzt die wirksame Erteilung einer Prokura, wie aus § 48 I HGB folgt, voraus, dass sie nur mittels ausdrücklicher **Erklärung** persönlich durch den Inhaber des Handelsgeschäfts oder – sofern er nicht voll geschäftsfähig sein sollte – durch seinen gesetzlichen Vertreter erteilt werden kann. Die allgemeinen Grundsätze des bürgerlich-rechtlichen Stellvertretungsrechts über die sog. Duldungs- oder Anscheinsvollmacht[114] sind auf die Prokura also nicht anwendbar! Ebenso wenig ist eine konkludente Prokuraerteilung möglich. Schließlich kommt nur eine natürliche Person als **Bevollmächtigter** in Betracht – juristischen Personen kann keine Prokura erteilt werden.[115] 8

■ Prüfen Sie nun, ob in Übungsfall 4 nach dem bisher Gesagten eine wirksame Prokuraerteilung an S vorliegt!

▶ O betreibt als Fleisch- und Wurstfabrikantin ein Handelsgewerbe iSv § 1 II HGB. Sie ist also Kauffrau und Inhaberin eines Handelsgeschäfts und damit *berechtigte* Vollmachtgeberin einer Prokuraerteilung. Sie hat die S durch eine persönliche und

113 Vgl. Hopt/Merkt § 48 Rn. 1, 4.
114 Mehr dazu bei Wörlen/Metzler-Müller/Balleis BGB AT Rn. 366 ff.
115 Hopt/Merkt § 48 Rn. 2 f.

ausdrückliche mündliche *Erklärung* zur Prokuristin bestellt. Als *Bevollmächtigte* hat sie dabei die S, eine natürliche Person, bestimmt. Die Prokuraerteilung ist somit wirksam.

9 O hat die Prokura auch in das Handelsregister eintragen lassen. Ob die Prokura ins Handelsregister eingetragen ist oder nicht, ist für die Wirksamkeit ihrer Erteilung nach § 48 I HGB unerheblich.[116] Der Geschäftsinhaber ist jedoch gem. § 53 I HGB verpflichtet, die Erteilung der Prokura (ebenso wie ihr Erlöschen) ins Handelsregister eintragen zu lassen. Da die **Eintragung** nicht Wirksamkeitsvoraussetzung ist, hat sie keine konstitutive, sondern nur *deklaratorische* Bedeutung.[117] Gemäß § 51 HGB ist der Prokurist verpflichtet, dass er bei der Unterschrift „der Firma seinen Namen mit einem die Prokura andeutenden Zusatz beifügt". Dieser Zusatz lautet üblicherweise „per procura", abgekürzt: „ppa.".

Beispiel: „Olga Ochs e. K., ppa. Stier"

Möglich ist es übrigens auch, Prokura an mehrere Personen gemeinschaftlich zu erteilen (= *Gesamtprokura* nach § 48 II HGB – lesen!). Grundsätzlich lassen sich drei Arten der Prokura unterscheiden:

Übersicht 27

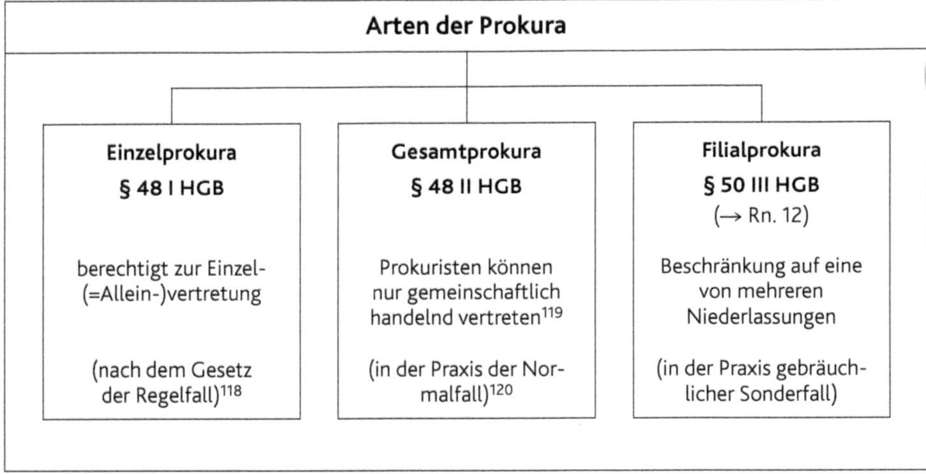

b) Umfang der Prokura

10 Den Umfang der Prokura regelt zunächst § 49 I HGB (lesen!). Danach ist der Prokurist zu *allen* dort genannten Geschäften und Rechtshandlungen ermächtigt, die der *Betrieb* eines Handelsgewerbes mit sich bringt, ausgenommen zur Veräußerung und Belastung von Grundstücken, wie sich aus § 49 II HGB (lesen!) ergibt. Es geht dabei

116 S. zB Brox/Henssler HandelsR Rn. 197.
117 → **Kap. 5 Rn. 9.**
118 MüKoHGB/Krebs § 48 Rn. 69.
119 Weber Rechtswörterbuch/Groh „Prokura".
120 MüKoHGB/Krebs § 48 Rn. 69.

um Grundstücke, die sich bereits im Eigentum des Unternehmers („Prinzipal", vgl. § 55 IV Hs. 2 HGB) befinden! Der *Erwerb* eines neuen Grundstücks durch Prokuristen ist daher möglich. Wenn dabei zur Bezahlung des Kaufpreises ein Kredit aufgenommen und zu dessen Sicherung eine Hypothek oder Grundschuld bestellt wird, ist das keine Belastung iSv § 49 II HGB, da dies im Ergebnis dem Erwerb eines bereits belasteten Grundstücks gleichkommt.[121]

Hinweis: Hier muss man **genau lesen:** Die Prokura ermächtigt gem. § 49 I HGB zu **„allen"** (gewöhnlichen und außergewöhnlichen) Arten von gerichtlichen und außergerichtlichen Geschäften und Rechtshandlungen, die der **„Betrieb"** (nicht also die Einstellung oder Veräußerung sowie sonstige Grundlagengeschäfte) eines Handelsgewerbes mit sich bringt. Sie umfasst sämtliche Geschäfte, die der Betrieb **„eines"** (also irgendeines beliebigen) **„Handelsgewerbes"** (deshalb keine Privatgeschäfte des Kaufmanns bzw. der Kauffrau, wohl aber für das Handelsgewerbe branchenfremde Geschäfte) mit sich bringen kann.[122]

Selbstverständlich können Kaufleute die Prokura auf bestimmte Bereiche, insbesondere auch auf Beträge, die der Prokurist beim Abschluss von Rechtsgeschäften nicht überschreiten darf, beschränken. Diese Beschränkung hat indessen keine Wirkung im Außenverhältnis, dh, wie aus § 50 I HGB folgt, auf eine solche Beschränkung kann sich der Kaufmann oder die Kauffrau im Verhältnis zu Dritten nicht berufen. Lesen Sie § 50 I und II HGB! **11**

Überschreitet allerdings ein Prokurist den Umfang seiner Vertretungsmacht, die im Innenverhältnis beschränkt wurde, macht er sich gegebenenfalls wegen Verletzung des zwischen ihm und dem Inhaber des Handelsgeschäfts bestehenden Dienst- oder Arbeitsvertrags (§§ 611, 611a BGB!) seinem Dienstherrn gegenüber schadensersatzpflichtig!

■ Auf welche Anspruchsgrundlage im BGB kann der Dienstherr seinen Schadensersatzanspruch stützen?

▶ Die Antwort gibt Fußnote[123].

Eine Ausnahme von dem Grundsatz, dass die Beschränkung der Prokura nicht nach außen wirkt, enthält § 50 III HGB (lesen!): Wenn die Prokura auf den Betrieb einer von mehreren Niederlassungen des Geschäftsinhabers beschränkt wurde und diese Niederlassungen unter verschiedenen Firmen (= Namen) betrieben werden, ist diese Beschränkung auch Dritten gegenüber wirksam (=**„Filialprokura"**; s. auch Übersicht 27 → **Rn. 9**). Dies kommt in der Praxis durchaus nicht selten vor; denn, wie Sie wissen, können Kaufleute ein Handelsgeschäft beispielsweise unter einer übernommenen Firma fortführen. In einem solchen Fall kann die Prokura auch mit Wirkung nach außen auf diese Firma beschränkt werden. **12**

Kommen wir zurück zu unserem Fall, um die besonderen Voraussetzungen für die Prokura zu prüfen.

■ Hat S sich beim *Kauf* des landwirtschaftlichen Betriebs im Rahmen des gesetzlichen Umfangs der Prokura gem. § 49 HGB (lesen und nachdenken!) gehalten? **13**

▶ Durch die Erteilung der Prokura wurde S von O zu allen Rechtshandlungen ermächtigt, die der Betrieb eines Handelsgewerbes mit sich bringt. Dazu kann auch

121 S. zB Lettl HandelsR § 6 Rn. 44; Jung HandelsR Kap. 7 Rn. 11; Brox/Henssler HandelsR Rn. 200.

122 S. zB Ebenroth/Boujong/Weber § 49 Rn. 3 ff.

123 **§ 280 I BGB iVm §§ 611/611a, 241 II BGB.**

der Kauf eines landwirtschaftlichen Betriebs inklusive des dazugehörenden Grundstücks gehören. Denn gem. § 49 II HGB erfordern nur der *Verkauf* (Veräußerung) und die *Belastung* von Grundstücken, die (bereits) im Eigentum des Prinzipals stehen, die Erteilung einer besonderen Befugnis für den Prokuristen.

14 ■ Wie steht es mit der Begrenzung der Prokura der S auf 200.000 EUR? Welchen Einfluss hat diese Beschränkung auf das Handeln der S? (Erst überlegen, dann weiterlesen!)

▶ Diese Beschränkung ist nur im Innenverhältnis zwischen O und S von Bedeutung! Nach außen ist eine solche Beschränkung unwirksam (§ 50 I HGB).

Somit war der Kauf des landwirtschaftlichen Betriebs für 2 Mio. EUR durch die Prokura nach außen gedeckt.

Die Tatsache, dass O die S nur zu Geschäften bis 200.000 EUR ermächtigt hatte, führt im Außenverhältnis nicht zur Überschreitung der mit der Prokura verbundenen Vertretungsmacht der S. Daher kommt zB § 177 I BGB[124] *nicht* zur Anwendung, wonach die Wirkung des Vertrags, den S für O geschlossen hat, von deren Genehmigung abhängig sein würde. Da S innerhalb ihrer Vertretungsmacht, nämlich im Rahmen der wirksamen Prokura, handelte, die gem. § 53 I HGB auch ordnungsgemäß im Handelsregister eingetragen wurde (= erforderlich, aber nur deklaratorische Wirkung), hat sie als Vertreterin der O iSd § 164 I BGB gehandelt. Da für ein Erlöschen der Prokura (dazu sogleich → Rn. 16 ff.) nichts ersichtlich ist, ist folglich der von S im Namen der O geschlossene Vertrag mit B wirksam.

■ Zwischenergebnis für unseren Fall also? (Überlegen!)

▶ B hat gegen O einen Anspruch auf Zahlung des Kaufpreises von 2 Mio. EUR gem. § 433 II iVm § 164 I 2 BGB und §§ 48, 49 HGB.

15 O kann sich also nicht weigern, den Kaufpreis zu zahlen, sondern muss gegebenenfalls einen Schadensersatzanspruch (aus Pflichtverletzung beim Dienst- oder Arbeitsvertrag gem. § 280 I iVm §§ 611/611a, 241 II BGB) gegen S geltend machen, wonach aber im vorliegenden Fall nicht mehr gefragt ist.

c) Erlöschen der Prokura

16 Gemäß § 52 I HGB erlischt die Prokura durch Widerruf. Der jederzeit und ohne besonderen Grund mögliche Widerruf durch den Geschäftsinhaber kann, wie die Erteilung, durch einseitiges Rechtsgeschäft (vgl. §§ 168 S. 3, 167 I BGB – lesen!) ausgeübt werden.[125]

Weitere Erlöschensgründe sind zB:[126] Die Beendigung des der Prokura zugrunde liegenden Arbeitsverhältnisses (arg. aus § 168 S. 1 BGB), die Insolvenz des Prinzipals (s. § 117 I InsO[127]), die Einstellung bzw. Veräußerung des Handelsgeschäfts sowie der Tod des Prokuristen (nicht aber der Tod des Geschäftsherrn, § 52 III HGB!).

124 S. dazu Wörlen/Metzler-Müller/Balleis BGB AT Rn. 373 ff., 377.
125 Brox/Henssler HandelsR Rn. 206.
126 Vgl. Aufzählung bei Hopt/Merkt § 52 Rn. 5.
127 **§ 117 I InsO** – Erlöschen von Vollmachten – lautet:
„(1) Eine vom Schuldner erteilte Vollmacht, die sich auf das zur Insolvenzmasse gehörende Vermögen bezieht, erlischt durch die Eröffnung des Insolvenzverfahrens."

Die Eintragung des Erlöschens der Prokura ins Handelsregister (§ 53 II HGB) hat 17
– wie die der Erteilung – nur *deklaratorische* Wirkung. Da gutgläubige Dritte aber durch § 15 I HGB[128] geschützt werden, bewirkt das Erlöschen in erster Linie Folgen im Innenverhältnis.

Hinweis: Notieren Sie in Ihrer Gesetzessammlung § 15 I HGB neben § 53 II HGB!

Lernzielkontrolle: Schauen Sie sich Übersicht 28 nun genau an und prüfen Sie, ob Sie sich das Wichtigste zur Prokura bereits eingeprägt haben!

Übersicht 28

18

Prokura **(s. zu den *Arten* auch Übersicht 27→ Rn. 9)**		
Erteilung	**Umfang**	**Erlöschen**
§ 48 HGB	**§§ 49, 50 HGB**	**§ 52 HGB**
Berechtigte(r) **Inhaber eines Handelsgeschäfts** oder gesetzlicher Vertreter (gegebenenfalls mit Genehmigung des Vormundschaftsgerichts: § 1822 Nr. 11 BGB)	**Grundsatz** Für **alle Geschäfte**, die der Betrieb (irgend) **eines Handelsgewerbes** mit sich bringt (§ 49 I HGB) (keine Privatgeschäfte des Inhabers)	**Widerruf** Jederzeit möglich gem. § 52 I HGB (iVm §§ 168 S. 3, 167 I BGB) **Beendigung** des zugrundeliegenden Arbeitsverhältnisses (arg. aus § 168 S. 1 BGB)
Erklärung **Ausdrücklich** und **persönlich** durch (mündl. oder schriftl.) Erklärung an Prokuristen oder Dritte (§ 48 I HGB iVm § 167 I BGB)	**Beschränkungen** (1) durch Rechtsgeschäft **nach außen unwirksam** (§ 50 I, II HGB); möglich: „*Filialprokura*" nach § 50 III HGB (2) durch Gesetz: • Veräußerung und Belastung von Grundstücken gem. § 49 II HGB • **Grundlagengeschäfte** wie Einstellung oder Veräußerung des Unternehmens (arg. aus § 49 I HGB: „Betrieb") • Inhaber- oder **Prinzipalgeschäfte** **(→ Rn. 20)**	**Tod** des Prokuristen (arg. aus § 52 III HGB) **Insolvenz** des Prinzipals (§ 117 I InsO)
Bevollmächtigte(r) **Natürliche** (nicht juristische) Person (eine P. = *Einzelprokura*); gegebenenfalls mehrere Personen gemeinsam (= *Gesamtprokura*, § 48 II HGB)		**Einstellung** bzw. **Veräußerung** des Handelsgeschäfts
Eintragung ins HReg. Gemäß § 53 I HGB Pflicht; nur **deklaratorische** Wirkung		**Eintragung ins HReg.** Gemäß § 53 HGB Pflicht; zwar nur **deklaratorische** Wirkung, aber *gutgläubige Dritte* bis zur Eintragung durch § 15 I HGB *geschützt*

128 → **Kap. 5 Rn. 12 ff.**

3. Handlungsbevollmächtigte

19 **Abwandlung zu Übungsfall 4 (→ Rn. 4)**

Ochs (O) beauftragt ihre neue Prokuristin Stier (S), eine Kühlwagenfirma zu suchen und für den Transport der Produkte die erforderliche Anzahl Kühlwagen zu mieten. S will dies aber nicht selbst erledigen, weil sie sich zu Höherem berufen fühlt. Sie bestellt den Angestellten Karsten Kuh (K) in sein Büro und erklärt ihm, dass sie ihn zum Prokuristen mache und mit der Anmietung von 20 Kühlwagen für O beauftrage. K erledigt dies umgehend.
O geht auch dieses eigenmächtige Handeln der S deutlich zu weit. Sie weigert sich, den von K abgeschlossenen Mietvertrag über 20 Kühlwagen gegen sich gelten zu lassen und den Mietpreis zu bezahlen. Zu Recht?

Wäre O die Mieterin der Kühlwagen, wäre sie gem. § 535 II BGB verpflichtet, die vereinbarte Miete zu zahlen. Ob O die Mietpreiszahlung zu Recht verweigert, hängt also davon ab, ob der Mietvertrag über die Kühlwagen wirksam ist, den der von S bevollmächtigte K für sie abgeschlossen hat.

■ Was ist die Voraussetzung dafür, dass der Mietvertrag zwischen O und der Kühlwagenfirma wirksam ist?
▶ K müsste wirksam als Vertreter der O iSv § 164 I 1 BGB gehandelt haben.

Auch in diesem Fall liegen die Voraussetzungen „eigene Willenserklärung" und „Handeln im Namen der O" vor; fraglich ist wiederum, ob K innerhalb der ihm zustehenden Vertretungsmacht gehandelt hat. Wir müssen also prüfen, ob K überhaupt Vertretungsmacht für O hatte.

■ Woraus könnte sich eine Vertretungsmacht des K ergeben?
▶ Aus den §§ 49 I, 48 HGB, weil S den K (= natürliche Person als **Bevollmächtigter**) auch „zum Prokuristen machte" (= ausdrückliche und persönliche **Erklärung**) und ihn mit der Anmietung der Kühlwagen beauftragte. Dazu müsste die dem K erteilte Prokura allerdings wirksam sein.

20 Die Frage ist also, ob ein Prokurist einem Dritten seinerseits Prokura erteilen kann, er also als **berechtigter** Vollmachtgeber in Betracht kommt.

■ Die Antwort auf diese Frage gibt uns die insofern eindeutige Formulierung des § 48 I HGB, nämlich? (Überlegen Sie!)
▶ Prokura kann nur vom *Inhaber* eines Handelsgeschäfts selbst oder von seinem *gesetzlichen* Vertreter erteilt werden.
Ein Prokurist ist aber nicht gesetzlicher Vertreter des Geschäftsherrn bzw. der Geschäftsherrin, sondern *rechtsgeschäftlicher* Vertreter, sodass S dem K keine Prokura erteilen konnte.

Hinweis: Zu den sog. **„Inhaber-" oder „Prinzipalgeschäften"**, die nach dem Gesetz dem Kaufmann bzw. der Kauffrau persönlich zugewiesen sind, gehört neben der Prokuraerteilung gem. § 48 I HGB insbesondere auch die Anmeldung der Firma zum Handelsregister, §§ 29, 31 HGB.[129]

21 Daraus, dass S dem K nicht wirksam Prokura erteilen konnte, folgt aber nicht, dass K als Vertreter ohne Vertretungsmacht handelt. Vielmehr findet auch im Handelsrecht eine nicht ganz einfach zu verstehende Vorschrift des BGB Anwendung, die Sie eventuell noch nicht kennen und deshalb unbedingt lesen müssen: § 140 BGB!

129 S. zB Brox/Henssler HandelsR Rn. 201; vgl. ferner Jung HandelsR Kap. 7 Rn. 11.

■ Was könnte das für unseren Fall bedeuten?

▶ Die nichtige Prokuraerteilung an K durch S könnte gem. § 140 BGB in eine wirksame Bevollmächtigung *umzudeuten* sein, die nicht an so strenge gesetzliche Voraussetzungen geknüpft ist wie die Prokura und auch von einer Prokuristin erteilt werden kann.

In Betracht kommt eine sog. **Handlungsvollmacht** (§ 54 HGB). Darunter versteht man *jede* zum oder im Betrieb eines Handelsgewerbes erteilte *Vollmacht*, die *keine Prokura* ist.[130] Auch auf die Handlungsvollmacht finden die §§ 164 ff. BGB Anwendung (s. Prüfungsschema → Rn. 3), sofern nicht spezielle Regelungen des HGB vorrangig sind.[131]

Dass eine „**Willenserklärung**" und ein „Handeln **im Namen** der O" vorliegen, hatten wir soeben bereits bejaht (→ Rn. 19). **Vertretungsmacht** des K für O könnte ihm aus einer Handlungsvollmacht zustehen. Zu klären ist also, ob dem K

(a) Handlungsvollmacht **erteilt** wurde,
(b) sein Handeln vom **Umfang** der Handlungsvollmacht gedeckt und
(c) die Handlungsvollmacht **nicht erloschen** ist.

a) Erteilung der Handlungsvollmacht

Prüfungsschema § 54 I HGB: 22

(1) **Berechtigter** Vollmachtgeber (Inhaber des Handelsgeschäfts oder gesetzlicher Vertreter, Prokurist, anderer Handlungsbevollmächtigter) (§ 167 I BGB, § 54 I HGB)
(2) Ausdrückliche oder konkludente **Erklärung** gegenüber zu Bevollmächtigendem oder Dritten (§ 167 I BGB, auch Anscheins- oder Duldungsvollmacht)
(3) **Bevollmächtigte(r):** eine oder mehrere (auch juristische) Person(en)

Lesen Sie zunächst § 54 I HGB, der das Wesen der Handlungsvollmacht umschreibt!

Zur Erteilung einer Handlungsvollmacht ist neben dem Geschäftsinhaber auch ein Prokurist oder ein anderer dazu Bevollmächtigter **berechtigt** (1). Das ergibt sich zum einen daraus, dass das Gesetz für ihre Erteilung keine einschränkende Vorschrift vorsieht: Während § 48 I HGB für die Erteilung der Prokura festlegt, dass nur der Inhaber des Handelsgeschäfts sie persönlich und ausdrücklich erteilen darf, sucht man eine vergleichbare Regelung für die Erteilung einer Handlungsvollmacht hier vergeblich. Zum anderen lässt sich dies auch aus dem Umfang der Prokura nach § 49 I HGB ableiten. Wenn Sie sich diese Vorschrift nochmals ansehen, so lesen Sie, dass der Prokurist zu *allen* Rechtshandlungen ermächtigt ist, die der Betrieb *eines* (dh irgendeines, nicht eines bestimmten)[132] Handelsgewerbes mit sich bringt. Dazu gehört auch die Erteilung von *Vollmachten*, die nicht Prokura sind.

Wie jede Vollmacht wird auch die Handlungsvollmacht gem. § 167 I BGB durch eine einseitige empfangsbedürftige Willens**erklärung** (2) erteilt. Da § 54 I HGB nicht die „ausdrückliche" Erteilung der Handlungsvollmacht vorschreibt, kann diese auch als

130 Hopt/Merkt § 54 Rn. 1.
131 Brox/Henssler HandelsR Rn. 212.
132 S. zB Kindler GK HandelsR § 6 Rn. 22; Jung HandelsR Kap. 7 Rn. 10.

Duldungs- oder Anscheinsvollmacht wirksam sein.[133] Eine konkludente Bevollmächtigung kann etwa durch Übertragung einer Stellung oder Aufgabenzuweisung erfolgen, die verkehrstypisch mit Handlungsvollmacht verbunden ist.[134]

Weil das persönliche Vertrauen – anders als bei der Prokura – nicht im Vordergrund steht, kommen als **Bevollmächtigte** (3) neben natürlichen auch *juristische* Personen in Betracht.[135]

b) Arten und Umfang der Handlungsvollmacht

aa) Arten

23 Der in § 54 I HGB beschriebene Umfang der Handlungsvollmacht zeigt, dass es drei verschiedene Typen (Arten) der Handlungsvollmacht gibt: Generalhandlungsvollmacht, Arthandlungsvollmacht und Spezialhandlungsvollmacht.

Übersicht 29

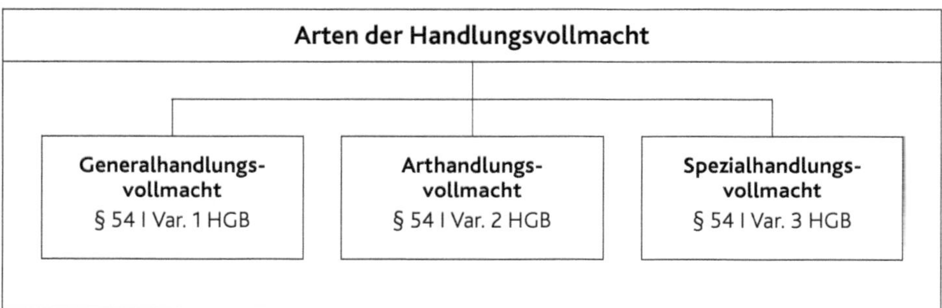

24 (1) **Generalhandlungsvollmacht** (§ 54 I Var. 1 HGB): Der Handlungsbevollmächtigte kann zum Betrieb eines Handelsgewerbes und damit *„generell“* zu *allen* Geschäften, die ein *derartiger* Betrieb dieses Handelsgewerbes *gewöhnlich* mit sich bringt, ermächtigt sein (Ausnahme: Die in § 54 II HGB genannten Geschäfte, auf die wir gleich noch kurz eingehen werden). In diesem Fall hat der Handlungsbevollmächtigte eine „Generalhandlungsvollmacht“.

(2) **Arthandlungsvollmacht** (§ 54 I Var. 2 HGB): Der Handlungsbevollmächtigte kann zur Vornahme einer bestimmten *Art* von Geschäften des Handelsgewerbes ermächtigt sein. Er hat dann eine „Arthandlungsvollmacht“.

(3) **Spezialhandlungsvollmacht** (§ 54 I Var. 3 HGB): Schließlich kann der Handlungsbevollmächtigte zur Vornahme *einzelner*, spezieller Geschäfte des Handelsgewerbes ermächtigt sein. Man bezeichnet diesen Typ der Handlungsvollmacht daher als „Spezialhandlungsvollmacht“.

133 Lettl HandelsR § 6 Rn. 71; allgemein zur Duldungs- und Anscheinsvollmacht Wörlen/Metzler-Müller/Balleis BGB AT Rn. 366 ff.

134 BGH NJW 2015, 2584 Rn. 47 f. („**Deputy General Director**“); vgl. auch BAG NJW 2014, 3595 Rn. 26 mwN (**Personalleiter**).

135 Hopt/Merkt § 54 Rn. 7 (str.).

bb) Umfang

Einschränkungen des Umfangs all dieser Handlungsvollmachtsarten enthält, wie angedeutet, § 54 II HGB (lesen!). 25

Im Gegensatz zum Prokuristen bedarf danach der Handlungsbevollmächtigte nicht nur zur Veräußerung und Belastung von Grundstücken einer besonderen Befugnis des Geschäftsherrn, sondern auch zu den anderen dort genannten Rechtsgeschäften.

Gemäß § 57 HGB ist der Handlungsbevollmächtigte verpflichtet, seiner Unterschrift einen das Vollmachtsverhältnis andeutenden Zusatz beizufügen. Dieser Zusatz lautet zB „in Vollmacht“ (abgekürzt: „i.V.“) oder „per“.

Beispiel: „Olga Ochs e. K., i. V. Kuh“

(1) **Abschlussvertretung:** Aus § 55 I HGB ergibt sich im Umkehrschluss, dass § 54 HGB die Handlungsvollmacht von Hilfspersonen regelt, die im Betrieb beschäftigt sind.[136] 26
Denn § 55 I HGB besagt, dass die Vorschriften des § 54 HGB *auch* auf Personen Anwendung finden, die damit betraut sind, regelmäßig *„außerhalb des Betriebes“* (im Gesetzestext unterstreichen!) Geschäfte im Namen des Geschäftsinhabers *„abzuschließen“* (ebenfalls unterstreichen!). Konkret regelt § 55 HGB den Umfang der erteilten Vollmacht bei der Abschlussvertretung unabhängig davon, ob *unselbstständige* „Handlungsgehilfen“ (§ 59 S. 1 HGB) oder *selbstständige* „Handelsvertreter“ (§ 84 I HGB; mehr dazu sogleich bei → Rn. 42 ff.) tätig werden.

Daraus können wir entnehmen, dass das Gesetz bei der *Abschlussvollmacht* im Außen- 27
dienst für unselbstständige und selbstständige Hilfspersonen gleiche Maßstäbe anlegt – schließlich besteht für Dritte im Rechtsverkehr bei beiden Personengruppen ein vergleichbares Bedürfnis nach Rechtssicherheit hinsichtlich des Umfangs ihrer Vertretungsmacht.[137]

Für die selbstständigen und unselbstständigen Abschlussbevollmächtigten wird die in § 54 HGB generell umschriebene Handlungsvollmacht in § 55 II–IV HGB etwas spezieller umrissen, indem sie zum Teil eingeschränkt und zum Teil positiv konkretisiert wird.

Einschränkungen ergeben sich aus § 55 II und III HGB (lesen!). Ein Abschlussbevollmächtigter ist also einerseits nicht berechtigt, einmal abgeschlossene Verträge abzuändern oder dem Vertragspartner die aus dem Vertrag folgenden Zahlungsverpflichtungen zu stunden, andererseits darf er Zahlungen nur entgegennehmen, wenn er dazu gesondert bevollmächtigt wurde.

Eine positive Konkretisierung der Vollmacht der Abschlussbevollmächtigten enthält § 55 IV HGB (lesen!).

Beispiel: Nach dieser Vorschrift kann zB eine Versicherungsabschlussvertreterin die dem Prinzipal zustehenden Rechte auf Beweissicherung (vgl. § 485 ZPO) ausüben, dh, sie kann einen Sachverständigen damit beauftragen, einen geltend gemachten Schaden unverzüglich festzustellen.

---

136 Brox/Henssler HandelsR Rn. 225.
137 Lettl HandelsR § 6 Rn. 95; K. Schmidt HandelsR § 16 V.

28 (2) **Vermittlungsvertretung:** Die Geschäftsinhaberin kann ihren Außendienst auch nur mit der Vermittlung von Rechtsgeschäften (zB von Versicherungsverträgen) betrauen, ohne dass diese unmittelbar für sie abgeschlossen werden dürfen.

Verständnisfrage:

- Wie ist es rechtlich zu werten, wenn nun ein reiner *Vermittlungs*vertreter dennoch einen Vertrag im Namen des Prinzipals abschließt? Überlegen Sie!
- Da ihm für derartige Geschäfte gerade keine Vertretungsmacht eingeräumt wurde und der Vermittlungsvertreter im Unterschied zum Abschlussvertreter auch nicht in § 55 I HGB erwähnt wird, handelt er als *Vertreter ohne Vertretungsmacht*!

29 Eine entsprechende rechtliche Situation (Vertretung ohne Vertretungsmacht) ergibt sich übrigens auch dann, wenn ein Abschlussbevollmächtigter Geschäfte abschließt, die von seiner Vollmacht nicht abgedeckt werden. In beiden Fallgruppen *gilt* (= Fiktion) die *Genehmigung* durch den Prinzipal als erteilt, die nach § 177 I BGB die schwebende Unwirksamkeit beseitigt. § 91a I, II HGB bestimmt dies für den Handelsvertreter (→ Rn. 48) und § 75h I, II HGB für den Handlungsgehilfen, wenn nach entsprechender Benachrichtigung *nicht unverzüglich* (§ 121 I 1 BGB) die Ablehnung des Geschäfts durch den Prinzipal erklärt wird.[138]

30 Für Dritte (Kunden) ist häufig nicht erkennbar, ob sie es mit einem Abschluss- oder nur mit einem Vermittlungsbevollmächtigten zu tun haben. Zum Schutz von gutgläubigen Kunden gilt daher § 55 IV HGB auch für die reine *Vermittlungs*vertretung. Das folgt für den (selbstständigen) Handelsvertreter aus der ausdrücklichen Formulierung von § 91 II S. 1 HGB, den Sie hierzu abschließend auch noch lesen müssen. Wie Sie sicher gemerkt haben, ist die Formulierung mit § 55 IV HGB fast wortgleich! Für den (unselbstständigen) Handlungsgehilfen, der nur Vermittlungsvertreter ist, verweist § 75g S. 1 HGB auf die Geltung von § 55 IV HGB.

Hinweis: Notieren Sie beide Vorschriften neben § 55 IV HGB!

Abschluss- wie auch Vermittlungsbevollmächtigte gelten daher insbesondere als ermächtigt, Mängelrügen entgegen zu nehmen.

Fassen wir dieses Verweisungswirrwarr noch einmal anhand einer schematischen Grafik zusammen:

138 Vgl. Brox/Henssler HandelsR Rn. 227.

Übersicht 30

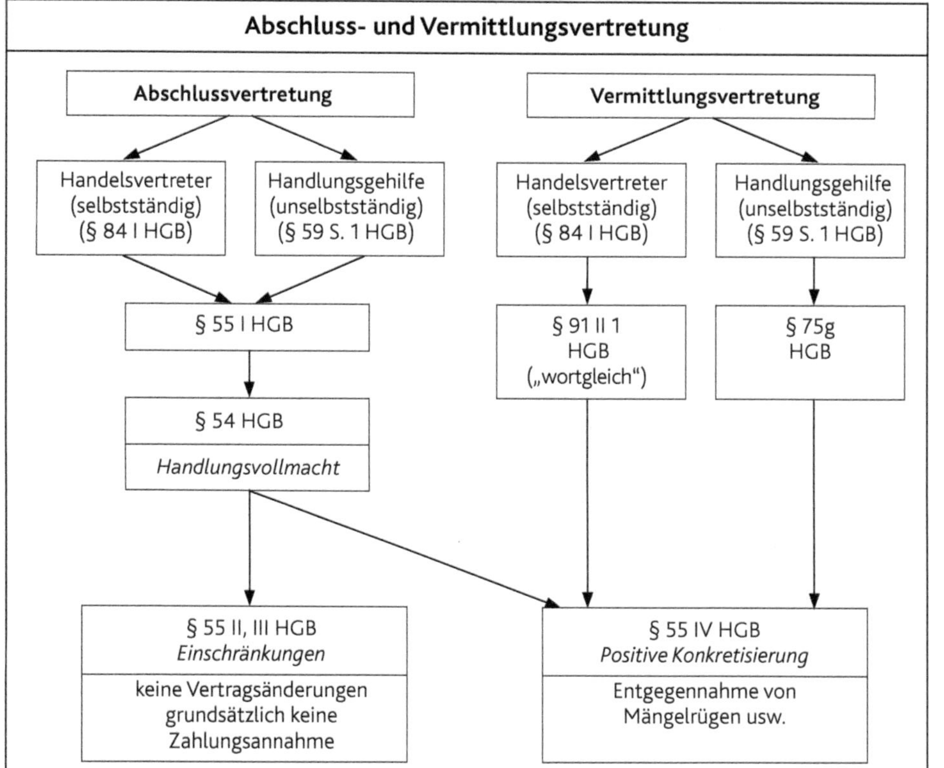

31

Speziell für **Versicherungsvertreter** (§ 92 I HGB: Handelsvertreter, die damit betraut sind, Versicherungsverträge *zu vermitteln* oder *abzuschließen*) gelten außer den handelsrechtlichen Vorschriften, die auf Handelsvertreter aus allen Branchen Anwendung finden, insbesondere die Vorschriften des VVG. Soweit die §§ 69 ff. VVG bezüglich der Vollmacht des Versicherungsvertreters (oder eines unselbstständigen Gehilfen des Versicherers, § 73 VVG) vom HGB abweichende Vorschriften enthalten, indem sie zB seine Vollmacht erweitern, haben die Vorschriften des VVG Vorrang. 32

- Wie nennt man dieses Prinzip, das hier zugunsten des VVG eingreift? (Überlegen Sie! Das VVG ist ein Spezialgesetz zum HGB ...!)
- ▶ Wenn Sie sich an Ihre Einführung in das Recht und an Art. 2 EGHGB[139] erinnern, wissen Sie: Das Prinzip, dass das speziellere Gesetz die allgemeineren Gesetze verdrängt („lex specialis derogat legi generali"[140], wie die römischen Juristen schon erkannt hatten ...), wird auch als „Subsidiaritätsprinzip" bezeichnet.[141]

Das gilt, wie Sie bereits am Beispiel des BGB gesehen haben, im Übrigen auch für einzelne Paragrafen innerhalb eines Gesetzeswerks. Vorschriften des besonderen 33

139 → **Kap. 2 Rn. 5**, → **Kap. 2 Rn. 12**.
140 S. dazu Liebs, Lateinische Rechtsregeln und Rechtssprichwörter, 7. Aufl. 2007, L, Nr. 52.
141 Zur Rezeption (Übernahme) des römischen Rechts in Deutschland sowie zum Subsidiaritätsprinzip s. Wörlen/Metzler-Müller/Balleis BGB AT Rn. 38 f.

Schuldrechts des BGB haben zB Vorrang vor den Vorschriften des allgemeinen Schuldrechts. Sie sollten wissen, dass aufgrund der aus § 311 I BGB folgenden Vertragsfreiheit Verträge grundsätzlich formfrei, dh auch mündlich geschlossen werden können. Wenn aber manche Vorschriften des besonderen Teils des Schuldrechts festlegen, dass für bestimmte Willenserklärungen, zB gem. § 766 S. 1 BGB für die Bürgschaftserklärung, die Schriftform erforderlich ist, hat diese Vorschrift vor § 311 I BGB Vorrang. Gegenüber § 766 S. 1 BGB wiederum ist § 350 HGB vorrangig.

34 Nach alledem können wir nun die abschließende Antwort auf die Frage geben, ob man die Erteilung der Prokura von S an K (→ **Rn. 19**) über § 140 BGB (nochmals lesen!) in die Erteilung einer Handlungsvollmacht umdeuten kann.

■ Versuchen Sie, die Antwort selbst zu formulieren!

▶ Offensichtlich wollte S den Auftrag der O, die 20 Kühlwagen zu mieten, an K delegieren. Dazu ist sie als Prokuristin grundsätzlich auch *berechtigt*, denn sie hätte K eine Handlungsvollmacht erteilen können. Die unwirksame mündliche Prokuraerteilung gegenüber K umfasste hier insofern alle Voraussetzungen der wirksamen ausdrücklichen *Erklärung* einer Handlungsbevollmächtigung gegenüber der natürlichen Person K als *Bevollmächtigtem*. Es ist daher davon auszugehen, dass S dem K, wenn sie gewusst hätte, dass eine Prokuraerteilung durch eine Prokuristin nichtig ist, Handlungsvollmacht erteilt hätte. Somit gilt die Erteilung der Prokura von S an K gem. § 140 BGB als Handlungsvollmacht iSd § 54 HGB zum Abschluss des Mietvertrags.

■ Um welchen Typ der Handlungsvollmacht handelt es sich dabei? (Lesen Sie § 54 I HGB nochmals; er enthält die Antwort auf diese Frage!)

▶ Indem S den K zum Abschluss eines bestimmten Mietvertrags bevollmächtigte, hat sie ihn zur Vornahme eines einzelnen zu einem bestimmten Handelsgewerbe gehörigen Geschäfts ermächtigt (§ 54 I, 3. Var.), dh, sie hat ihm eine Spezialhandlungsvollmacht erteilt!

Da K mit Vertretungsmacht für O auftrat, ist der Mietvertrag iSd § 535 iVm § 164 I 1 BGB und § 54 I HGB zwischen O und dem Kühlwagenvermieter wirksam zustande gekommen. O weigert sich also zu Unrecht, den Vertrag zu erfüllen.

c) Erlöschen der Handlungsvollmacht

35 Für die Handlungsvollmacht gelten im Wesentlichen dieselben Erlöschungsgründe wie für die Prokura, sofern sich nicht aus dem HGB ein anderes ergibt. Für die Handlungsvollmacht gilt insbesondere nicht § 53 HGB: Die Handlungsvollmacht muss nicht in das Handelsregister eingetragen werden und ist auch *nicht eintragungsfähig*.[142] Uneingeschränkt anwendbar ist dagegen § 168 BGB. Danach erlischt die Handlungsvollmacht durch Widerruf oder mit Beendigung des zugrundeliegenden Arbeitsverhältnisses des Handlungsbevollmächtigten. Tritt der Handlungsbevollmächtigte dennoch weiterhin für seinen Geschäftsherrn auf, handelt er als „Vertreter ohne Vertretungsmacht" (vgl. §§ 177 und 179 BGB[143]).

Lernzielkontrolle: Überprüfen Sie nun anhand von Übersicht 31, ob Sie das Wichtigste zur Handlungsvollmacht bereits verinnerlicht und verstanden haben!

142 Hopt/Merkt § 8 Rn. 5.

143 S. dazu bei Bedarf Wörlen/Metzler-Müller/Balleis BGB AT Rn. 373–385.

Übersicht 31

36

Handlungsvollmacht		
Erteilung	**Umfang (§ 54 HGB)**	**Erlöschen**
Berechtigte(r): Wie Übersicht 28 (→ Rn. 18) (Genehmigung des Vormundschaftsgerichts *nicht erforderlich*) *außerdem:* Erteilung **auch** durch **Prokuristen** oder (andere) **Handlungsbevollmächtigte**	**Grundsatz:** Im Ermessen des Vollmachtgebers, doch gesetzlich vermuteter Mindestinhalt gem. § 54 I HGB [beachte: „Geschäfte" ... „die der Betrieb" (nicht irgendeines, sondern) „eines **derartigen** Handelsgewerbes ... **gewöhnlich** mit sich bringt"!]	**Widerruf:** Jederzeit möglich gem. §§ 168 S. 2 und 3, 167 I BGB **Beendigung** des zugrunde liegenden Arbeitsverhältnisses (arg. aus § 168 S. 1 BGB)
Erklärung: • Ausdrücklich oder stillschweigend (konkludent) nach BGB-Regeln (§ 167 BGB) • Möglich auch: *Anscheins-* oder *Duldungsvollmacht* • Umdeutung (§ 140 BGB) unwirksam erteilter Prokura in Handlungsvollmacht möglich	**Arten (s. § 54 I Var. 1-3 HGB) (s. auch Übers. 29 → Rn. 23):** • *General-Handlungsvollmacht* = alle zum Betrieb des Handelsgewerbes gehörenden Geschäfte, außer gesetzliche Beschränkungen (s. unten) • *Art-Handlungsvollmacht* = bestimmte Art von Geschäften • *Spezial-Handlungsvollmacht* = einzelne, spezielle Geschäfte	**Tod** des Handlungsbevollmächtigten (im Zweifel *nicht* bei Tod des Geschäftsinhabers)
Bevollmächtigte(r): **Natürliche** oder **juristische**[144] Person auch *Einzel-, Gesamt- oder Filialhandlungsvollmacht*[145] möglich (vgl. Übersicht 27 → Rn. 9)	**Beschränkungen:** • Veräußerung und Belastung von Grundstücken, Wechselverbindlichkeiten, Darlehen und Prozessführung (§ 54 II HGB) • Rechtsgeschäftliche Beschränkungen, wenn Dritten bekannt (§ 54 III HGB)	**Insolvenz** des Geschäftsinhabers (§ 117 InsO)
Eintragung ins HReg.: Gesetzlich nicht vorgesehen und **nicht eintragungsfähig**	**Sonderregelung für Außendienst:** *Einschränkungen* gem. § 55 II und III HGB *Erweiterung* nach § 55 IV (vgl. §§ 75g und 91 HGB)	**Einstellung bzw. Veräußerung** des Handelsgeschäfts

4. Ladenangestellte

Auch „Ladenangestellte" sind, wie Prokuristen und Handlungsbevollmächtigte, *un-* 37
selbstständige Hilfspersonen bzw. „*Handlungsgehilfen*" der Kaufleute.

Ladenangestellte werden bisweilen in missverständlicher Weise und entgegen der ausdrücklichen Legaldefinition des § 59 S. 1 HGB den „Handlungsgehilfen" gleichgesetzt und als solche von Prokuristen und Handlungsbevollmächtigten unterschieden. „Handlungsgehilfen" iSv § 59 HGB sind jedoch alle drei!

144 Hopt/Merkt § 54 Rn. 7 mwN (str.).
145 = **Niederlassungshandlungsvollmacht**, s. Ebenroth/Boujong/Weber § 54 Rn. 22.

Zur Klarstellung daher eine schematische Übersicht:

Übersicht 32

38

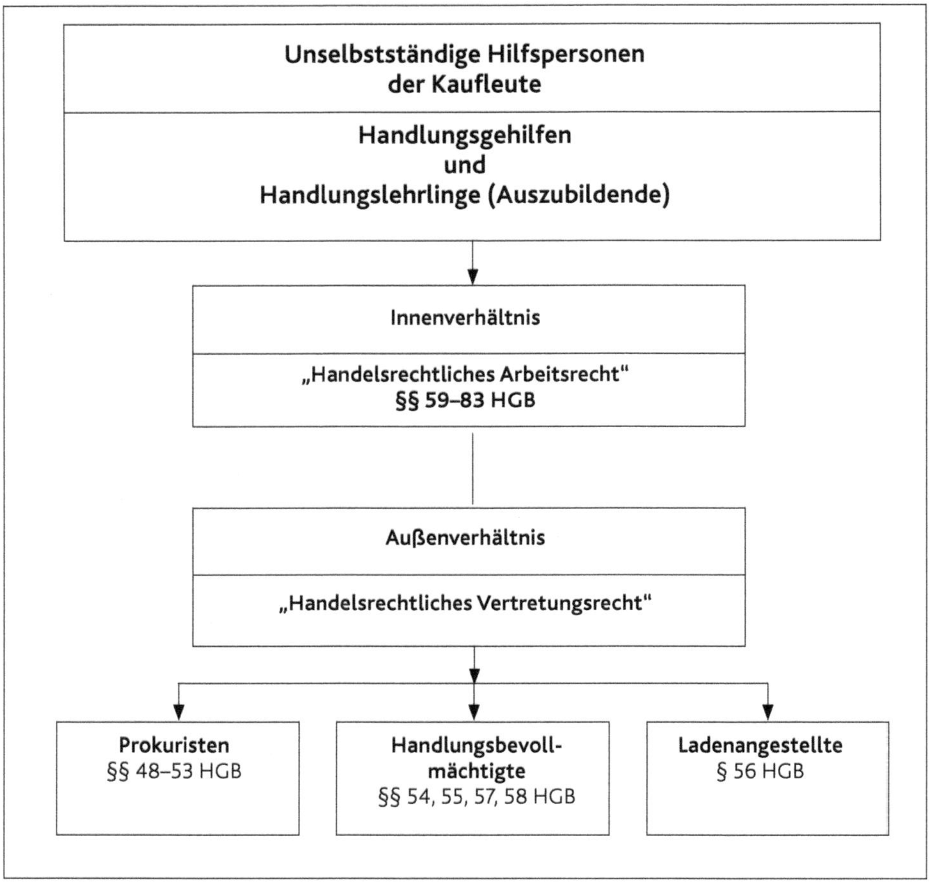

Unselbstständige Hilfspersonen der Kaufleute

Handlungsgehilfen und Handlungslehrlinge (Auszubildende)

↓

Innenverhältnis

„Handelsrechtliches Arbeitsrecht" §§ 59–83 HGB

|

Außenverhältnis

„Handelsrechtliches Vertretungsrecht"

↓

Prokuristen §§ 48–53 HGB	**Handlungsbevoll-mächtigte** §§ 54, 55, 57, 58 HGB	**Ladenangestellte** § 56 HGB

39 Die Voraussetzungen der Ladenvollmacht eines Ladenangestellten regelt § 56 HGB (lesen!).

Prüfungsschema § 56 HGB:

(1) **„Angestellt"** = tätig mit Willen des Prinzipals (Berechtigte/r = Vertretene/r)
(2) **Rechtsschein**setzung: Tätigkeit im „Laden" oder Warenlager uÄ
(3) Vertreter/**Bevollmächtigter:** Angestellte/r für gewöhnliche „Verkäufe und Empfangnahmen"

„Angestellt" im Sinne der Vorschrift ist jeder, der mit Wissen und Wollen des Geschäftsherrn in den Verkaufsräumen *beim Verkauf* mitwirkt.[146] Es muss sich nicht um

146 Brox/Henssler HandelsR Rn. 229 f.

einen „Angestellten“ im arbeitsrechtlichen Sinne (Arbeitnehmer) handeln, auch mithelfende Familienangehörige kommen in Betracht, nicht aber zB eine Reinigungskraft![147]

Der Geschäftsinhaber hat dadurch, dass er den Betreffenden in seinem Laden wirken lässt, den **Rechtsschein gesetzt**, dass dieser eine entsprechende Vollmacht hat. Man kann bei der in § 56 HGB beschriebenen Vollmacht deshalb auch von einer *„gesetzlichen Anscheinsvollmacht“* sprechen. Ohne dass wir zu sehr ins Detail gehen können, müssen Sie wissen, dass der Wortlaut dieser Vorschrift etwas missverständlich ist und man ihn daher nicht zu eng verstehen darf. Dies gilt namentlich für die Begriffe „Laden“ und „offenes Warenlager“, die Sie deshalb in Ihrem Text in Anführungszeichen setzen sollten (soweit dies nach Ihrer Prüfungsordnung zulässig ist). Unter „Laden“ und „offenem Warenlager“ verstehen Lehre und Rechtsprechung nämlich „jede dem Publikum zugängliche, wenn auch nur vorübergehend benutzte, offene Verkaufsstätte, unabhängig davon, ob der Geschäftsraum dazu besonders ausgestattet ist oder nicht“.[148]

Beispiel: Als „Laden“ iSd § 56 HGB ist deshalb zB auch ein Verkaufsstand anzusehen.

Auch ohne ausdrücklich dazu durch Erteilung einer Vollmacht gem. § 167 I BGB er- 40
mächtigt zu sein, *gelten* Ladenangestellte – und das ist das Wichtige und Entscheidende in § 56 HGB – als **bevollmächtigt** zu Verkäufen einschließlich der dazugehörigen Erfüllungsgeschäfte. Ebenso gelten sie als bevollmächtigt zur Empfangnahme, insbesondere von *Zahlungen*, die in einem derartigen Laden oder Warenlager *gewöhnlich* geschehen. Das Gesetz scheint für diesen Fall also eine Vollmacht zu fingieren. Da die Vorschrift aber nur gutgläubige Geschäftspartner schützt, handelt es sich um eine widerlegliche Vermutung.[149]

Der Geschäftsinhaber kann die Vollmacht von Ladenangestellten ebenso wie die Vollmacht von Handlungsbevollmächtigten beschränken. Eine Beschränkung gilt jedoch grundsätzlich nur im Innenverhältnis. Im Außenverhältnis wirkt sie nur dann, wenn der betroffene Dritte die Beschränkung kannte oder kennen musste[150]. Für die Handlungsvollmacht folgt das direkt aus § 54 III HGB, der auf die Vollmacht des Ladenangestellten entsprechend angewendet wird.[151]

Hinweis: Notieren Sie sich im Gesetzestext am Rand von § 56 HGB: „§ 54 III“.

Zu den *Ver*käufen *im* Laden gehören auch solche Geschäfte, die *in Erfüllung* des Kaufvertrags geschehen, also auch das sachenrechtliche Verfügungsgeschäft, die Eigentumsübertragung nach § 929 S. 1 BGB. Dies gilt trotz des „Trennungs- und Abstraktionsprinzips“, das (bekanntlich?)[152] grundsätzlich die strenge Trennung von (schuldrechtlichem) Verpflichtungsgeschäft und (sachenrechtlichem) Verfügungsgeschäft vorsieht, mit der Folge, dass diese beiden Rechtsgeschäfte sowohl zeitlich als auch räumlich auseinanderfallen können. Für § 56 HGB bedeutet dies, dass der Ladenangestellte für *im Laden angebahnte* Geschäfte, die außerhalb des Ladens abgeschlossen oder erfüllt werden, gleichermaßen als bevollmächtigt gilt.[153]

147 S. zB Hopt/Merkt § 56 Rn. 2 f.

148 Vgl. K. Schmidt HandelsR § 16 V 3a unter Hinweis auf RGZ 69, 307.

149 Ebenroth/Boujong/Weber § 56 Rn. 2; ähnl. MüKoHGB/Krebs § 56 Rn. 5 (dispositive gesetzliche Vollmacht); (str.).

150 Dh **infolge von Fahrlässigkeit nicht kannte**, s. die Legaldefinition in § 122 II BGB!

151 Hopt/Merkt § 56 Rn. 5.

152 Ansonsten Wörlen/Metzler-Müller/Balleis BGB AT Rn. 268–281 lesen!

153 K. Schmidt HandelsR § 16 V 3 c); Brox/Henssler HandelsR Rn. 230; Hopt/Merkt § 56 Rn. 4.

Beispiel: Abschluss des Kaufvertrags im „Laden“, Übereignung („Lieferung“) der Kaufsache durch den Ladenangestellten in der Wohnung der Kundin.

41 **Lernzielkontrolle:** Kontrollieren Sie nun mit Übersicht 33, ob Sie verstanden haben, unter folgenden Voraussetzungen § 56 HGB zur Anwendung kommt!

Übersicht 33

Gesetzliche Anscheinsvollmacht der Ladenangestellten
Zusammenfassung zu § 56 HGB
1. **„Angestellt“** (tätig mit Willen des Prinzipals = Berechtigter/Vertretener). 2. **Rechtsschein**setzung: **Tätigkeit im „Laden“ oder Warenlager** uÄ (= jede offene Verkaufsstätte). 3. **Vertreter**/Bevollmächtigter: Angestellte/r für gewöhnliche **„Verkäufe und Empfangnahmen“** (= **in diesem** „Laden“ **übliche** Geschäfte). → Sowohl a) Verpflichtungs- → als auch b) Verfügungsgeschäfte. → Örtlicher Zusammenhang zwischen 3a) und b): = *Geschäftsanbahnung im Laden* genügt für Abschluss/Erfüllung außerhalb des Ladens. → nur bei *Gutgläubigkeit* des Vertragspartners (vgl. § 54 III HGB).

Literatur zur Vertiefung (→ Rn. 1–41): Beck, Zur Funktionsweise der Prokura als handelsrechtliche Vollmacht, JURA 2016, 969; Brox/Henssler HandelsR §§ 10–12; Denga/Winter, Duldungs- und Anscheinsvollmacht, JuS 2023, 906; Drexl/Mentzel, Handelsrechtliche Besonderheiten der Stellvertretung (Teil 1) und (Teil 2), JURA 2002, 289 und 375; Fischinger HandelsR § 6; Fischinger/Junge, Grundfälle zur handelsrechtlichen Stellvertretung, JuS 2021, 396; Flößer/Hoche, „Kein Gold in Eldorado“ (Examensklausur Handelsrecht), JURA 2022, 1325; Haag/Erdl Fälle HandelsR/GesR Fälle 2 und 3; Häublein, Die Ladenvollmacht, JuS 1999, 624; Hellgardt/Schwarzfischer, Das Catering-Chaos (Fortgeschrittenenklausur Handels- und Gesellschaftsrecht), JuS 2020, 334; Jung HandelsR Kap. 6 und 7; Lettl HandelsR § 6; Loose, Modernisierung am Polarkreis (Semesterabschlussklausur), JuS 2016, 1095; Lotte/Bertl, Der Handel zieht alle Register (Fortgeschrittenenklausur), JuS 2014, 339; Martinek Fälle HandelsR/GesR Fälle 11–13; Metzing, Schwerpunktbereich Handelsrecht: Das Erlöschen handelsrechtlicher Vollmachten, JURA 2019, 143; Mittwoch, Die richtige Technik (Referendarexamensklausur Handels- und Gesellschaftsrecht), JuS 2017, 591; Omlor, Schuldrecht: Vertretungsmacht eines Verkaufsmitarbeiters im Autohaus, JuS 2021, 173; Paulus, Stellvertretung und unternehmensbezogenes Geschäft, JuS 2017, 301; Petersen, Der Dritte im Handels- und Gesellschaftsrecht, JURA 2017, 294; Petersen, Scheinvollmachten im Handelsrecht, JURA 2012, 683; Petersen, Die Prokura, JURA 2012, 196; K. Richter, Erteilung der Prokura und gutgläubiger Erwerb (Semesterabschlussklausur), JuS 2007, 647; K. Schmidt, Vertretungsmacht des Prokuristen bei Grundstücksgeschäften (KG Beschl. v. 5.7.2021 – 1 W 26/21), JuS 2022, 173; B. Schneider, Der Vertragsschluss im Supermarkt – Ein Überblick für Einsteiger und Fortgeschrittene, JURA 2024, 565; M. Schneider, Rechtsprobleme des § 49 II HGB und ihre Lösung in Klausur und Examen, JA 2023, 93; Walter, Schwertransporter in Bewegung (Fortgeschrittenenklausur ZR), JURA 2020, 740; Wank, Arbeitsrecht und Handelsrecht im HGB, JA 2007, 321.

II. Selbstständige Hilfspersonen der Kaufleute

42 Neben den unselbstständigen kennt das HGB – wie bereits erwähnt (→ Rn. 26 ff.) – auch selbstständige Hilfspersonen der Kaufleute. Das sind solche Personen, die zwar für den Kaufmann oder die Kauffrau Dienste leisten, die aber für ihn bzw. sie *nicht im Rahmen eines Arbeitsverhältnisses* als Angestellte tätig sind.

Übersicht 34

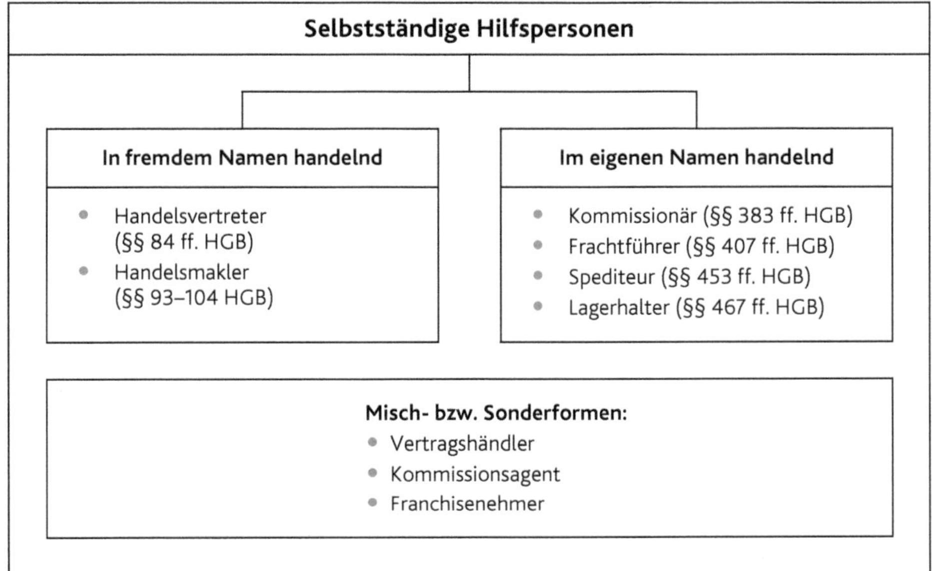

Davon werden wir im Folgenden den *Handelsvertreter* und den *Handelsmakler* (sowie verschiedene Misch- bzw. Sonderformen) etwas näher betrachten. Beide sind selbstständige Hilfspersonen des Kaufmanns, die in seinem Namen, also in *fremdem Namen*, tätig werden.

Daneben gibt es noch eine Reihe von selbstständigen Hilfspersonen des Kaufmanns, die *im eigenen Namen* handeln (*Kommissionär*, *Frachtführer*, *Spediteur*, *Lagerhalter*), mit denen wir uns im 7. Kapitel (→ Rn. 95 ff.) befassen werden.

1. Handelsvertreter

a) Begriff

Über den Handelsvertreter, insbesondere den Abschlussvertreter, wurde in Verbin- 43
dung mit der Handlungsvollmacht und der Geltung des § 55 HGB bereits einiges gesagt (gegebenenfalls → Rn. 26–32 nochmal lesen!). So wissen Sie bereits, dass das Recht des Handelsvertreters in den §§ 84 ff. HGB geregelt ist.

Lesen Sie dazu folgenden Fall:

Übungsfall 5

Die Argus-Versicherung-AG (V) möchte ihren Umsatz steigern und überträgt ihrem bisher im Innendienst tätigen Angestellten Alfons (A) die Aufgabe, mit einem Pkw der V an mehreren von der Geschäftsführung bestimmten Tagen im Monat die jeweils von ihr ausgewählten Kunden aufzusuchen, um für Hausratsversicherungen zu werben und gegebenenfalls entsprechende Verträge abzuschließen. Ist A Handelsvertreter?

Die Antwort folgt aus § 84 I 1 HGB (lesen!). 44

Danach ist Handelsvertreter, wer folgende Voraussetzungen erfüllt:

Prüfungsschema § 84 I 1 HGB:

(1) Als **selbstständiger** (§ 84 I 2 HGB)
(2) **Gewerbe**treibender (§§ 1 I, II, 84 IV HGB)
(3) **Ständig** damit betraut
(4) Für **anderen** Unternehmer (§§ 1 I, II, 84 III HGB)
(5) Geschäfte **zu vermitteln oder** in dessen Namen **abzuschließen**

45 Dass das **selbstständige** Tätigwerden für die Eigenschaft eines Handelsvertreters Voraussetzung ist, hätte der Gesetzgeber in § 84 I 1 HGB eigentlich nicht wiederholen müssen; denn das ergibt sich bereits aus einer wichtigen Vorschrift des HGB, die wir schon kennengelernt haben: § 1 I HGB (nochmals lesen!).

Nach § 1 I HGB ist, wie Sie wissen, derjenige Kaufmann, der ein Handels**gewerbe** betreibt. Handelsvertreter sind demnach regelmäßig Istkaufleute.[154] Da das Tatbestandsmerkmal „betreiben" des § 1 I HGB, wie wir gelernt haben, bereits das selbstständige Tätigwerden voraussetzt, hätte es der Betonung in § 84 I HGB eigentlich nicht mehr bedurft. Dass der Gesetzgeber das Merkmal der Selbstständigkeit nochmals besonders hervorhebt, hat seinen Grund darin, dass im Handelsverkehr häufig auch unselbstständige Hilfspersonen mit Tätigkeiten beauftragt werden, die eigentlich typisch für den Handelsvertreter sind. Diese Personen sollen nach dem ausdrücklichen Willen des Gesetzgebers nicht als Handelsvertreter behandelt werden, sondern sie gelten gem. § 84 II HGB (lesen!) als Angestellte (= Arbeitnehmer iSv § 611a I 1 BGB). Die typischen Merkmale der Selbstständigkeit enthält § 84 I 2 HGB, den Sie bereits gelesen haben (lesen Sie ihn nochmals!). Danach ist selbstständig, wer *im Wesentlichen frei* seine *Tätigkeit gestalten* und seine *Arbeitszeit bestimmen* kann. Diese Definition der Selbstständigkeit hat, wie bereits angedeutet, nicht nur im Handelsrecht, sondern vor allem auch im Arbeitsrecht Bedeutung und findet ihre Entsprechung in § 611a I 3 BGB (notieren Sie § 611a I 1, 3 BGB neben § 84 I 2 HGB!).[155]

Entscheidend ist nicht die wirtschaftliche, sondern die *persönliche* Selbstständigkeit (Weisungsfreiheit). Danach ist auch in unserem Übungsfall zu entscheiden, ob A Handelsvertreter ist oder nicht.

■ Versuchen Sie, die Antwort zunächst selbst zu formulieren!

▶ A ist nach wie vor Angestellter der V, auch wenn er nun sozusagen als Handelsreisender im Außendienst tätig ist. Die V bestimmt hinsichtlich seiner Tätigkeit im Außendienst Arbeitszeit und Arbeitsort, sodass es ihm an der persönlichen Selbstständigkeit fehlt, die den Handelsvertreter auszeichnet.

46 Weiter verlangt § 84 I 1 HGB für den Handelsvertreter, dass er **ständig** damit betraut ist, für einen **anderen** Unternehmer Geschäfte **zu vermitteln** oder **abzuschließen**. Tritt der Gewerbetreibende dabei nur *gelegentlich* in ein Vertragsverhältnis mit einem Unternehmer ein, ist er kein Handelsvertreter iSd § 84 HGB. Sofern er auch nicht als Handelsmakler anzusehen ist, gilt für seine Tätigkeit nur das Geschäftsbesorgungs-, Werk- oder Dienstvertragsrecht des BGB (§§ 675 ff., 631 ff., 611 ff. BGB). Allerdings erfordert das Tatbestandsmerkmal „ständig" nicht, dass der Vertreter immer nur für

154 Gemäß § 84 IV HGB finden die §§ 85 ff. HGB aber **auch** auf **Kleingewerbetreibende** Anwendung!
155 S. dazu Wörlen/Kokemoor ArbR Rn. 48.

„einen" Unternehmer tätig sein muss oder darf.[156] „Für *einen*" in § 84 I HGB bedeutet also keine zahlenmäßige Beschränkung, sondern ist nur ein einfacher unbestimmter Artikel. Die Tatsache, dass ein Handelsvertreter für mehrere Unternehmen tätig sein kann, bringt in der Praxis häufig Vorteile für den Kunden; denn das Tätigwerden für mehrere Unternehmen spricht in der Regel für einen besonders guten Überblick des betreffenden Handelsvertreters in der Branche, in der er tätig ist.

b) Abschluss- und Vermittlungsvertreter

Dass das HGB zwei Arten des Handelsvertreters unterscheidet, wurde bereits ange- 47
sprochen.[157]

Je nach Umfang seiner Vollmacht unterscheidet man zwischen Abschlussvertreter und Vermittlungsvertreter. Der **Abschlussvertreter** benötigt eine allgemeine *Vollmacht* nach den Vorschriften der §§ 164 ff. BGB. Wird dem Abschlussvertreter von einem Kaufmann Vollmacht nach dem HGB erteilt, findet, wie wir wissen, § 54 HGB Anwendung, auf dessen Geltung § 55 I HGB für den Abschlussvertreter ausdrücklich hinweist. § 91 I HGB (lesen!) stellt klar, dass diese Vollmachtsvorschriften für Abschlussvertreter auch dann gelten, wenn der Handelsvertreter von einem Unternehmer bevollmächtigt ist, der nicht Kaufmann im Sinne des HGB ist.

> **Beispiel** für solche Unternehmer: Land- und Forstwirte, wenn nicht Eintragung nach § 3 HGB erfolgt ist; große Architekturbüros.

Vermittlungsvertreter sollen konkrete Geschäfte *nur vorbereiten*, aber nicht selbst 48
abschließen.[158] Ihnen wird daher *keine* (Handlungs-) *Vollmacht* erteilt. Schließt ein Handelsvertreter, der nur Vermittlungsvertreter ist, dennoch einen Vertrag mit einem Kunden im Namen des Unternehmens ab, so handelt er als „Vertreter ohne Vertretungsmacht".

■ Welche Vorschrift könnte man in diesem Fall anwenden? (Überlegen Sie!)

▶ Wenn das HGB dazu nicht eine Sondervorschrift enthielte, wäre die Antwort „§ 177 BGB", die Sie sicherlich parat hatten, richtig gewesen. So aber gilt § 91a I HGB (lesen!).

■ Worin besteht der wesentliche Unterschied dieser Vorschrift zu § 177 BGB? (Denken Sie nach!)

▶ Der Unternehmer, für den der Handelsvertreter tätig geworden ist, muss den Vertragsabschluss *unverzüglich* (§ 121 I 1 BGB) nach Kenntnisnahme ablehnen, andernfalls *gilt* er als *genehmigt*. Der nach bürgerlichem Recht Vertretene hat dagegen gem. § 177 II BGB zwei Wochen Zeit, den Vertragsabschluss des Vertreters ohne Vertretungsmacht zu genehmigen; tut er das nicht, *gilt* die Genehmigung als *verweigert*.

Hier haben wir erneut ein Beispiel dafür, dass das HGB im Interesse der zügigen Abwicklung des Handelsverkehrs an die dem Handelsrecht unterworfenen Personen bisweilen strengere Anforderungen stellt als das BGB.

---

156 Vgl. Hopt/Hopt § 84 Rn. 30.

157 → **Rn. 26 ff.**

158 Vgl. MüKoHGB/Ströbl § 91 Rn. 12.

c) Pflichten des Handelsvertreters

49 Wie jeder Vertrag bringt auch der Vertrag zwischen einem Handelsvertreter und einem Unternehmer bestimmte Rechte und Pflichten der Vertragsparteien mit sich. So kann zB jeder von dem anderen gem. § 85 HGB verlangen, dass der Vertrag schriftlich ausgefertigt wird. Aus dieser Kann-Vorschrift folgt aber zugleich, dass die Schriftform für den Handelsvertretervertrag nicht zwingend vorgeschrieben ist. Auch ein mündlicher Vertrag ist somit wirksam.

50 Der Handelsvertretervertrag ist rechtlich als Geschäftsbesorgungsvertrag mit Dienstvertragscharakter iSd §§ 675 I, 611 ff. BGB einzuordnen,[159] für den zusätzlich die Sondervorschriften der §§ 84 ff. HGB gelten.

Die Pflichten des Handelsvertreters folgen aus §§ 86, 90 und 90a HGB.

Lesen Sie zunächst § 86 I–III HGB.

51 Daraus lassen sich folgende Pflichten des Handelsvertreters herleiten:

(1) **Tätigkeitspflicht** (§ 86 I Hs. 1 HGB). Der Handelsvertreter „hat sich zu bemühen“, heißt es dort.
(2) Pflicht zur **Wahrnehmung der Interessen** des Unternehmers (§ 86 I Hs. 2 HGB); er muss zB möglichst günstige Bedingungen für den Unternehmer aushandeln.
(3) **Benachrichtigung**spflicht (§ 86 II HGB).
(4) Allgemeine kaufmännische **Sorgfaltspflicht** (§ 86 III HGB). Das bezieht sich zB insbesondere auf die Auswahl der Vertragspartner des Unternehmers; so hat der Handelsvertreter etwa darauf zu achten, dass diese Vertragspartner kreditwürdig sind.
(5) **Verschwiegenheitspflicht** (auch noch nach Vertragsende) – § 90 HGB lesen!
(6) Gegebenenfalls Wettbewerbsverbot nach Beendigung des Vertrags (**nachvertragliches Wettbewerbsverbot**)[160], wenn mit dem Unternehmer *schriftlich* (§ 126 BGB – neben § 90a I 1 notieren!) vereinbart sowie zeitlich und gegenständlich begrenzt, § 90a I 1, 2 HGB (lesen Sie § 90a I HGB ganz! S. auch → **Rn. 57**)!

d) Rechte des Handelsvertreters

52 Die Rechte des Handelsvertreters bzw. seine Ansprüche, die naturgemäß mit den Pflichten des Unternehmers korrespondieren, ergeben sich aus den §§ 86a–90a HGB (lesen!).

Die wichtigsten dieser Ansprüche sind:

(1) Anspruch auf **Unterstützung** durch den Unternehmer gem. § 86a HGB.
(2) Der Anspruch auf **Provision** gem. § 87 HGB für Geschäftsabschlüsse des Unternehmers, die aufgrund der Tätigkeit des Handelsvertreters zustande kommen. Lesen Sie hierzu nur § 87 I 1 HGB!

53 Ist dem Handelsvertreter, was in der Praxis häufig vorkommt, vom Unternehmer ein bestimmter Bezirk zugeordnet, so hat der Bezirksvertreter den Provisionsanspruch gem. § 87 II HGB (lesen!) sozusagen „automatisch“, wenn ein Vertrag mit Personen

---

159 Bitter/Linardatos HandelsR § 9 Rn. 26; Lettl HandelsR § 7 Rn. 16.

160 § 90a HGB gilt auch für Versicherungsvertreter sowie entsprechend für Vertragshändler, s. Hopt/Hopt § 90a HGB Rn. 5; für die noch schutzbedürftigeren, unselbstständigen **Handlungsgehilfen** (→ **Rn. 2 ff.**) sind die **§§ 74–75f HGB** maßgeblich, die über § 110 GewO auf alle Arbeitsverhältnisse Anwendung finden, s. Wörlen/Kokemoor ArbR Rn. 142.

aus diesem Bezirk zustande kommt; dh, er braucht nicht nachzuweisen, dass er in diesem Bezirk vermittelnd tätig geworden ist.

Gemäß § 87a I 1 HGB (lesen!) wird der Provisionsanspruch fällig mit der Ausführung des Geschäfts durch den Unternehmer, dh, wenn der Unternehmer einen vermittelten Vertrag abgeschlossen hat oder einen Vertragsabschluss durch den Abschlussvertreter zur Kenntnis genommen hat.

Für einen Handelsvertreter, der Versicherungsvertreter ist, gelten die Besonderheiten 54
des § 92 III und IV HGB (lesen!).

Im Übrigen gelten für den Versicherungsvermittler neben Vorschriften des HGB die Vorschriften der §§ 59–73 VVG.

Besondere Arten der Provision sind die sog. Delkredereprovision und die Inkasso- 55
provision.

Unter *Delkredere*[161] versteht man die Erklärung des Handelsvertreters, für die Erfüllung der Verbindlichkeit eines Dritten aus einem vermittelten oder abgeschlossenen Geschäft einzustehen. Für diese Verpflichtung, die der Schriftform bedarf, steht ihm nach § 86b I HGB (lesen!) eine besondere Vergütung, die *Delkredereprovision*, zu.

Eine besondere *Inkassoprovision* steht dem Handelsvertreter gem. § 87 IV HGB zu, 56
wenn er außer der Vermittlung oder dem Abschluss von Verträgen auch noch die häufig unangenehme Aufgabe der Einziehung von Forderungen des Unternehmers gegenüber dem Vertragspartner übernimmt.

(3) Gemäß § 87d HGB (lesen!) hat der Handelsvertreter gegen den Unternehmer ei- 57
nen Anspruch auf **Aufwendungsersatz**, sofern dies vereinbart wurde oder handelsüblich ist.
(4) Gemäß § 89b HGB (lesen!) besteht ein **Ausgleichsanspruch** bei Vertragsbeendigung zur Abgeltung erheblicher Vorteile, die dem Unternehmer durch die Tätigkeit des Handelsvertreters verbleiben (zB erweiterter Kundenstamm – vgl. hierzu § 89b V für den Versicherungsvertreter!).
(5) Sofern für die Zeit nach Beendigung des Vertrags ein nachvertragliches **Wettbewerbsverbot** (→ **Rn. 51**) vereinbart wurde, besteht für die Dauer der Wettbewerbsbeschränkung ein Anspruch auf angemessene Entschädigung („**Karenzentschädigung**") gem. § 90a I 3 HGB (lesen!).
(6) Allgemeine **Schadensersatzansprüche** ergeben sich bei Vertragsverletzung durch den Unternehmer (zB pflichtwidriger Entzug der Tätigkeitsgrundlage) wegen Pflichtverletzung beim Handelsvertretervertrag gem. § 280 I BGB oder nach §§ 823 ff. BGB.

2. Handelsmakler

Der Handelsmakler, für den die Vorschriften der §§ 93–104 HGB gelten, unterschei- 58
det sich vom Handelsvertreter vor allem dadurch, dass das für den Handelsvertreter von § 84 I HGB vorausgesetzte *ständige* Vertragsverhältnis zwischen ihm und dem

161 Wie so viele Ausdrücke aus dem Handels- und Bankgewerbe stammt auch dieser aus dem Italienischen (= delcredere) und bedeutet wörtlich „vom Glauben", freier übersetzt „Gewähr, Haftung, Bürgschaft" – vgl. auch „Bankrott", it. „banca rotta": Im mittelalterlichen Italien wurden Geldwechselgeschäfte über eine Steinbank (ohne Lehne) getätigt; war der Geldwechsler „bankrott", wurde die „Bank" – wohl mit einem Hammer – zertrümmert (›zerbrochen‹). Allerdings ist diese vielzitierte These nirgendwo bezeugt (vgl. Duden „Bankrott").

Unternehmer gem. § 93 I HGB *nicht erforderlich* ist. Handelsmakler kann außerdem nur sein, wer Verträge über *Gegenstände des Handelsverkehrs*, insbesondere die in § 93 I HGB aufgezählten, vermittelt (§ 93 I HGB lesen).

59 Als Gegenstände des Handelsverkehrs sind auch Versicherungen ausdrücklich genannt; der Versicherungsmakler ist demnach ein echter Handelsmakler. Kein Handelsmakler ist der Immobilienmakler (§ 93 II HGB). Als sog. *Zivilmakler* gelten für ihn nur die §§ 652 ff. BGB[162], die bei der Vermittlung von Mietverträgen über Wohnraum zudem durch das WoVermG[163] überlagert werden.

Hinweis: Unterstreichen Sie „unbewegliche Sachen" in § 93 II HGB und notieren Sie daneben die §§ 652 ff. BGB sowie das WoVermG!

60 Im Gegensatz zum Handelsvertreter, der, wie Sie gelesen haben, den Unternehmer gegenüber Dritten vertritt (daher auch der Name) und die Interessen des Unternehmers wahren muss, steht der Makler zwischen den Parteien des vermittelten Vertrags. Oft, so insbesondere im Bereich des Versicherungswesens, ist er indessen eine Art Vertrauensperson der Kunden. Deshalb gelten für ihn zwangsläufig andere Vorschriften als für den Handelsvertreter.

61 Nach dem Gesetzeswortlaut von § 93 I HGB besteht die Tätigkeit des Handelsmaklers *nur* in der *Vermittlung*, nicht aber im Abschluss von Verträgen.

In der Praxis kommen aber häufig auch Abschlussmakler vor, insbesondere im Versicherungsbereich. Eine solche Abrede verstößt nicht gegen das Gesetz, weil § 93 I HGB insofern nachgiebiges bzw. dispositives Recht enthält; dh, es ist erlaubt, dass jemand, wenn er dies vertraglich mit seinem Unternehmer vereinbart hat, auch als Abschlussmakler tätig werden kann.

62 Auch sonst werden die Vorschriften des HGB über den Handelsmakler, für den das HGB zB keine Vertretungsmacht in Form der Handlungsvollmacht vorsieht, in der Praxis des Wirtschaftslebens durch Handelsbrauch und Gewohnheitsrecht mehrfach unberücksichtigt gelassen. So kann zB einem Versicherungsmakler, entgegen dem Wortlaut von § 97 HGB, Vertretungsmacht zur Einziehung von Prämien oder zur Regulierung kleinerer Versicherungsfälle erteilt werden (§ 97 HGB lesen!). Man spricht dann von der sog. „Maklerklausel" eines Versicherungsvertrags. Auch von § 99 HGB (lesen!) wird in der Praxis häufig abgewichen. Obwohl gerade Versicherungsmakler, wie gesagt, häufig Vertrauenspersonen der Kunden sind und eigentlich für beide Parteien tätig werden, erhalten sie ihre Provision, den Maklerlohn (bisweilen auch als „Courtage" bezeichnet), nicht je zur Hälfte vom Versicherer und Versicherungsnehmer, sondern sie wird häufig ganz vom Versicherer bezahlt.

Lernzielkontrolle: Lesen Sie abschließend zu den selbstständigen Hilfspersonen des Kaufmanns Übersicht 35 (→ Rn. 63) und prüfen Sie kritisch, ob Sie alles verstanden haben.

162 S. dazu Wörlen/Metzler-Müller/Kokemoor SchuldR BT Rn. 335 ff.

163 In § 2 Ia WoVermG ist das sog. „**Bestellerprinzip**" verankert, wonach der den Wohnungsmakler bezahlen muss, der ihn engagiert hat. Gemäß § 656d I 1 BGB müssen Verbraucher (§ 13 BGB) höchstens die **Hälfte** der Maklergebühr beim **Kauf** von **Wohnungen** und Einfamilienhäusern bezahlen, wenn der Verkäufer den Makler beauftragt hat.

Übersicht 35

Zusammenfassung: 63
Selbstständige Hilfspersonen der Kaufleute[164]

I. Handelsvertreter

• **Gesetzliche Regelung:** §§ 84–92c • *Selbstständig* ist, wer im Wesentlichen seine Tätigkeit frei gestalten und seine Arbeitszeit bestimmen kann = *persönliche*, nicht wirtschaftliche (§ 84 I 2) Selbstständigkeit • Handelsvertreter ist grundsätzlich *Kaufmann* (arg. aus § 84 IV)	**Legaldefinition:** § 84 I 1 = Handelsvertreter ist, wer als *selbstständiger* Gewerbetreibender *ständig* damit betraut ist, für einen *Unternehmer* Geschäfte zu *vermitteln* oder in dessen Namen *abzuschließen* = *„Vermittlungs- oder Abschlussvertreter"*

- Ein Angestellter, auch als „Handelsreisender" im Außendienst, ist *nicht* Handelsvertreter
- *Ständige* Betrauung durch (irgend)einen Unternehmer: bei nur gelegentlicher Tätigkeit kein Handelsvertreter = keine Anwendung des HGB (sondern: §§ 675, 611, 631 oder 662 BGB). Möglich: Tätigkeit für mehrere Unternehmer. Unternehmer, für den Handelsvertreter tätig wird, muss nicht Kaufmann sein (arg. aus § 91 I)
- Für *Vollmachtserteilung* gelten ebenso wie für die Wirksamkeit der Vertretungsmacht allgemeine Vorschriften des BGB = §§ 164 ff., insbesondere § 167 BGB. Das HGB enthält Sondervorschriften zum Umfang der Vollmacht:
  - § 91 I → § 55 → § 54 für *Abschlussvertreter*;
  - für *Vermittlungsvertreter*: § 91 II (entspricht Wortlaut von § 55 IV) und § 91a (statt § 177 BGB) bei Vertretung ohne Vertretungsmacht
- *Handelsvertretervertrag:* formfrei; auf Verlangen Vertragsurkunde (§ 85)

Pflichten des Handelsvertreters:

(1) Tätigkeitspflicht (§ 86 I Hs. 1)
(2) Wahrnehmung der Unternehmensinteressen (§ 86 I Hs. 2)
(3) Benachrichtigungspflicht (§ 86 II)
(4) Allgemeine Sorgfaltspflicht (§ 86 III), zB „Kreditwürdigkeit" des Kunden
(5) Verschwiegenheitspflicht (§ 90)
(6) Wettbewerbsverbot nach Beendigung der Tätigkeit für Unternehmer, wenn vereinbart (§ 90a I)

Rechte (Ansprüche) des Handelsvertreters:

(1) Anspruch auf Unterstützung durch Unternehmer (§ 86a)
(2) Anspruch auf Provision (§ 87 I 1):
Grundsätzlich für alle Geschäfte, die aufgrund seiner Tätigkeit zustande gekommen sind.
- Nachweis der Tätigkeit nicht erforderlich bei „Bezirksvertreter" = § 87 II
  → *gilt nicht für Versicherungsvertreter* = § 92 III 2!
- Fälligkeit der Provision: Mit Ausführung des Geschäfts = § 87a I 1
  → gilt nicht für Versicherungsvertreter = § 92 IV = Fälligkeit erst, wenn Versicherungsnehmer Prämie gezahlt hat!
- Besondere Provisionsarten:
  - Delkredereprovision (§ 86b)
  - Inkassoprovision (§ 87 IV)

(3) Gegebenenfalls Anspruch auf Aufwendungsersatz (§ 87d)
(4) Ausgleichsanspruch nach Vertragsbeendigung, § 89b (zB für „Kundenvorteil")
(5) Falls Wettbewerbsverbot: Karenzentschädigung nach § 90a I 3
(6) Gegebenenfalls allgemeiner Schadensersatzanspruch – zB § 280 I, §§ 823 ff. BGB

---

164 §§ ohne Bezeichnung sind auf dieser Übersicht solche des HGB!

II. Handelsmakler
• *Gesetzliche Regelung:* §§ 93–104 Unterschied zum Handelsvertreter: **kein ständiges** Betrauungsverhältnis; grundsätzlich Tätigwerden für beide Parteien • Gegenstand der vermittelten oder abgeschlossenen Verträge muss **Gegenstand des Handelsverkehrs** sein: § 93 I (unter anderem ausdrücklich erwähnt: Waren, Wertpapiere, Versicherungen), andernfalls: Zivilmakler (§§ 652 ff. BGB) • § 93 ist **„abdingbar"** = „dispositives Recht": entgegen Wortlaut („Vermittlung") kann Handelsmakler auch zum *Abschluss* von Verträgen bevollmächtigt werden = häufig im Versicherungsbereich (§ 92 I; ferner dort abweichend von § 97 sog. *„Maklerklausel"* = Ermächtigung zur Prämieneinziehung oder Regelung kleiner Versicherungsfälle) • Handelsmakler ist grundsätzlich **Kaufmann** (arg. aus § 1 iVm § 93 III) • *Maklerlohn* (Provision, Courtage): Falls nicht anders vereinbart, gem. § 99 je 1/2 von beiden Vertragsparteien • *Versicherungswesen:* Obwohl Versicherungsmakler oft „Vertrauensmann des Versicherungsnehmers" → Provision ganz vom Versicherer

3. Sonderformen, Mischformen, Abgrenzungsfragen

64 Handelsvertreter und Handelsmakler haben gemeinsam, dass sie in fremdem Namen und für fremde Rechnung tätig werden, also nicht selbst Vertragspartner der Abnehmer werden. Als einen wesentlichen Unterschied zwischen diesen beiden selbstständigen Hilfspersonen des Kaufmanns hatten wir festgehalten, dass der Handelsvertreter den Unternehmer gegenüber Dritten vertritt, während der Handelsmakler zwischen den Parteien des vermittelten Vertrags steht. Der Handelsmakler vertreibt also nicht unmittelbar Waren oder Dienstleistungen, sondern vermittelt nur auf den Vertrieb und Absatz gerichtete Geschäfte. Der Handelsvertreter dagegen wird unmittelbar für den Absatz des Unternehmens tätig, das er vertritt.

65 Als unmittelbaren Absatzmittler kennt das HGB außer dem Handelsvertreter nur noch den Kommissionär, der aber nicht ständig für einen Unternehmer und vor allem im eigenen Namen für fremde Rechnung tätig wird. Der Systematik des HGB folgend, wird der Kommissionär bzw. das Kommissionsgeschäft erst behandelt, wenn wir uns mit dem Vierten Buch des HGB, „Handelsgeschäfte", befassen.[165]

In der Praxis des Rechts- und Wirtschaftslebens haben sich neben den im HGB geregelten Formen der für den Kaufmann (beim Absatz) tätigen Personen einige Misch- bzw. Sonderformen herausgebildet:

a) Vertragshändler (Eigenhändler)

66 Der Begriff „Vertragshändler" ist Ihnen sicher zumindest aus der Autobranche bekannt („Audi"-, „BMW"-, „Citroen"- etc Vertragshändler), ohne dass Sie sich über die rechtliche Bedeutung dieses Begriffs Gedanken gemacht haben.

■ Riskieren Sie selbst einmal einen Definitionsversuch! Wie würden Sie die Frage beantworten, was ein Vertragshändler im handelsrechtlichen Sinne ist? Was „tut" so ein ‚VW'-Händler zB? Handelt er im eigenen oder fremden Namen, auf wessen

165 Vgl. *unten* 7. Kapitel, → **Kap. 7 Rn. 95 ff.**

Rechnung etc? Überlegen Sie bzw. machen Sie sich kurze Notizen, bevor Sie weiterlesen!

▶ Der Vertragshändler ist ein Kaufmann, 67
- dessen Unternehmen in die *Vertriebsorganisation eines Herstellers* von (idR) Markenartikeln in der Weise *eingegliedert* ist,
- dass er es durch *Vertrag* mit dem Hersteller oder einem von diesem eingesetzten Zwischenhändler *ständig* übernimmt,
- *im eigenen Namen und auf eigene Rechnung*
- die Vertragswaren im Vertragsgebiet *zu vertreiben* und ihren Absatz zu fördern, die Funktionen und Risiken seiner Handelstätigkeit hieran auszurichten und im Geschäftsverkehr das Herstellerzeichen neben der eigenen Firma herauszustellen.[166]

Kennzeichnend für den Vertragshändler ist also: 68

- die Eingliederung in die Verkaufsorganisation des Herstellers,
- die ständige Tätigkeit für den Hersteller,
- der Verkauf im eigenen Namen und
- das Handeln auf eigene Rechnung.

Letzteres unterscheidet ihn maßgeblich vom Kommissionär.

Das Rechtsverhältnis, in dem der Vertragshändler mit dem Hersteller einerseits und dem Abnehmer (Kunden) andererseits steht, verdeutlicht folgende graphische Skizze:

Abbildung 1

69

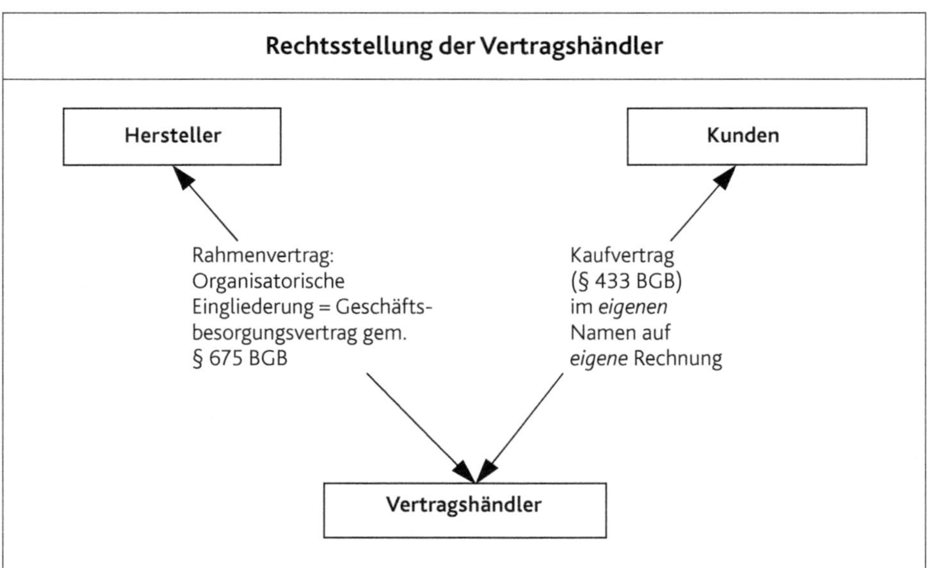

166 So die Definition von Ulmer, Der Vertragshändler, 1969, 206, die in fast allen Lehrbüchern und Grundrissen ähnlich zu finden ist, während das Buch von Ulmer nicht mehr neu aufgelegt wurde.

Zwischen Hersteller und Vertragshändler besteht ein atypischer, gemischter Vertrag bzw. Kombinationsvertrag[167] mit sowohl handelsvertreterrechtlichen als auch geschäftsbesorgungsrechtlichen Elementen.

Die juristischen Probleme, die das Verhältnis zwischen Vertragshändler und Hersteller aufwerfen kann, liegen zum einen vor allem darin, inwieweit das Handelsvertreterrecht des HGB analog anzuwenden ist. Wir wollen uns nur merken, dass die Handelsvertretervorschriften des HGB, insbesondere die Schutzvorschriften der §§ 89 ff. HGB, nach hM[168] weitgehend *entsprechend* anwendbar sind und im Rahmen dieses Grundrisses nicht näher darauf eingehen.[169]

b) Kommissionsagent

70 Der Kommissionsagent ist eine Art des Kommissionärs (dazu, wie gesagt, mehr im 7. Kapitel, → Kap. 7 Rn. 95 ff.), der als selbstständiger Gewerbetreibender ständig damit betraut ist, im *eigenen* Namen für *fremde* Rechnung Verträge abzuschließen. Die *ständige* Betreuung durch einen Unternehmer hat er mit dem (im fremden Namen tätig werdenden) Handelsvertreter gemeinsam. Sie unterscheidet ihn zugleich vom (im eigenen Namen handelnden) Kommissionär. Der Kommissionsagent ist eine *Mischform aus Handelsvertreter und Kommissionär*. Dementsprechend gelten für ihn im Außenverhältnis weitgehend die Vorschriften des Kommissionsrechts, während das Innenverhältnis von Unternehmer zu Kommissionsagent überwiegend nach den Vorschriften des Handelsvertreterrechts (analog §§ 84 ff. HGB) zu beurteilen ist.[170]

c) Franchisenehmer

71 Der Franchisevertrag ist eine aus den USA stammende Form eines gemischten Vertrags, der den Vertrieb von Waren und Dienstleistungen zum Inhalt hat und wesentliche Elemente der Pacht enthält.[171] Dem Franchisenehmer wird über einen bloßen Lizenzvertrag hinaus gegen entsprechendes Entgelt vom Franchisegeber unter anderem gestattet, dessen Namen, Markenzeichen, Schutzrechte, technische Ausstattung, Vorteile beim Großeinkauf usw. beim Vertrieb von Waren und Dienstleistungen gewerblich zu nutzen.[172]

72 Unter Franchising (engl. franchise = Konzession, Selbstbehalt, Wahlrecht, Privileg uam[173]) versteht man „eine Vertriebskonzeption, bei der ein Unternehmen sein Erzeugnis oder die von ihm entwickelte Serviceleistung oder beides einer großen Zahl von anderen Unternehmen unter Verwendung eines gemeinsamen Namens, Symbols, Markenzeichens oder einer gemeinsamen Ausstattung des für diesen Zweck geschaffenen Vertriebssystems zum Vertrieb überlässt."[174] Das Franchising ist, vereinfacht

167 Vgl. Wörlen/Metzler-Müller/Balleis SchuldR AT Rn. 19.

168 Vgl. Hopt/Hopt § 84 Rn. 11 ff. mwN; K. Schmidt HandelsR § 28 III 1; Canaris HandelsR § 17 Rn. 23 ff.

169 Ausführlicher dazu zB Lettl HandelsR § 7 Rn. 97 ff., 107 ff.; Jung HandelsR Kap. 6 Rn. 15 f.

170 S. dazu zB Lettl HandelsR § 7 Rn. 76–82; Bitter/Linardatos HandelsR § 9 Rn. 139–141.

171 Vgl. Hopt/Leyens Einl. vor § 373 Rn. 43.

172 Vgl. Weber Rechtswörterbuch/Groh „Franchisevertrag".

173 Vgl. Romain/Bader/Byrd, Die Abgrenzung des Handelsrechts vom Bürgerlichen Recht als Kodifikationsproblem im 19. Jahrhundert, 1962, 332.

174 So die Definition von K. Schmidt HandelsR § 28 II 3, die man auch andernorts wörtlich finden kann.

ausgedrückt, ein spezielles Gesamtsystem von Vertragshändlern. Im Unterschied zum Vertragshändler ist der Franchisenehmer an ein bis ins einzelne geregeltes Organisations- und Marketingkonzept des Franchisegebers gebunden und insofern dessen Überwachungs- und Weisungsrecht unterworfen.[175] Vergleichbar einem Vertragshändler muss er die über den Franchisegeber bezogenen Waren bezahlen, aber – anders als dieser – darüber hinaus auch eine Franchisegebühr als Gegenleistung für die Nutzung des Konzepts und des Know-hows entrichten. Man kann daher auch von einer „gesteigerten Form des Vertragshändlers“[176] sprechen.

Merkmale des Franchisevertrags sind, dass 73

- der rechtlich *selbstständige* Franchisenehmer
- vom Franchisegeber *gegen Zahlung einer Gebühr* damit betraut wird,
- im Rahmen eines *einheitlichen Erscheinungsbildes* und unter *einheitlicher Geschäftsbezeichnung*
- im *eigenen Namen* und auf *eigene Rechnung*
- *Waren oder Dienstleistungen* auf dem Markt *anzubieten.*

Die Nutzung der Geschäftskonzeption wird dabei regelmäßig nicht nur gestattet, sondern verpflichtend vorgeschrieben:[177] Schließlich verspricht ein solches Konzept regelmäßig nur bei nach außen einheitlichem Erscheinungsbild und einheitlichen Qualitätsstandards Erfolg, während Abweichungen durch einzelne Franchisenehmer das Kundenvertrauen und den „guten Ruf“ des Systems insgesamt gefährden können.

Nur vor diesem Hintergrund sind die mitunter für Laien grotesk anmutenden vertraglichen Vorgaben der Franchisegeber an die Franchisenehmer zu verstehen, wie sie etwa in der *„McDonald's-Entscheidung“ des BGH*[178] dokumentiert sind: 74

Hier wurde unter anderem das Verfahren für die Zubereitung von Speisen vom Franchisegeber sehr detailliert festgelegt. Vorgesehen war, dass die Grilltemperatur eines mit Gas geheizten Grillgeräts bei der Zubereitung von Hamburgern 177°C betragen sollte. Der Franchisenehmer hatte diese Temperatur nicht eingehalten, weshalb der Franchisegeber wegen dieses Verstoßes den Franchisevertrag nach Abmahnung außerordentlich (fristlos) kündigte (vgl. heute § 314 I, II BGB). Der BGH erachtete die Kündigung allerdings für unwirksam, weil sie erst zehn Monate nach der Abmahnung und damit nicht mehr innerhalb angemessener Zeit nach Kenntniserlangung von dem Kündigungsgrund (vgl. § 314 III BGB) ausgeübt worden war.

Eine ähnliche Situation lag der Ende 2014 in den deutschen Medien viel beachteten Schließung von 89 Burger King-Filialen zugrunde. Diese wurden von der *Yi-Ko Holding* als Franchisenehmer mit insgesamt 3000 Mitarbeitern in Süd- und Westdeutschland betrieben. *Yi-Ko* war wegen wiederholter Verstöße gegen das Arbeitsrecht sowie aufgrund von Presseberichten über Hygienemängel in die Kritik geraten. Daraufhin kündigte Franchisegeber *Burger King Europe* nach Abmahnung alle Franchiseverträge mit der *Yi-Ko Holding* mit sofortiger Wirkung wegen fortgesetzter „Missachtung der BURGER KING® Standards“ und der daraus resultierenden Rufschädigung für das Franchise-System.[179]

---

175 Brox/Henssler HandelsR Rn. 242.

176 Bitter/Linardatos HandelsR § 9 Rn. 100.

177 Einen Beispielsfall zu in der Systemgastronomie (Franchising) sowie bei Vertragshändlern anzutreffenden grundbuchrechtlichen Absicherungen der Geschäftskonzeption finden Sie bei Wörlen/Kokemoor/Lohrer SachenR Rn. 356 ff.

178 BGH NJW 1985, 1894 f.

179 Vgl. Dierig, Burger-King-Betreiber wehren sich gegen Kündigung, v. 19.11.2014, www.welt.de/wirtschaft/article134522905/Burger-King-Betreiber-wehren-sich-gegen-Kuendigung.html (zuletzt aufgerufen am 1.7.2024).

75 Wegen der starken Eingliederung in das Organisationskonzept des Franchisegebers und seiner Weisungsrechte erscheint bei Franchisenehmern, die *allein* und *ohne eigene Mitarbeiter* tätig werden, in der Praxis häufig fraglich, ob sie tatsächlich als *selbstständige* Hilfspersonen tätig werden. Ist dies nicht der Fall, handelt es sich um sog. *Scheinselbstständige* (= nur scheinbar Selbstständige, die tatsächlich aber als *Arbeitnehmer* iSv § 611a I 1 BGB anzusehen sind)[180], die vollen arbeitsrechtlichen Schutz beanspruchen können. Sind sie hingegen nicht nur scheinbar, sondern tatsächlich selbstständig, werden sie dennoch oft als *arbeitnehmerähnliche Personen*[181] anzusehen sein und können damit zumindest teilweise arbeitsrechtlichen Schutz beanspruchen. Für Ihre Prüfung im Fach Handelsrecht werden diese Fragen normalerweise nicht relevant.

76 Die Franchise-Wirtschaft ist ein Wachstumsmarkt. Im Jahr 2023 gab es in Deutschland etwa 910 Franchisesysteme mit insgesamt rund 147.300 Franchisenehmern in Deutschland.[182]

■ Einige Franchise-Systeme hatten wir ja bereits erwähnt. Welche kennen Sie noch?

▶ Zu den wohl bekanntesten Namen zählen neben den Fast-Food-Ketten McDonald's, Burger King, Subway und Dean&David auch Academy Fahrschulen, Blume 2000, easyApotheke, Europcar, JYSK, Mrs. Sporty, OBI, Sanifair, Sixt Autovermietung, Tchibo, The Body Shop und TUI Reisebüros.

Weitere – gemessen an der Zahl ihrer Franchisenehmer – große Franchisesysteme finden Sie in der nachfolgenden Tabelle.

Abbildung 2

Große Franchisesysteme in Deutschland		
System	**Bereich**	**Franchisenehmer in Deutschland**
TÜV Rheinland / FSP	Fahrzeuguntersuchungen	750
Subway	Gastronomie	360
Schülerhilfe	Nachhilfe	300
Town & Country Haus	Baubranche	300
Premio Reifen + Autoservice	Reifen- und Autoservice	280
WorldGym	Fitnessbranche	250
Sonnenklar.TV	Reisebüros	250
Musikschule Fröhlich	Musikunterricht	248
Kamps	Bäckereien	243
Fressnapf	Heimtierbedarf	230

180 Vgl. dazu Wörlen/Kokemoor ArbR Rn. 35 ff., 52.

181 Wörlen/Kokemoor ArbR Rn. 55, 61.

182 Vgl. Deutscher Franchiseverband eV, Franchise Statistik der deutschen Franchisewirtschaft für das Jahr 2023, www.franchiseverband.com/services-nutzen/studien-und-statistiken/ (zuletzt aufgerufen am 1.7.2024).

System	Bereich	Franchisenehmer in Deutschland
FALC Immobilien	Immobilien-Vermittlung	211
Amorino	Eisdielen	200
Body Street	Fitnessbranche	200
clever fit	Fitnessbranche	200
McDonald's	Gastronomie	195
Domino's Pizza	Gastronomie / Lieferdienst	187
Re/Max Germany	Immobilien-Vermittlung	185

Quelle: Angaben des Deutschen Franchise-Verbands eV (April 2024) unter www.franchiseverband.com/systeme-finden/.

Literatur zur Vertiefung (→ Rn. 42–76): Bitter/Linardatos HandelsR §§ 6, 9; Boguslawski/Kraft, Maklerprovisionsklausel im Immobilienkaufvertrag und Verbraucherschutz (Fortgeschrittenenklausur zum Maklerrecht und zur Vertragsgestaltung), JURA 2024, 180; Brox/Henssler HandelsR §§ 13, 14; Canaris HandelsR §§ 10–13; Drossart, Überblick über neuere Entwicklungen der Rechtsprechung des Vertriebsrechts, ZVertriebsR 2018, 71; Fischinger HandelsR § 8; Flohr, Entwicklungen im Franchiserecht, ZAP 2019, 343; Hombrecher, Der Vertrieb über selbstständige Absatz- und Vertragshändler, Franchisenehmer & Co, JURA 2007, 690; Jung HandelsR Kap. 6; Lettl HandelsR § 7; K. Schmidt HandelsR § 28; Schreiber, Grundlagen des Franchising, JURA 2009, 115; Thume, Auswirkungen der COVID-19-Pandemie auf nationale und grenzüberschreitende Vertriebsverträge, BB 2020, 1419; Zerres, Marketingrecht – Rechtsrahmen einer marktorientierten Unternehmensführung, 2002, IX.

7. Kapitel. Handelsgeschäfte

Hauptlernziele: 1

- Was versteht man unter einseitigen und was unter beiderseitigen Handelsgeschäften?
- Welche rechtliche und wirtschaftliche Bedeutung kommt den „Incoterms" im internationalen Warenhandel zu?
- Wie erfolgt die Abwicklung eines Außenhandelskaufs mit der Zahlungsklausel „Kasse gegen Akkreditiv" („documents against letter of credit")?
- Welche Besonderheiten spielen beim Abschluss von Handelsgeschäften eine Rolle?
- Welche weiteren Sondervorschriften gelten für Handelsgeschäfte?
- Was versteht man unter einem Handelskauf und was unterscheidet ihn von Kaufverträgen, für die allein das BGB maßgeblich ist?
- Welche Sonderregeln gelten für die Mängelhaftung beim beiderseitigen Handelskauf?
- Wie läuft ein Kommissionsgeschäft typischerweise ab und welche Rechte und Pflichten haben Kommissionäre und Kommittenten?
- Wie unterscheidet sich das Speditionsgeschäft vom Frachtgeschäft?

Den Handelsgeschäften der Kaufleute ist das Vierte Buch des HGB (§§ 343–475h) gewidmet. Das Vierte Buch ist in sich systematisch aufgebaut wie das BGB[183]. Der Erste Abschnitt (§§ 343–372 HGB) ist sozusagen der „Allgemeine Teil" des Buchs „Handelsgeschäfte", bevor im „Besonderen Teil" des Zweiten bis Sechsten Abschnitts „besondere" Handelsgeschäfte wie der Handelskauf uam geregelt werden. Entsprechend dieser Ausklammerungsmethode werden auch in diesem Kapitel die „Allgemeinen Vorschriften" im ersten Abschnitt (A) behandelt und die besonderen Handelsgeschäfte im zweiten Abschnitt (B) zusammengefasst.

Übersicht 36

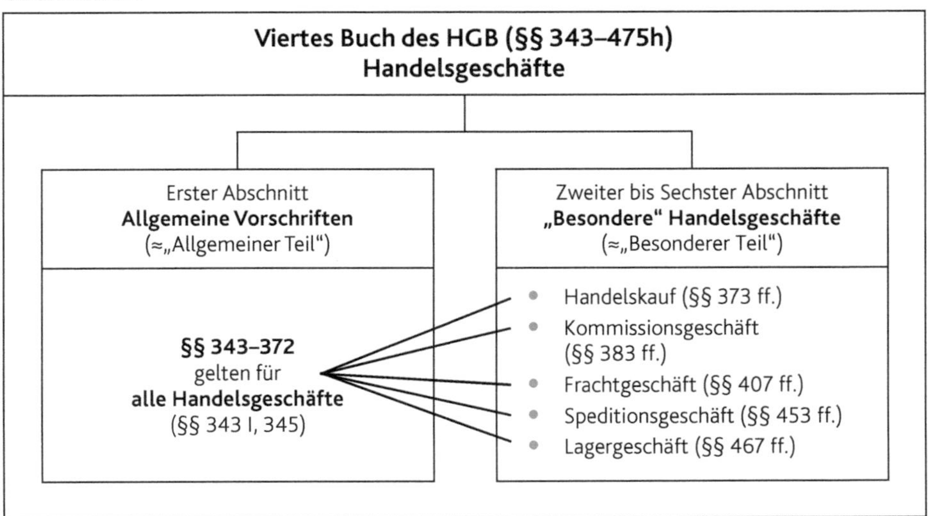

183 S. dazu Wörlen/Metzler-Müller/Balleis BGB AT Rn. 62 ff., 64 f.

A. Allgemeine Vorschriften

I. Begriff und Arten des Handelsgeschäfts

1. Begriff

2 „Handelsgeschäfte" sind gem. § 343 I HGB alle Geschäfte eines Kaufmanns, die zum Betrieb seines Handelsgewerbes gehören.

Prüfungsschema Handelsgeschäft iSv § 343 I HGB:

(1) Vorliegen eines **Rechtsgeschäfts** unter Beteiligung eines **Kaufmanns**
(2) **„Betriebszugehörigkeit":** Zugehörigkeit des Rechtsgeschäfts zum Betrieb des Handelsgewerbes (§ 344 I HGB)

Wie bereits angedeutet,[184] wird der Begriff des Handelsgeschäfts im HGB (vgl. dort §§ 22 f.) darüber hinaus auch zur Bezeichnung des Betriebs bzw. Unternehmens eines Kaufmanns verwendet.

Hier sind nun die Rechtsgeschäfte eines Kaufmanns gemeint, für die das HGB im Vierten Buch einige Sonderregelungen aufstellt, die neben den Vorschriften des BGB gelten bzw. gegebenenfalls Vorrang vor diesen haben.

Hinweis: In § 343 I HGB sollten Sie unbedingt die Worte „eines Kaufmanns" einerseits und andererseits „zum Betrieb seines Handelsgewerbes" unterstreichen!

■ Was folgt daraus? (Überlegen Sie!)
▶ Für *Privat*geschäfte eines Kaufmanns gelten die HGB-Vorschriften nicht!

Wenn zB der Lebensmittelhändlerin X für ihre private Wohnung eine Hausratversicherung abschließt, ist das für sie kein Handelsgeschäft, wohl aber für den Versicherer (= einseitiges Handelsgeschäft). Sofern Zweifel daran bestehen, ob ein bestimmtes Rechtsgeschäft eines Kaufmanns privater Natur ist oder zu einem Handelsgewerbe gehört, wird in § 344 I HGB eine gesetzliche (widerlegbare) Vermutung für letzteres ausgesprochen (§ 344 I HGB lesen!).

Hinweis: Die Vermutungsregelungen des § 344 HGB haben weitgehend ihre Bedeutung verloren, weil die jüngere und im Kontext des Verbraucherrechts speziellere Vermutungsregelung des **§ 13 BGB** gegenüber § 344 HGB **vorrangig** ist.[185]

3 Um festzustellen, ob ein Handelsgeschäft iSv § 343 I HGB vorliegt, prüft man also – wie oben erwähnt – systematisch folgende Voraussetzungen:

(1) Vorliegen eines **Rechtsgeschäfts** unter Beteiligung eines **Kaufmanns**
(2) Zugehörigkeit des Rechtsgeschäfts zum Betrieb des Handelsgewerbes (**„Betriebszugehörigkeit"**)

---

184 → **Kap. 4 Rn. 11.**
185 Vgl. BGHZ 232, 1 = NJW 2022, 686, Ls. 1 und Rn. 47 ff.; Jung HandelsR Kap. 9 Rn. 9; Kindler GK HandelsR § 1 Rn. 5. Ausführlich dazu Looschelders NJW 2022, 659 ff.; Leyens/Hubert JuS 2023, 193 ff.

zu (1): Der Begriff des Rechtsgeschäfts ist weit auszulegen: Dazu gehören nicht nur einseitig verpflichtende Rechtsgeschäfte und Verträge, sondern auch *geschäftsähnliche* Handlungen (wie Mahnungen und Fristsetzungen) und *Realakte*[186] (wie zB Verbindung, Vermischung, Verarbeitung).[187]

zu (2): *Keine Privatgeschäfte*; für die Betriebszugehörigkeit stellt § 344 I HGB, wie Sie oben bereits gelesen haben, zwar eine gesetzliche Vermutung auf, die allerdings im Kontext des Verbraucherrechts wegen des vorrangigen § 13 BGB nicht anzuwenden ist.

2. Arten

Das Gesetz unterscheidet zwischen einseitigen und beiderseitigen Handelsgeschäften. 4

Übersicht 37

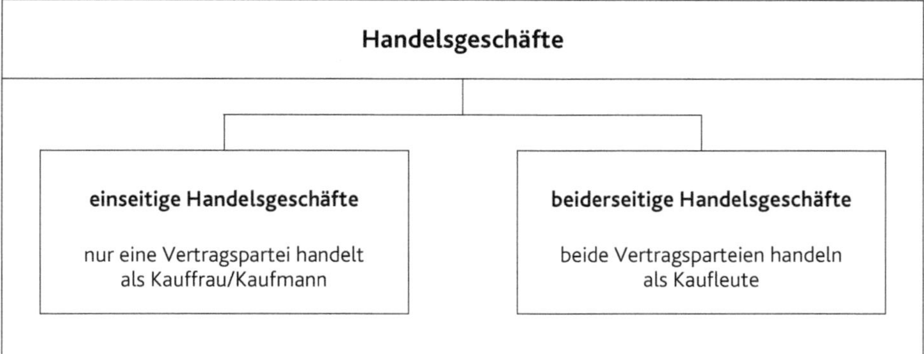

a) Einseitiges Handelsgeschäft

Von einem einseitigen Handelsgeschäft spricht man, wenn *nur einer der Vertragspartner Kaufmann* ist und dieses Geschäft zu seinem Handelsgewerbe gehört, oder wenn zwar beide Vertragsparteien Kaufleute sind, aber für einen von ihnen ein Privatgeschäft vorliegt. 5

Beispiel: Verkauft die Teppichhändlerin T dem Kaufmann K für dessen Privatwohnung einen Orientteppich, hat T ein (einseitiges) Handelsgeschäft getätigt.

Grundsätzlich kommen gem. § 345 HGB bei einem einseitigen Handelsgeschäft die Vorschriften über die Handelsgeschäfte für *beide* Vertragsteile zur Anwendung, auch wenn der andere nicht Kaufmann ist.

In manchen Vorschriften setzt das HGB voraus, dass eine bestimmte Person Kaufmann ist, zB muss gem. § 350 HGB der *Bürge*, für den die Bürgschaft ein Handelsgeschäft ist, *Kaufmann* sein.

186 Vgl. zu diesen Begriffen Wörlen/Metzler-Müller/Balleis BGB AT Rn. 152 f.
187 Brox/Henssler HandelsR Rn. 281.

b) Beiderseitiges Handelsgeschäft

6 Ein beiderseitiges Handelsgeschäft liegt vor, wenn beide Vertragsparteien Kaufleute sind und das Geschäft jeweils zum Betrieb ihres Handelsgewerbes gehört.

Im Einzelnen gelten einige besondere Vorschriften des HGB nur für beiderseitige Handelsgeschäfte, während andere auch für einseitige Handelsgeschäfte gelten, und zwar

nur **für beiderseitige Handelsgeschäfte:**	*auch* **für einseitige Handelsgeschäfte:**
§ 346 HGB – Handelsbrauch § 352 I HGB – gesetzlicher Zinssatz § 353 HGB – Fälligkeitszinsen § 354a I HGB – Abtretung trotz Abtretungsverbot (Ausnahme: Bankkredit gem. § 354a II HGB) §§ 369 ff. HGB – Kaufmännisches Zurückbehaltungsrecht § 377 HGB – Untersuchungs- und Rügeobliegenheit beim Handelskauf	§ 347 HGB – Sorgfaltspflicht des Kaufmanns § 348 HGB – Vertragsstrafe § 349 HGB – Keine Einrede der Vorausklage § 350 HGB – Formfreiheit bei Bürgschaftserklärung, Schuldversprechen und Schuldanerkenntnis § 354 HGB – Provision etc § 366 HGB – Erweiterter Gutglaubensschutz §§ 373–376 HGB – Allgemeine Handelskaufvorschriften §§ 383–406 HGB – Kommissionsgeschäft §§ 407–452d HGB – Frachtgeschäft §§ 453–466 HGB – Speditionsgeschäft §§ 467–475h HGB – Lagergeschäft

Abbildung 3

Wir gehen auf einige dieser Vorschriften später an verschiedenen Stellen nochmals ein!

II. Handelsbräuche

7 **Prüfungsschema Entstehung eines Handelsbrauchs iSv § 346 HGB:**

(1) **Tatsächliche Übung** der beteiligten Verkehrskreise
(2) Über idR **langjährigen** Zeitraum
(3) Freiwillige **Befolgung** in der Branche/Region.

Gemäß § 346 HGB (lesen!) haben Kaufleute auf Handelsbräuche, dh „auf die im Handelsverkehr geltenden Gewohnheiten und Gebräuche", Rücksicht zu nehmen. Handelsbräuche (auch: -usancen, -gewohnheiten, -sitten) sind also *kaufmännische Verkehrssitten.* Sie unterscheiden sich dadurch vom Gewohnheitsrecht[188], dass sie zwar auch langjährige Übung, aber keinen allgemeinen Rechtsgeltungswillen der Gemeinschaft voraussetzen, also keinen Gesetzescharakter wie das Gewohnheitsrecht haben. Sie sind allerdings in den jeweiligen Branchen oder Regionen für Kaufleute verbindlich, auch wenn sie ihnen unbekannt waren, und werden von der Rechtsprechung als

188 Dazu Wörlen/Metzler-Müller/Balleis BGB AT Rn. 5, 8 f.

Auslegungsregeln berücksichtigt.[189] Will ein Kaufmann sich Handelsbräuchen nicht unterwerfen, muss er sich gegebenenfalls bei den örtlichen (in- oder ausländischen) Industrie- und Handelskammern nach ihrem Bestehen erkundigen und ausdrücklich ihren Ausschluss vereinbaren (§ 346 HGB ist dispositiv!).[190]

Wo sie gelten, spielen Handelsbräuche in der Praxis eine wichtige Rolle und sind 8
(auch unter Berücksichtigung von §§ 157, 242 BGB – lesen, falls nicht (mehr) bekannt!) bei der Auslegung und Ergänzung eines Handelsgeschäfts gem. § 346 HGB zu berücksichtigen. Handelsbräuche haben unter anderem zur Anerkennung der Grundsätze über das **kaufmännische Bestätigungsschreiben** (unter den Voraussetzungen von § 362 HGB[191] „analog") geführt, und aus ihnen haben sich insbesondere nationale und internationale **Handelsklauseln** entwickelt.

Angesichts der ständig wachsenden grenzüberschreitenden Wirtschaftsbeziehungen 9
haben Handelsklauseln (wie auch internationale Kaufverträge) für die Praxis zunehmend an Bedeutung gewonnen. Dem tragen viele Hochschulen Rechnung, indem sie internationale bzw. europäisch ausgerichtete Studiengänge („Internationale Betriebswirtschaftslehre", „European Business", „Internationales und Europäisches Wirtschaftsrecht", „Deutsches und Europäisches Wirtschaftsrecht" usw) eingeführt haben. Es kann also angehenden (Wirtschafts-) Juristinnen und Juristen wie auch Studierenden der Wirtschaftswissenschaften, die vielleicht einmal in einem exportorientierten Unternehmen tätig sein werden, nicht schaden, ein wenig über die rechtliche (und wirtschaftliche) Bedeutung der Handelsklauseln zu erfahren.

Exkurs: Handelsklauseln im nationalen und internationalen Warenverkehr, UN-Kaufrecht

1. Nationaler und internationaler Warenhandel, UN-Kaufrecht

Der nationale und internationale Warenhandel bringen es mit sich, dass Güter 10
vom Verkäufer zum Käufer zu transportieren sind. Es handelt sich also vornehmlich um sog. „Distanzgeschäfte". Nach deutschem Recht steht dabei der Kaufvertrag (§ 433 BGB) im Mittelpunkt. Für den sog. Handelskauf enthält das HGB Sondervorschriften (in den §§ 373–381), auf die unten[192] näher eingegangen wird.

Bei grenzüberschreitendem Handel wollen die Vertragspartner vielfach nicht, dass das Recht des jeweils anderen Vertragspartners Anwendung findet. Leichter fällt es ihnen, sich auf internationale Regeln oder Gepflogenheiten wie das UN-Kaufrecht (United Nations Convention on Contracts for the International Sale of Goods – **CISG**) oder die **In**ternational **Co**mmercial **Terms** (**Incoterms**)

189 Brox/Henssler HandelsR Rn. 16 f.

190 S. zum Ganzen Lettl HandelsR § 10 Rn. 2 ff.

191 Was auf Übersicht 5 (→ **Kap. 2 Rn. 12**) bereits angedeutet und unter → **Rn. 42 ff.** noch erläutert wird.

192 → **Rn. 67 ff.**

der in Paris ansässigen Internationalen Handelskammer (International Chamber of Commerce – **ICC**) zu einigen.[193]

Beim UN-Kaufrecht/CISG handelt es sich um einen völkerrechtlichen Vertrag der wichtigsten (inzwischen mehr als 90) Wirtschaftsnationen. Er enthält kaufrechtliche Sonderregelungen für den grenzüberschreitenden Handelskauf von *Waren* und geht in seinem Anwendungsbereich den nationalen BGB- und HGB-Regelungen grundsätzlich vor (vgl. Art. 3 Nr. 2 EGBGB). Der Ausschluss des (dispositiven) UN-Kaufrechts kann aber vereinbart werden (Art. 6 CISG). Die Wahl des Rechts eines Vertragsstaats des UN-Kaufrechts hat allerdings nach hM zur Folge, dass die Geltung des UN-Kaufrechts als Bestandteil des nationalen Rechts eben dieses Staates mit vereinbart wird!

Hinweis:[194] Mit der Klausel „Dieser Vertrag unterliegt dem Recht der Bundesrepublik Deutschland" wird das UN-Kaufrecht also nicht ausgeschlossen, sondern seine Anwendung gerade vereinbart!

Der Vertragsschluss nach den Art. 14–24 CISG entspricht weitgehend der deutschen Rechtsgeschäftslehre. Auch das materielle Kaufrecht der Art. 25–88 CISG ist dem deutschen Recht nicht unähnlich, was daran liegt, dass mit der Schuldrechtsmodernisierung von 2002 das Leistungsstörungsrecht des BGB stärker an diesen Regelungen ausgerichtet wurde.[195]

Hinweis: Große zivilrechtliche Wirtschaftsstreitigkeiten werden häufig von **privaten Schiedsgerichten** entschieden,[196] weil diese nicht öffentlich verhandeln, nicht an die Verfahrenssprache Deutsch gebunden sind (vgl. demgegenüber §§ 169 I 1, 184 S. 1 GVG) und idR schneller entscheiden als die staatlichen Gerichte. Das vom Bundestag am 4.7.2024 verabschiedete Justizstandort-Stärkungsgesetz[197] versucht daher, die staatliche Gerichtsbarkeit durch die Einführung von Commercial Courts (§ 119b I GVG-E, §§ 619 ff. ZPO-E) sowie die Ermöglichung der Gerichtssprache Englisch in der Zivilgerichtsbarkeit (§§ 184a f. GVG-E, §§ 606 ff. ZPO-E) und einen verbesserten Geheimhaltungsschutz für Geschäftsgeheimnisse (§ 273a ZPO-E) attraktiver zu gestalten.

2. Handelsklauseln – Begriff und Anwendungsbereich

11 Um Konflikte und Besonderheiten fremder Rechtsordnungen und auch des UN-Kaufrechts möglichst gar nicht erst entstehen zu lassen, wird üblicherweise im Kaufvertrag selbst vereinbart, nach welchen Modalitäten der Warentransport abzuwickeln ist. Die Lieferungs- und andere Vertragsbedingungen können dabei individuell vereinbart werden, je nachdem, ob die Waren per Lkw, Bahn, Schiff oder Flugzeug transportiert werden. Viel häufiger jedoch werden die Details mit Hilfe von marktüblichen, standardisierten Vertragsbedingungen geregelt. Sie teilen die Pflichten und Rechte von Verkäufer und Käufer nach festgelegten Kriterien auf, die sich in einer Vielzahl von Handelsklauseln manifestiert haben.

193 S. Bitter/Linardatos HandelsR § 10 Rn. 1 f.

194 Bitter/Linardatos HandelsR § 10 Rn. 25 mwN.

195 S. zum Ganzen Brox/Henssler HandelsR Rn. 422 f.; Kindler GK HandelsR § 8 Rn. 7 ff.

196 Eine erste Orientierung zur internationalen Handelsschiedsgerichtsbarkeit für Studierende gibt Landbrecht, Ad Legendum 2023, 23.

197 BT-Drs. 20/8649 v. 6.10.2023; BT-Drs. 20/11466.

Da der (nationale wie internationale) Handelsverkehr lange Sprüche scheut, verwendet er gern Abkürzungen.[198] Handelsklauseln sind häufig durch Abkürzungen ausgedrückte Formeln und Begriffe, die im Handelsverkehr für bestimmte vertragliche Vereinbarungen verwendet werden. Ihre Verwendung dient der Rechtsklarheit und der Vereinfachung des Handelsverkehrs. Dies allerdings nur, wenn beide Vertragsparteien die wirtschaftliche Bedeutung und die Rechtsfolgen der Klauseln kennen.

3. Arten der Handelsklauseln

Je nach Vertragspflicht lassen sich die Handelsklauseln grob in drei Gruppen einteilen: 12

Lieferklauseln
Zahlungsklauseln und
Befreiungsklauseln.

a) Lieferklauseln

aa) Regelungsinhalte

Bei der Anwendung von Lieferklauseln bei Distanzkäufen geht es vor allem um zwei Fragen, die für Verkäufer und Käufer gleichermaßen von Bedeutung sind, nämlich, 13

(1) wer trägt die **Transport-** (bzw. Beförderungs)**kosten**

und

(2) wer trägt die **Gefahr des zufälligen** (also von keiner Partei verschuldeten) **Untergangs** oder der zufälligen Verschlechterung der Ware?

> Typisches **Beispiel** für den zufälligen Untergang (dies im wahrsten Sinne des Wortes) der Ware, zB beim Seetransport, ist der Container, der bei Sturm über Bord gespült wird. Beispiel für die Verschlechterung ist das Einwirken von Seewasser auf die Ware.

bb) Bedeutung im nationalen Warenhandel

(1) Kosten- und Gefahrtragung nach dem BGB

Um die Bedeutung der Lieferklauseln für die Kosten- und Gefahrtragung verstehen zu können, muss man grob die nationalen gesetzlichen Regelungen kennen, die mangels Sonderregelungen durch das HGB dem BGB zu entnehmen sind. 14

Zur **Kostentragung** enthält das **BGB** in **§ 448** eine klare Regelung. Danach trägt der Verkäufer die Kosten der Übergabe, während dem Käufer die Kosten der Abnahme und des Versands zur Last fallen. Die **Gefahrtragung** ist in den **§§ 446 und 447 BGB** (lesen!) geregelt. Mit Gefahr ist in diesen Vorschriften die sog. „Preisgefahr“ gemeint. Preisgefahr bedeutet für den Käufer das Risiko, den vollen Kaufpreis zahlen zu müssen, obwohl er die Ware nicht oder nur in mangelhaftem Zustand erhält.

198 Hopt/Leyens § 346 Rn. 39.

Beim alltäglichen Ladenkauf, der für dieses Thema nicht von Bedeutung ist, geht diese Gefahr gem. § 446 BGB sinnvollerweise mit der Übergabe der Sache auf den Käufer über.

15 Anders beim **Versendungskauf**! Ein solcher liegt gem. **§ 447 BGB** vor, wenn der Verkäufer auf Verlangen des Käufers die verkaufte Ware an einen anderen Ort als den Erfüllungsort versendet. Gemäß § 269 BGB ist dies der Wohnsitz des Schuldners bzw. der Ort der Niederlassung des Verkäufers der geschuldeten Ware. Der Käufer müsste sich die Ware normalerweise beim Verkäufer holen; es handelt sich also um eine Holschuld. Der Verkäufer übernimmt beim Versendungskauf mehr, als er normalerweise tun müsste: Eben die Verpflichtung, für die Versendung der Ware an den vom Käufer gewünschten Ablieferungsort zu sorgen! Daher muss der Käufer, auf dessen Verlangen die Ware versandt wird, das dadurch erhöhte Risiko ordnungsgemäßer Erfüllung tragen, insbesondere bei Transportschäden oder Verlust der Ware. Die Gefahr geht gem. § 447 BGB deshalb auf den Käufer über, wenn der Verkäufer die Ware an einen Beförderer übergeben hat.

(2) Abdingbarkeit der gesetzlichen Regelungen durch Handelsklauseln

16 § 447 wie auch § 448 BGB sind abdingbar, dh, von ihrer Regelung kann durch vertragliche Einzelvereinbarung, durch Allgemeine Geschäftsbedingungen oder durch Handelsbrauch und insbesondere durch Handelsklauseln abgewichen werden.

Im nationalen Binnenhandel wird der Warenverkehr zumeist nach sog. **„National Trade Terms"** abgewickelt. Dies sind Lieferungsbedingungen des jeweiligen Landes, die auf nationalem Recht basieren. Die nationalen Trade Terms wurden von der internationalen Handelskammer Paris sozusagen als „Weltsprache des Warenhandels"[199] erstmals 1923 und nochmals 1953 aufgezeichnet[200] und nach Ländern und Ländergruppen geordnet.

(3) Einzelne nationale Lieferklauseln (National Trade Terms)

17 Die gebräuchlichsten Lieferklauseln sind zB „ab Werk/Lager", „ab Bahnhof", „frei Waggon", „frei Haus". Diese Klauseln sehen zwar bezüglich der *Gefahrtragung* grundsätzlich keine Abweichung vom Versendungskauf vor, enthalten aber eine jeweils unterschiedliche Regelung der **Kostentragung** für Verpackung und Transport zu Lasten des Verkäufers. Die folgende **Abbildung (4)**[201] wird dies verdeutlichen:

199 K. Schmidt HandelsR § 30 I S. 3 b.

200 Abgedr. bei Koller in Staub, Großkommentar HGB, 4. Bd: §§ 343–382, 4. Aufl. 2004, Vor § 373 Rn. 763 ff.

201 S. Wörlen/Metzler-Müller, Handelsklauseln im nationalen und internationalen Warenverkehr, 1996, 37 mit Ergänzungsblatt.

18

Gefahr- und Kostentragungen nach den deutschen National Trade Terms

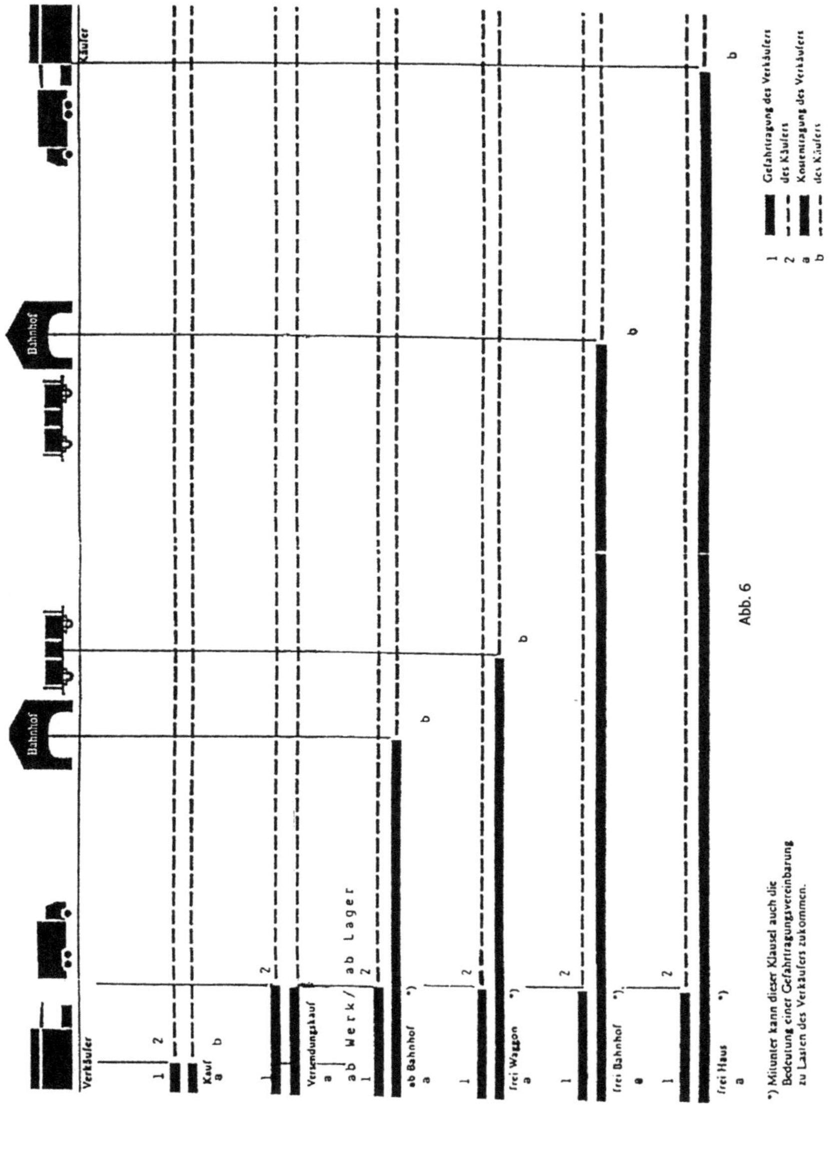

Verkäufer — Bahnhof — Bahnhof — Käufer

Kauf

Versendungskauf

ab Werk/ab Lager

ab Bahnhof *)

frei Waggon *)

frei Bahnhof *)

frei Haus *)

*) Mitunter kann dieser Klausel auch die Bedeutung einer Gefahrtragungsvereinbarung zu Lasten des Verkäufers zukommen.

1 Gefahrtragung des Verkäufers
2 des Käufers
a Kostentragung des Verkäufers
b des Käufers

Abb. 6

Erläuterungen zu Abbildung 4: 19

* **Einfacher Kauf:**
  Gefahr- und Kostentragung ab Übergabe am Wohnsitz des Verkäufers beim Käufer (vgl. § 446 BGB).
* **Versendungskauf:**
  Gefahr- und Kostentragung ab Übergabe an den Beförderer beim Käufer (vgl. § 447 I BGB).

* **„Ab Werk/ab Lager"**
  vermindert die Verpflichtung des Verkäufers gegenüber dem Versendungskauf noch: seine Verpflichtung besteht nur darin, die Ware auf seinem Grundstück zur Abholung zur Verfügung zu stellen.
* **„Ab Bahnhof"**
  bedeutet, dass der Verkäufer Transportkosten bis zum Verladebahnhof übernimmt.
* **„Frei Waggon"**:
  Hier kommen die Kosten für die Verladung hinzu.
* **„Frei Bahnhof"**
  heißt: Kostenübernahme des Verkäufers bis zur Ankunft der Ware am Bestimmungsbahnhof.
* **„Frei Haus"**
  schließlich bedeutet die Kostenübernahme des Verkäufers bis zur Übergabe im Haus bzw. in der Niederlassung des Käufers.

cc) Bedeutung im internationalen Warenhandel

(1) Nachteile der National Trade Terms

20 Wenngleich die National Terms der verschiedenen Länder zwar formal angeglichen sind und als „Weltsprache des Warenhandels" verstanden werden, erfahren sie indessen eine *unterschiedliche Auslegung*. Das kann zu Missverständnissen zwischen den Handelspartnern verschiedener Nationalität führen.[202]

Darüber hinaus kann bei internationalen Geschäften zweifelhaft sein, welche National Trade Terms im Einzelfall anzuwenden sind. Im Sinne der für den Handelsverkehr notwendigen Rechtsklarheit und Rechtsvereinheitlichung sind die National Trade Terms im internationalen Warenverkehr letztlich nur wenig hilfreich.

(2) International Rules for the Interpretation[203]

21 Die Internationale Handelskammer in Paris („ICC"; → Rn. 10) hat erstmals 1936 sog. „International Rules for the Interpretation of Trade Terms" bzw. „International Commercial Terms" – kurz: **Incoterms** – zusammengestellt, die (wie zB auch AGB) nur aufgrund ausdrücklicher Bezugnahme der Parteien Vertragsbestandteil werden.

(a) Incoterms als Auslegungsregeln

22 Traditionell enthalten die Incoterms internationale Regeln zur Auslegung der gebräuchlichsten Lieferklauseln in Außenhandelsverträgen. Inzwischen können sie explizit aber auch in nationalen Verträgen verwendet werden. Die neueste Fassung der Incoterms aus dem Jahr 2020[204] enthält Auslegungsregeln für 11 Klauseln, die aus der folgenden Tabelle zu ersehen sind.

---

202 Vgl. Hopt/Hopt Handelsrechtliche Nebengesetze (6) Incoterms ua, Einleitung, Rn. 3.
203 *Internationale Auslegungsregelungen.*
204 Abgedruckt bei Hopt/Hopt Handelsrechtliche Nebengesetze (6) B sowie als Anhang bei v. Bernstorff, Incoterms 2020 by the International Chamber of Commerce (ICC), 2. Aufl. 2023.

Abbildung 5

Incoterms® 2020 im Überblick	
Incoterms® 2020: Transportart und geeignete Lieferklausel	
Alle Transportarten	
EXW | Ex Works **EXW** | Ab Werk	**EXW** (insert named place of delivery) *Incoterms® 2020* **EXW** (fügen Sie den benannten Lieferort ein) *Incoterms® 2020*
FCA | Free Carrier **FCA** | Frei Frachtführer	**FCA** (insert named place of delivery) *Incoterms® 2020* **FCA** (fügen Sie den benannten Lieferort ein) *Incoterms® 2020*
CPT | Carriage Paid To **CPT** | Frachtfrei	**CPT** (insert named place of destination) *Incoterms® 2020* **CPT** (fügen Sie den benannten Bestimmungsort ein) *Incoterms® 2020*
CIP | Carriage and Insurance Paid to **CIP** | Frachtfrei versichert	**CIP** (insert named place of destination) *Incoterms® 2020* **CIP** (fügen Sie den benannten Bestimmungsort ein) *Incoterms® 2020*
DAP | Delivered At Place **DAP** | Geliefert benannter Ort	**DAP** (insert named place of destination) *Incoterms® 2020* **DAP** (fügen Sie den benannten Bestimmungsort ein) *Incoterms® 2020*
DPU | Delivered at Place Unloaded **DPU** | Geliefert benannter Ort entladen	**DPU** (insert named place of destination) *Incoterms® 2020* **DPU** (fügen Sie den benannten Bestimmungsort ein) *Incoterms® 2020*
DDP | Delivered Duty Paid **DDP** | Geliefert verzollt	**DDP** (insert named place of destination) *Incoterms® 2020* **DDP** (fügen Sie den benannten Bestimmungsort ein) *Incoterms® 2020*
See- und Binnenschiffstransporte[205]	
FAS | Free Alongside Ship **FAS** | Frei Längsseite Schiff	**FAS** (insert named port of shipment) *Incoterms® 2020* **FAS** (fügen Sie den benannten Verschiffungshafen ein) *Incoterms® 2020*
FOB | Free On Board **FOB** | Frei an Bord	**FOB** (insert named port of shipment) *Incoterms® 2020* **FOB** (fügen Sie den benannten Verschiffungshafen ein) *Incoterms® 2020*
CFR | Cost and Freight **CFR** | Kosten und Fracht	**CFR** (insert named port of destination) *Incoterms® 2020* **CFR** (fügen Sie den benannten Bestimmungshafen ein) *Incoterms® 2020*
CIF | Cost, Insurance and Freight **CIF** | Kosten, Versiche rung und Fracht	**CIF** (insert named port of destination) *Incoterms® 2020* **CIF** (fügen Sie den benannten Bestimmungshafen ein) *Incoterms® 2020*

Beispiele für die Vereinbarung im Vertragstext:
„CIF Rotterdam, The Netherlands, Incoterms® 2020“
„FOB Hamburg, Germany, Incoterms® 2020“

205 Bei **containerisierter Ware** sind anstelle von FOB oder CFR/CIF die Klauseln FCA bzw. CPT/CIP vorzuziehen. Zur Auslegung der Klausel **FCA** s. OLG Nürnberg TranspR 2017, 382 m. Anm. Piltz sowie Vyvers jurisPR-VersR 2/2018 Anm. 7.

(b) Bedeutung der Incoterms

23 In diesem Rahmen soll die rechtliche und wirtschaftliche Bedeutung, insbesondere bezüglich des Transportrisikos und der Kostenregelung, anhand einer der beiden wichtigsten Klauseln, die beim Überseekauf (Seeschiffstransport) verwendet werden, exemplarisch dargestellt werden. Dies sind die Klauseln FOB und CIF, von denen FOB im Folgenden erläutert wird.

FOB bedeutet zunächst, dass zur Lieferpflicht des Verkäufers auch die Verladung gehört, allerdings ist es Sache des Käufers, für den erforderlichen Frachtraum zu sorgen.

Im Einzelnen lassen sich die Pflichten und Rechte von Verkäufer und Käufer anhand eines Auszugs[206] aus den „Incoterms" wie folgt (Abbildung 6) beschreiben:

206 Vollständiger offizieller Text der Incoterms® 2020 mit Graphiken abgedruckt bei Hopt/Hopt Handelsrechtliche Nebengesetze (6) B.

Abbildung 6: Auslegung der FOB-Klausel nach Incoterms® 2020 (Auszug)[207] 24

FOB | Frei an Bord

FOB (fügen Sie den benannten Verschiffungshafen ein) Incoterms® 2020

Erläuternde Kommentare für Nutzer

1. Lieferung und Gefahrübergang – Bei Nutzung der Klausel „Frei an Bord" liefert der Verkäufer die Ware an den Käufer

- ▶an Bord des Schiffs,
- ▶wie vom Käufer benannt
- ▶im benannten Verschiffungshafen,
- ▶oder der Verkäufer beschafft die bereits so gelieferte Ware.

Die Gefahr des Verlusts oder der Beschädigung der Ware geht auf den Käufer über, wenn die Ware an Bord des Schiffs ist. Ab diesem Zeitpunkt trägt der Käufer alle Kosten.

2. Transportart – Diese Klausel ist ausschließlich für den See- und Binnenschiffstransport geeignet, bei dem es der Absicht der Parteien entspricht, dass die Ware geliefert wird, indem sie an Bord eines Schiffs gebracht wird. Die Klausel FOB ist somit ungeeignet, wenn die Ware dem Frachtführer übergeben wird, bevor sie sich an Bord des Schiffs befindet, z.B wenn Ware an einem Containerterminal übergeben wird. Wenn dies der Fall ist, sollten die Parteien in Betracht ziehen, anstelle der Klausel FOB die Klausel FCA zu verwenden.

3. „oder beschafft die so gelieferte Ware" – Der Verkäufer ist verpflichtet, die Ware entweder an Bord des Schiffs zu liefern oder bereits so für die Verschiffung gelieferte Ware zu beschaffen.
Der Begriff „beschaffen" bezieht sich hier auf mehrere, hintereinander geschaltete Verkäufe in einer Verkaufskette („string sales"), die insbesondere im Rohstoffhandel vorkommen.

4. Ausfuhr-/Einfuhrabfertigung – FOB verpflichtet den Verkäufer, die Ware ggf. zur Ausfuhr freizumachen. Jedoch hat der Verkäufer keine Verpflichtung, die Ware zur Einfuhr oder Durchfuhr durch Drittländer freizumachen, Einfuhrzölle zu zahlen oder Einfuhrzollformalitäten zu erledigen.

A VERPFLICHTUNGEN DES VERKÄUFERS

A1. Allgemeine Verpflichtungen
Der Verkäufer hat die Ware und die Handelsrechnung in Übereinstimmung mit dem Kaufvertrag bereitzustellen und jeden sonstigen vertraglich vereinbarten Konformitätsnachweis zu erbringen.
Jedes vom Verkäufer bereitzustellende Dokument kann in Papierform oder in elektronischer Form vorliegen, je nachdem, wie dies zwischen den Parteien vereinbart wird oder handelsüblich ist.

A2. Lieferung
Der Verkäufer muss die Ware liefern, indem er sie an Bord des vom Käufer benannten Schiffs an der gegebenenfalls vom Käufer bestimmten Ladestelle im benannten Verschiffungshafen verbringt oder die bereits so gelieferte Ware beschafft.
[...]

A3. Gefahrenübergang
Der Verkäufer trägt bis zur Lieferung gemäß **A2** alle Gefahren des Verlustes oder der Beschädigung der Ware, mit Ausnahme von Verlust oder Beschädigung unter den in **B3** beschriebenen Umständen.

B VERPFLICHTUNGEN DES KÄUFERS

B1. Allgemeine Verpflichtungen
Der Käufer hat den im Kaufvertrag genannten Preis der Ware zu zahlen.
Jedes vom Käufer bereitzustellende Dokument kann in Papierform oder in elektronischer Form vorliegen, je nachdem, wie dies zwischen den Parteien vereinbart wird oder handelsüblich ist.

B2. Übernahme
Der Käufer muss die Ware übernehmen, wenn sie gemäß A2 geliefert wurde.

B3. Gefahrenübergang
Der Käufer trägt ab dem Zeitpunkt der Lieferung gemäß A2 alle Gefahren des Verlustes oder der Beschädigung der Ware. ...

207 Auszug der FOB-Klausel aus dem bei Hopt/Hopt Handelsrechtliche Nebengesetze (6) B, abgedruckten offiziellen Text der Incoterms® 2020.

25

Beispielsfall zur Gefahr- und Kostentragung bei FOB

Käuferin Bibi Bayer (B) aus Hamburg bestellt bei Peter Sellers (S) in London drei Kisten jeweils gleichen Inhalts mit hochwertigen elektronischen Geräten. Als Lieferklausel im Kaufvertrag wurde „FOB London, United Kingdom, Incoterms® 2020" vereinbart. Die Verladung der drei schweren Kisten erfolgt mit einem Kran-Greifer, der die erste Kiste ordnungsgemäß an Bord des Versandschiffs „Good Hope" in London absetzt. Die zweite Kiste rutscht aus dem Greifer heraus und fällt auf die an Bord der „Good Hope" stehende erste Kiste. Beide Kisten samt Inhalt werden zerstört. Die dritte Kiste rutscht ebenfalls aus dem Greifer, stürzt zwischen Kai und Reling ins Wasser und versinkt für ewig.

Frage: Welche Kisten muss B bezahlen bzw. welche Kisten muss S evtl. nachliefern?

■ Versuchen Sie, die Frage selbst zu beantworten!

▶ **Kiste eins** befand sich bereits an Bord, als sie zerstört wurde. Sie wurde „free on board" geliefert und muss von B bezahlt werden, ohne dass sie (von S!) dafür Ersatz bekommt. **Kiste drei** wurde noch nicht „free on board" geliefert: S hat eine neue Kiste zu liefern, bevor B bezahlen muss!

Bei **Kiste zwei** fällt die Antwort nicht ganz so leicht.

■ Worauf kommt es nach dem Regelwerk genau an? Überlegen Sie!

▶ Darauf, ob diese Kiste bereits von S geliefert (A3), also auf das Schiff „verbracht" (A2) wurde oder ob dies noch nicht vollständig der Fall war.

Hier war die Kiste bereits in den „Luftraum" über dem Schiff gelangt, aber noch nicht im Ladevorgang auf die Planken des Schiffes gesetzt oder auf seinem Ladedeck abgesetzt worden. Die Kiste war also noch nicht vollständig auf das Schiff verladen[208] und damit auf dieses „verbracht". Das bloße Überschreiten der Schiffsreling, auf das früher die Incoterms in der Fassung aus dem Jahr 2000 abstellten, ist dafür nicht (mehr) ausreichend. S muss also zwei neue Kisten liefern, bevor B bezahlen muss!

b) Zahlungsklauseln

aa) Bedeutung im nationalen Warenhandel

26 Die Lieferpflicht des Verkäufers und die Zahlungspflicht des Käufers sind eng aufeinander bezogen: Jeder Vertragsteil leistet nur, um die Gegenleistung des anderen Teils zu erhalten. Beide Parteien haben daher ein Interesse daran, ihre Leistung nicht vorzeitig ganz aus der Hand zu geben. Ihre Interessen sind ausgeglichen, wenn der Leistungsaustausch *gleichzeitig* erfolgt. Diesem Gedanken trägt grundsätzlich § 320 I 1 BGB Rechnung (lesen!), denn im Ergebnis soll die dort verankerte Einrede des nicht erfüllten Vertrags die Funktion haben, den **gleichzeitigen Leistungsaustausch** zu bewirken. Dieser Gedanke wird der Praxis indessen nur dann gerecht, wenn es sich um einen alltäglichen Ladenkauf handelt. Bei **Distanzgeschäften** kann diese Vorschrift ihre Funktion **nicht** erfüllen! Denn in der Praxis ist die Lieferung des Verkäufers ein Prozess, der von der Produktion über die Aussonderung, die Verpackung und den Transport bis

208 S. v. Bernstorff, Incoterms 2020 by the International Chamber of Commerce (ICC), 2. Aufl. 2023, Rn. 913 f.

zur Übereignung verläuft, und jeder einzelne dieser Leistungsschritte ist mit Risiken und Kosten verbunden.

Es muss sich deshalb eine der Vertragsparteien **zur Vorleistung** entschließen, wenn die Vertragsdurchführung überhaupt in Gang kommen soll.

Daraus entstand das Bedürfnis, Zahlungsklauseln zu entwickeln, die möglichst dem Verkäufer die Sicherheit geben, dass er den Kaufpreis bekommt, und dem Käufer die größtmögliche Sicherheit, dass er die Ware tatsächlich erhält oder den Kaufpreis nicht vergeblich vorgeleistet hat. 27

Von den hier üblichen Handelsklauseln können nur einige wenige abrissartig dargestellt werden:[209]

- **„Barzahlung“** bedeutet in der Regel nur „Zahlung sofort“, schließt also bargeldlose Zahlung nicht aus.
- **„Netto“** oder „Rein netto“ = ohne Skonto.
- **„2% Skonto“** = 2% Preisnachlass bei Zahlung innerhalb vereinbarter (kurzer) Zeitspanne, zB bei Zahlung innerhalb von zwei Wochen.
- **„Zusendung per Nachnahme“** oder *„cash on delivery“* („**COD**“) = Käufer muss beim Warenempfang zahlen, ohne die Ware zuvor untersuchen zu können.

Wichtig ist schließlich die Klausel

- **„Kasse gegen Dokumente“** (*„cash against documents“*; „**CAD**“). Im Rahmen von Handelsgeschäften werden als Dokumente alle Papiere bezeichnet, die den Versand oder die Lagerung von Handelsgütern und deren Versicherung, die vertragsgemäße Lieferung und die Beachtung vereinbarter (inkl. Handels-)Klauseln oder behördlich vorgeschriebener Einzelheiten belegen. Unter wirtschaftlichen Gesichtspunkten können die Dokumente unterteilt werden in: **Warenpapiere, Versicherungspapiere** und **Begleitpapiere**. Unterstellt, dass alle Dokumente ordnungsgemäß sind, ist im Normalfall davon auszugehen, dass der Käufer die Ware auch ordnungsgemäß erhält. Ist daher die Klausel „Kasse gegen Dokumente“ vereinbart, ist der Käufer verpflichtet, gegen Übernahme der Dokumente den Kaufpreis zu zahlen. Die Klausel begründet für beide Seiten eine teilweise Vorleistungspflicht. Während der Käufer schon vor Erhalt der Ware zahlen muss, muss der Verkäufer die Ware schon zum Versand gebracht haben, da er andernfalls die Dokumente nicht bekommen hätte, die er dem Käufer vorlegt.

bb) Bedeutung im internationalen Warenhandel

(1) „Kasse gegen Dokumente“

Von den international verwendeten Zahlungsklauseln ist die Klausel **„cash against documents“** (CAD) die gebräuchlichste, da die Benutzung von Dokumenten den internationalen Handelsverkehr wesentlich beschleunigt. Der Käufer kann mit den erhaltenen Dokumenten bereits den Weiterverkauf der Ware betreiben und die Ware zB „schwimmend“ verkaufen. Der Verkäufer kann mit Hilfe der Klausel „Kasse gegen Dokumente“ schnell das eingesetzte Kapitel wieder zu seiner Verfügung erhalten. 28

209 S. dazu sowie zu weiteren Handelsklauseln Hopt/Leyens § 346 Rn. 40.

(a) Risiken für Verkäufer und Käufer

29 Für beide Seiten enthält diese Klausel allerdings auch Risiken. Der Käufer weiß nicht verlässlich, ob er die Ware überhaupt erhalten und ob diese einen mangelfreien Zustand aufweisen wird. Der Verkäufer, der auf seine Kosten die Ware auf den Weg gebracht hat, kann letztlich nicht sicher sein, dass der Käufer zahlt, sei es, weil er insolvent ist, sei es, dass er nicht zahlen *will.*

(b) Sicherungsmöglichkeiten

30 Vor allem für den exportierenden Verkäufer entsteht hier ein Sicherungsbedürfnis. Die Schwierigkeiten einer Rechtsverfolgung im Ausland und die Belastung der Ware mit oft hohen Transportkosten zwingen ihn dazu, den Zahlungsanspruch abzusichern: Der Verkäufer (Exporteur) liefert deshalb nur, wenn der Käufer (Importeur) zuvor ein **Akkreditiv** gestellt hat. Was man darunter zu verstehen hat, lässt sich, sehr vereinfacht, wie folgt beschreiben: Bei der Eröffnung eines Akkreditivs verpflichtet sich eine Bank im Auftrag und für Rechnung eines Kunden, einem Dritten einen bestimmten Geldbetrag zur Verfügung zu stellen und unter bestimmten Bedingungen auszuzahlen (= abstraktes Zahlungsversprechen der Bank gegenüber dem Begünstigten iSv § 780 BGB).[210]

(2) „Kasse (oder Dokumente) gegen Akkreditiv (letter of credit)"

31 Die Klausel „*cash against documents*" wird im Außenhandel regelmäßig erweitert bzw. ersetzt durch „Kasse gegen Akkreditiv" („*cash against letter of credit*") oder „Dokumente gegen Akkreditiv" („*documents against letter of credit*").

Um die Abwicklung eines Außenhandelskaufs mit der Zahlungsklausel **„documents against letter of credit"** („*Dokumente gegen Akkreditiv*") darzustellen, eignet sich folgendes

Fallbeispiel:
Die Hamburger Exporteurin Vulpius (V) hat mit dem japanischen Importeur Koyota (K) in Tokio einen Liefervertrag (Kaufvertrag) über zehn Spezialmaschinen geschlossen. Die Zahlung soll „*documents against letter of credit*" im Bestimmungsland erfolgen.

Die Abwicklung dieses Geschäfts verdeutlicht die folgende Grafik (Abbildung 7):

210 Ebenroth/Boujong/Hakenberg/Rock B Rn. 180.

32

Abbildung 7

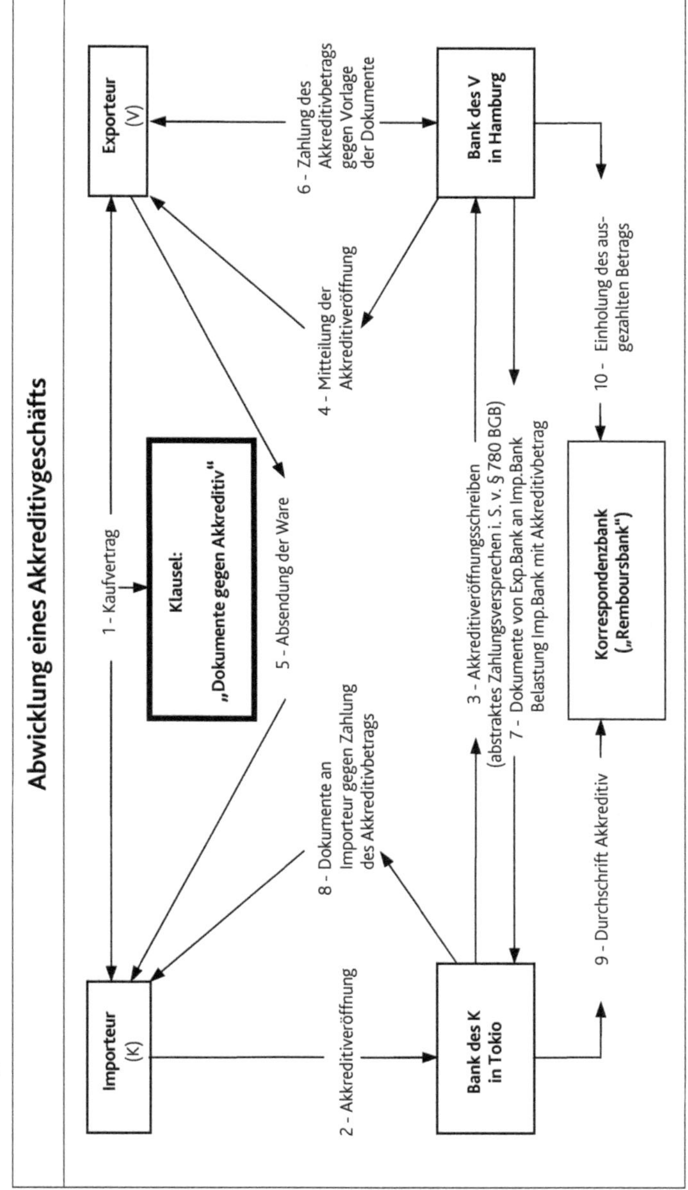

Erläuterungen zu Abbildung 7:

33 (1) Grundlage für das Dokumenten-Akkreditiv ist ein zwischen dem Exporteur und dem Importeur abgeschlossenes **Warengeschäft (Kaufvertrag)**, das als Zahlungsbedingung die sog. Akkreditivklausel enthält, die meist genauer spezifiziert ist.

(2) Durch die im Kaufvertrag enthaltene **Akkreditivklausel** ist der Importeur verpflichtet, das zur Zahlungsabwicklung geforderte *Dokumenten-Akkreditiv* frist- und formgerecht durch seine Hausbank zugunsten des Exporteurs *eröffnen* zu lassen. Vor Erteilung des Akkreditivauftrags an seine Bank muss der Importeur in der Regel die Akkreditivsumme anschaffen, sofern sein laufendes Konto nicht das entsprechende Guthaben aufweist und keine Kreditgewährung vereinbart wurde.

(3) Die Bank des Importeurs fertigt daraufhin ein **Akkreditiveröffnungsschreiben** aus (= abstraktes Zahlungsversprechen iSv § 780 BGB) und sendet dieses an die Bank des Exporteurs.

(4) Die Bank des Exporteurs **teilt** dem Exporteur die **Akkreditiveröffnung mit.**

(5) Nach Fertigstellung **sendet** der Exporteur die **Ware** an den Importeur ab.

(6) Die **Versanddokumente** reicht der Exporteur seiner Bank ein und erhält – sofern sie „akkreditivkonform" sind und fristgerecht vorgelegt werden – den **Akkreditivbetrag ausgezahlt.**

(7) Die Bank des Exporteurs sendet daraufhin die Dokumente an die Bank des Importeurs und belastet diese mit dem ausgezahlten Betrag.

(8) Die Bank des Importeurs wiederum **händigt** dem **Importeur** die **Dokumente** aus und verfügt über den vom Importeur angeschafften Akkreditivbetrag. Dieses Abwicklungsschema bedarf einer Ergänzung, wenn die Bank des Importeurs nicht in direkter Kontoverbindung mit der Bank des Exporteurs steht. Dann muss ein Korrespondenzinstitut der Bank des Importeurs als sog. „Remboursbank" eingeschaltet werden.

(9) In diesem Fall sendet die Bank des Importeurs eine Durchschrift des Akkreditivs an die Korrespondenzbank und

(10) bittet die Bank des Exporteurs, sich für die Zahlungen „aus dem Akkreditiv zu erholen", dh sich die ausgezahlten Beträge von der Korrespondenzbank vergüten zu lassen. Vor Auszahlung des Akkreditivbetrags werden die eingereichten Dokumente von der Bank des Exporteurs sorgfältig überprüft. Stimmen sie nicht genau mit den Akkreditivbedingungen überein, so wird der Akkreditivbetrag *nicht* oder nur „unter Vorbehalt" von der Bank des Exporteurs ausgezahlt und über die Bank des Importeurs die Entscheidung des Importeurs eingeholt, ob die Dokumente trotz der festgestellten Mängel angenommen werden sollen.

34 Dazu **zwei Beispiele** aus der Praxis, die eine Juristin aus der Auslandsrechtsabteilung eines bedeutenden deutschen Industrieunternehmens berichtete:

1. Die Vertragspartner hatten unter anderem vereinbart, dass die Lieferung der Ware auf dem Landweg „**free on truck**" (FOT) erfolgen solle, was auch in die Dokumente aufgenommen wurde. FOT bedeutet „frei Waggon", also die Lieferung per Eisenbahn. Als die Bank des Exporteurs erfuhr, dass die Lieferung der Ware stattdessen per Lkw vorgenommen wurde (wohl, weil Lkws umgangssprachlich bisweilen ebenfalls als „Trucks" bezeichnet werden), weigerte sie sich, den Akkreditivbetrag auszuzahlen, bevor der Importeur seine Zustimmung gab.

2. Aus einem Akkreditiveröffnungsschreiben ging hervor, dass bestimmte Motorteile in der **„Farbe: schwarz, RAL Nr. 13“**[211] geliefert werden sollten. In dem vom Exporteur an seine Bank eingereichten Dokument fehlte die RAL-Nr. Die Bank zahlte den Akkreditivbetrag erst aus, nachdem die Dokumente berichtigt waren.

Zur Vereinheitlichung des internationalen Umgangs mit Akkreditiven hat die Internationale Handelskammer („ICC“; → Rn. 10) **„Einheitliche Richtlinien und Gebräuche für Dokumenten-Akkreditive (ERA)“**[212] aufgestellt, bei denen es sich in weiten Teilen um Handelsbräuche iSv § 346 HGB handeln dürfte.[213]

c) Befreiungsklauseln

35 Im Handelsverkehr sind schließlich Klauseln gebräuchlich, die den Anbieter von Ersatzansprüchen freihalten sollen, wenn ihm die Erfüllung des Vertrags nicht oder nicht zu den ausgehandelten Bedingungen möglich ist.

aa) Bedeutung im nationalen Warenhandel

36 Hier können solche Klauseln insbesondere lauten:[214]

- **„Solange der Vorrat reicht“**; dies bedeutet, *dass* der Verkäufer nach Erschöpfung seines Vorrats keine weiteren Waren beschaffen muss. Die Besteller werden dann der Reihe nach bedient.
- Bei der Klausel **„Zwischenverkauf vorbehalten“** ist der Verkäufer an den Vertrag nur gebunden, wenn er vorher nicht anderweitig verkauft hat.
- **„Lieferungsmöglichkeit vorbehalten“** berechtigt den Verkäufer, vom Vertrag zurückzutreten, wenn er die Ware trotz aller Anstrengung nicht beschaffen kann, ohne Ersatzansprüchen des Käufers ausgesetzt zu sein.

bb) Bedeutung im internationalen Warenhandel

37 Im internationalen Warenhandel haben Freizeichnungsklauseln besondere Bedeutung, da hier die Überschaubarkeit der gesetzlichen Risikoverteilung bei unvorhergesehenen und unüberwindlichen Leistungsstörungen besonders gering ist. In Allgemeinen Geschäftsbedingungen und Standardverträgen oder durch Handelsklauseln werden die Auswirkungen **„höherer Gewalt“** geregelt. So wird die Haftung für „höhere Gewalt“ durch sog. **„force majeure-Klauseln“** ausgeschlossen. „Force majeure“ liegt vor, wenn die Störung des Leistungsaustauschs auf Ereignissen beruht, die auch durch äußerste, nach Lage der Dinge billigerweise zu erwartende Sorgfalt nicht verhindert werden konnte.[215] Als *Beispiel* hierfür mag die heute kaum noch bekannte Schließung des Suez-Kanals 1956 dienen. Durch die Schließung dieser Wasserstraße waren viele Lieferer in

211 „RAL“ steht heute für „Deutsches Institut für Kennzeichnung und Gütesicherung eV“ als Nachfolger des 1925 gegründeten „Reichsausschuss für Lieferbedingungen.“ Es betreibt über ein Tochterunternehmen einen internationalen Farbstandard über ein Nummernsystem.

212 Englisch: „Uniform customs and practice for documentary credits (**UCP**)“. Die aktuelle Fassung der Revision 2007 **„ERA 600“** mit Anhang für die Vorlage elektronischer Dokumente (**eUCP**; Version 2.0, 1.7.2019) ist abgedruckt bei Hopt/Hopt Handelsrechtliche Nebengesetze (11; 11a) Einheitliche Richtlinien … .

213 Hopt/Hopt Handelsrechtliche Nebengesetze (11) Einheitliche Richtlinien …, Vor Art. 1 Rn. 5.

214 Vgl. Hopt/Leyens § 346 Rn. 40: „Liefermöglichkeit“, „Vorrat“, „Zwischenverkauf vorbehalten“.

215 Vgl. Hopt/Leyens § 346 Rn. 40: „force majeure“.

Bedrängnis geraten, da die die Ware transportierenden Schiffe den Umweg um das „Kap der guten Hoffnung“ nehmen mussten, unter anderem mit der Folge, dass sich die Transportkosten erheblich verteuerten. Gegen diese und andere Verzugsschäden waren diejenigen Lieferer, die in ihren Vertrag eine „force majeure-Klausel“ einbezogen hatten, abgesichert.

38 Ebenso einzuordnen waren jedenfalls die ersten Drohnen- und Raketen-**Angriffe** der **Huthi-Milizen** auf Handelsschiffe im November 2023 im Roten Meer auf dem Weg zum Suez-Kanal, die ebenfalls zum Umweg um das „Kap der guten Hoffnung“ zwangen.[216]

Typische **Beispiele** für „force majeure“-Fälle sind also allgemein kriegerische Auseinandersetzungen, Naturkatastrophen und ähnliche Ereignisse, durch die die rechtzeitige Lieferung der Ware oder die Lieferung gänzlich unmöglich wird. Auch Epidemien einschließlich der **COVID-19-Pandemie** sind hierzu zu zählen.[217]

4. Fazit

39 Die **rechtliche Bedeutung** der Handelsklauseln liegt vor allem darin, dass mit einfachen Bezeichnungen bzw. standardisierten Abkürzungen von Schlüsselbegriffen komplexe Sachverhalte, wie zB die Gefahr- und Transportkostentragung, vollständig erfasst werden, wobei die Aussagen der Handelsklauseln von beiden Vertragsparteien im gleichen Sinne verstanden werden. Dies dient der *Rechtsklarheit*, der *Rechtssicherheit* und der *Rechtsvereinfachung* und führt zugleich zum Abbau von Misstrauen bei Partnern, die sich bisher wenig oder gar nicht kannten.

Da beiden Vertragsparteien der Inhalt und die Auslegung von Klauseln, wie sie hier beispielhaft erläutert wurden, bekannt ist, führt das zB dazu, dass allein durch die kombinierte Verwendung der drei Klauseln „FOB“, „documents against letter of credit“ und „force majeure“ zahlreiche Seiten von vertraglichen Formulierungen erspart bleiben! Die damit verbundene *Zeit- und Kostenersparnis* ist zugleich eine der wirtschaftlich bedeutsamen Folgen der Verwendung von Handelsklauseln.

40 Die **wirtschaftliche Bedeutung** liegt aber vor allem darin, dass die Handelsklauseln es einerseits beiden Parteien ermöglichen, ihr jeweiliges wirtschaftliches Interesse an der Vertragsabwicklung abzusichern und andererseits durch die Überschaubarkeit der Gefahr- und Kostentragungsrisiken die betriebliche Kalkulation bzw. das Risk Management erleichtert wird.

216 S. dazu zB die Einschätzung der KRAVAG-Versicherungsgruppe unter www.kravag.de/ueber-uns/newsletter/2024-01-das-rote-meer-huthi-angriffe (zuletzt aufgerufen am 1.7.2024).

217 Die ICC hat deshalb ihre empfohlenen Force-Majeure-Klauseln im März 2020 aktualisiert, vgl. Vorpeil, Akkreditive in der Corona-Krise – quo vadis?, RIW 2020, Heft 7, I. Die *„ICC Force Majeure and Hardship Clauses, March 2020“* sind abrufbar unter https://2go.iccwbo.org/icc-force-majeure-and-hardship-clauses.html (zuletzt aufgerufen am 1.7.2024).

Literatur zur Vertiefung (Exkurs): v. Bernstorff, Incoterms 2020 by the International Chamber of Commerce (ICC) – Kommentierung für die Praxis inklusive offiziellem Regelwerk, 2. Aufl. 2023; Buchwitz, Handelsklauseln und Erfüllungsort im materiellen Recht und IZVR, IHR 2013, 108; Eckardt, Das UN-Kaufrecht und die zur Verfügung über die Ware berechtigenden Beförderungsdokumente, TranspR 2019, 491; Freitag, Einzelne Auslandsgeschäfte, in Derleder/Knops/Bamberger (Hrsg.), Deutsches und europäisches Bank- und Kapitalmarktrecht, 3. Aufl. 2017, Bd. 2, § 75; Janssen/Maier, „Kalte Dusche" [Fallprüfung], JA 2005, 597; Kettenberger, LugÜ und CISG – Ein deutsch-schweizerischer Vertragsschluss [Schwerpunktbereichsklausur – IPR], JuS 2012, 146; Koch, „Spielzeug für Down Under" [Fallprüfung], JA 2010, 332; Koller, FOB-Kauf, Konnossement und Empfängerrevers, TranspR 2022, 89; Landbrecht, Die internationale Handelsschiedsgerichtsbarkeit – Zur ersten Orientierung, Ad Legendum 2023, 23; Meyer TransportR, Teil 3; Piltz, Covid-19 bedingte Lieferstörungen, IHR 2020, 133; Piltz, Incoterms® 2020, IWRZ 2020, 157; Piltz, Zur kaufvertraglichen Nebenpflicht des Verkäufers hinsichtlich einer ordnungsgemäßen Verpackung und Verladung, TransportR 2017, 389; Pokrant, INCOTERMS 2020 – Regelungsbereiche, Unterschiede zu INCOTERMS 2010, RdTW 2020, 201; Pünder/Kjellsson, Grundzüge des Außenwirtschaftsrechts, JURA 2016, 894; K. Schmidt HandelsR § 30; Vorpeil, Akkreditive in der Corona-Krise – quo vadis?, RIW 2020, Heft 7, I; Vorpeil, Digitalisierung der Außenhandelsfinanzierung – Neue ICC-Richtlinien zur elektronischen Vorlage von Dokumenten bei Akkreditiven und Inkassi, WM 2019, 1469, 1521; Wallenberg/Paulus, Mit oder ohne Fracht?, JA 2006, 28 [Klausurfall].

III. Zustandekommen von Handelsgeschäften

Zunächst gelten die allgemeinen Vorschriften über das Zustandekommen von Verträgen (§§ 145 ff. BGB). Selbstverständlich setzt auch das Zustandekommen eines Handelsgeschäfts Angebot („Antrag") und Annahme voraus. Gleichfalls gilt hier, dass diese sich deckenden Willenserklärungen ausdrücklich oder konkludent[218] geäußert werden können. Grundsätzlich ist dabei das *Schweigen* auf eine Willenserklärung, zB auf das Angebot, rechtlich bedeutungslos, sofern nicht die Parteien ausdrücklich etwas anderes vereinbart haben oder das Gesetz (wie zB §§ 108 II 2, Hs. 2 und 177 II 2, Hs. 2 BGB) etwas anderes bestimmt.[219] 41

Besondere Bestimmungen gelten zum Beispiel insbesondere für das

1. Schweigen auf ein Angebot zur Geschäftsbesorgung

Hierzu findet sich eine gesetzliche Regelung in § 362 HGB (Abs. 1 lesen!). 42

§ 362 I 1 HGB setzt voraus, dass einem Kaufmann, dessen Gewerbebetrieb die Besorgung von Geschäften für andere mit sich bringt, ein Antrag über die Besorgung *solcher*[220] Geschäfte von jemandem zugeht, mit dem er in **Geschäftsverbindung** steht.

§ 362 I 2 HGB setzt voraus, dass einem Kaufmann ein Antrag über die Besorgung von Geschäften von jemandem zugeht, demgegenüber er sich zur Besorgung solcher Geschäfte **erboten** hat.

218 Vgl. ggf. Wörlen/Metzler-Müller/Balleis BGB AT Rn. 145 f.

219 Brox/Henssler HandelsR Rn. 289.

220 Beschränkt sich die Tätigkeit des Kaufmanns im Rahmen eines Vertragsverhältnisses – wie bei einem Miet- oder Werkvertrag – nur auf den **reinen Austausch** von **Leistungen**, ist der Anwendungsbereich des § 362 I 1 HGB **nicht eröffnet**, BGH NJW 2018, 296 Rn. 24.

In beiden Fällen muss ein Kaufmann auf einen Antrag zu einem Geschäftsbesorgungsvertrag unverzüglich antworten; andernfalls gilt sein *Schweigen als Annahme* des Antrags.

Prüfungsschema Vertragsschluss gem. § 362 HGB:

(1) **Antrag** (§ 145 BGB) durch Kaufmann oder Nichtkaufmann
(2) Gegenüber **Kaufmann** in Bezug auf
 (a) *übliche Geschäfte* seines Gewerbebetriebs bei *bestehender Geschäftsverbindung* (§ 362 I 1 HGB) oder
 (b) vom Kaufmann *erbotene Geschäfte* (zB durch individuellen Werbebrief) (§ 362 I 2 HGB)
(3) **Schweigen:** Keine unverzügliche (s. § 121 I 1 BGB) Antwort (vgl. § 362 I 1 HGB)

2. Kaufmännisches Bestätigungsschreiben

43 Im Handelsverkehr ist es üblich, dass ein Vertragspartner dem anderen mündlich oder fernmündlich (telefonisch) getroffene Vereinbarungen zu Beweiszwecken schriftlich (oder per E-Mail oder Telefax)[221] bestätigt. Gibt die Bestätigung die Vereinbarung richtig wieder, handelt es sich um ein **deklaratorisches Bestätigungsschreiben**. Weicht der Inhalt eines solchen kaufmännischen Bestätigungsschreibens allerdings von den vorherigen mündlichen Vereinbarungen ab, ergeben sich Besonderheiten zum allgemeinen Vertragsrecht: Der Empfänger muss hier unverzüglich widersprechen! Denn andernfalls gilt nach Handelsbrauch der (abweichende) Inhalt des kaufmännischen Bestätigungsschreibens als vereinbart, sofern der Absender nicht unredlich gehandelt hat (**konstitutives Bestätigungsschreiben**). Im Gegensatz zu anderen Handelsbräuchen[222] hat dieser *gewohnheitsrechtlichen Charakter* und ist somit eine gesetzesgleiche Regelung.[223] Das Schweigen auf ein kaufmännisches Bestätigungsschreiben gilt als *Genehmigung*[224] seines Inhalts.

Hat man einen Fall daraufhin zu überprüfen, ob die Grundsätze über das kaufmännische Bestätigungsschreiben Anwendung finden, ergibt sich für den Vertragsschluss (zB durch vollmachtslosen Vertreter) bzw. die Vertragsänderung (bei bereits erfolgtem mündlichen Vertragsschluss mit abweichendem Inhalt) folgendes Prüfungsschema:

44 **Prüfungsschema Vertragsschluss/-änderung durch kaufmännisches Bestätigungsschreiben:**

(1) **Vertragsschluss** zwischen Kaufleuten
(2) Zusammenfassende **„schriftliche“ Bestätigung** des Vertragsinhalts
(3) **Schutzwürdigkeit** des Absenders
(4) **Schweigen** des Empfängers

221 MüKoHGB/K. Schmidt § 346 Rn. 151; Lettl HandelsR § 10 Rn. 55.
222 → **Rn. 7 ff.**
223 Lettl HandelsR § 10 Rn. 39 ff., 45; Jung HandelsR Kap. 9 Rn. 17; vgl. zum Gewohnheitsrecht auch Wörlen/Metzler-Müller/Balleis BGB AT Rn. 5, 8 f.
224 **Anders zB §§ 108 II 2 und 177 II 2 BGB!**

Zu (1): Einem kaufmännischen Bestätigungsschreiben müssen Vertragsverhandlungen vorausgegangen sein, die zumindest aus der Sicht des Bestätigenden zu einem **Vertragsschluss** geführt haben. Es muss also *vermeintlich* bereits ein Vertrag geschlossen worden sein. Die Beteiligten müssen Kaufleute sein oder zumindest *ähnlich* wie Kaufleute am Geschäftsleben teilnehmen, sodass von ihnen kaufmännisches Verhalten erwartet werden kann.[225]

Zu (2): Bei dem eigentlichen kaufmännischen Bestätigungsschreiben handelt es sich um eine zusammenfassende **„schriftliche" Bestätigung** (auch etwa per Brief, E-Mail oder Telefax, letztlich also in *Textform* iSv § 126b BGB[226]) des Vertragsinhalts in *nahem* zeitlichen Zusammenhang mit dem Vertragsschluss.[227]

Zu (3): Der Bestätigende muss **schutzwürdig** sein. Daran fehlt es, wenn er *nicht redlich* handelt und etwa das Vereinbarte bewusst unrichtig wiedergibt.[228] Gleiches gilt, wenn sich der Inhalt des Schreibens so *weit vom Inhalt* der vertraglichen Vereinbarung *entfernt*, dass der Absender mit dem Einverständnis des Empfängers nicht rechnen kann.[229] Auch bei *sich kreuzenden*, inhaltlich nicht übereinstimmenden Bestätigungsschreiben fehlt es an der Schutzwürdigkeit, da die abweichenden Inhalte erkennen lassen, dass die Gegenseite mit dem Bestätigungsschreiben des anderen Teils nicht übereinstimmt.[230] Liegt ein Widerspruch aber nur im Hinblick auf Nebenbestimmungen vor, wie sie regelmäßig in *AGB* enthalten sind, stellt dies den Vertragsschluss nicht insgesamt infrage. An die Stelle der sich widersprechenden AGB treten jedoch gem. § 306 II BGB die gesetzlichen Vorschriften.[231]

Zu (4) Sofern kein unverzüglicher (s. § 121 I 1 BGB) Widerspruch des Empfängers erfolgt, folgt aus seinem **Schweigen,** dass der Inhalt des Schreibens als verbindlich gilt (vgl. § 362 I 1 HGB).[232] Aus Gründen des handelsrechtlichen Vertrauensschutzes wird ein *an sich* wegen nicht vollständiger Willensübereinstimmung ursprünglich *nicht zustande* gekommene **Vertrag** nun **als wirksam behandelt** *oder* ein an sich mit einem *anderen Inhalt* geschlossener Vertrag im Sinne des kaufmännischen Bestätigungsschreibens *abgeändert.*

IV. Besonderheiten beim Erwerb vom Nichtberechtigten

1. Gutgläubiger Eigentumserwerb

■ Frage zur Gedächtnisauffrischung: Welche Regelungen (vier Paragrafen sollten Ihnen einfallen!) sieht das BGB vor, wenn es um den gutgläubigen Eigentumserwerb an beweglichen Sachen geht? 45

▶ Überlegen Sie, bevor Sie Fußnote[233] lesen!

---

225 Brox/Henssler HandelsR Rn. 296a f.; Kindler GK HandelsR § 7 Rn. 19 f.

226 Ausreichend daher auch **WhatsApp-Textnachricht**, nicht aber WhatsApp-Sprachnachricht, Stöber HandelsR Rn. 255.

227 MüKoHGB/K. Schmidt § 346 Rn. 153; BeckOK HGB/Lehmann-Richter § 346 Rn. 52 (Stand: 15.10.2020).

228 Brox/Henssler HandelsR Rn. 300.

229 S. zB BGH NJW 1994, 1288 mwN.

230 Kindler GK HandelsR § 7 Rn. 24; Jung HandelsR Kap. 9 Rn. 19.

231 Brox/Henssler HandelsR Rn. 302.

232 Kindler GK HandelsR § 7 Rn. 23; Brox/Henssler HandelsR Rn. 303.

233 **§§ 932, 933, 934 (935) BGB!** Vgl. dazu Wörlen/Kokemoor/Lohrer SachenR Rn. 114–124.

In den dort genannten Gutglaubensvorschriften des BGB ist bekanntlich der gute Glaube an das *Eigentum* des nichtberechtigt Verfügenden geschützt. Lesen Sie nun nochmals § 366 I HGB!

■ Worin besteht der wesentliche Unterschied dieser Vorschrift bezüglich des guten Glaubens, wenn Sie diese mit § 932 I 1 und II BGB vergleichen? (Erst nachdenken, dann weiterlesen!)

▶ In § 366 I HGB ist im Gegensatz zu § 932 BGB nicht der gute Glaube an das Eigentum (bzw. das Pfandrecht) des Verfügenden, sondern schon der gute Glaube an die *Verfügungsbefugnis* geschützt!

46 Der gutgläubige Eigentumserwerb gem. § 366 I HGB ist unter folgenden Voraussetzungen möglich:

Prüfungsschema gutgläubiger Eigentumserwerb gem. § 366 I HGB:

(1) Veräußerung einer fremden **beweglichen Sache**
(2) Durch einen **Kaufmann**[234]
(3) **Im Betrieb** seines Handelsgewerbes (§§ 343 f. HGB)
(4) **Guter Glaube** des Erwerbers an *Verfügungs*befugnis (§ 932 II BGB)

47 Prüfen Sie, ob diese Voraussetzungen in folgendem Fall[235] erfüllt sind:

Übungsfall 6

Käufer K erwirbt in der Kunsthandlung der Verkäuferin V ein wertvolles Bild, das der E gehört. Das Bild ist durch einen Aufkleber sichtbar mit dem Namen der E als Eigentümerin gekennzeichnet. E hatte das Bild ihrer Freundin F geliehen, die es, weil sie Geld benötigt, der V in Verkaufskommission[236] gegeben hatte.
E klagt gegen K auf Herausgabe des Bildes.

■ Anspruchsgrundlage für das Verlangen der E ist § …? (Setzen Sie die Anspruchsgrundlage selbst ein; suchen Sie im BGB!

▶ … bevor Sie Fußnote[237] lesen!

K ist Besitzer des Bildes. E könnte von ihm gem. § 985 BGB die Herausgabe des Bildes verlangen, wenn sie (E) noch Eigentümerin wäre! Da K wegen des Aufklebers hätte wissen müssen (= grobe Fahrlässigkeit!), dass V das Bild nicht gehörte, kommt ein gutgläubiger Erwerb allein gem. §§ 929 S. 1, 932 I 1 BGB wegen § 932 II nicht in Betracht. K könnte aber das Eigentum unter den Voraussetzungen von § 366 I HGB iVm § 929 S. 1 BGB erworben haben, da es ja durchaus üblich ist, dass Kunsthändler im eigenen Namen fremde Sachen (als Kommissionäre für ihre Kunden) veräußern.

Hinweis: Notieren Sie § 366 HGB neben § 932 II BGB!

234 Für den nicht eingetragenen **Scheinkaufmann** gilt dies **nicht**, da ja nicht der Eigentümer den Rechtsschein veranlasst hat, → **Kap. 3 Rn. 22**.
235 Nach Brox/Henssler HandelsR Rn. 308.
236 → **Rn. 95 ff.**, → **Rn. 100**.
237 **§ 985 BGB!** Falls nicht mehr gewusst, s. Wörlen/Kokemoor/Lohrer SachenR Rn. 68–71.

V veräußerte an K das Bild der E, also eine der V nicht gehörende bewegliche Sache. Als Kunsthändlerin ist V auch Kaufmann (bzw. -frau) iSv § 1 I HGB und nahm die Veräußerung in ihrer Kunsthandlung vor, also im Betrieb ihres Handelsgewerbes. Fraglich erscheint allein, ob K dabei hinsichtlich der Verfügungsbefugnis der V gutgläubig war, da der Sachverhalt dazu keine Aussage trifft. Doch ist auch diese Voraussetzung gegeben, denn der gute Glaube an die *Verfügungsbefugnis*[238] wird vom Gesetz – wie bei § 932 BGB der gute Glaube an das Eigentum – *vermutet*![239]

E hat daher ihr Eigentum an dem Bild an K verloren und kann von diesem folglich nicht die Herausgabe nach § 985 I BGB verlangen!

2. Einschränkung des gutgläubigen Eigentumserwerbs

Im Bürgerlichen Recht findet der gutgläubige Eigentumserwerb nach den §§ 932 ff. BGB eine Einschränkung durch § 935 I BGB für „abhanden gekommene" bewegliche Sachen. Aufgrund des Verweises auf die Vorschriften des BGB in § 366 I HGB gilt diese Einschränkung auch im Handelsrecht. 48

Hinweis: Um diesen Zusammenhang nicht zu übersehen, sollten Sie in Ihrer Gesetzessammlung § 935 I BGB neben § 366 I HGB vermerken!

Besonderheiten ergeben sich für Geld, Inhaberpapiere oder in öffentlicher Versteigerung erworbene Sachen (lesen Sie § 935 II BGB!). Nach § 367 I HGB ist der gute Glaube ausgeschlossen, wenn das abhanden gekommene Inhaberpapier an einen Bankier (= ein Kreditinstitut) veräußert wird und der Verlust des Papiers im Bundesanzeiger bekannt gemacht wurde und seit dem Ablauf des Jahres, in dem die Veröffentlichung erfolgte, nicht mehr als ein Jahr verstrichen ist (§ 367 I HGB sowie die Ausnahmen in II und III lesen!). 49

Hinweis: Notieren Sie in Ihrer Gesetzessammlung § 367 HGB neben § 935 II BGB!

Weitergehende Einzelheiten entnehmen Sie bei Bedarf der nachfolgenden „Literatur zur Vertiefung". Dies gilt in gleichem Maße für die handelsrechtlichen Besonderheiten beim **Pfandrechtserwerb vom Nichtberechtigten**, auf den § 366 HGB ebenfalls (iVm §§ 1207, 932, 935 BGB) Anwendung findet. 50

V. Kontokorrent

Das Kontokorrent ist im HGB in § 355 zwar noch vor den bisher angesprochenen Vorschriften geregelt, wird aber in der Lehrbuchliteratur durchweg erst an dieser oder noch späterer Stelle behandelt. Dies mag unter anderem daran liegen, dass man die in § 355 HGB verwendeten Begriffe besser verstehen kann, wenn man sich in die „all- 51

---

238 Str. ist, ob § 366 I HGB auch auf den guten Glauben an die **Vertretungsmacht** entsprechend anzuwenden ist. Dies ist zu bejahen, da es für den gutgläubigen Erwerber oft nur schwer feststellbar ist, ob sein Verhandlungspartner im eigenen oder im fremden Namen auftritt, Brox/Henssler HandelsR Rn. 313; s. ferner Hopt/Leyens § 366 Rn. 5; MüKoHGB/Welter § 366 Rn. 42; K. Schmidt HandelsR § 23 III 2; aA zB Canaris HandelsR § 27 Rn. 16 f.; Lettl HandelsR § 13 Rn. 11 ff.

239 Brox/Henssler HandelsR Rn. 312.

gemeinen Vorschriften“ des Ersten Abschnitts und die damit verbundenen Rechtsprobleme schon etwas eingelesen hat.

52 Der Begriff „Kontokorrent“ kommt, wie so vieles im Handelsrecht (zB Delkredere, Bilanz, Bankrott uam)[240] aus dem Italienischen: „conto corrente“ = laufendes Konto. Lesen Sie zunächst § 355 I HGB.

Brox/Henssler[241] und andere vergleichen diese Art der Kontenabrechnung mit der Abrechnung beim Skat, wenn um Geld gespielt wurde:

„Anstatt nach jedem einzelnen Spiel zu zahlen, werden die jeweils gewonnenen Beträge auf dem Konto des einzelnen Spielers gutgeschrieben; am Ende des Skatabends werden die Konten ›saldiert‹ und der sich ergebende Betrag gezahlt oder eingezogen. Dadurch wird eine Vielzahl von Geldbewegungen durch eine einzige ersetzt.“

Eine hübsche Erklärung! Begriffen? (Wenn nicht, lernen Sie Skat oder lesen noch etwas weiter …)

53 Das Kontokorrent lässt sich auch – ohne Kartenspiel – wie folgt definieren: Es ist eine, insbesondere bei Banken (Girokonto) stark verbreitete Einrichtung, durch die eine Mehrheit von gegenseitigen Ansprüchen zwischen zwei Parteien durch Verrechnung auf eine Geldschuld zurückgeführt wird. Ein Kontokorrent iSv § 355 (– § 357) HGB setzt also eine Geschäftsverbindung zwischen zwei Personen (bzw. Parteien) voraus, von denen *mindestens eine Kaufmann* sein muss. Darüber hinaus muss vereinbart sein, dass die gegenseitigen Geldansprüche verrechnet werden und in bestimmten Perioden, mindestens einmal jährlich (§ 355 II HGB), so abgerechnet werden, dass ein Saldo festgestellt wird. (Auf Ihrem Girokonto – die Bank ist „Kaufmann“ – dauert diese Periode nicht etwa bis zur nächsten Umsatzverbuchung oder von Kontoauszug zu Kontoauszug, sondern regelmäßig ein Vierteljahr bis zur Erteilung des nächsten „Rechnungsabschlusses“ bzw. der nächsten „Saldenmitteilung“.[242])

54 Wir wollen nicht zu sehr ins Detail gehen und halten für das Kontokorrent folgende rechtlichen Voraussetzungen fest:

Prüfungsschema Kontokorrent iSv § 355 I HGB:

(1) Geschäftsverbindung mit einem **Kaufmann**
(2) **Beiderseitige Ansprüche** und Leistungen nebst Zinsen
(3) Vorliegen einer **Verrechnungsabrede**

55 **Zu (1):** Ist keiner der Beteiligten **Kaufmann**, spricht man vom „uneigentlichen“ Kontokorrent, sofern die Voraussetzungen (2) und (3) erfüllt sind. In diesem Fall muss aus der Verrechnungsabrede (Kontokorrentabrede) entnommen werden, ob und inwieweit die §§ 355–357 HGB anwendbar sein sollen.

Eine auf Dauer angelegte **Geschäftsverbindung** besteht zB auch, wenn ein Kunde ständig bei demselben „Verkäufer“ einkauft und „anschreiben“ lässt (zB die Studentin im „Späti“ um die Ecke oder der Stammkunde im Coffee-Shop).

---

240 → **Kap. 6 Rn. 55** mit Fn. 161, → **Kap. 9 Rn. 8**.
241 Brox/Henssler HandelsR Rn. 336a.
242 Lettl HandelsR § 11 Rn. 30.

Zu (2) und (3): Auch in den zuletzt genannten Fällen entstehen **beiderseitige Forderungen**, die die eine Partei (Späti- bzw. Coffee-Shop-Inhaber) sofort erfüllt und für die sie von Zeit zu Zeit eine Gesamtrechnung ausstellt, in der die Einzelbeträge zu einer Gesamtsumme addiert sind. Die einzelnen Rechnungsposten bleiben in diesem Fall selbstständig bestehen und können vom Gläubiger jederzeit isoliert geltend gemacht (Gast steht beim Wirt schon erheblich „in der Kreide“, weshalb dieser weitere Getränke nur noch gegen Barzahlung abgibt) bzw. vom Schuldner jederzeit getilgt werden (vgl. §§ 366, 367 BGB). Im Unterschied zum „Kontokorrent“ liegt hier eine *„offene Rechnung“* vor. Es **fehlt** an einer entsprechenden **Kontokorrentabrede.**

Rechtsfolgen: Sind die Voraussetzungen für ein Kontokorrent erfüllt, so hat das die Wirkung, dass der Gläubiger über die einzelnen Forderungen nicht mehr selbstständig verfügen kann. Die Forderungen können somit weder einzeln abgetreten oder verpfändet[243] noch getilgt werden (wohl aber der Saldo!). Sie werden „laufend“ verrechnet!

VI. Kaufmännisches Zurückbehaltungsrecht

1. Regelung nach § 273 BGB

Das kaufmännische Zurückbehaltungsrecht, dem im Handelsrecht besondere Praxisrelevanz zukommt, baut auf der Regelung des bürgerlich-rechtlichen Zurückbehaltungsrechts des § 273 BGB[244] auf. Lesen Sie daher zunächst § 273 I BGB. Daraus folgt: Jeder Schuldner hat ein solches Zurückbehaltungsrecht wegen *Leistungen aller Art,* an allen Sachen und sonstigen Rechten, wenn sein Anspruch gegen seinen Gläubiger *fällig* ist. Es muss sich um dasselbe rechtliche Verhältnis handeln (sog. **Konnexität** der Ansprüche). Das Zurückbehaltungsrecht iSv § 273 BGB wirkt also als ein reines Leistungsverweigerungsrecht (§ 273 I BGB nochmals lesen!). 56

2. Regelung nach §§ 369 ff. HGB

Die §§ 369–372 HGB enthalten demgegenüber *Besonderheiten* (lesen Sie § 369 I 1 HGB und sehen Sie sich parallel dazu das nachfolgende Prüfungsschema an): 57

Prüfungsschema kaufmännisches Zurückbehaltungsrecht (ZBR) § 369 I HGB:

(1) **Fällige** (Geld-)**Forderung** (Konnexität unerheblich)
(2) Aus **beiderseitigem** Handelsgeschäft
(3) Rechtsfolge: ZBR an **beweglichen Sachen** oder Wertpapieren des Schuldners im Besitz des Gläubigers

- Grundsätzlich ist die *Fälligkeit* einer Forderung erforderlich.
- Sie muss aus einem *beiderseitigen Handelsgeschäft* zwischen Gläubiger und Schuldner stammen, dh die Beteiligten müssen *Kaufleute* sein.

243 So explizit für das Verhältnis zu Dritten BGH NJW-RR 2017, 366 Rn. 15.
244 Vgl. auch **§§ 320 und 1000 BGB.**

- **Konnexität** der Rechtsbeziehung ist **nicht erforderlich**, dh das kaufmännische Zurückbehaltungsrecht kann auch aus verschiedenen Rechtsbeziehungen, die zwischen beteiligten Kaufleuten bestehen, geltend gemacht werden.
- § 369 I HGB erstreckt das Zurückbehaltungsrecht **nur** auf **bewegliche Sachen** und Wertpapiere des Schuldners, die sich aufgrund eines Handelsgeschäfts im Besitz des Gläubigers befinden.
- Die *Wirkung* des kaufmännischen Zurückbehaltungsrechts ist *umfassend*: *Neben dem Leistungsverweigerungsrecht* hat der Kaufmann an dem zurückbehaltenen Gegenstand **auch ein Verwertungsrecht** bzw. „Befriedigungsrecht" gem. § 371 HGB (zur Information § 371 I 1 HGB lesen).

Abgesehen von der Beschränkung auf bewegliche Sachen ist das kaufmännische Zurückbehaltungsrecht iSd §§ 369 ff. HGB also großzügiger als das in § 273 BGB geregelte Zurückbehaltungsrecht[245] und dient so der Erleichterung des kaufmännischen Rechtsverkehrs.

Lernzielkontrolle: Verdeutlichen Sie sich Voraussetzungen und Rechtsfolgen nun nochmals anhand von Übersicht 38!

Übersicht 38

58

Kaufmännisches Zurückbehaltungsrecht (§§ 369–372 HGB)
Voraussetzungen: • Beiderseitiges Handelsgeschäft • Fälligkeit der Forderungen grundsätzlich erforderlich • Konnexität nicht erforderlich (Zurückbehaltungsrecht gilt auch für andere Rechtsbeziehungen dieser Kaufleute) • An beweglichen Sachen und Wertpapieren des Schuldners im Besitz des Gläubigers
Rechtsfolgen: • Leistungsverweigerungs- und Verwertungsrecht • Befriedigungsrecht → § 371 HGB

VII. Weitere „allgemeine" Sondervorschriften für Handelsgeschäfte

1. Kaufmännische Sorgfaltspflicht

59 Gemäß § 347 I HGB hat ein Kaufmann, der ein Handelsgeschäft iSv § 343 I HGB vornimmt, für die Sorgfalt eines „ordentlichen Kaufmanns" einzustehen.

§ 347 I HGB ist also eine *Haftungsvorschrift*.

■ Überlegen Sie, mit welcher Haftungsvorschrift des BGB § 347 I HGB korrespondiert bzw. von welcher Haftungsvorschrift sein Inhalt möglicherweise abweicht!

▶ Für die Haftung des Kaufmanns gilt selbstverständlich auch § 276 I 1 BGB!

---

245 Vgl. dazu aber Brox/Henssler HandelsR Rn. 321, mit Hinweis auf den weiten Begriff „desselben rechtlichen Verhältnisses" iSd § 273 BGB!

Danach hat jeder Schuldner Vorsatz und Fahrlässigkeit zu vertreten, wenn eine strengere oder mildere Haftung weder bestimmt noch aus dem sonstigen Inhalt des Schuldverhältnisses zu entnehmen ist. Fahrlässig handelt, wer die im Verkehr erforderliche Sorgfalt außer Acht lässt (§ 276 II BGB). Je nachdem, in welchem Berufskreis ein Schuldner rechtsgeschäftlich tätig wird, ist die „erforderliche Sorgfalt" nach objektiven Maßstäben anders zu bewerten. Somit kommt man bei der Beurteilung, ob ein *Kaufmann* fahrlässig gehandelt hat, schon über § 276 I 1 BGB dazu, für sein Handeln die Beachtung der *Sorgfalt eines ordentlichen Kaufmanns* zu verlangen. Mithin hat § **347 I HGB nur** eine **klarstellende Funktion**[246], ist also nicht eine Vorschrift iSv § 276 I 1 BGB, die eine strengere oder mildere Haftung bestimmt. Konsequenterweise sollen dem Kaufmann dann gem. § 347 II HGB auch die Haftungs*erleichterungen* des bürgerlichen Rechts (zB §§ 277, 300 I, 521, 690 BGB – lesen!) zugutekommen.

Hinweis: Schreiben Sie die §§ 277, 300 I, 521, 690 BGB an den Gesetzestext des § 347 II HGB!

2. Grundsatz der Entgeltlichkeit der Leistung

a) Vergütung

Nach bürgerlichem Recht wird eine Vergütung für eine vertragliche Leistung grundsätzlich nur aufgrund einer Vereinbarung gezahlt. 60

- Überlegen Sie, in welchen Vorschriften des BGB das insbesondere bestimmt ist?
- ▶ Antwort: vgl. Fußnote[247].

Wird ein *Kaufmann* in Ausübung seines Handelsgewerbes für einen anderen tätig, so kann er eine *Vergütung* auch **ohne Vereinbarung** („Verabredung") verlangen (§ 354 I HGB – lesen!) – „weil ein Kaufmann nichts umsonst tut und das allgemein bekannt ist".[248]

b) Zinsen

Gemäß § 354 II HGB kann ein Kaufmann für Darlehen, Vorschüsse, Auslagen und andere Verwendungen vom Tage der Leistung an Zinsen berechnen. Im Unterschied zu § 354 I HGB, bei dem es sich um eine bloße Auslegungsregel handelt, enthält **§ 354 II HGB** eine echte **Anspruchsgrundlage**.[249] 61

Außerdem können Kaufleute gem. **§ 353 S. 1 HGB** bei beiderseitigen Handelsgeschäften[250] unter der Voraussetzung, dass eine *Forderung fällig* ist, Zinsen fordern („Fälligkeitszinsen").

---

246 S. zB Jung HandelsR Kap. 9 Rn. 23.

247 **ZB §§ 611 I, 611a II, 631 I Hs. 2, 652 BGB.**

248 Diese hübsche Formulierung in Anlehnung an RGZ 122, 232 geht zurück auf Brox (Handelsrecht und Wertpapierrecht Rn. 369; bis zur 18. Aufl. 2005); vgl. auch Steding WR 1993, 248: „Altruismus ist Kaufleuten grundsätzlich fremd. Mehr als für andere gilt für sie der Grundsatz ‚*Pecunia non olet*'" (lat.: „Geld stinkt nicht")!

249 Lettl HandelsR § 11 Rn. 6.

250 **Nicht** aber bei Geldschulden aus **unerlaubter Handlung**, selbst wenn sie im Zusammenhang mit einem beiderseitigen Handelsgeschäft entstanden sind, BGH NJW 2018, 2197.

■ Zur Erinnerung: Welche Vorschrift des BGB regelt grundsätzlich die Zinspflicht des Schuldners? Welcher Zinssatz ist dort vorgesehen, „sofern nicht ein anderes bestimmt ist"?

▶ Wenn Sie sofort an § 288 BGB gedacht haben, war das eine gute Idee! Wenn Sie die Vorschrift lesen (!), merken Sie, dass dort aber nur *Verzugs*zinsen angesprochen sind.

Das ist also nicht die Vorschrift, die den – allgemeinen – „gesetzlichen Zinssatz" bestimmt. Der gesetzliche Zinssatz ist in **§ 246 BGB** geregelt. Danach sind für eine Schuld, wenn das Gesetz oder ein Rechtsgeschäft (insbesondere Vertrag) ihre Verzinsung vorsieht, 4% Zinsen zu entrichten, sofern nicht – wie in § 288 BGB – „ein anderes bestimmt ist".

Nach § 288 I 2 BGB liegt der *Verzugs*zins abweichend von § 246 BGB regelmäßig 5% *über dem Basiszinssatz* (vgl. § 247 BGB und dazu die Fußnote in Ihrem Gesetzestext: Der Basiszinssatz[251] kann sich halbjährlich ändern und liegt seit dem 1.7.2024 bei 3,37%), beträgt also derzeit 8,37%. Ist ein Verbraucher nicht beteiligt, liegt der Verzugszins sogar *9% über dem Basiszinssatz*, also bei 12,37%, und es fällt zusätzlich eine Pauschale in Höhe von 40 EUR gem. § 288 V BGB an. Zu § 288 BGB enthält das HGB keine Sondervorschrift!

■ Stimmt das, wenn Sie **§ 352 HGB** lesen?

▶ Ja: § 352 HGB erhöht für beiderseitige Handelsgeschäfte, also für Kaufleute, den „gesetzlichen Zinssatz" des § 246 BGB von 4% auf **5%** „mit Ausnahme der Verzugszinsen". Befindet sich also ein Kaufmann bei einem solchen Geschäft in Verzug, muss er gem. § 288 II BGB 9% Zinsen über dem Basiszinssatz zahlen.

Hinweis: Notieren Sie in Ihrer Gesetzessammlung § 352 HGB neben § 246 BGB!

Oben (→ Kap. 2 Rn. 8–11) haben Sie erfahren, dass für Kaufleute im HGB teilweise strengere oder weniger strenge Vorschriften gelten als für Nichtkaufleute im BGB. Und Sie haben auch die Gründe dafür erfahren (gegebenenfalls oben nachlesen!).

§ 352 HGB ist für den Kaufmann, der Schuldner ist, strenger (5% statt 4% Zinsen – ohne Verzug). Zugleich ist diese Vorschrift für den Kaufmann als Gläubiger, der „kassiert", günstiger.

Kaufleute untereinander („beiderseitiges Handelsgeschäft") sollen Forderungen im Interesse der raschen Abwicklung des Handelsverkehrs (mit dem sie beide besser vertraut sind als die nur dem BGB unterworfenen „Normalbürger" mit dem dort geregelten Rechtsverkehr) höher verzinsen und verzinst bekommen, und zwar schon ab Fälligkeit der Forderung, nicht erst, nachdem sie in Verzug gesetzt wurden. Sie „wissen Bescheid" und müssen nicht mehr gewarnt werden.

251 Abrufbar im Internet zB unter „www.basiszinssatz.info" sowie unter „www.bundesbank.de/de/bundesbank/organisation/agb-und-regelungen/basiszinssatz-607820" (zuletzt aufgerufen am 1.7.2024).

3. Vertragsgemäße Leistung

a) Leistungszeit

§ 271 BGB (lesen!) findet handelsrechtliche Ergänzungen in den **§§ 358, 359 HGB** (lesen!): Die Leistung kann im Zweifel nicht „sofort“, sondern nur während der *gewöhnlichen* Geschäftszeit bewirkt und gefordert werden (§ 358 HGB); § 359 HGB klärt (?) die handelsrechtliche Bedeutung der Begriffe „Frühjahr“, „Herbst“[252] sowie „acht Tage“. 62

Hinweis: Notieren Sie die §§ 358, 359 HGB neben § 271 BGB!

b) Leistungsqualität

Nach bürgerlichem Recht unterscheiden wir Stück- und Gattungsschuld[253], wovon 63
letztere bezogen auf Sachen mittlerer Art und Güte im Gesetz verständlich umschrieben wird (lesen Sie zur Wiederholung § 243 I BGB!).

Für *Kaufleute* gilt darüber hinaus[254] **§ 360 HGB**: Danach ist *Handelsgut* mittlerer Art und Güte zu leisten. Das kann gegenüber § 243 I BGB einen höheren, aber auch einen geringeren Qualitätsstandard bedeuten.[255]

Hinweis: § 360 HGB sollten Sie neben § 243 I BGB vermerken!

c) Vertragsstrafe

Vertragsparteien können grundsätzlich vereinbaren, dass der Schuldner im Fall einer 64
Pflichtverletzung einen bestimmten Geldbetrag als Vertragsstrafe zu zahlen hat (§ 339 BGB). Erscheint die vereinbarte Strafe dem Schuldner im Nachhinein unverhältnismäßig hoch, kann sie auf seinen Antrag vom Gericht auf einen angemessenen Betrag herabgesetzt werden. Dies bestimmt § 343 I 1 BGB, der damit den Schutz des unerfahrenen Vertragspartners bezweckt. Dieses Schutzes bedarf ein Kaufmann nicht, da er, wie bereits mehrfach angedeutet, als in Geschäftsangelegenheiten erfahren gilt. Daher ist gem. **§ 348 HGB** unter den Voraussetzungen, dass der Versprechende *Kaufmann* ist und die Vertragsstrafe *im Betrieb* seines Handelsgeschäfts vereinbart worden ist, eine Herabsetzung gem. § 343 BGB[256] nicht möglich!

Hinweis: Notieren Sie in Ihrer Gesetzessammlung § 348 HGB neben § 343 BGB!

4. Besonderheiten bei Bürgschaft, Schuldversprechen und Schuldanerkenntnis

Wie bereits eingangs[257] erwähnt, kennt das BGB eine Reihe von Formvorschrif- 65
ten[258], die die an dem jeweiligen Rechtsgeschäft Beteiligten vor übereilten Ent-

252 *Für Sommer und Winter gelten also keine handelsrechtlichen Besonderheiten? Doch! Es sind „in ähnlicher Weise bestimmte Zeitpunkte“.*
253 S. dazu Wörlen/Metzler-Müller/Balleis SchuldR AT Rn. 160 ff.
254 Zur Erinnerung: vgl. **Art. 2 I EGHGB**.
255 Jung HandelsR Kap. 9 Rn. 41.
256 Wohl aber gem. **§§ 134, 138, 242, 313, 315 BGB!**, s. Lettl HandelsR § 10 Rn. 66.
257 → **Kap. 2 Rn. 11**.
258 Guter Überblick bei Wörlen/Metzler-Müller/Balleis BGB AT Rn. 291 ff., 298 ff.

schlüssen schützen sollen. Da Kaufleute aufgrund ihres geschäftlichen „Know-hows“ diesen Schutz nicht benötigen, sieht das HGB zur Erleichterung des handelsrechtlichen Rechtsverkehrs bei einigen dieser Rechtsgeschäfte von Formerfordernissen ab.

So finden gem. **§ 350 HGB** die §§ 766 S. 1 und 2, 780, 781 S. 1 und 2 BGB, die für eine Bürgschaftserklärung, ein Schuldversprechen oder ein Schuldanerkenntnis die Einhaltung der Schriftform (§ 126 I BGB) verlangen, keine Anwendung, sofern ein *Kaufmann* diese Rechtsgeschäfte als *Handelsgeschäfte* vornimmt. Eine Bank zB kann also eine Bürgschaftserklärung mündlich wirksam abgeben. Andererseits steht ihr unter den gleichen Voraussetzungen gem. **§ 349 HGB** auch *keine Einrede der Vorausklage* (vgl. §§ 771, 773 BGB; davon § 771 BGB lesen) zu.

Hinweis: Vermerken Sie § 350 HGB neben die §§ 766, 780 und 781 BGB. Notieren Sie sodann § 349 HGB neben die §§ 771, 773 BGB sowie die §§ 771, 773 BGB neben § 349 HGB!

Lernzielkontrolle: Einige der wichtigsten Sonderregelungen des HGB, die für Kaufleute Abweichungen vom BGB enthalten, finden Sie auf der folgenden Übersicht 39. Prüfen Sie, ob Sie erklären können, worin die Unterschiede bei Handelsgeschäften gegenüber nur dem BGB unterliegenden Geschäften bestehen.

Literatur zur Vertiefung (→ Rn. 1–65): Brox/Henssler HandelsR §§ 14–18; Canaris HandelsR §§ 20–28; Deckenbrock/Özman/Sossna, Grundfälle zur Rügeobliegenheit beim Handelskauf, JuS 2022, 619; Drechsler/Happ, Rügepflicht und Zinsanspruch, JURA 2020, 357; Flößer/Hoche, „Kein Gold in Eldorado“ (Examensklausur Handelsrecht), JURA 2022, 1325; Fischinger HandelsR § 7; Haag/Erdl Fälle HandelsR/GesR Fälle 5 und 6; v. Hayn-Habermann, Voraussetzungen des kaufmännischen Bestätigungsschreibens, NJW-Spezial 2011, 300; Jung HandelsR Kap. 9; F. Kopp, Der Anspruch des Bürgen auf ‚Rückgabe der Bürgschaft', JR 2022, 213; Kumpan/Pauschinger, Exquisite Eismaschinen (Klausurfall zum kaufmännischen Bestätigungsschreiben), JA 2017, 423; Lettl HandelsR §§ 10 f.; Lettl, Das kaufmännische Bestätigungsschreiben, JuS 2008, 849; Lettl, Die Wirksamkeit der Abtretung einer Geldforderung trotz wirksamen Abtretungsverbots nach § 354a HGB, JA 2010, 109; Leyens/Hubert, Die Vermutung für das Handelsgeschäft – Der Anwendungsbereich von § 344 HGB, JuS 2023, 193; Lieder, Referendarexamensklausur Handels- und Gesellschaftsrecht und Bürgerliches Recht, JuS 2014, 1009; Looschelders, Beweislastprobleme beim Kauf eines Gebrauchtwagens durch einen Kaufmann, NJW 2022, 659; Macathy, Die Grundprinzipien des Rechts der Kaufleute, JuS 2022, 301; Petersen, Der gute Glaube an die Verfügungsmacht im Handelsrecht, JURA 2004, 247; Petersen, Rechtsgeschäftliches Abtretungsverbot im Handelsrecht, JURA 2005, 680; Petersen, Schweigen im Rechtsverkehr, JURA 2003, 687; Pfeiffer, Die laufende Rechnung (Kontokorrent), JA 2006, 105; Oetker HandelsR § 7; K. Richter, Erteilung der Prokura und gutgläubiger Erwerb (Semesterabschlussklausur), JuS 2007, 647; Schärtl, Das kaufmännische Bestätigungsschreiben, JA 2007, 567; Staudinger, Neues aus Karlsruhe: In dubio pro Verbrauchsgüterkaufrecht, jM 2022, 232; Steinbeck, Grundlagen des Handelsrechts und examensspezifische Problemkonstellation, Ad Legendum 2013, 298; Weyer, Handelsgeschäfte (§§ 343 ff. HGB) und Unternehmergeschäfte (§ 14 BGB), WM 2005, 490.

Übersicht 39

Einige wichtige Sonderregelungen des HGB für Handelsgeschäfte im Vergleich zum BGB 66

BGB	HGB
§ 343: Herabsetzung von **Vertragsstrafen**	§ 348: **Keine Herabsetzung** von Vertragsstrafen gem. § 343 BGB
Schriftform (§ 126 I) bei: § 766: **Bürgschaft**serklärung § 780: **Schuldversprechen** § 781: **Schuldanerkenntnis**	} § 350: **Formfreiheit**, wenn Handelsgeschäft
§ 771: als Bürge **Einrede der Vorausklage**	§ 349: **Keine** Einrede d. Vorausklage als Bürge
§ 246: **Gesetzlicher Zinssatz 4%** § 288: Verzugszinsen I, II 5% bzw. 9% über dem Basiszinssatz (gilt auch für Kaufleute)	§§ 352, 353: **5% Zinsen** nach Fälligkeit
§ 399: **Ausschluss der Abtretung**	§ 354a I: Ausschluss **unwirksam** (gilt nicht bei Bankkrediten, § 354a II!)
§§ 145 ff.: **Schweigen** auf Angebot = **keine Annahme**	§ 362: **Schweigen** gilt **als Annahme**, falls nicht unverzügliche Ablehnung erfolgt (Schweigen auf **kaufmännisches Bestätigungsschreiben** gilt dementsprechend als Annahme bzw. Genehmigung einer Vertragsänderung)
§ 273: **Zurückbehaltungsrecht** • **jeder** Schuldner • wegen Leistungen **aller Art** • unmittelbar **aus** dem **betreffenden Vertrag** • an **allen** Sachen und Rechten • **Leistungsverweigerungsrecht**	§ 369: **Kaufmännisches** Zurückbehaltungsrecht: • Kaufmann bei **beiderseitigem** Handelsgeschäft • nur **wegen Geldforderungen** • **aus jedem Rechtsgeschäft** mit demselben Gläubiger • nur an **Wertpapieren** und **beweglichen Sachen** • Leistungsverweigerungs- **und Verwertungsrecht**
§§ 372 ff.: Bei **Annahmeverzug** des Gläubigers • **Hinterlegungsbefugnis** bei **Geld** und **Wertpapieren** unter engen Voraussetzungen	§ 373: Bei Annahmeverzug des Käufers • Hinterlegungsbefugnis; gegebenenfalls **Selbsthilfeverkauf jeder Ware**
§§ 437 ff., 438 I Nr. 3: Käufer kann **Mängelrüge** bei beweglichen Sachen bis **zwei Jahre** nach Lieferung geltend machen	§ 377: Bei **beiderseitigem** Handelskauf Untersuchungsobliegenheit und **unverzügliche Rügeobliegenheit**; andernfalls Annahme ohne Gewährleistungsrechte nach §§ 437 ff. BGB[259]

259 Mehr dazu → **Rn. 79 ff.**

B. Besondere Handelsgeschäfte

I. Handelskauf

67 Der „Handelskauf" ist das am häufigsten getätigte Handelsgeschäft, für das die §§ 373–381 HGB Sondervorschriften zu den allgemeinen Regelungen des BGB (und zu den „allgemeinen Vorschriften" der §§ 343–372 HGB) enthalten. Sinn dieser Sondervorschriften ist es einmal mehr, die besonderen Erfahrungen der Kaufleute im Geschäftsverkehr zu berücksichtigen und zu ermöglichen, die Rechtsbeziehungen unter Kaufleuten möglichst rasch zu klären und zügig abzuwickeln.[260]

Eine Legaldefinition des Handelskaufs werden Sie in den genannten Sondervorschriften nicht finden. Dennoch sollten Sie sich zunächst die Zeit nehmen, die §§ 373–381 HGB einmal im Zusammenhang durchzulesen.

Grundlage des Handelskaufs ist ein **Kaufvertrag** iSv § 433 BGB, der für wenigstens einen Vertragspartner ein **Handelsgeschäft** gem. § 343 I HGB ist, an dem also mindestens ein *Kaufmann* beteiligt sein muss (s. Prüfungsschema → Rn. 2).

- ■ Wenn Sie dies nun wissen und (nochmals) die §§ 373 I und 381 I HGB lesen, sollten Sie in der Lage sein, auch den Gegenstand eines Handelskaufs und damit alle wesentlichen Merkmale des Handelskaufs selbst aufzuschreiben. Versuchen Sie das, bevor Sie weiterlesen!
- ▶ Aus den genannten HGB-Vorschriften ergibt sich, dass Gegenstand des Handelskaufs **Waren oder Wertpapiere** sein können.

68 Aus diesen wesentlichen Merkmalen des Handelskaufs ergibt sich folgendes Prüfungsschema:

Prüfungsschema Handelskauf iSv §§ 373 ff. HGB:

(1) **Kaufvertrag** gem. § 433 BGB[261]
(2) über **Waren** oder **Wertpapiere** (vgl. §§ 373 I, 381 I HGB)
(3) **Handelsgeschäft** (§ 343 I HGB) für mindestens eine Partei:
  (a) Beteiligung eines *Kaufmanns*, für den
  (b) Vertragsabschluss zum Betrieb des Handelsgewerbes gehört (*„Betriebszugehörigkeit"*)

69 **Waren** im Sinne des HGB sind übrigens **bewegliche Sachen** (vgl. § 241a I 1 BGB), sodass die Sondervorschriften für den Handelskauf nicht auf Grundstückskaufverträge anwendbar sind. Auch Rechte und Forderungen, die nicht in Wertpapieren verbrieft sind, sind nicht Gegenstand eines Handelskaufs!

Außer den *§§ 377 und 379 HGB*, deren Anwendung ausdrücklich ein *beiderseitiges Handelsgeschäft* voraussetzt, gelten alle anderen Sondervorschriften in diesem Zwei-

260 Vgl. Weber Rechtswörterbuch/Groh „Handelskauf".
261 Findet gem. § 381 II HGB auch auf den **Werklieferungsvertrag** (§ 650 BGB) Anwendung, BGH NJW 2016, 2645 Rn. 19 (Herstellung und Lieferung von Walzenzapfen).

ten Abschnitt des Vierten Buchs des HGB auch für *einseitige* Handelskäufe (vgl. nochmals § 345 HGB!).

1. Annahmeverzug des Käufers

§ 373 HGB (lesen!) enthält zur Stärkung der Stellung des Verkäufers besondere *Rechtsfolgen*, die die bürgerlich-rechtlichen Regelungen des Annahmeverzugs ergänzen. Gemäß § 374 HGB gelten die Vorschriften des BGB über den Annahmeverzug gleichermaßen auch für Kaufleute. 70

Die *Voraussetzungen* für den Annahmeverzug (Gläubigerverzug) sind daher nach dem BGB zu überprüfen.

- Gedächtnistraining: Welche Vorschriften sind für den Annahmeverzug nach dem BGB einschlägig?
- Die Antwort finden Sie unter Fußnote[262].

Übersicht 40

71

Die **besonderen Rechtsfolgen** des Annahmeverzugs

beim Handelskauf sind nach

§ 373 HGB

folgende:

- Weitergehendes **Hinterlegungsrecht**,
- weitergehendes **Selbsthilfeverkaufsrecht**,
- **Wahlrecht** zwischen Hinterlegung und Selbsthilfeverkauf.

Während die §§ 372 ff. BGB[263] die *hinterlegungsfähigen Gegenstände* eng begrenzen und eine öffentliche Stelle, idR das Amtsgericht, als Hinterlegungsstelle vorsehen, kann nach § 373 I HGB *jede Ware an jedem sicheren Ort*, wie zB einem öffentlichen Lagerhaus hinterlegt werden. 72

Der *Selbsthilfeverkauf* gem. § 373 II 1 HGB, der grundsätzlich nach *vorheriger Androhung* (falls die Ware nicht verderblich ist, § 373 II 2 HGB) möglich ist, erstreckt sich – im Gegensatz zum BGB, das nur den Selbsthilfeverkauf von nicht hinterlegungsfähigen Sachen zulässt – auf *alle Waren und Wertpapiere*. Der Selbsthilfeverkauf kann gem. § 373 II 1 HGB durch einen öffentlich ermächtigten Handelsmakler oder durch öffentliche Versteigerung erfolgen. 73

262 **§§ 293–304 BGB!** Falls nicht (mehr) gewusst, vgl. Wörlen/Metzler-Müller/Balleis SchuldR AT Rn. 243 ff.

263 IVm den Hinterlegungsgesetzen der Länder, s. zB § 6 HessHintG; Art. 9 BayHintG.

2. Bestimmungskauf

74 Ein Bestimmungskauf (auch: Spezifikationskauf) liegt gem. § 375 I HGB vor, wenn dem Käufer einer beweglichen Sache die nähere Bestimmung über Form, Maß oder ähnliche Verhältnisse des Kaufgegenstands vorbehalten ist. In diesem Fall bedeutet diese Befugnis des Käufers zugleich eine Verpflichtung (§ 375 I HGB lesen!).

Beispiel: Autovertragshändlerin A bestellt beim Hersteller H zehn Fahrzeuge der Baureihe X, wobei sie sich die Bestimmung der Farben noch vorbehält.

75 Kommt der Käufer mit dieser „**Spezifikationspflicht**" in Verzug, kann der *Verkäufer* zwischen folgenden *Rechtsfolgen wählen* (lesen Sie § 375 II HGB):

- **Selbstspezifikation**
  (§ 375 II 1 Hs. 1 HGB)
  oder
- nach angemessener **Fristsetzung zur Nacherfüllung**
  - **Schadensersatz statt der Leistung** gem. §§ 280 I und III, 281 BGB
    oder
  - **Rücktritt vom Vertrag** nach § 323 BGB (§ 375 II 1 Hs. 2 HGB)

  oder
- **Hinterlegung** (§ 373 I HGB)
  oder
- **Selbsthilfeverkauf** (§ 373 II HGB).

Verlangt der Verkäufer nicht Schadensersatz statt der Leistung gem. §§ 280 I und III, 281 BGB, kann er neben einem der anderen geltend gemachten Rechte Ersatz des eventuellen Verzögerungsschadens gem. §§ 280 I und II, 286 BGB verlangen.[264]

■ „Denksportaufgabe": Überlegen Sie, warum die Verletzung der Spezifikationspflicht durch Verzug des Käufers auch Rechtsfolgen des § 373 HGB nach sich ziehen kann!

▶ Wenn der Käufer den Kaufgegenstand nicht rechtzeitig näher bestimmt hat, kann er ihn auch nicht rechtzeitig annehmen. Er befindet sich somit als *Schuldner der Spezifikationspflicht* nicht nur in Schuldnerverzug, sondern zugleich als *Gläubiger* der Leistungspflicht des Verkäufers aus dem Warenkauf hinsichtlich der Annahme der gekauften Ware in Annahmeverzug (vgl. § 295 S. 2 BGB)!

3. Fixhandelskauf

76 Ein Fixhandelskauf liegt vor, wenn bei einem Handelskauf eine sog. *Fixklausel* iSv § 376 I HGB iVm § 323 II Nr. 2 BGB (nicht vergessen: Vorschriften lesen!) des Inhalts vereinbart wurde, dass die *Leistung* zumindest des einen Vertragspartners genau *zu einer fest bestimmten Zeit* oder *innerhalb einer fest bestimmten Frist* erbracht werden soll. Zweck von § 376 HGB ist es, bei Ausbleiben der Leistung zum vereinbarten Zeitpunkt eine rasche Abwicklung des Vertrags zu ermöglichen.

Nicht ausreichend ist die Bestimmung eines nur kalendermäßigen Fälligkeitstermins, sondern es müssen Zusätze wie zB „genau", „präzise", „fix" vereinbart werden, die verdeutlichen, dass der Vertrag mit der Einhaltung der Leistungszeit „stehen und fallen" soll.[265]

264 Dazu Wörlen/Metzler-Müller/Balleis SchuldR AT Rn. 200 ff., 215 f.
265 BGHZ 110, 88 (96) = NJW 1990, 2065; OLG Düsseldorf BauR 2011, 1002.

Beispiel:[266] „Die Lieferung soll binnen einer Woche fix nach Abruf durch den Käufer erfolgen."

Der Fixhandelskauf ist ein Sonderfall des sog. *relativen* (= vereinbarten!) bzw. *eigentlichen Fixgeschäfts* nach § 323 II Nr. 2 BGB, das vom gesetzlich nicht geregelten *absoluten* (uneigentlichen) *Fixgeschäft* zu unterscheiden ist:

Beim **absoluten Fixgeschäft** kann die Leistung ohne besondere Vereinbarung bereits aufgrund ihrer spezifischen Eigenart nur zu einem bestimmten („fixen") Zeitpunkt erbracht werden, ist also nicht nachholbar, sondern wird bei Nichteinhaltung des Termins *unmöglich.* 77

Beispiel: Brautstrauß zur Hochzeitsfeier, Bestellung einer Taxifahrt zum Abflug eines Flugzeugs.

Beim **relativen Fixgeschäft** dagegen bleibt die Leistung nachholbar.

Vom schuldrechtlichen relativen Fixgeschäft unterscheidet sich der Fixhandelskauf in seinen *Voraussetzungen* nur dadurch, dass Letzterer für einen Vertragspartner ein Handelsgeschäft iSv § 343 I HGB ist.

Übersicht 41

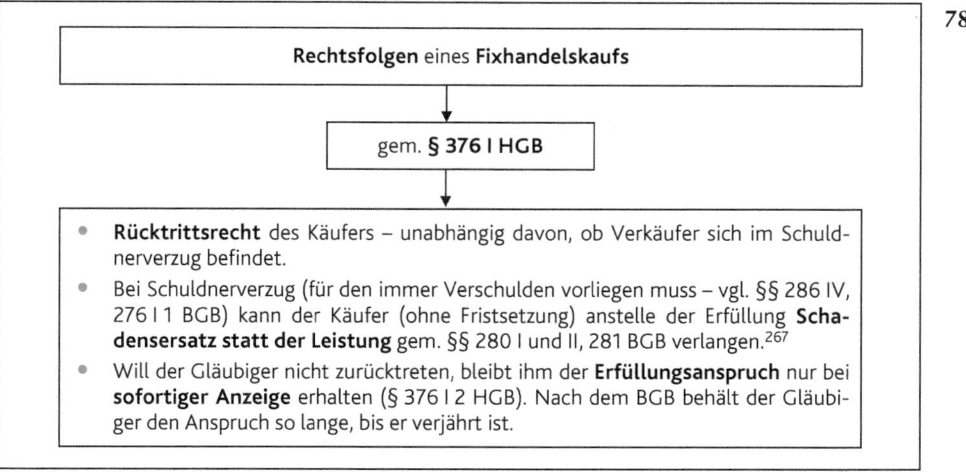 78

Für den Fall, dass Schadensersatz wegen Nichterfüllung verlangt wird, enthält § 376 HGB in den Absätzen 2 und 3 besondere Regelungen zur Schadensberechnung.

4. Sonderregelungen für die Mängelhaftung

Ist der Handelskauf *für beide Seiten* ein *Handelsgeschäft*, sieht § 377 HGB (zitierte Vorschriften lesen!) besondere Untersuchungs- und Rügeobliegenheiten des Käufers vor, falls die Ware zwar pünktlich, aber nicht ordnungsgemäß geliefert wird. Dies ist entweder der Fall, wenn die Ware mit einem *Qualitätsmangel* (Schlechtlieferung, § 434 I, II BGB) oder mit einem *Quantitätsmangel* (Mengenfehler, § 434 III, 2. Var. BGB) behaftet ist oder eine andere Ware als die bestellte geliefert wird („*Aliud*" = *Falschlieferung*, § 434 III, 1. Var. BGB). 79

266 Brox/Henssler HandelsR Rn. 395.

267 Entgegen § 281 I 1 BGB **ohne Nachfristsetzung**, da ein „fixer" Termin bestimmt wurde, § 281 II BGB!

Prüfungsschema Ausschluss von Mängelansprüchen (§ 437 BGB) gem. § 377 HGB:[268]

(1) **Beiderseitiger Handelskauf**[269]
(2) **Ablieferung** der Waren durch Verkäufer
(3) **Sachmangel** iSv § 434 BGB
(4) **Keine Arglist** des Verkäufers (§ 377 V HGB)
(5) **Keine** ordnungsgemäße **Rüge** (§ 377 II–IV HGB)

§ 377 HGB dient der raschen Geschäftsabwicklung im Handelsverkehr und soll vor allem den Verkäufer davor schützen, erst längere Zeit nach der Lieferung der Sache dann nur noch schwer feststellbaren Gewährleistungsansprüchen ausgesetzt zu sein.[270]

Hinweis: Die Untersuchungs- und Rügeobliegenheit[271] iSd § 377 HGB spielt in der Praxis eine große Rolle und ist in besonderem Maße klausurrelevant!

Voraussetzungen und Inhalt der Untersuchungs- und Rügeobliegenheit wollen wir anhand eines Falls genauer betrachten. Dessen Lösung wird zur Übung gutachtenähnlich dargestellt.

a) Untersuchungs- und Rügeobliegenheit bei Qualitätsmängeln

80 **Übungsfall 7:**[272] **Kartoffeln mit Hering**

Privatperson P bestellt beim Lebensmittelhändler K fünf Zentner Kartoffeln der Sorte „Hansa", die sie einkellern will. K, der selbst kein Lager hat, kauft die Kartoffeln bei der Großhändlerin V, die die Kartoffeln unmittelbar zu P bringen soll.
Außerdem bestellt K bei V 500 Dosen eingelegte Heringe, die in seinen Laden geliefert werden. Als K drei Wochen später von P Bezahlung der Kartoffeln verlangt, erklärt P dem K, die Kartoffeln könnte er zurücknehmen, da sie offenbar uralt sowie größtenteils verschimmelt oder angefault seien.
Als dem K von einem anderen Kunden am selben Tag (= nach drei Wochen) eine Dose Heringe zurückgebracht wird, weil sich diesen ungenießbare andere Lebewesen hinzugesellt hatten, öffnet K weitere Dosen. Dabei muss er feststellen, dass alle anderen Dosen ebenfalls verdorben sind. K zeigt daraufhin der V diese Mängel sofort an und setzt der V eine Frist zur Nacherfüllung (Nachlieferung mangelfreier Ware). V meint, dass sie das nach drei Wochen nichts mehr „angehe".
Kann K nach Ablauf der Nachfrist von den mit V geschlossenen Verträgen zurücktreten?

(A) Rücktrittsrecht hinsichtlich der Kartoffeln:

81 Ein Rücktrittsrecht des K könnte sich aus § 437 Nr. 2, 1. Var. iVm § 434 I 2 Nr. 2 und § 323 I BGB ergeben.

268 Innerhalb des allgemeinen Schemas „1. **Anspruch entstanden**, 2. Anspruch nicht untergegangen, 3. Anspruch durchsetzbar" befinden wir uns hier auf der 2. Stufe. Sind Sie also zu 1. zu dem Ergebnis gelangt, dass dem Käufer **Mängelansprüche nach § 437 BGB** zustehen (zB ein Anspruch auf Nachlieferung), prüfen Sie nun auf Stufe 2, ob der Anspruch eventuell untergegangen ist!

269 Kaufvertrag gem. § 433 BGB, der für **beide Seiten** ein Handelsgeschäft iSv § 343 I HGB (s. Prüfungsschema → **Rn. 2**) darstellt.

270 BGH NJW 2016, 2645 Rn. 21 mwN.

271 **Obliegenheit = Mitwirkungspflicht ohne eigentlichen Schuldcharakter**, bei deren Nichtbeachtung Rechtsnachteile drohen, vgl. Weber Rechtswörterbuch/Schmidt „Obliegenheit".

272 In Anlehnung an Alpmann und Schmidt/Braasch HandelsR, 19. Aufl. 2022, Fall 15.

(I) (1) Dies setzt zunächst einen wirksamen Kaufvertrag iSv § 433 BGB voraus, der zwischen V und K geschlossen wurde, was nach dem Sachverhalt der Fall ist.

(2) Die Kartoffeln müssten zum Zeitpunkt des Gefahrübergangs (§§ 434 I 1, 446 BGB) mangelhaft gewesen sein.

Gemäß § 360 HGB schuldete V Kartoffeln „mittlerer Art und Güte", wozu angefaulte Kartoffeln nicht gehören. Somit liegt ein Sachmangel iSv § 434 I 2 Nr. 2 BGB vor, da die gelieferten Kartoffeln für die gewöhnliche Verwendung ungeeignet sind und eine Beschaffenheit, die bei Kartoffeln der gleichen Art üblich ist, nicht aufweisen.

(3) Dieser Mangel lag auch schon bei der von K gewünschten Übergabe an P, also bei Gefahrübergang auf K (§ 446 BGB), vor.

(4) Somit kann K grundsätzlich unter den Voraussetzungen von § 323 I BGB vom Vertrag zurücktreten. Da

(a) der Kaufvertrag ein gegenseitiger Vertrag ist,

(b) V ihre fällige Leistung nicht vertragsgemäß erbracht hat und

(c) K ihr erfolglos eine angemessene Frist zur Nacherfüllung gesetzt hat,

sind diese Voraussetzungen erfüllt.

(II) (1) Dieser Anspruch könnte jedoch nach § 377 II HGB untergegangen sein. Der 82
Kaufvertrag[273] zwischen V und K hat bewegliche Sachen, also *„Waren"*[274] zum Gegenstand und stellt ein *beiderseitiges Handelsgeschäft* dar, da beide Kaufleute iSv § 1 HGB sind und sie jeweils den Vertrag im Rahmen ihrer Handelsgewerbe (vgl. § 343 I HGB) geschlossen haben. Es liegt somit ein **beiderseitiger Handelskauf** vor.

Bei beiderseitigen Handelskäufen ist grundsätzlich § 377 HGB zu beachten (lesen Sie davon nochmals I!).

(2) Gemäß § 377 I HGB muss die Ware durch den Verkäufer abgeliefert sein. **Abliefe-** 83
rung bedeutet, dass der Käufer oder eine von ihm benannte Person in eine solche tatsächliche räumliche Beziehung zu der Ware kommt, dass er deren Beschaffenheit überprüfen kann.[275]

In unserem Fall ist diese Voraussetzung erfüllt, da die Übergabe von V an die von K benannte P stattgefunden hat.

(3) Die Ware muss gem. § 377 I HGB weiterhin einen Mangel haben. Da besondere Regelungen dazu im HGB fehlen, ist hier auf einen **Sachmangel**[276] iSv § 434 BGB abzustellen.

Da die Kartoffeln einen Qualitätsmangel aufweisen, ist auch diese Voraussetzung in Form eines Sachmangels iSv § 434 I 2 Nr. 2 BGB (→ Rn. 81) gegeben.

---

273 § 377 HGB gilt über § 381 II HGB auch für den **Werklieferungsvertrag** (§ 650 BGB), s. BGH NJW 2016, 2645 Rn. 19 (Herstellung und Lieferung von Walzzapfen).

274 **§ 377 HGB ist anwendbar auf „Waren" und Wertpapiere** (vgl. § 381 I HGB), s. Prüfungsschema Handelskauf bei → **Rn. 68 f.**

275 Brox/Henssler HandelsR Rn. 400.

276 **Rechtsmängel** fallen hingegen nicht unter § 377 HGB, da sie bei der von § 377 HGB geforderten Überprüfung der Ware im Normalfall nicht zu erkennen sind, s. Brox/Henssler HandelsR Rn. 398a; Bitter/Linardatos HandelsR § 7 Rn. 78; str.

84 (4) Rechtsfolge ist nach § 377 I HGB eine unverzügliche *Untersuchungs-* und *Rügeobliegenheit.* Dies gilt jedoch nur, sofern die Verkäuferin V den Mangel nicht arglistig verschwiegen hat (§ 377 V HGB – **keine Arglist** des Verkäufers), wofür hier keine Anhaltspunkte ersichtlich sind.

Nach § 377 I HGB hat der Käufer einerseits die Ware unverzüglich nach der Ablieferung durch den Verkäufer zu untersuchen (*Untersuchungsobliegenheit*) und andererseits festgestellte Mängel unverzüglich zu rügen *(Rügeobliegenheit).* In unserem Fall ist K bereits seiner Untersuchungsobliegenheit nicht nachgekommen, denn er hat die Kartoffeln nach der Ablieferung gar nicht untersucht, sondern wurde erst nach drei Wochen von P über die mangelhaften Kartoffeln informiert. Dies ist jedoch für sich genommen unerheblich, denn Rechtsfolgen knüpft das Gesetz (§ 377 II, III HGB) allein an die Verletzung der Rügeobliegenheit.[277]

85 (5) Erst wenn **keine ordnungsgemäße Rüge** durch den Käufer erfolgt, „gilt die Ware als genehmigt" (§ 377 II, III HGB), wodurch Mängelansprüche ausgeschlossen werden. Die *Rügeobliegenheit* des Käufers ist *verletzt*, wenn die (formlose) Rüge inhaltlich nicht als Mängelanzeige erkennbar ist oder wenn sie *nicht rechtzeitig* erfolgt. Die Rechtzeitigkeit hängt davon ab, ob es sich um einen offenen oder verdeckten Mangel handelt.

Übersicht 42

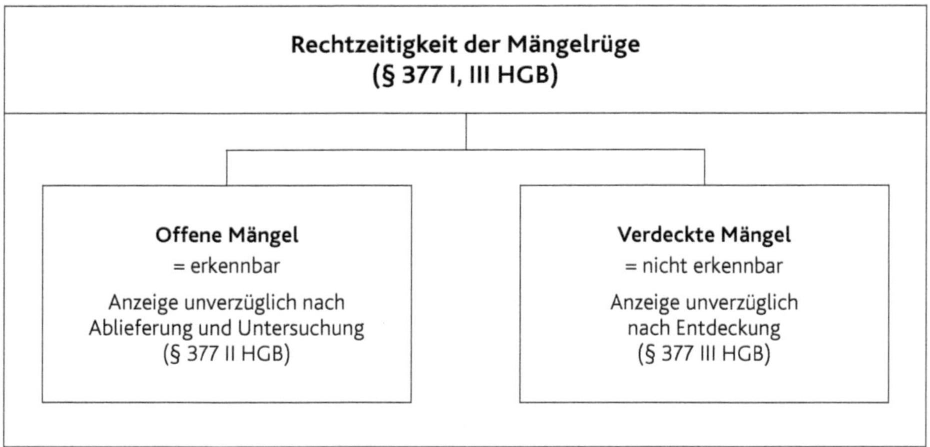

Bei Unterlassen der unverzüglichen Rüge eines **offenen Mangels** gilt die Ware gem. § 377 II HGB als „genehmigt", wodurch der Mangel *geheilt* wird. **Verdeckte Mängel**, die bei ordnungsgemäßer Untersuchung *nicht erkennbar* waren (s. § 377 II aE HGB), sind unverzüglich nach ihrer Entdeckung anzuzeigen (§ 377 III HGB).

Hinweis: In der Regel beträgt die Frist für eine unverzügliche[278] Rüge nur ein bis zwei Tage; bei schnell verderblicher Ware wie Obst, Gemüse oder Blumen kann sich die Rügefrist auf wenige Stunden verkürzen![279]

277 Allerdings kann bei *Verletzung der Untersuchungsobliegenheit* idR auch *keine rechtzeitige Rüge* erfolgen, Stöber HandelsR Rn. 345. Zur Frage der **hinreichenden Bestimmtheit** einer Mängelrüge s. Toepfer, jurisPR-HaGesR 6/2024, Anm. 1

278 **§ 121 I 1 BGB = „ohne schuldhaftes Zögern"**.

In unserem Fall wäre der Mangel bei ordnungsgemäßer Untersuchung nach der Ablieferung erkennbar gewesen. Es lag daher ein **offener Mangel** vor. Diesen hätte K der V „unverzüglich", also „ohne schuldhaftes Zögern" (§ 121 I 1 BGB), anzeigen müssen. K wandte sich jedoch nicht am Liefertag, sondern erst drei Wochen nach Ablieferung an V. Dass die Verspätung durch P verursacht wurde, ändert nichts daran, dass die Anzeige nicht unverzüglich erfolgte. K hätte als ordentlicher Kaufmann, der seine Pflicht aus § 377 HGB kennen muss, unmittelbar nach der Lieferung bei P nachfragen können und müssen. Das Risiko der fehlenden Rechtzeitigkeit hat der Käufer zu tragen, unabhängig davon, ob sein Kunde Kaufmann ist oder nicht. Wegen Verletzung der Rügeobliegenheit durch K greift daher § 377 II HGB ein: Die Ware gilt als genehmigt, der Mangel ist geheilt. V hat den Vertrag hinsichtlich der Kartoffeln erfüllt, und K hat insoweit kein Rücktrittsrecht (oder andere Gewährleistungsrechte) mehr. **86**

(B) Wegen der verdorbenen Heringe könnte sich aber ein **Rücktrittsrecht** des K aus § 437 Nr. 2, 1. Var. iVm § 434 I 2 Nr. 2 und § 323 I BGB ergeben. **87**

Hier gilt das Gleiche wie soeben unter (A) (I) ausgeführt (→ Rn. 81–86).

Voraussetzungen dafür sind somit – [zur *Wiederholung* im „Zeitraffer"]:

(I) (1) Kaufvertrag zwischen K und V – liegt über 500 Dosen eingelegte Heringe nach dem Sachverhalt vor, da V die „Bestellung" des K, also dessen Angebot, spätestens mit der Lieferung konkludent angenommen hat.
(2) Heringe müssen mangelhaft iSv § 434 I BGB gewesen sein. Da die Heringe verdorben sind, entsprechen sie nicht einem Handelsgut von mittlerer Art und Güte nach § 360 HGB. Somit sind sie mangelhaft iSd § 434 I 2 Nr. 2 BGB.
(3) Ob der Mangel bereits bei Gefahrübergang (§ 446 BGB) vorlag, ist nicht mehr feststellbar und wird zu Lasten des Verkäufers (hier der V) unterstellt.
(4) Also ist der Rücktritt des K grundsätzlich unter den Voraussetzungen von § 323 I BGB möglich.

(II) (1) Da mit dem Kaufvertrag für *beide Seiten* ein Handelsgeschäft (§ 343 I HGB) vorliegt, handelt es sich um einen **beiderseitigen Handelskauf**. Auch hier gilt wieder § 377 I HGB, weshalb der Rücktrittsanspruch untergegangen sein könnte.
(2) **Ablieferung** von V an K ist erfolgt.
(3) Ein **Sachmangel** der Kaufsache iSv § 434 I BGB liegt vor.
(4) Rechtsfolge: Untersuchungs- und Rügeobliegenheit des Käufers nach § 377 I HGB, da **keine Arglist** bei V (§ 377 V HGB) ersichtlich ist.
(5) Mängelansprüche des K wären somit gem. § 377 HGB ausgeschlossen, wenn **keine** ordnungsgemäße **Rüge** vorläge.

■ Überlegen Sie, ob K sich auf § 377 III Hs. 1 HGB berufen kann, da er unverzüglich nach Entdeckung des Mangels gerügt hat? (Lesen Sie nochmals § 377 I–III HGB und überlegen Sie mit der Sorgfalt eines „ordentlichen Studenten"/einer „ordentlichen Studentin"!) **88**

▶ § 377 III Hs. 1 HGB betrifft nur *verdeckte* Mängel. Dies sind solche, die bei der Untersuchung nach § 377 I HGB *nicht erkennbar* waren (s. § 377 II aE HGB).

279 Stöber HandelsR Rn. 350.

Gemäß § 377 I HGB muss der Käufer die Ware „unverzüglich nach der Ablieferung" durch den Verkäufer untersuchen, „soweit dies nach ordnungsmäßigem Geschäftsgang tunlich ist".

Ist für bestimmte Bereiche des Handelsverkehrs eine besondere Art der Untersuchung üblich und besteht damit insoweit ein Handelsbrauch (§ 346 HGB), kann dies die Art und den Umfang der Untersuchungsobliegenheit beeinflussen.[280] Sie muss aber nicht von derartigem Umfang und solcher Intensität sein, dass sie nach Art einer „Rundum-Untersuchung" alle irgendwie in Betracht kommenden Mängel der Ware erfasst.[281] Kaufleute unterliegen jedenfalls der kaufmännischen Sorgfaltspflicht iSv § 347 I HGB. Zu dieser gehört es, dass jedenfalls bei größeren Mengen (zB in Dosen) *verschlossener* Ware *Stichproben* (durch Öffnung) sinnvoll auf die Gesamtmenge verteilt vorgenommen werden.[282]

■ Was hätte K also wann tun müssen? Denken Sie nach, bevor Sie weiterlesen!

▶ K hätte unverzüglich nach der Ablieferung der Dosen mindestens eine Stichprobe nehmen müssen.

■ Was folgt daraus für unseren Fall? Lesen Sie noch einmal § 377 II HGB!

▶ Es kommt darauf an, ob der Mangel bei dieser ordnungsgemäßen Untersuchung erkennbar gewesen wäre oder nicht. Da alle Dosen verdorben waren, wäre der Mangel bei einer Stichprobenentnahme sofort bemerkt worden. Es handelte sich also um einen *offenen Mangel*, der unverzüglich nach einer Stichprobenentnahme bei Ablieferung hätte gerügt werden müssen. Da K diese Mängelanzeige aber seinerzeit unterlassen hat, gilt die Ware als genehmigt (§ 377 II HGB) und der Mangel ist damit geheilt.

K hat somit auch in diesem Fall kein Rücktrittsrecht.

b) Untersuchungs- und Rügeobliegenheit bei Falschlieferung und Quantitätsmängeln

89 Da § 434 V BGB die Falschlieferung einem Sachmangel gleichstellt, gilt § 377 HGB auch für diese Mängel. Es kommt nicht mehr (wie noch bis 2002) darauf an, ob der Verkäufer die Genehmigung des Käufers als ausgeschlossen betrachten musste oder ob die Falschlieferung als *nicht genehmigungsfähig* anzusehen war. Selbst bei erheblichen Abweichungen ist daher die Falschlieferung ausschließlich als Mangel zu behandeln![283]

Falschlieferungen oder Mengenabweichungen sind in verschiedenen Formen möglich.

90 Nehmen Sie an, in Fall 10 hätte V fünf Zentner „Melica"-Kartoffeln statt „Hansa"-Kartoffeln geliefert. Die einen sind kleiner und „mehlig" kochend, die anderen sind größer und bissfester.

---

280 BGH NJW 2018, 1957, Rn. 23.

281 BGH NJW 2018, 1957, Rn. 26.

282 Welche Untersuchungen vorzunehmen sind, richtet sich nach der objektiven Sachlage und der allgemeinen Verkehrsanschauung in Betrieben vergleichbarer Art, s. BGH NJW 2016, 2645 Rn. 20 ff. mit weiteren Details. 5–6 Stichproben bei 2.400 Pilzkonservendosen wurden vom BGH als ausreichend angesehen, s. BGH WM 1977, 821 (822); zahlreiche weitere Beispiele bei MüKoHGB/Grunewald § 377 Rn. 48 ff. mwN.

283 Brox/Henssler HandelsR Rn. 417; Jung HandelsR Kap. 10 Rn. 10.

■ Wie würden Sie diese offenbar mangelhafte Lieferung klassifizieren?

▶ Es läge eine **Falschlieferung**, ein sog. *„Aliud“*[284] (=„andere Sache“ iSv § 434 III BGB) vor. Auch dann gilt § 377 HGB!

Selbst wenn V schließlich statt der bestellten „Erd“-Äpfel „Elstar“-Äpfel lieferte, gilt § 377 HGB (... sofern sie dabei nicht „arglistig“ iSv § 377 V HGB handelt)[285]! 91

Liefert V statt der bestellten fünf Zentner „Hansa“ zB nur vier Zentner, liegt eine Mengenabweichung (= **Quantitätsmangel**, Mengenfehler) vor. Wiederum greift § 377 HGB.

Nur durch eine *rechtzeitige Rüge* könnte K also seine Rechte wahren! Versäumt er dies, muss er den vollen Kaufpreis zahlen!

■ „Wie würden Sie entscheiden“, wenn V dem K nicht weniger, sondern *mehr* Kartoffeln als bestellt geliefert hätte (sechs Zentner statt fünf), oder aber statt der geschuldeten Kartoffeln aus konventionellem Anbau höherwertige Bioqualität? 92

▶ Schwierige Frage – oder? Nicht nur für Sie! Unter Juristinnen und Juristen herrscht hier keine Einigkeit.[286] Da § 377 HGB den Verkäufer so stellen will, wie er bei mangelfreier Lieferung stünde, nicht aber besser als vertraglich vereinbart, muss K in beiden Fällen nicht mehr bezahlen! Anders wäre es nur, wenn die Parteien den Kaufvertrag (gegebenenfalls konkludent) abänderten.[287]

§ 377 HGB will – wie gesagt – den Verkäufer, nicht den Käufer schützen. Da weder der zuviel gelieferte Zentner noch die Bioqualität geschuldet war und sich durch § 377 HGB auch keine Änderung zu Ungunsten der Verkäuferin ergibt, kann sie jedenfalls die zuviel gelieferte Menge nach Bereicherungsrecht (§ 812 I 1, 1. Var. BGB) zurückfordern. Grundsätzlich gilt dies auch für die Bio-Kartoffeln; dann müsste V allerdings stattdessen die geschuldeten[288] konventionell erzeugten Kartoffeln liefern. 93

Lernzielkontrolle: Die Voraussetzungen und Rechtsfolgen von § 377 HGB verdeutlicht die folgende Übersicht (43), mit der Sie prüfen können, ob Sie das Wichtigste zum Handelskauf bereits verinnerlicht haben.

284 Lat. = „ein Anderes“.
285 Vgl. dazu Jung HandelsR Kap. 10 Rn. 10; Hopt/Leyens § 377 Rn. 16.
286 S. dazu zB Jung HandelsR Kap. 10 Rn. 17; MüKoBGB/Westermann § 434 Rn. 47 f.
287 Brox/Henssler HandelsR Rn. 417 f.; Jung HandelsR Kap. 10 Rn. 17.
288 Vgl. Lettl HandelsR § 12 Rn. 90; Brox/Henssler HandelsR Rn. 417 f.

Übersicht 43

94

<table>
<tr><th colspan="3">Kaufmännische Untersuchungs- und Rügeobliegenheit nach § 377 HGB</th></tr>
<tr><th colspan="3">Voraussetzungen § 377 I HGB</th></tr>
<tr><td colspan="3">• Beiderseitiger Handelskauf
– Kaufvertrag iSv § 433 BGB (oder Werklieferungsvertrag, § 650 BGB iVm § 381 II HGB)
– über Waren (oder Wertpapiere, s. § 381 I HGB)
– Handelsgeschäft (§ 343 I HGB), beiderseitig
• Ablieferung der Waren durch Verkäufer
• Sachmangel iSv § 434 BGB:
– Qualitätsmangel
– Mengenfehler oder Falschlieferung: Gleichstellung nach § 434 III BGB
• Kein arglistiges Verschweigen durch Verkäufer (§ 377 V HGB)</td></tr>
<tr><th>Qualitätsmangel</th><th>Falschlieferung</th><th>Mengenfehler</th></tr>
<tr><th colspan="3">Rechtsfolgen bei ordnungsmäßiger Rüge</th></tr>
<tr><td>• Mängelansprüche gem. §§ 437 ff. BGB</td><td>• Mängelansprüche gem. §§ 437 ff. BGB</td><td>• Zuweniglieferung: §§ 437 ff. BGB, insbesondere Nachlieferung des Rests gem. §§ 437 Nr. 1, 439 BGB.
• Mehrlieferung: kein Mangel, aber Rückforderungsanspruch des Verkäufers (§ 812 I 1 1. Var. BGB)</td></tr>
<tr><th colspan="3">Rechtsfolgen bei nicht ordnungsgemäßer Rüge</th></tr>
<tr><td>• Ware gilt gem. § 377 II HGB als „genehmigt“ (= mängelfrei)
→ voller Kaufpreis</td><td>• minderwertiges Aliud: gilt gem. § 377 HGB als „genehmigt“ (= mängelfrei)
→ voller Kaufpreis

• höherwertiges Aliud: nicht geschuldet
→ Rückforderung gem. § 812 I 1, 1. Var. BGB gegen Nachlieferung möglich</td><td>• Zuweniglieferung: Warenmenge gilt gem. § 377 HGB als „genehmigt“ (= mängelfrei)
→ voller Kaufpreis

• Mehrlieferung: kein Mangel, aber Rückforderungsanspruch des Verkäufers (§ 812 I 1 1. Var. BGB)</td></tr>
</table>

Literatur zur Vertiefung (→ Rn. 67–94): Bredemeyer, Der Anwendungsbereich von § 377 HGB im Folge- und Begleitschadensbereich, JA 2009, 161; Brox/Henssler HandelsR §§ 19, 20; Canaris HandelsR § 29; Drechsler/Happ, Rügepflicht und Zinsanspruch, JURA 2020, 357; Fischinger HandelsR § 7 D; Funk/Mack, Handkäs mit Musik oder Klassiker des Handelsrechts in neuem Gewand (Schwerpunktbereichsklausur Handelsrecht), JURA 2018, 916; Haag/Erdl Fälle HandelsR/GesR Fälle 7 und 8; Hellgardt/Schwarzfischer, Das Catering-Chaos (Fortgeschrittenenklausur Handels- und Gesellschaftsrecht), JuS 2020, 334; Jung HandelsR Kap. 10; Mittwoch, Die richtige Technik (Referendarexamensklausur Handels- und Gesellschaftsrecht), JuS 2017, 591; Laumann, Streckengeschäft unter Kaufleuten – Die durcheinandergeratene Salpetersäure (Assessorexamensklausur – Zivilrecht), JuS 2011, 923; Lettl, Die Untersuchungs- und Rügepflicht des Käufers nach § 377 HGB, JURA 2006, 721; Lieder/Hohmann, Falschlieferung und Quantitätsabweichung beim Handelskauf nach § 377 HGB, JURA 2017, 1136; Muthorst, Der aufrechnende Kommissionskäufer (Examensübungsklausur), JURA 2013, 179; Oetker HandelsR § 8; Petersen, Anforderungen an die Untersuchungs- und Rügeobliegenheit des Käufers beim Handelsgeschäft, JURA 2016, 949; Petersen, Die kaufmännische Rügeobliegenheit, JURA 2012, 796; Prütting/Weller HandelsR § 31; Steinbeck, Grundlagen des Handelsrechts und examensspezifische Problemkonstellation, Ad Legendum 2013, 298; Toepfer, Bestimmtheit der Mängelrüge nach § 377 HGB (BGB 23.4.2024 – VIII ZR 35/23, jurisPR-HaGesR 6/2024, Anm. 1.

II. Kommissionsgeschäft

1. Begriff des Kommissionärs

Bei der Abwicklung ihrer Handelsgeschäfte nehmen Kaufleute bekanntlich[289] häufig Dienste von Hilfspersonen in Anspruch. **95**

- Erinnern Sie sich noch, in welche beiden großen Gruppen sich diese Hilfspersonen einteilen lassen und können Sie Beispiele aus den beiden Gruppen nennen? Denken Sie nach, bevor Sie weiterlesen!
- Die Hilfspersonen der Kaufleute lassen sich in unselbstständige sowie selbstständige Hilfspersonen unterteilen. Zu den *unselbstständigen* Hilfspersonen sind Prokuristen (§§ 48, 49 HGB), Handlungsbevollmächtigte (§ 54 HGB) und Ladenangestellte (§ 56 HGB) zu rechnen. *Selbstständige* Hilfspersonen der Kaufleute sind Handelsvertreter (§§ 84 ff. HGB) und Handelsmakler (§§ 93 ff. HGB) sowie Kommissionäre (§§ 383 ff. HGB), Frachtführer (§§ 407 ff. HGB), Spediteure (§§ 453 ff. HGB) und Lagerhalter (§§ 467 ff. HGB).

Während Handelsvertreter und Handelsmakler in fremdem Namen tätig werden, handeln die vier Letztgenannten *in eigenem Namen.* **96**

Ein Kommissionär (wie auch ein Spediteur) handelt dabei jedoch „für Rechnung eines anderen" (vgl. § 383 I HGB – lesen!). Im Einzelnen lassen sich dieser Vorschrift folgende Merkmale des Kommissionärs bzw. des Kommissionsgeschäfts entnehmen:

Prüfungsschema Kommissionsgeschäft gem. § 383 HGB: 97

(1) **Gewerbs**mäßiger
(2) **An-** oder **Verkauf** von Waren oder Wertpapieren
(3) Im **eigenen** Namen
(4) Für **Rechnung** eines **anderen**

Die begrenzende Wirkung der Merkmale (1) und (2) darf nicht überbewertet werden: Die Vorschriften der §§ 383 ff. HGB gelten gem. § 406 I 2 HGB gleichermaßen für nur *gelegentliche* Kommissionsgeschäfte, nach § 406 I 1, II HGB auch für *andere* als Waren- und Wertpapiergeschäfte und über § 383 II HGB auch für *Kleingewerbetreibende*, die auf eine Eintragung ins Handelsregister nach § 2 HGB verzichtet haben (alle Vorschriften lesen!). Wir werden gleich darauf zurückkommen (→ Rn. 100 f.).

Hinweis: Notieren Sie in Ihrem Gesetzestext § 406 HGB neben § 383 I HGB!

Von besonderer rechtlicher Bedeutung sind die Merkmale (3) und (4), das Handeln für fremde Rechnung und das *Handeln im eigenen Namen.* Letzteres unterscheidet den Kommissionär vom Stellvertreter iSd § 164 I 1 BGB, der erkennbar und unmittelbar für einen anderen in dessen Namen, also in fremdem Namen handelt. Beim Kommissionsgeschäft liegt dagegen *mittelbare Stellvertretung* vor. Berechtigter und

289 → **Kap. 6 Rn. 1 ff.**

Verpflichteter aus dem Rechtsgeschäft, das der Kommissionär als mittelbarer Stellvertreter (seines Auftraggebers) mit dem Dritten abschließt, ist allein der Kommissionär.

2. Rechtsstellung des Kommissionärs

98 Der Kommissionär iSd § 383 HGB steht in einem doppelten Rechtsverhältnis: Mit seinem Auftraggeber, dem *Kommittenten*, verbinden ihn der *Kommissionsvertrag* sowie später das *Abwicklungsgeschäft*. Dem *Dritten* gegenüber ist er aus dem *Ausführungsgeschäft* zur Abwicklung verpflichtet.

Verdeutlichen wir uns die Rechtsstellung des Kommissionärs an der folgenden

Abbildung 8

99

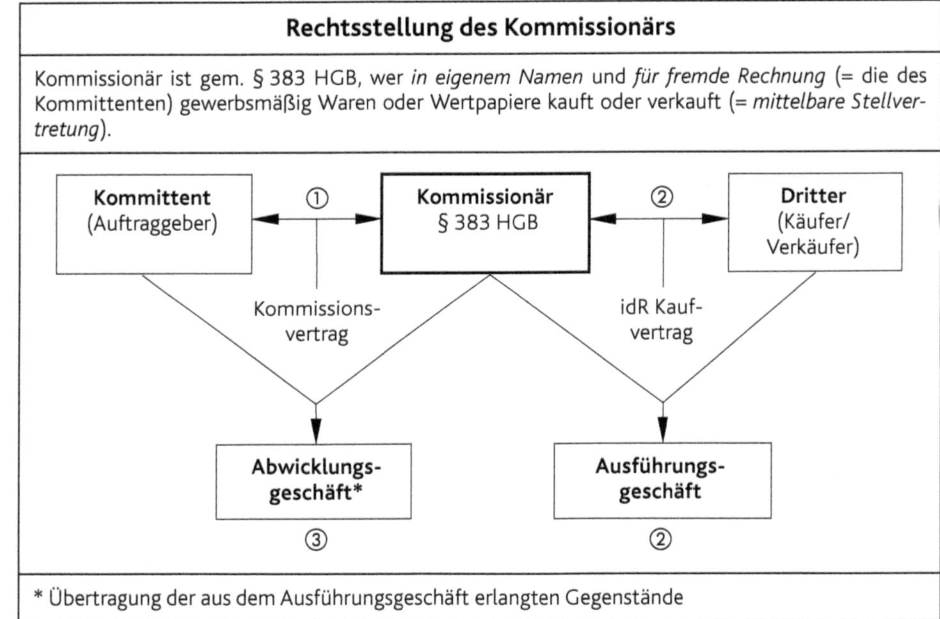

Bevor wir uns näher mit dem Kommissionsvertrag und dem Ausführungsgeschäft befassen, kurz einiges über die

3. Wirtschaftliche Bedeutung des Kommissionsgeschäfts

100 Im modernen Warenverkehr hat das Kommissionsgeschäft zunehmend an Bedeutung verloren, da vornehmlich Handelsvertreter und Vertragshändler als Absatzmittler[290] auftreten.

Kommissionsgeschäfte kommen heute noch überwiegend in folgenden Bereichen des Wirtschaftslebens vor: Im Kunst- und Antiquitätenhandel, im Gebrauchtwagenhandel, bei Internetportalen für die Besorgung von Eintrittskarten und schließlich und vor allem als sog. *Effektenkommission* im Wertpapiergeschäft, dh beim An- und Ver-

290 → **Kap. 6 Rn. 43–57** und → **Kap. 6 Rn. 66–69**.

kauf von an der Börse zugelassenen Wertpapieren. Hier treten regelmäßig die Banken als Kommissionäre auf.[291]

Man bezeichnet die in § 383 I HGB genannten Kommissionsgeschäfte übrigens als **Einkaufskommission** oder als **Verkaufskommission** (s. §§ 406 II, 400 I HGB).

Diesen auf den An- und Verkauf von Waren oder Wertpapiere bezogenen sog. **eigentlichen Kommissionen** sind gem. § 406 II HGB Geschäfte gleichgestellt, bei denen der Kommissionär einen (kaufvertragsähnlichen) **Werklieferungsvertrag** iSv § 650 BGB abschließt.

Darüber hinaus erweitert das Gesetz die Anwendung der §§ 383 ff. HGB auf einige

4. Sonderformen des Kommissionsgeschäfts

Lesen Sie hierzu § 406 I HGB! Das, was in Satz 1 angesprochen wird, bezeichnet man als **uneigentliche Kommission**. Sie liegt demnach vor, wenn ein Kommissionär Geschäfte abschließt, die sich auf *andere Gegenstände* als den An- und Verkauf von Waren oder Wertpapiere beziehen. 101

> **Beispiel:** „Verlagskommission" – Verlegerin übernimmt es als Kommissionärin, ein literarisches Werk für den Verfasser als Kommittenten, also auf dessen Rechnung, zu vertreiben.

Außerdem fällt unter § 406 I 2 HGB die sog. **Gelegenheitskommission.** Sie liegt vor, wenn ein Kaufmann, der nicht gewerbsmäßiger Kommissionär ist, im Betrieb seines Handelsgewerbes ein Kommissionsgeschäft vornimmt.

> **Beispiel:** Eine Kurklinikbetreiberin (e. Kfr.) nimmt regionales Kunsthandwerk in Kommission und verkauft es als Mitbringsel auf Rechnung der Kunsthandwerker an Kurgäste.

Lernzielkontrolle: Einen zusammenfassenden Überblick über die Arten des Kommissionsgeschäfts gibt Übersicht 44, die Sie zur Wiederholung des Gelernten nutzen können.

Übersicht 44

102

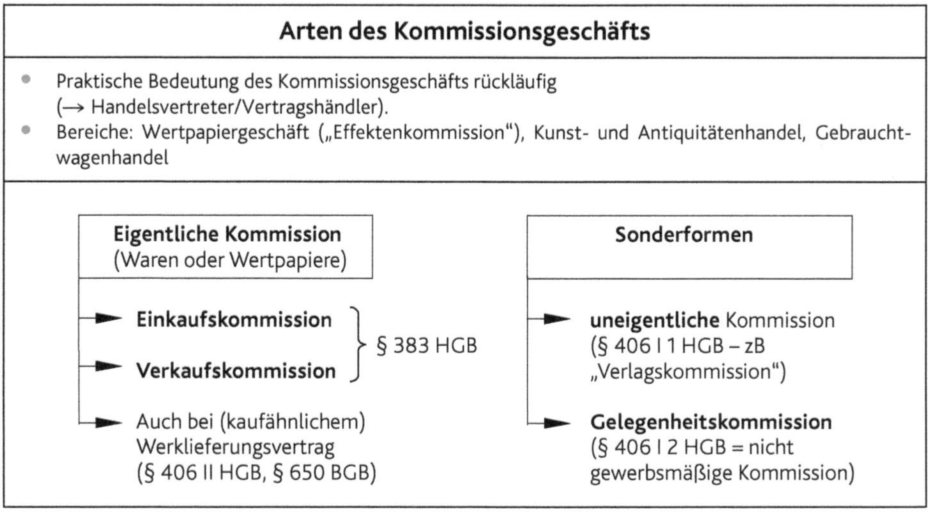

Arten des Kommissionsgeschäfts

- Praktische Bedeutung des Kommissionsgeschäfts rückläufig (→ Handelsvertreter/Vertragshändler).
- Bereiche: Wertpapiergeschäft („Effektenkommission"), Kunst- und Antiquitätenhandel, Gebrauchtwagenhandel

Eigentliche Kommission (Waren oder Wertpapiere)	**Sonderformen**
→ **Einkaufskommission** } § 383 HGB	→ **uneigentliche** Kommission (§ 406 I 1 HGB – zB „Verlagskommission")
→ **Verkaufskommission** } § 383 HGB	→ **Gelegenheitskommission** (§ 406 I 2 HGB = nicht gewerbsmäßige Kommission)
→ Auch bei (kaufähnlichem) Werklieferungsvertrag (§ 406 II HGB, § 650 BGB)	

291 Hopt/Kumpan § 383 Rn. 4; Jung HandelsR Kap. 11 Rn. 1; Bitter/Linardatos HandelsR § 9 Rn. 104.

5. Rechtsnatur des Kommissionsvertrags

103 Betrachten wir nun die Rechtsnatur des Kommissionsvertrags etwas näher.

Der Kommissionsvertrag regelt die Rechte und Pflichten im Verhältnis von Kommittent zu Kommissionär. Es ist ein formlos gültiger Vertrag, der eine **entgeltliche Geschäftsbesorgung** zum Inhalt hat. Sofern sich aus dem HGB keine Besonderheiten ergeben, auf die unten noch eingegangen wird, gelten für diesen Vertrag die Vorschriften des BGB über die entgeltliche Geschäftsbesorgung, dh zunächst **§ 675 I BGB** (lesen!). Dadurch finden auch einige Vorschriften über den Auftrag (§§ 662 ff. BGB), der eine *un*entgeltliche Geschäftsbesorgung zum Inhalt hat, entsprechende Anwendung.

Ob es sich beim Kommissionsvertrag um einen **Dienst- oder Werkvertrag** handelt, kann man beurteilen, wenn man den grundsätzlichen Unterschied zwischen einem Dienstvertrag iSd § 611 BGB und einem Werkvertrag iSd § 631 BGB kennt: Während der Dienstverpflichtete beim Dienstvertrag nur das Tätigwerden als solches schuldet, schuldet der Unternehmer beim Werkvertrag auch den Erfolg seiner Tätigkeit.[292]

Handelt es sich bei der Tätigkeit des Kommissionärs um eine einmalige Geschäftsbesorgung, gilt idR Werkvertragsrecht. Wird der Kommissionär für den Kommittenten dauernd tätig, greift regelmäßig Dienstvertragsrecht.[293]

104 Diese Abgrenzungsfrage ist nicht nur von akademischer Bedeutung, sondern hat praktische Auswirkungen: So können zB beim Dienstvertrag beide Parteien (nach §§ 620 II, 621 BGB) jederzeit kündigen, während beim Werkvertrag allein der Kommittent ein Kündigungsrecht gem. § 648 BGB hat.

Zum andern gelten verschiedene Verjährungsfristen für Schadensersatzansprüche bei mangelhafter Durchführung der Kommission:

Mangels besonderer Regelungen gilt für den Dienstvertrag die allgemeine Verjährungsfrist des § 195 BGB von drei Jahren, während für Ansprüche aus dem Werkvertrag gem. § 634a I Nr. 1 BGB (für bewegliche Sachen) die kürzere Frist von zwei Jahren maßgeblich ist.

Ob Dienst- oder Werkvertrag, immer handelt es sich beim Kommissionsvertrag um einen **gegenseitigen**[294] **Vertrag.**

Falls der Kommissionär zB mit seiner Leistung in Verzug kommt oder sie ihm unmöglich wird, bedeutet dies, dass für diese Leistungsstörungen neben den §§ 275 ff. und §§ 280 ff. BGB die §§ 320 ff. BGB anzuwenden sind.

Lernzielkontrolle: Wiederholen Sie das Wichtigste zur Rechtsnatur des Kommissionsvertrags nochmals anhand von Übersicht 45.

292 S. dazu Wörlen/Metzler-Müller/Kokemoor SchuldR BT Rn. 263 ff., 271 ff.
293 Brox/Henssler HandelsR Rn. 430; str.
294 S. hierzu Wörlen/Metzler-Müller/Balleis SchuldR AT Rn. 11 ff.

Übersicht 45 105

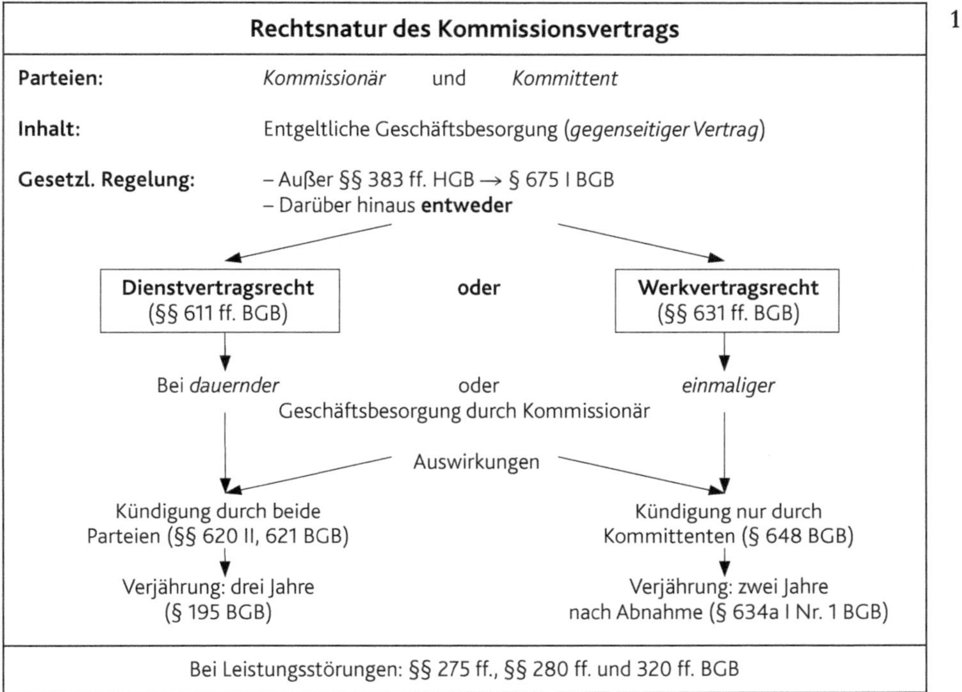

6. Pflichten und Rechte des Kommissionärs

Lesen Sie hierzu

Übungsfall 8: „Der verschleuderte Gebrauchtwagen" 106

Auto- und Oldie-Fan Antonia (A) befindet sich in Liquiditätsschwierigkeiten. Schweren Herzens entschließt sie sich zur Veräußerung ihres liebevoll gepflegten 40 Jahre alten Porsches 911 Carrera RS, den sie 20 Jahre zuvor als unfallfreies Fahrzeug gekauft hat. Sie beauftragt den Gebrauchtwagenhändler Knofel (K), den Porsche für sie „nicht unter 30.000 EUR" zu verkaufen. K hatte als Fachmann indessen Bedenken bekommen, ob das Auto auch wirklich unfallfrei ist. Als sich sein Verdacht nach genaueren Untersuchungen bestätigt, glaubt K zugunsten der A zu handeln, als der Autonarr Dimitri (D) 20.000 EUR bietet und verkauft den Oldie zu diesem Preis.
A ist „sauer" und fragt nach ihren Rechten.

Zwischen Auftraggeberin (Kommittentin) A und Kommissionär K wurde ein Kommissionsvertrag iSv § 383 I HGB iVm § 675 I BGB geschlossen.

a) Pflichten des Kommissionärs

Die Pflichten des Kommissionärs ergeben sich aus § 384 I HGB. Lesen Sie zunächst diese Vorschrift!

107 Danach hat K eine **Ausführungspflicht**, dh er muss sich als Kommissionär um den Abschluss des sog. *Ausführungsgeschäfts* bemühen.[295]

Eine weitere im Gegenseitigkeitsverhältnis stehende Pflicht[296] des Kommissionärs ergibt sich aus § 384 II HGB (lesen!). Maßgeblich ist vor allem der letzte Halbsatz! Danach trifft den Kommissionär eine **Herausgabepflicht**, dh er hat dem Kommittenten das durch das Ausführungsgeschäft Erlangte herauszugeben (vgl. Abbildung 8 bei → Rn. 99: „Abwicklungsgeschäft").

Neben der Ausführungspflicht und der Herausgabepflicht als gegenseitige *Hauptpflichten* treffen den Kommissionär noch einige *Nebenpflichten.*

108 Aus § 384 I HGB, der verlangt, dass der Kommissionär die Interessen des Kommittenten wahrzunehmen hat, folgt eine allgemeine **Interessenwahrungspflicht,**[297] die in den §§ 387 und 388 HGB konkretisiert wird. Lesen Sie dazu § 387 I HGB!

Bevor wir uns weiter der Lösung von Übungsfall 8 zuwenden (→ Rn. 111 ff.), dazu als **Exkurs** zunächst folgender kleiner

Übungsfall 9

A hat den K angewiesen, eine antike Vase „in Kommission" für 2.000 EUR zu verkaufen. D bietet dem K 3.000 EUR.
Darf K den Vertrag zu diesem Preis schließen und gegebenenfalls den Überschuss von 1.000 EUR behalten?

- Die Antwort ergibt sich aus § 387 I iVm § 384 I Hs. 2 und § 384 II Hs. 2 HGB (lesen und wieder einmal selbst überlegen!).
- ▶ K muss den Vertrag zu 3.000 EUR abschließen und der A diese 3.000 EUR herausgeben!

Aus § 384 I Hs. 2 iVm § 385 I HGB (lesen!) wird außerdem eine **Pflicht zur Befolgung von Weisungen** des Kommissionärs hergeleitet. Bei Verstoß gegen diese Pflicht ist der Kommissionär gegebenenfalls zum Schadensersatz verpflichtet, sofern sich nicht aus § 385 II HGB iVm § 665 BGB ergibt, dass er von den Weisungen des Kommittenten ausnahmsweise abweichen darf.

109 Aus § 384 II Hs. 2 HGB resultiert weiterhin eine **Rechenschaftspflicht** des Kommissionärs, der danach Auskünfte zur Durchführung des Ausführungsgeschäfts zu geben und zu belegen hat.[298] Aus § 384 II Hs. 1 HGB folgt schließlich eine **Benachrichtigungspflicht.** Zu dieser gehören insbesondere die *Ausführungsanzeige* und die *Nennung des Vertragspartners*, vgl. § 384 III HGB.

Lernzielkontrolle: Prägen Sie sich die Pflichten des Kommissionärs nochmals ein anhand von Übersicht 46.

295 S. Lettl HandelsR § 12 Rn. 99.
296 Hopt/Kumpan § 384 Rn. 11.
297 MüKoHGB/Häuser § 384 Rn. 17 f.
298 Hopt/Kumpan § 384 Rn. 8.

Übersicht 46

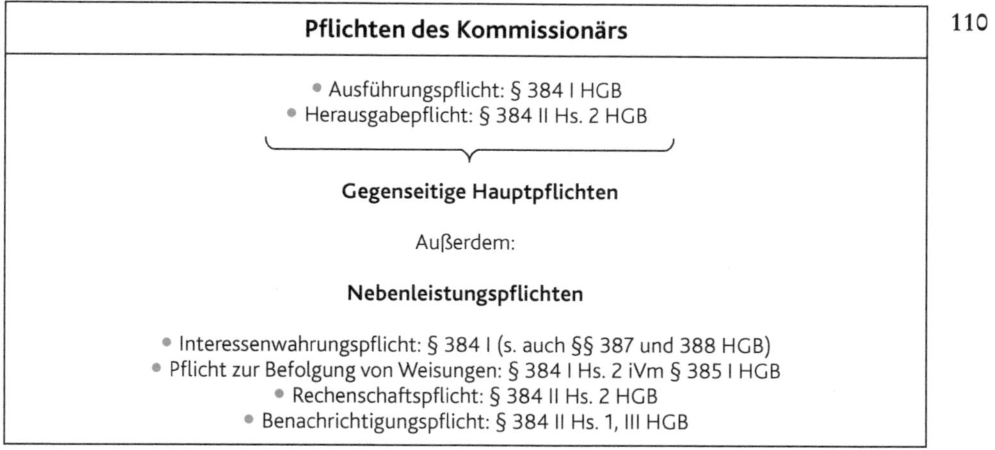

110

Aus diesen Pflichten des Kommissionärs folgen entsprechende Rechte des Kommittenten, sodass wir nun in der Lage sind, **Fall 8** vollständig zu lösen, in dem die Kommittentin A nach ihren Rechten fragt. 111

Da Kommissionär K das Auto entgegen den Weisungen der A unter 30.000 EUR an den Dritten D verkauft hat, könnte er gegen die aus § 384 I iVm § 385 I HGB folgende Pflicht zur Befolgung von Weisungen verstoßen haben.

Grundsätzlich käme daher ein Schadensersatzanspruch der A gegen K gem. § 385 I HGB in Betracht.

Zu bedenken ist allerdings, dass es sich bei dem Porsche tatsächlich um einen Unfallwagen handelte. Daher stellt sich die Lage anders dar:

Da sich ein Unfall immer erheblich wertmindernd auswirkt und manche Interessenten gar vom Kauf des Autos abhält, konnte A eigentlich froh sein, dass sie noch 20.000 EUR bekam. Ihr ist somit gar kein Schaden entstanden. K hat mit dem Verkauf zu 20.000 EUR vielmehr die Interessen der A gewahrt und durfte angesichts der Sachlage gem. § 385 II HGB iVm § 665 S. 1[299] BGB von den Weisungen der A abweichen und davon ausgehen, dass A diesen Verkauf billigen würde.

Ergebnis zu Übungsfall 8: Ein Anspruch der Kommittentin A ist daher nicht begründet.

b) Rechte (Ansprüche) des Kommissionärs

Ist ein Kommissionsgeschäft ordnungsgemäß durchgeführt, so interessieren die Rechte des Kommissionärs. Gemäß § 396 I 1 HGB hat der Kommissionär einen **Provisionsanspruch**, der ihm allerdings erst *nach* Abschluss des Ausführungsgeschäfts 112

299 Dass K dabei übersehen hat, der A gem. § 665 S. 2 BGB von der Abweichung vorher Anzeige zu machen, steht diesem Ergebnis nicht entgegen, da der A kein Schaden entstanden ist.

zusteht. Das bedeutet konkret, dass der Kommissionär die Provision erst fordern kann, wenn das Geschäft von dem *Dritten* erfüllt worden ist.

„Ausführung" iSv § 396 I 1 HGB liegt also nicht schon vor, wenn der Kommissionär seine Leistung aus dem Kommissionsvertrag erbracht hat, indem er einen Vertrag mit einem Dritten *geschlossen* hat.

Davon macht § 396 I 2 HGB zwei Ausnahmen (lesen!).

113 Eine (kleinere) *Auslieferungsprovision trotz Nichtauslieferung* kann zB ortsüblich sein, wenn der Kommissionär bei der Verkaufskommission Ware für den Kommittenten einige Zeit verwahrt hat und die Ware dann vor Übergabe an den Dritten ohne Verschulden des Kommissionärs untergeht (= Provision als Entgelt für die Verwahrung).

Zu Ausnahme zwei ist folgendes *Beispiel* bei einer Einkaufskommission denkbar:

Beispiel: K sollte für A einen Gebrauchtwagen von D kaufen. K schließt Samstagvormittag einen Vertrag mit D ab, der das Auto am Montag liefern soll. Beim Sonntagsspaziergang besichtigt A das Auto schon einmal auf dem Gelände des D. Kurze Zeit später verursacht die von A achtlos weggeworfene Zigarette auf dem Gelände des D einen Brand, bei dem das für A bestimmte Auto vollends zerstört wird. K kann die Auslieferungsprovision verlangen, obwohl A das Auto nicht mehr bekommt.

114 Neben dem Provisionsanspruch hat der Kommissionär (hier: K) gegebenenfalls einen **Anspruch auf Aufwendungsersatz** gem. §§ 675 und 670 BGB, dh er kann Ersatz der Aufwendungen verlangen, die er den Umständen nach für erforderlich halten durfte.

Dazu gehört zB eine Vergütung für die Benutzung von Lagerräumen oder Beförderungsmitteln des Kommissionärs (s. § 396 II HGB) oder Fahrtkosten, die dieser benötigte, um zum Ort des Vertragsschlusses mit dem Dritten zu gelangen.

Sämtliche Ansprüche des Kommissionärs sind gem. § 397 HGB durch ein gesetzliches Pfandrecht am Kommissionsgut gesichert.

Weitere Rechte bzw. Ansprüche des Kommissionärs, die hier nicht näher beschrieben, sondern nur aufgezählt werden, ergeben sich aus den §§ 394, 398, 399 und §§ 400 ff. HGB. Dazu

Übersicht 47 115

Rechte (Ansprüche) des Kommissionärs	
Provisionsanspruch: § 396 I 1 HGB	
• Nach *„Ausführung"* des Geschäfts: Nicht schon mit Vertragsschluss des Ausführungsgeschäfts, sondern erst *nach Erfüllung durch Dritten.*	
Ausnahmen: (§ 396 I 2 HGB)	„Auslieferungsprovision" trotz Nichtauslieferung ortsüblich oder Unterbleiben des Ausführungsgeschäfts aus einem allein in der Person des Kommittenten liegenden Grund
• Provisionszahlung ist *gegenseitige* Pflicht des Kommittenten	
Anspruch auf Aufwendungsersatz: §§ 675 und 670 BGB	
• zB: Benutzungsvergütung für Lagerräume od. Beförderungsmittel (§ 396 II HGB); Fahrtkosten des Kommissionärs	
....	
• § 394 HGB:	evtl. Delkredereprovision
• §§ 397, 398 HGB:	Gesetzliches Pfandrecht am Kommissionsgut
• § 399 HGB:	Bevorzugte Befriedigung aus Forderungen aus Ausführungsgeschäft
• §§ 400 ff. HGB:	Selbsteintritt des Kommissionärs

Neben dem Kommissionsvertrag schließt der Kommissionär im eigenen Namen für Rechnung des Kommittenten, wie bereits mehrfach erwähnt, einen Vertrag mit einem Dritten, das sog.

7. Ausführungsgeschäft

Die rechtlichen Auswirkungen dieser Konstellation soll folgender Fall verdeutlichen. 116

Übungsfall 10

A gibt dem K wiederum einen Gebrauchtwagen zum Verkauf „in Kommission". K verkauft den Wagen an D. Unter welcher Voraussetzung kann A von D als Schuldner der Kaufpreisforderung diese direkt von D verlangen?

A müsste Inhaber dieser Forderung sein! Dies ist aber zunächst der K als alleiniger Vertragspartner des D. K müsste diese Forderung daher an A gem. § 398 BGB abtreten mit der Folge, dass A als neue Gläubigerin an die Stelle von K tritt.

Daher bestimmt § 392 I HGB konsequenterweise, dass der Kommittent Forderungen aus dem Ausführungsgeschäft gegen den Dritten nur nach deren Abtretung geltend machen kann (§ 392 I HGB lesen!).

Solange die Forderung an den Kommittenten, dem sie ja *wirtschaftlich* zusteht, nicht abgetreten ist, besteht für den Kommittenten eine gewisse Gefahr, die Forderung gegebenenfalls nicht realisieren zu können.

Nehmen wir zB an, K, der noch Inhaber der Forderung gegen D ist, befindet sich in Zahlungsschwierigkeiten, und sein Gläubiger G verlangt die Erfüllung einer Forderung.

K könnte nun die Forderung, die er gegen den Dritten aus dem Ausführungsgeschäft erlangt hat, an seinen Gläubiger abtreten. Da K rechtlich Inhaber der Forderung ist, wäre diese Abtretung nach § 398 BGB wirksam!

117 Die Frage, wie sich der Kommittent dagegen schützen kann, behandelt

Übungsfall 11
K verkauft das Auto der A „in Kommission" an D. Die Kaufpreisforderung tritt K an seinen Gläubiger G zur Sicherung eines Darlehens ab. Ist G Inhaber dieser Forderung geworden?

Nach § 398 BGB sicherlich ja, aber lesen Sie nun § 392 II HGB!

Das bedeutet für unseren Fall, dass die Abtretung der Forderung von K an G im Verhältnis zu A unwirksam ist, da G gegenüber aufgrund der Regelung des § 392 II HGB nicht K, sondern die Kommittentin A als Inhaberin der Forderung gilt (Fiktion!).

(Im Gegensatz zum gutgläubigen Eigentumserwerb ist ein gutgläubiger Forderungserwerb nach deutschem Privatrecht nicht möglich!)

Übersicht 48

118

Ausführungsgeschäft
• **Vertragspartner:** Kommissionär und Dritter • **Forderungsrecht des Kommittenten gegenüber Dritten:** Erst nach Abtretung durch den Kommissionär an den Kommittenten (§ 392 I HGB) • **Schutz des Kommittenten:** Solange Forderung nicht an Kommittenten abgetreten ist, *gilt* sie (nur) gegenüber Kommissionär oder dessen Gläubiger (= *relative* Unwirksamkeit!) gem. *§ 392 II HGB* als Forderung des Kommittenten

8. Gefährliche Dreierbeziehung

119 Aus der Rechtsstellung des Kommissionärs als Vertragspartner des Kommissionsvertrags einerseits und des Ausführungsgeschäfts andererseits können sich Probleme ergeben, wenn der Dritte schuldhaft seine Vertragspflichten verletzt und dadurch die Erfüllung des Ausführungsgeschäfts erschwert oder unmöglich macht. Dazu

Übungsfall 12
K hat für A „in Kommission" (= im eigenen Namen ...) einen Gebrauchtwagen für 5.000 EUR, die A ihm gegeben hatte, (ein)gekauft. Die Übergabe des Autos soll in drei Tagen stattfinden. Einen Tag später wird das Auto durch Verschulden des Verkäufers D (der den Kaufpreis von K schon bekommen hat) zerstört. A will Schadensersatz!

120 Um Schadensersatz verlangen zu können, braucht A eine Anspruchsgrundlage gegen den Schädiger D. Da ein Vertrag zwischen A und D nicht besteht, ist an deliktische Ansprüche zu denken: § 823 I BGB scheidet allerdings als Anspruchsgrundlage aus, denn das Auto stand noch im Eigentum des D. A hat einen Vermögensschaden, der allenfalls

über § 823 II BGB ersetzt werden könnte. D hat aber kein Schutzgesetz iSd Vorschrift verletzt!

Im Deliktsrecht ist Geschädigter und damit grundsätzlich allein Ersatzberechtigter derjenige, dessen Rechte, Rechtsgüter oder gegebenenfalls auch Vermögen durch eine Handlung verletzt worden sind.

Schadensersatz als Folge eines (leistungs-)gestörten Vertrags kann grundsätzlich nur der Vertragspartner bzw. beim Vertrag zugunsten Dritter (oder mit Schutzwirkung für Dritte) der Begünstigte verlangen.

Allgemein gilt im Schadensersatzrecht der „Grundsatz der Subjektbezogenheit des Schadens"[300]: Verletzter und Geschädigter müssen dieselbe Person sein; trifft der Schaden eine andere Person als den Verletzten, kann der Geschädigte mangels einer Anspruchsgrundlage regelmäßig keinen Ersatz verlangen.

Von diesem Grundsatz wird durch das Rechtsinstitut der sog. **Drittschadensliquidation**[301] eine Ausnahme gemacht. Die Drittschadensliquidation wurde von Rechtsprechung und Lehre zur Regelung des unbefriedigenden Zustands geschaffen, bei dem jemand einen Anspruch gegen den Schädiger hat, ohne selbst einen Schaden zu haben. Der Schaden liegt *zufällig* bei einem Dritten, der jedoch keinen Anspruch gegen den Schädiger hat. Die Geltendmachung eines Anspruchs im Wege der Drittschadensliquidation hat („prüfungssystematisch geordnet") *vier Voraussetzungen*: 121

Prüfungsschema Drittschadensliquidation:

(1) **Anspruch** gegen den Schädiger
(2) **Zufällige Schadensverlagerung** vom Anspruchsinhaber auf den Geschädigten (wobei der Schädiger damit rechnen konnte oder musste, dass dieser Schaden beim Anspruchsinhaber eintritt)
(3) Geschädigter hat **keinen Anspruch** gegen Schädiger
(4) **Interessenverknüpfung** zwischen Geschädigtem und Anspruchsinhaber.

Genau dies ist die Lösung für unseren Fall:

(1) K hat gegen den Schädiger D einen **Anspruch** aus §§ 280 I und III, 283 BGB: Zwischen K und D besteht ein Schuldverhältnis (Kaufvertrag iSd § 433 BGB) und die *Leistung* des D (Lieferung des Autos) wurde *nachträglich objektiv unmöglich*, sodass die Leistungspflicht des D gem. § 275 I BGB ausgeschlossen ist. In der Nichtlieferung des Autos liegt eine Pflichtverletzung durch D iSv § 280 I BGB, die D, der die Zerstörung des Autos verschuldet hat, gem. §§ 280 I 2, 276 I 1 und II BGB zu vertreten hat. *Aber:* K hat keinen Schaden (er hat den Kaufpreis mit dem Geld der A bezahlt). 122

(2) Der **Schaden** hat sich somit **zufällig** auf A **verlagert**.

(3) A als Geschädigte hat **keinen Anspruch** gegen D. §§ 280 I und III, 283 BGB scheitern als Anspruchsgrundlage, da zwischen A und D kein Vertrag besteht, und

300 Vgl. HK-BGB/Schulze Vor §§ 249–259 Rn. 26.

301 Mehr dazu bei Wörlen/Metzler-Müller/Kokemoor SchuldR BT Rn. 474 ff., sowie BGH NJW 1998, 1864 mit Besprechung von Emmerich JuS 1998, 947.

§ 823 I BGB scheidet mangels Rechtsgutsverletzung aus (das Auto befand sich – § 929 S. 1 BGB! – noch im Eigentum des D).

(4) Zwischen A und K bestand *aufgrund des Kommissionsvertrags* eine **Interessenverknüpfung.**

Rechtsfolge ist, dass K den Schaden der A bei D geltend machen kann und seinen Anspruch gegen D dann analog § 285 I BGB[302] an A abtreten muss. Die Gefahr für A hielt sich in dieser Beziehung also in Grenzen!

Die Zusammenhänge bei der Drittschadensliquidation verdeutlicht zur **Lernzielkontrolle** Übersicht 49.

Übersicht 49

123 **Drittschadensliquidation**

I. Voraussetzungen

1. Anspruch gegen Schädiger → §§ 280 I und III, 283 BGB
2. Zufällige Schadensverlagerung
3. Geschädigter hat keinen Anspruch gegen Schädiger
4. Interessenverknüpfung zwischen Anspruchsinhaber und Geschädigtem

II. Rechtsfolge

Abtretung des Anspruchs von Anspruchsinhaber an Geschädigten → § 285 I BGB analog

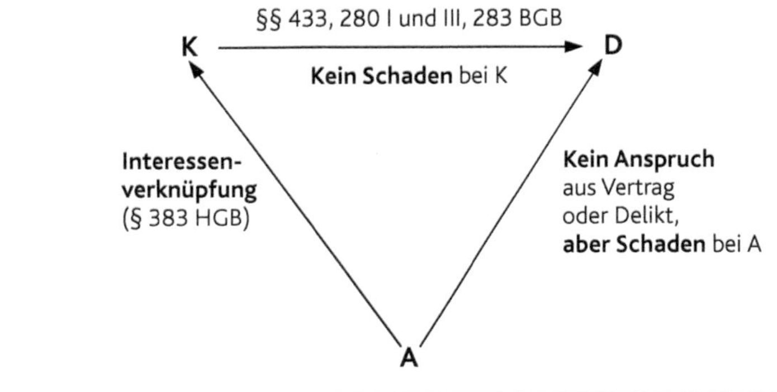

III. Transportgeschäfte

124 Das Transportrecht hat sich immer mehr zu einem eigenständigen Rechtsgebiet entwickelt und kann in einem Grundriss, der einen ersten Einstieg ins Handelsrecht vermitteln will, nur in einem kurzen Überblick dargestellt werden.

(1) Das *Frachtgeschäft*,
(2) das *Speditionsgeschäft* sowie
(3) das *Lagergeschäft*

302 Hopt/Kumpan § 383 Rn. 21.

werden als wesentliche Teile des nationalen Gütertransportrechts in dieser Reihenfolge im Vierten bis Sechsten Abschnitt des Vierten Buchs des HGB in den §§ 407–475h HGB geregelt und hier im Folgenden in Grundzügen erläutert.

1. Frachtgeschäft

Die Regelungen des Frachtgeschäfts sind im Vierten Abschnitt (§§ 407–452d HGB) in drei Unterabschnitte gegliedert: Die Allgemeinen Vorschriften (§§ 407–450 HGB) gelten für alle Frachtgeschäfte zu Lande, auf *Binnen*gewässern und durch Luftfahrzeuge, die §§ 451–451h HGB enthalten Sonderregelungen für die Beförderung von Umzugsgut und die §§ 452–452d HGB stellen Sonderregelungen für einheitliche Frachtverträge über die Beförderung mit verschiedenartigen Beförderungsmitteln auf. **125**

Die Kaufmannseigenschaft ist für die Geltung des Frachtrechts nicht Voraussetzung, dh, die Vorschriften finden auch auf Kleingewerbetreibende Anwendung, die auf eine Eintragung ins Handelsregister nach § 2 HGB verzichtet haben (§ 407 III 2 HGB).

a) Frachtvertrag

Durch den Frachtvertrag, der zwischen Absender und Frachtführer geschlossen wird, wird Letzterer verpflichtet, das Frachtgut zum Bestimmungsort zu befördern und dort an den Empfänger abzuliefern (§ 407 I HGB – lesen!), während der Absender verpflichtet wird, die vereinbarte Frachtvergütung zu zahlen, die der Gesetzgeber etwas unglücklich nur mit „Fracht" bezeichnet (§ 407 II HGB). Seiner Rechtsnatur nach ist der Frachtvertrag ein Werkvertrag iSv § 631 BGB mit Geschäftsbesorgungscharakter (§ 675 BGB),[303] auf den die §§ 631 ff. BGB ergänzend anzuwenden sind.[304] **126**

b) Rechtsstellung des Frachtführers

Der Versender („Absender"; meist ein Verkäufer, möglicherweise aber auch ein Kommissionär oder – → Rn. 131 ff. – ein Spediteur) schließt mit dem Frachtführer einen Frachtvertrag und mit dem Empfänger einen Liefervertrag (idR handelt es sich dabei um einen Kaufvertrag, der beiderseits ein Handelskauf ist). Unmittelbare Vertragsbeziehungen bestehen also zwischen Versender und Frachtführer sowie zwischen Versender und Empfänger. Zum Empfänger hat der Frachtführer somit nur mittelbare Beziehungen. Der Empfänger hat jedoch gegenüber dem Frachtführer bestimmte Rechte und Pflichten, die sich aus den §§ 421 und 418 II, III HGB (lesen!) ergeben. Anhand einer grafischen Skizze lässt sich dieses Dreiecksverhältnis wie folgt verdeutlichen: **127**

303 Jung HandelsR Kap. 12 Rn. 4.
304 Hopt/Merkt § 407 Rn. 13; Lettl HandelsR § 12 Rn. 139.

Abbildung 9

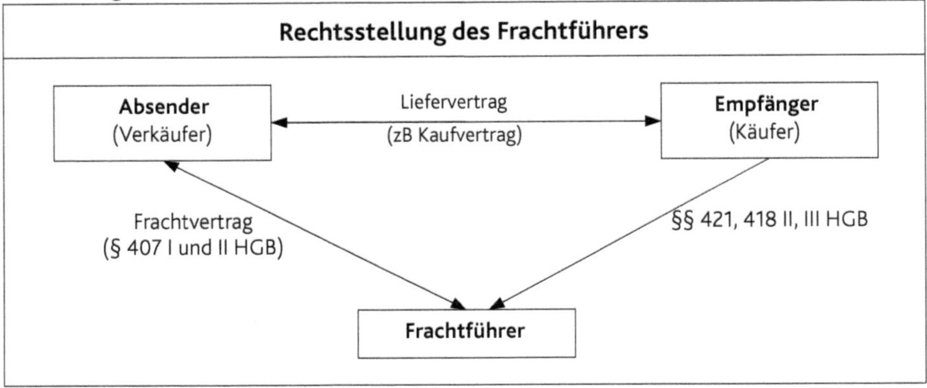

c) Rechte und Pflichten des Frachtführers

Da in diesem Rahmen nur ein kurzer Überblick gegeben werden kann, werden die wichtigsten Rechte und Pflichten des Frachtführers dargestellt anhand der nachfolgenden

Übersicht 50

128

Rechte und Pflichten des Frachtführers	
• Anspruch gegen Absender auf Zahlung der Vergütung nach Ablieferung (§§ 407 II, 420 HGB) • Anspruch auf Aufwendungsersatz (§ 420 I 2 HGB) • Gesetzliches Pfandrecht mit Vorrang (§§ 440–442 HGB) • Anspruch auf Ausstellung von Frachtbrief und Übergabe von Begleitpapieren durch den Absender (§§ 408, 413 HGB)	• Beförderungs- und Ablieferungspflicht (§§ 407 I, 423 HGB) • Befolgung von Weisungen des Absenders bis zur Ablieferung (§ 418 HGB) • Pflicht zur Beachtung der Weisungen und Rechte des Empfängers ab Ablieferung (§ 421 I HGB) • Verschuldensunabhängige Haftung für Verlust sowie Transport- und Verspätungsschäden (§ 425 I, §§ 425 ff. HGB)

d) Beförderung von Umzugsgut

129 Die §§ 451–451h HGB passen die aus den allgemeinen Vorschriften folgenden Rechte und Pflichten an die Besonderheiten des Umzugsgeschäfts an. Gemäß § 451a I HGB umfassen die Pflichten des Frachtführers auch das Ab- und Aufbauen der Möbel sowie das Ver- und Entladen des Umzugsguts. Besonderheiten ergeben sich namentlich in Haftungsfragen (vgl. §§ 451d–g HGB).

e) Beförderung mit verschiedenartigen Beförderungsmitteln

Die Sonderregeln der §§ 452–452d HGB beziehen sich auf den Transport, der aufgrund eines einheitlichen Frachtvertrags mit verschiedenartigen Beförderungsmitteln durchgeführt wird („multimodaler“ oder „kombinierter“ Transport). 130

2. Speditionsgeschäft

Das Speditionsgeschäft ist im Fünften Abschnitt des Vierten Buchs des HGB in den §§ 453–466 (Vorschriften ganz lesen!) geregelt. Diese Vorschriften gelten gem. § 453 III 1 HGB nur, wenn die Besorgung der Versendung zum Betrieb eines gewerblichen Unternehmens gehört. Die Kaufmannseigenschaft ist hierfür allerdings nicht erforderlich, dh die Vorschriften gelten – ebenso wie beim Kommissions- und Frachtgeschäft – auch für Kleingewerbetreibende, die auf eine Eintragung nach § 2 HGB verzichtet haben (§ 453 III 2 HGB). 131

a) Speditionsvertrag

Seiner Rechtsnatur nach ist der Speditionsvertrag ein spezieller entgeltlicher Geschäftsbesorgungsvertrag iSv § 675 BGB, auf den die genannten §§ 453–466 HGB Anwendung finden. Im Geschäftsleben haben (in den Grenzen des § 466 II HGB – lesen!) auch die Allgemeinen Deutschen Spediteurbedingungen (ADSp)[305] als AGB große praktische Bedeutung.[306] 132

Durch den Speditionsvertrag wird der Spediteur gem. § 453 I HGB verpflichtet, die Versendung des Gutes zu „besorgen“. Das bedeutet grundsätzlich, dass der Spediteur die Beförderung nicht selbst vornimmt, sondern diese einem Frachtführer überlässt (vgl. § 454 I Nr. 2 HGB). Mit diesem schließt er einen eigenen Frachtvertrag, sofern er nicht von seinem Selbsteintrittsrecht nach § 458 HGB Gebrauch macht. Im Regelfall ist derjenige, der im allgemeinen Sprachgebrauch als „Spediteur“ bezeichnet wird, in der juristischen Wirklichkeit ein Frachtführer, da er die Beförderung des Gutes durchführt.[307] Der Wortlaut von § 453 I HGB wäre weniger missverständlich, wenn der Gesetzgeber den Spediteur durch den Speditionsvertrag verpflichtet hätte, *„für* die Versendung des Gutes *zu sorgen“* (statt sie zu *be*sorgen)!

Hinweis: Der Spediteur transportiert im Regelfall nicht selbst, sondern lässt die Güterbeförderung durch einen Frachtführer durchführen!

b) Rechtsstellung des Spediteurs

Der Spediteur „besorgt“ die Versendung des Gutes im Regelfall also dadurch, dass er *im eigenen Namen* (§ 454 III 1. Var. HGB – also nicht in Vertretung, wohl aber auf Rechnung seines Kunden) einen Frachtvertrag abschließt. 133

■ An welche Konstellation erinnert Sie das: Jemand handelt im eigenen Namen auf fremde Rechnung?

▶ Dieser Konstellation sind Sie, wenn Sie dieses Buch bis hier durchgearbeitet haben, vor kurzem erst begegnet: Die Rechtsstellung des Spediteurs ist insofern der des Kommissionärs ähnlich.

---

305 Abgedruckt zB bei Hopt Anhang (18).
306 Hopt/Merkt § 453 Rn. 6, 18; Jung HandelsR Kap. 12 Rn. 13.
307 Vgl. Jung HandelsR Kap. 12 Rn. 11; Lettl HandelsR § 12 Rn. 176.

Prägen Sie sich die Rechtsstellung des Spediteurs anhand der folgenden grafischen Skizze ein:

Abbildung 10

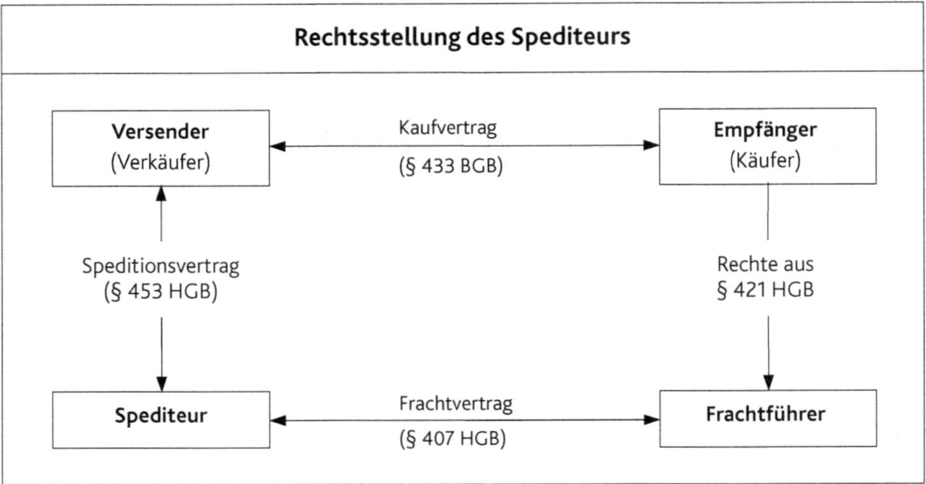

c) Rechte und Pflichten des Spediteurs

134 Der Hauptpflicht des Spediteurs aus § 453 I HGB, „die Versendung des Gutes zu besorgen", folgt das Recht aus § 453 II HGB, vom Versender die vereinbarte Vergütung zu verlangen, die fällig wird, wenn das Gut dem Frachtführer (oder im Seehandel: „Verfrachter") übergeben worden ist (§ 456 HGB).

Die wichtigsten Rechte und Pflichten des Spediteurs ergeben sich aus

Übersicht 51

Rechte und	Pflichten des Spediteurs
• Vergütungsanspruch: § 453 II HGB (Fälligkeit § 456 HGB) • Anspruch auf Aufwendungsersatz: § 455 II HGB • Gesetzliches Pfandrecht am Speditionsgut: § 464 HGB • Selbsteintrittsrecht: § 458 HGB	• Besorgung der Versendung: § 454 I iVm § 453 I HGB • Wahrnehmung von Interessen des Versenders: § 454 IV HGB • Befolgung von Weisungen des Versenders: § 454 IV HGB • Haftung für Verlust und Beschädigung auch ohne Verschulden (§ 461 I HGB) • Haftung für Verspätungs- und sonstige Schäden bei Verschulden (§ 461 II HGB)

3. Lagergeschäft

Das Lagergeschäft ist im Sechsten Abschnitt des Vierten Buchs des HGB in den §§ 467–475h geregelt. 135

Begrifflich gehört das Lagergeschäft eigentlich nicht mehr zu den Transportgeschäften, da es sich dabei um einen *Verwahrungsvertrag* (vgl. §§ 688 ff. BGB) handelt. In manchen Lehrbüchern wird es daher in einem eigenen Abschnitt außerhalb der Transportgeschäfte behandelt, in vielen Grundrissen (wie auch hier) unter der Rubrik Transportgeschäfte dargestellt. Dies erscheint insofern gerechtfertigt, als die Lagerung des Gutes regelmäßig seinen Transport voraussetzt.

a) Lagervertrag

Durch den Lagervertrag wird der Verwahrer, der hier *Lagerhalter* heißt, gem. § 467 I HGB verpflichtet, das Gut zu lagern und aufzubewahren. 136

Der Hinterleger bzw. der *Einlagerer* hat dafür eine Vergütung zu zahlen (§ 467 II HGB).

Wie beim Kommissions-, Fracht- und Speditionsgeschäft, gelten die Vorschriften über das Lagergeschäft gem. § 467 III 1 HGB nur, wenn die Besorgung der Versendung zum Betrieb eines gewerblichen Unternehmens gehört, wobei es auf die Kaufmannseigenschaft nicht ankommt, dh die Vorschriften gelten auch für Kleingewerbetreibende, die auf eine Eintragung nach § 2 HGB verzichtet haben (§ 467 III 2 HGB).

b) Rechtsstellung des Lagerhalters

Zwischen Lagerhalter und Einlagerer bestehen unmittelbare Vertragsbeziehungen, aus denen sich für die Rechtsstellung des Lagerhalters keine Besonderheiten wie bei den Dreiecksbeziehungen (oder gar Vierecksbeziehungen, vgl. Abbildung 10 → Rn. 133) von Frachtführer und Spediteur ergeben. 137

c) Rechte und Pflichten der Vertragsparteien

Neben der Einlagerungs- und Aufbewahrungspflicht gem. § 467 I HGB hat der Lagerhalter die Pflicht, dem Einlagerer die Besichtigung des Gutes, die Entnahme von Proben und die zur Erhaltung des Gutes notwendigen Handlungen während der Geschäftsstunden zu gestatten (§ 471 I 1 HGB). Grundsätzlich hat der Lagerhalter keine Pflicht zur Erhaltung des Gutes, ist aber gem. § 471 I 2 HGB dazu berechtigt. Im Fall einer Sammellagerung (§ 469 HGB) wird aus dieser Berechtigung indessen eine Verpflichtung (§ 471 I 2 HGB). § 471 II HGB begründet eine Pflicht des Lagerhalters, den Einlagerer zu unterrichten und Weisungen einzuholen, wenn nach dem Empfang Veränderungen an dem Gut entstanden oder zu befürchten sind. 138

Der Einlagerer ist außer zur Zahlung der vereinbarten Vergütung (§ 467 II HGB) gem. § 468 I 1 HGB dazu verpflichtet, den Lagerhalter rechtzeitig zu informieren, wenn gefährliches Gut eingelagert werden soll. Soweit erforderlich, hat der Einlagerer das Gut zu verpacken und zu kennzeichnen (§ 468 I 2 HGB), sofern er nicht „Verbraucher“ iSv § 13 BGB ist (§ 468 II HGB).

Gemäß § 475b HGB hat der Lagerhalter ein gesetzliches Pfandrecht an dem eingelagerten Gut.

Literatur zur Vertiefung (→ Rn. 95–138): Bacci, Die Unmöglichkeit der Leistung während der Coronavirus Pandemie im Transport-, Speditions- und Logistikrecht: Das Beispiel Italien; TranspR 2020, 282; Bellardita, Fachanwalt: Einführung in das Transport- und Speditionsrecht, JuS 2006, 136; Bredemeyer, Das Prinzip „Drittschadensliquidation", JA 2012, 102; Brox/Henssler HandelsR §§ 22–25; Fischinger HandelsR § 9; Gran, Die Rechtsprechung zum Transportrecht im Jahr 2023, NJW 2023, 935; Herber, Die Neuregelung des deutschen Transportrechts, NJW 1998, 3297; Homann, Die Drittschschadensliquidation beim Versendungskauf und das neue Transportrecht, JA 1999, 978; Jugel/Kern, Aktuelle Problemstellungen im Transportrecht, TranspR 2020, 111; Jung HandelsR Kap. 11 und 12; Koller, Die Haftung des HGB-Unterfrachtführers gegenüber dem Empfänger, TranspR 2009, 229; Lorenz, Grundwissen – Zivilrecht: Drittschadensliquidation, JuS 2022, 13; Meyer TransportR, Teil 1, 2; Müglich TransportR; Muthorst, Der aufrechnende Kommissionskäufer (Examensübungsklausur), JURA 2013, 179; Oetker HandelsR §§ 9, 10; Oetker, Versendungskauf, Frachtrecht und Drittschadensliquidation, JuS 2001, 833; Prütting/Weller HandelsR § 32; Schaffert, Höchstrichterliche Rechtsprechung zum Gütertransportrecht, TransportR 2017, 89; P. Schmidt, „Corona", die frachtrechtlichen Risikobereiche und die Geschäftsgrundlage, TranspR 2022, 10; Wieske, Transportrecht – Schnell erfasst, 4. Aufl. 2020, Einführung 1–4; Vyvers, Die Allgemeinen Deutschen Spediteurbedingungen 2017 (ADSp 2017), ZAP 2020, 297.

8. Kapitel. Gesellschaftsrecht

Hauptlernziele:
- Was versteht man unter einer Gesellschaft?
- Was sind die wichtigsten Gesellschaftsformen?
- Wie lassen sich Gesellschaften systematisieren?
- Welche Kriterien sind bedeutsam für die Wahl der geeigneten Rechtsform?
- Welche Grundsätze existieren bei Personengesellschaften und Körperschaften?
- Was sind die Charakteristika der einzelnen Gesellschaften?
- Wie erfolgt die Gründung der jeweiligen Gesellschaft?
- Wie ist die Geschäftsführung, Vertretung und Haftung ausgestaltet?
- Welche Organe gibt es bei den Körperschaften?

I. Einleitung und Begriff

Hinweis: Das Gesellschaftsrecht hat eine hohe praktische Relevanz für bestehende und zu gründende Unternehmen. Zudem stellt es die Grundlage für weitere Gebiete des Wirtschaftsrechts dar. Schließlich hat dieses Rechtsgebiet je nach Prüfungsordnung auch große Klausurrelevanz. 1

Der Begriff der „Gesellschaft" im Rechtssinne ist nicht zu verwechseln mit dem, was man im allgemeinen Sprachgebrauch manchmal unter „Gesellschaft" versteht. Mitglieder zB einer OHG können zwar auch zur sog. „High Society" gehören, doch lässt sich daraus keine rechtliche Definition herleiten.

■ Was versteht man unter einer **Gesellschaft** im Rechtssinne bzw. unter Gesellschaftsrecht?

▶ Unter „Gesellschaft" versteht man

- eine Vereinigung (= einen Zusammenschluss) von Personen
- auf Grundlage eines Gesellschaftsvertrages (= einem Rechtsgeschäft)
- zur Verfolgung eines bestimmten gemeinsamen Zwecks.[308]

Das Gesellschaftsrecht wird dementsprechend definiert als das „Recht der privatrechtlichen Organisationsformen, die zur Erreichung eines bestimmten gemeinsamen Zwecks durch Rechtsgeschäft begründet werden".[309]

■ Was für **Gesellschaftsformen** fallen Ihnen ein? Einige wurden bereits im handelsrechtlichen Teil dieses Buches genannt! 2

▶ Wichtige Beispiele sind:

- Gesellschaft bürgerlichen Rechts (GbR),
- Offene Handelsgesellschaft (OHG),
- Kommanditgesellschaft (KG),
- Gesellschaft mit beschränkter Haftung (GmbH),
- Aktiengesellschaft (AG).

308 Vgl. Kindler GK HandelsR § 9 Rn. 1

309 Windbichler/Bachmann GesR § 1 Rn. 1.

■ Wie viele **Gründer**, sprich Gesellschafter, sind grundsätzlich bei einer Gesellschaft erforderlich?

▶ Grundsätzlich sind mindestens zwei Personen („Personenvereinigung") zur Gründung einer Gesellschaft notwendig.
Es gibt allerdings Ausnahmen, zB bei der GmbH die Möglichkeit der Einpersonengesellschaft (§ 1 GmbHG; lesen!) oder bei der Aktiengesellschaft (§ 2 AktG).

Die Regelungen zum Gesellschaftsrecht finden sich primär in folgenden **Gesetzen:**

- GbR im BGB,
- OHG und KG (sog. Personenhandelsgesellschaften) im HGB,
- GmbH und UG im GmbHG,
- AG und KGaA im AktG,
- Genossenschaft im GenG,
- Partnerschaftsgesellschaft im PartGG.

Im Folgenden werden wir uns die Grundstruktur der wichtigsten Gesellschaftsformen ansehen. Details finden Sie bei Bedarf in der angegebenen Vertiefungsliteratur.

II. Systematisierung der Gesellschaften

3 Je nachdem, welchem Zweck eine Gesellschaft dienen soll, können die Gründer einer Gesellschaft unter verschiedenen Gesellschaftstypen auswählen.

■ Welche **Kriterien** könnten **für Unternehmensgründer** relevant sein bei der Frage der Wahl der geeigneten Rechtsform? Versetzen Sie sich in die Rolle einer start-up-Unternehmerin!

▶ Wichtige Kriterien sind insbesondere:[310]
- Haftung der Gesellschafter,
- Kosten und Aufwand der Gründung,
- Folgekosten und -aufwand,
- Kapitalbeschaffungsmöglichkeiten,
- notwendige Anzahl der Gründer,
- steuerrechtliche Gesichtspunkte.

4 Entsprechend ihrer Organisation und Rechtsform lassen sich die Gesellschaften in zwei große Gruppen einteilen:

(1) *Personengesellschaften* und
(2) Körperschaften (insbes. *Kapitalgesellschaften*).

310 Ausführlich dazu Windbichler/Bachmann GesR § 3 Rn. 1 ff.

Übersicht 52
Überblick über die wichtigsten Gesellschaftsformen

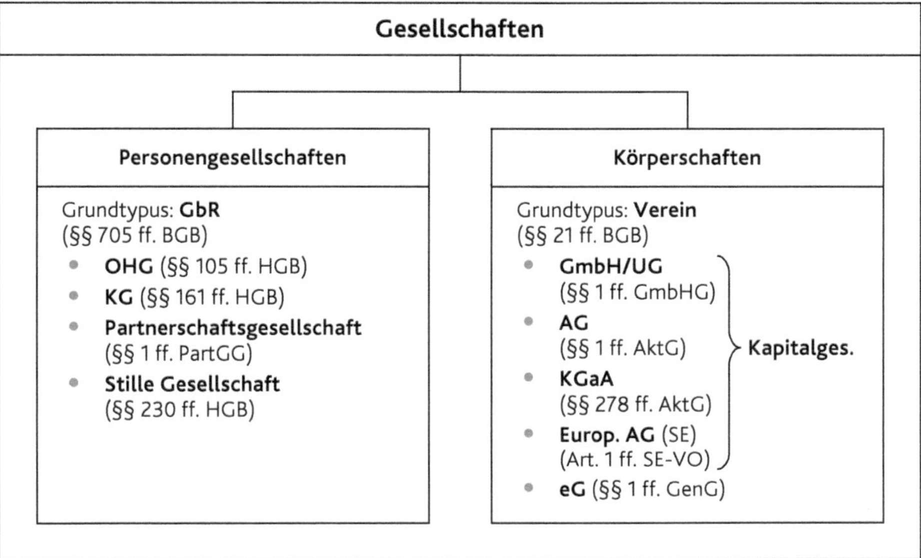

Es gilt der sog. **numerus clausus** der Gesellschaftsformen. Das bedeutet, dass sich ein Unternehmer nur der gesetzlich geregelten bestehenden Gesellschaftsformen bedienen, und keine neue Gesellschaftsformen kreieren kann.[311]

Literatur zur Vertiefung (Kap. 8 Rn. 1–4): Engländer, Die Lehren vom Gesellschaftsvertrag, JURA 2002, 381; Kindler GK HandelsR § 9; Saenger GesR §§ 1 u. 2; K. Schmidt GesR §§ 1–3; Windbichler/Bachmann GesR §§ 1 u. 2; Wolffskeel von Reichenberg, Gesellschaftsrecht in der Kautelarklausur, JA 2017, 51.

III. Personengesellschaften

Das Personengesellschaftsrecht, insbesondere die Gesellschaft bürgerlichen Rechts, wurde mit Wirkung zum 1. Januar 2024 modernisiert. Dies erfolgte durch das „Gesetz zur Modernisierung des Personengesellschaftsrechts (**Personengesellschaftsrechtsmodernisierungsgesetz** – MoPeG)".[312] Dieses Gesetz hatte u.a. Änderungen des BGB und des HGB zum Inhalt.[313] 5

Im Folgenden wollen wir uns zunächst die Personengesellschaften näher ansehen. Für Personengesellschaften gelten primär folgende **Grundsätze:**

311 Windbichler/Bachmann GesR § 1 Rn. 18.
312 Vom 10.8.2021, BGBl. 2021 I 3436 ff.
313 S. dazu zB Sanders/Berisha/Bühring/Reinold JURA 2023, 1267; Pieronczyk JURA 2021, 53.

6 **Übersicht 53**

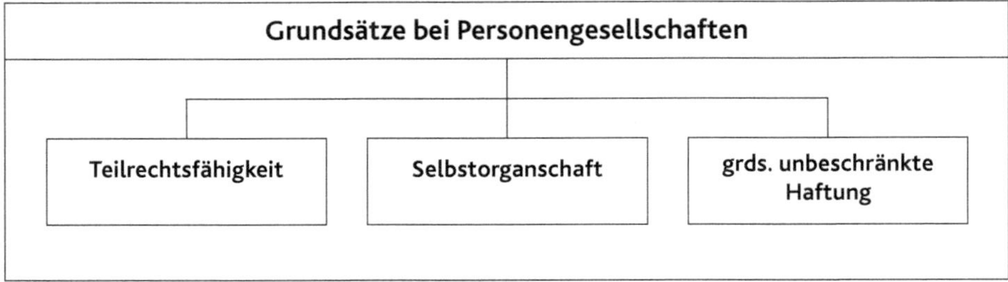

(1) Personengesellschaften sind *keine juristischen Personen*. Fraglich ist daher die Rechtsfähigkeit von Personengesellschaften, also die Fähigkeit Träger von Rechten und Pflichten zu sein.

OHG (§ 105 II HGB) und KG (§ 161 II, 105 II HGB) können Rechte erwerben und Verbindlichkeiten eingehen. Insofern ist bei diesen Gesellschaften **Teilrechtsfähigkeit** gegeben. Bei der GbR war die Frage lange Zeit umstritten, da keine eindeutige Vorschrift (wie § 124 I HGB aF) zur Rechtsfähigkeit der GbR existierte. Seit einer wegweisenden Entscheidung des BGH von 2001 war jedoch auch die Teilrechtsfähigkeit der (Außen)GbR anerkannt.[314] Aufgrund des MoPeG gilt seit dem 1.1.2024 § 705 II BGB (schon mal lesen!).

(2) Grundsatz der **Selbstorganschaft**: Das bedeutet, dass die Organbefugnisse (Geschäftsführung und Vertretung) bei Personengesellschaften nur von den *Gesellschaftern* persönlich wahrgenommen werden können, entweder von allen gemeinsam oder von den gesellschaftsvertraglich dazu bestimmten Gesellschaftern.[315] Bei Kapitalgesellschaften gilt der gegensätzliche Grundsatz der Fremdorganschaft.[316]

(3) **Unbeschränkte Haftung:** Für Verbindlichkeiten der Personengesellschaften haften die Gesellschafter als Gesamtschuldner. Jeder Gesellschafter haftet grundsätzlich unbeschränkt mit seinem Privatvermögen (s. insbesondere § 721 BGB bei der GbR und § 126 HGB bei der OHG). Bei der Kommanditgesellschaft (KG) gibt es eine Ausnahme, weil die Haftung der Kommanditisten beschränkt ist (s. § 171 I HGB und → Kap. 8 Rn. 56 ff.).

7 Diese Grundsätze gelten für Personengesellschaften, also die GbR, die OHG, die Partnerschaftsgesellschaft und – wie erwähnt mit Einschränkungen – für die KG (beschränkte Haftung des Kommanditisten) sowie zT auch für die stille Gesellschaft.

Bevor wir diese Gesellschaften etwas näher betrachten, prägen Sie sich die allgemeinen Grundsätze zu den Personengesellschaften nochmals ein anhand von:

---

314 BGHZ 146, 341 ff. = NJW 2001, 1056. **Zur Rechtsfähigkeit der GbR mehr bei → Kap. 8 Rn. 15.**

315 Windbichler/Bachmann GesR § 4 Rn. 15 f.

316 → **Kap. 8 Rn. 64.**

Übersicht 54 8

Gesellschaftsrecht
Grundlagen
• **Gesetzliche Regelung:** insbesondere BGB, HGB, GmbHG und AktG. • Begriff **„Gesellschaft"**: auf einem Rechtsgeschäft (= Gesellschaftsvertrag) beruhender Zusammenschluss von Personen (= Personenvereinigung) zur Verfolgung eines bestimmten gemeinsamen Zwecks. • Die Gesellschaftsformen können unterschieden werden in – **Personengesellschaften** und – **Körperschaften** (insbes. **Kapitalgesellschaften**).
Personengesellschaften
Bei Personengesellschaften (P) geltende folgende **Grundsätze**: (1) P sind *keine juristischen Personen;* **Teilrechtsfähigkeit**. (2) Grundsatz der **Selbstorganschaft:** Geschäftsführung und Vertretung durch einen oder mehrere Gesellschafter persönlich. (3) Grundsätzlich **unbeschränkte Haftung** der Gesellschafter als Gesamtschuldner mit Privatvermögen.

1. Gesellschaft des bürgerlichen Rechts (GbR)

Die GbR wird auch „BGB-Gesellschaft" genannt, weil sie als einzige Gesellschaft im BGB normiert ist. Die gesetzliche Regelung der BGB-Gesellschaft findet sich in den §§ 705–739 BGB. 9

Die GbR stellt den organisatorischen **Grundtyp** der Personengesellschaften dar.

Bei der BGB-Gesellschaft handelt es sich um einen vertraglichen Zusammenschluss von Personen zur Erreichung eines gemeinsamen Zwecks (§ 705 I BGB). Dabei haften alle Gesellschafter für Verbindlichkeiten der Gesellschaft unbeschränkt persönlich (s. insbes. § 721 BGB, → Kap. 8 Rn. 16 ff.).

Prüfungsschema GbR (§ 705 BGB):

(1) **Gesellschaftsvertrag**
(2) **Gemeinsamer Zweck**
(3) **Förderungspflicht**

Das Recht der OHG und KG baut auf den Grundregeln der GbR auf, da – wie bereits erwähnt – die GbR der Grundtyp der Personengesellschaften ist. Dies erkennt man auch an den Verweisnormen bei der OHG (§ 105 III HGB) und bei der KG (§§ 161 II, 105 III HGB – jeweils lesen!).

Wir wollen uns die wichtigsten Vorschriften der §§ 705 ff. BGB anhand einiger Übungsfälle etwas ausführlicher ansehen.

Übungsfall 13[317]

Apache Ah (A), Badmómz B (B) und Capital Cee (C) verdienen sich als Studierende mit ihrer Band „123 Straßentruppe" etwas Geld dazu. Entsprechend ihrer mündlichen Vereinbarung bestreiten sie die Kosten für das Equipment und die Instrumente sowie alle anderen Auslagen anteilig gemeinsam und teilen den erspielten Gewinn.

Wer haftet für eventuelle Schulden der „123 Straßentruppe"?

10 Die Antwort auf die Frage nach der Haftung der drei Bandmitglieder richtet sich danach, wie diese Band rechtlich zu qualifizieren ist. Es ist also die Rechtsnatur zu klären.

Möglich ist, dass A, B und C eine **BGB-Gesellschaft** (GbR) gegründet haben.

Dann müssten die Voraussetzungen des § 705 I BGB (lesen!) erfüllt sein.

■ Welche drei Voraussetzungen müssen danach erfüllt sein, damit es sich bei den „123 Straßentruppe" um eine GbR handelt?
(Lesen Sie § 705 BGB nochmals und versuchen Sie, die drei Voraussetzungen auf einem Zettel zu formulieren, bevor Sie weiterlesen!)

▶ (1) Abschluss eines *Gesellschaftsvertrags* durch mindestens zwei Gesellschafter.
(2) Erreichung eines *gemeinsamen Zwecks.*
(3) *Förderungspflicht:* Leistung von Beiträgen zur Förderung des Zwecks.

Hinweis: Markieren Sie in § 705 I BGB die Worte „Gesellschaftsvertrag", „gemeinsamer Zweck" und „fördern"!

Prüfen wir nun, ob diese Voraussetzungen in unserem Übungsfall erfüllt sind:

a) Gesellschaftsvertrag

11 Der Gesellschaftsvertrag bildet die Grundlage für die Entstehung einer Gesellschaft. Es sind übereinstimmende **Willenserklärungen**, also eine Einigung, erforderlich.

Form: Beim Gesellschaftsvertrag handelt es sich um ein Rechtsgeschäft, das grundsätzlich *formfrei* getätigt werden kann. Es gilt der Grundsatz der Formfreiheit. Der Gesellschaftsvertrag kann also schriftlich, mündlich oder konkludent abgeschlossen werden.

Ausnahmsweise ist der Gesellschaftsvertrag *formbedürftig*, insbesondere bei Einbringung eines Grundstücks als Sacheinlage; in diesem Fall wird eine notarielle Beurkundung gem. § 311b I BGB (lesen!) erforderlich.[318] Ansonsten ist gegebenenfalls der Gesellschaftsvertrag wegen Formmangels gem. § 125 S. 1 BGB nichtig.

12 Bei Mängeln des Gesellschaftsvertrags ist eine sog. **fehlerhafte Gesellschaft** gegeben. Unter den Voraussetzungen, dass

317 Anlehnung an Nawratil, BGB leicht gemacht, 31. Aufl. 2011, Fall 77.
318 S. Jauernig/Stürner § 705 Rn. 8.

(1) ein *fehlerhafter Gesellschaftsvertrag* vorliegt [zB Nichtigkeit wegen Geschäftsunfähigkeit (§§ 104 ff. BGB) oder Verstoßes gegen ein gesetzliches Verbot (§ 134 BGB) oder gegen die guten Sitten (§ 138 BGB) oder Anfechtbarkeit (§§ 119 ff. BGB)],
(2) die Gesellschaft bereits *in Vollzug gesetzt* worden ist (zB durch Aufnahme von Tätigkeiten nach außen) und
(3) überwiegende *Interessen* Einzelner oder der Allgemeinheit *nicht entgegenstehen*,

wird die fehlerhafte Gesellschaft aus Gründen des Verkehrsschutzes *vorerst als fehlerfreie Gesellschaft* behandelt.[319]

Der Nichtigkeits- oder Anfechtungsgrund stellt einen Kündigungsgrund gem. §§ 725 bzw. 731 BGB dar. Kündigungsgründe können nicht wie ein Anfechtungsgrund die rückwirkende („ex tunc") Auflösung herbeiführen, sondern nur für die Zukunft („*ex nunc*") geltend gemacht werden.[320]

Auch bei anderen Gesellschaftsformen liegt bei Mängeln des Gesellschaftsvertrages gegebenenfalls eine fehlerhafte Gesellschaft vor.

Für die Lösung von Fall 13 bedeutet das:

A, B und C haben mündlich bzw. konkludent einen wirksamen Gesellschaftsvertrag geschlossen.

b) Gemeinsamer Zweck

Neben dem Gesellschaftsvertrag ist die Verpflichtung zur Erreichung eines gemeinsamen Zwecks Voraussetzung für das Entstehen der BGB-Gesellschaft. Dieser Zweck kann ein dauernder oder ein vorübergehender sein. Es kann sich um einen wirtschaftlichen oder ideellen Zweck handeln.[321] 13

■ Bei der GbR darf der Zweck *nicht* auf den Betrieb eines Handelsgewerbes gerichtet sein (§ 105 I, § 1 II HGB; lesen!). Warum nicht?
▶ Ansonsten handelt es sich ggf. um eine OHG. Die GbR und OHG sind von der Konstruktion ähnlich, insofern ist hier eine Abgrenzung vorzunehmen (siehe nochmals § 105 I HGB).

■ Was bedeutet das für Übungsfall 13?
▶ Da A, B und C als „123 Straßentruppe" gemeinsam Musik machen und sich den erspielten Gewinn teilen wollen, haben sie sich zur Erreichung eines gemeinsamen Zwecks zusammengetan und sich gegenseitig verpflichtet, den Zweck zu erreichen. Der Zweck ist auch nicht auf den Betrieb eines Handelsgewerbes gerichtet, § 105 I, § 1 II HGB.

c) Pflicht zur Förderung des Zwecks, insbesondere Leistung von Beiträgen

„Beitrag" iSd § 709 BGB ist nicht nur so zu verstehen, dass als solcher eine bestimmte Geldsumme zu zahlen ist, wie etwa der „Beitrag" zu einem Sportverein. 14

■ Welche Arten von **Einlagen** gibt es allgemein und welche sind bei der GbR zulässig?

319 S. Windbichler/Bachmann GesR § 6 Rn. 86 ff.
320 Windbichler/Bachmann GesR § 6 Rn. 86 ff., 106 ff.
321 Grüneberg/Retzlaff § 705 Rn. 39.

- Allgemein werden Geld- und Sacheinlagen unterschieden. Beide Arten von Einlagen sind bei der GbR zulässig. Der Beitrag eines Gesellschafters kann gem. § 709 I BGB in *jeder* Förderung des gemeinsamen Zwecks, sogar in der Leistung von Diensten, bestehen.

Übersicht 55

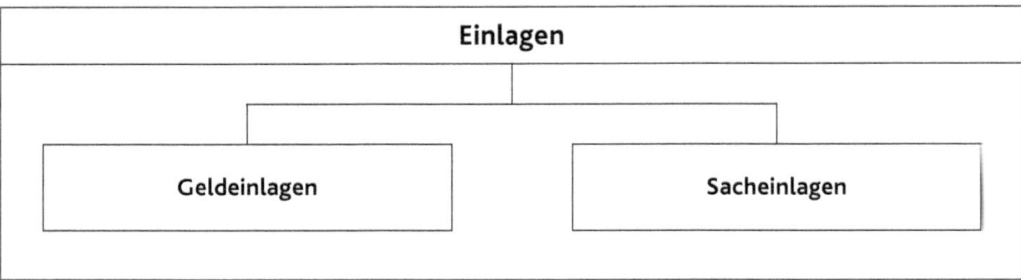

Der Beitrag ist gem. § 709 II BGB von jedem Gesellschafter grundsätzlich gleich zu leisten (§ 709 I und II BGB nochmals lesen!).

In Übungsfall 13 leisten die Gesellschafter A, B und C ihre Beiträge zur Förderung des gemeinsamen Zwecks dadurch, dass sie einerseits alle Anschaffungen und Auslagen anteilig tätigen und außerdem jeder aktiv in der Band mitspielt, also einen Musikbeitrag leistet.

Somit erfüllt unsere Band alle Voraussetzungen einer BGB-Gesellschaft, die deshalb entstanden ist, ohne dass A, B und C sich selbst ausdrücklich als solche bezeichnen müssen.

Entstehung der GbR im Außenverhältnis: Gemäß § 719 I BGB entsteht die GbR im Verhältnis zu Dritten, sobald sie mit Zustimmung aller Gesellschafter am Rechtsverkehr teilnimmt, spätestens aber mit ihrer Eintragung im Gesellschaftsregister. Zum Gesellschaftsregister (§ 707 BGB) kommen wir gleich noch (→ Kap. 8 Rn. 15).

d) Teilrechtsfähigkeit

15 Wie bereits erwähnt, war die Frage der Rechtsfähigkeit bei der GbR lange Zeit umstritten.[322]

Das **MoPeG** (Personengesellschaftsrechtsmodernisierungsgesetz)[323] (→ Kap. 8 Rn. 5) regelt seit dem 1.1.2024 die Frage der Rechtsfähigkeit der GbR explizit. Danach gibt es zwei sich gegenseitig ausschließende Varianten einer GbR, eine rechtsfähige und eine nicht rechtsfähige Form (s. § 705 II BGB, lesen!).

---

322 Hintergrund war, dass bei der GbR eine eindeutige gesetzliche Regelung wie bei der OHG fehlte. Seit 2001 ist aufgrund der Entscheidung des BGH allerdings die *Teilrechtsfähigkeit* der (Außen)GbR anerkannt; BGHZ 146, 341 = NJW 2001, 1056; Leitsätze des BGH in der Entscheidung vom 29.1.2001:
1. Die (Außen-)GbR besitzt Rechtsfähigkeit, soweit sie durch Teilnahme am Rechtsverkehr eigene Rechte und Pflichten begründet.
2. In diesem Rahmen ist sie zugleich im Zivilprozess aktiv und passiv parteifähig, sie kann also selbst klagen und verklagt werden.

323 Vom 10.8.2021, BGBl. 2021 I 3436 ff.

Übersicht 56

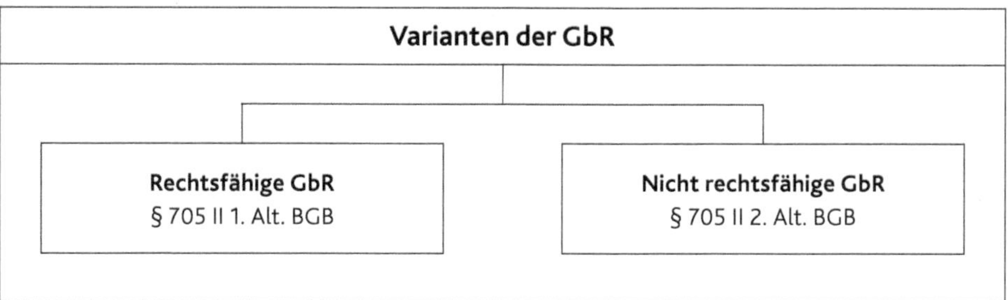

Die GbR kann demzufolge

- entweder als *rechtsfähige* Gesellschaft selbst Rechte erwerben und Verbindlichkeiten eingehen, wenn diese nach dem gemeinsamen Willen der Gesellschafter *am Rechtsverkehr teilnehmen* soll (**rechtsfähige GbR,** § 705 II 1. Alt. BGB) oder
- als nicht rechtsfähige Gesellschaft den Gesellschaftern lediglich zur *Ausgestaltung* ihres *Rechtsverhältnisses untereinander* dienen (**nicht rechtsfähige GbR,** § 705 II 2. Alt. BGB).

Ist der Gegenstand der GbR der Betrieb eines Unternehmens, so wird gem. § 705 III BGB *vermutet*, dass die Gesellschaft nach dem gemeinsamen Willen der Gesellschafter am Rechtsverkehr teilnimmt. Gesetzlich vermutet wird also das Vorliegen einer rechtsfähigen GbR (§ 705 II 1. Alt. BGB).

Gesellschaftsregister: Auch haben die Gesellschafter die Möglichkeit, die rechtsfähige GbR *freiwillig* in das zum 1.1.2024 neu geschaffene „Gesellschaftsregister" (§ 707 BGB) eintragen zu lassen:

- Die Gesellschaft ist mit der Eintragung verpflichtet, als Namenszusatz die Bezeichnung „eingetragene Gesellschaft bürgerlichen Rechts" oder „eGbR" zu führen (§ 707a II BGB).
- Die Eintragung im Gesellschaftsregister hat auch Relevanz für die Eintragung einer GbR im Grundbuch. Gemäß § 47 II GBO (Grundbuchordnung) soll für eine GbR ein Recht nur eingetragen werden, wenn sie im Gesellschaftsregister eingetragen ist (diese Vorschrift brauchen Sie ausnahmsweise nur bei Interesse lesen!).

Hinweis: Die Eintragung in das Gesellschaftsregister bewirkt, dass § 15 HGB entsprechend anzuwenden ist (§ 707a III BGB), sie erzeugt also *Publizitätswirkung* (→ Kap. 5 Rn. 11 ff.). Notieren Sie § 707a III BGB neben § 15 HGB!

e) Haftung

Für Gesellschaftsverbindlichkeiten haftet die **Gesellschaft** mit ihrem Gesellschafts- 16
vermögen. Die rechtsfähige GbR kann Verbindlichkeiten eingehen und verklagt werden, § 705 II 1. Alt BGB.

Sonderproblem **Zurechnung** *fremden* Verschuldens an die Gesellschaft, also Verschulden eines Dritten: Die Zurechnungsproblematik ist eher als Spezialwissen zu werten. Mittlerweile ist höchstrichterlich entschieden, dass (wie bei den anderen Gesellschaftsformen) auch für die Haftung der GbR § 31 BGB analog angewendet wird. Es wird also ein Verschulden des *Gesellschafters* der GbR zugerechnet. Das bedeutet, dass die GbR für Schäden haftet, die ein Gesellschafter durch eine zum Schadensersatz verpflichtende Handlung einem Dritten in Ausführung der ihm zustehenden Verrichtung zufügt. § 31 BGB ist insofern eine Zurechnungsvorschrift.[324] Mit § 278 BGB wird ein Verschulden eines *Mitarbeiters* (Erfüllungsgehilfe) der GbR zugerechnet.

Die Haftung der Gesellschafter im *Außenverhältnis* war in den §§ 705 ff. BGB aF nicht geregelt und umstritten.[325] Mit dem MoPeG (→ Kap. 8 Rn. 5) wurde die Frage der Haftung der Gesellschafter zum 1.1.2024 im BGB normiert. Die **Grundkonstellation** findet sich in § 721 BGB.

Prüfungsschema § 721 S. 1 BGB

1. Verbindlichkeit der Gesellschaft
2. Gesellschafter
3. Keine Einwendungen, § 721b BGB

17 Gemäß *§ 721 S. 1 BGB* haften die Gesellschafter für die Verbindlichkeiten der Gesellschaft.

(1) Es ist also zu prüfen, ob eine **Verbindlichkeit der Gesellschaft** vorliegt.
(2) Der Anspruchsgegner müsste **Gesellschafter** der betreffenden GbR sein.
(3) Ggf. **Einwendungen und Einreden:** Die unbeschränkte Haftung der Gesellschafter mit ihrem Privatvermögen findet durch § 721b BGB Einschränkungen im Hinblick auf
   - eigene Einwendungen des Gesellschafters und
   - Einwendungen der Gesellschaft.

So kann ein Gesellschafter zB Einwendungen[326], die von der Gesellschaft erhoben werden können, gleichermaßen geltend machen, wenn er wegen einer Verbindlichkeit der Gesellschaft in Anspruch genommen werden soll (§ 721b BGB – lesen!).

Beispiel: Gläubiger G hat gegen die GbR eine Forderung, die am 31.7. verjährt ist.

Hinweis: Nur wenn der Sachverhalt Anhaltspunkte für Einwendungen iSd § 721b BGB liefert, sollte auf diese eingegangen werden.

18 **Rechtsfolgen:**

- Alle Gesellschafter einer GbR haften **unbeschränkt** mit ihrem Privatvermögen.
- Zudem haften sie als **Gesamtschuldner** (§§ 721 S. 1, 421, 426 BGB).[327] Wie diese gesamtschuldnerische Haftung ausgestaltet ist, folgt aus § 421 BGB (S. 1 – lesen!). Auf die BGB-Gesellschaft umformuliert bedeutet dies, dass ein Gläubiger der Gesellschaft seine Forderung nach Belieben ganz oder teilweise von jedem einzelnen Gesellschafter verlangen kann.

324 S. BGH NJW 2003, 1445; Grüneberg/Ellenberger § 31 Rn. 3.

325 Seit der Entscheidung des BGH aus dem Jahr 2001 wurde als Anspruchsgrundlage für die Haftung der Gesellschafter für Verbindlichkeiten der GbR § 128 HGB aF analog angewendet, Bitter/Heim GesR § 5 Rn. 39; BGHZ 146, 341 ff. = NJW 2001, 1056.

326 Unter den Begriff „Einwendungen“, der im Privatrecht nicht immer einheitlich verwendet wird (vgl. Wörlen/Metzler-Müller BGB AT Rn. 414 ff.), fallen (wie bei den §§ 334 und 404 BGB) in diesem Kontext auch „Einreden“, insbesondere die Einrede der Verjährung gem. § 214 I BGB.

327 S. dazu Wörlen/Metzler-Müller/Balleis SchuldR AT Rn. 455 ff.

Gemäß *§ 721 S. 2 BGB* ist eine **anderweitige Haftungsvereinbarung** Dritten gegenüber, also im Außenverhältnis, **unwirksam.**

Sonderkonstellationen:

■ Wie haftet eine neu in eine bestehende GbR **eintretende Gesellschafterin?**
▶ Sie haftet gem. §§ 721a, 721 BGB auch für vor ihrem Eintritt begründete Verbindlichkeiten (Altverbindlichkeiten) der Gesellschaft (Vorschrift lesen!).[328]
■ Und wie haftet der aus einer GbR **ausgeschiedene Gesellschafter?**
▶ Aus §§ 721, 728b BGB ergibt sich, dass auch ausgeschiedene Gesellschafter für Altverbindlichkeiten der Gesellschaft haften. Scheidet ein Gesellschafter aus der Gesellschaft aus, so haftet er gem. § 728b I BGB für deren bis dahin begründete Verbindlichkeiten (Altverbindlichkeiten), wenn sie vor Ablauf von fünf Jahren nach seinem Ausscheiden fällig sind (§ 728b BGB lesen!).

Zur Wiederholung:

■ Welche Rechtsfolge tritt ein, wenn eine Gesellschafterin die gesamte Gesellschafts- 19
schuld alleine beglichen hat? (Überlegen Sie!)
▶ Sie hat gegenüber den anderen Gesellschaftern einen Ausgleichsanspruch gem. § 426 I und II BGB (auch diese Vorschrift nochmals lesen!).

Die Antwort auf unsere Fallfrage lautet nach alledem: Da A, B und C (als „123 Straßentruppe“) eine BGB-Gesellschaft bilden, haften sie neben der GbR für Verbindlichkeiten der Gesellschaft gem. § 721 S. 1 BGB als Gesamtschuldner.

Gemäß § 716 I BGB (lesen!) können Gesellschafter ggf. von der Gesellschaft **Aufwendungsersatz** verlangen. Macht ein Gesellschafter zum Zwecke der Geschäftsbesorgung für die GbR Aufwendungen, die er den Umständen nach für erforderlich halten darf, oder erleidet er unmittelbar infolge der Geschäftsbesorgung Verluste, ist ihm die GbR zum Ersatz verpflichtet.

f) Geschäftsführung und Vertretung

■ Worin besteht der Unterschied zwischen Geschäftsführungsbefugnis und Vertre- 20
tungsmacht?
▶ Die Geschäftsführungsbefugnis betrifft das Innenverhältnis, die Vertretungsmacht das Außenverhältnis.

Ebenso wie die Gesellschafter gemeinsam haften, sind sie gem. § 715 I BGB grundsätzlich alle gemeinschaftlich zur **Geschäftsführung** befugt. Dies kann allerdings, wie aus § 715 IV BGB folgt, per Gesellschaftsvertrag abgeändert werden (Vorschrift lesen!).

Die **Vertretungsmacht** ergibt sich aus § 720 BGB (lesen!). Zur Vertretung der GbR sind grundsätzliche alle Gesellschafter gemeinsam befugt. Dies kann aber im Gesellschaftsvertrag abweichend geregelt werden (§ 720 I BGB). Gemäß § 720 III BGB erstreckt sich die Vertretungsbefugnis der Gesellschafter auf alle Geschäfte der GbR. Eine Beschränkung des Umfangs der Vertretungsbefugnis ist Dritten gegenüber unwirksam.

Für die Vertretungsmacht gelten mangels besonderer Vorschriften im Gesellschafts- 21
recht ohne Einschränkung auch die allgemeinen Vorschriften des BGB (BGB AT) über die Stellvertretung.

328 Zur früheren Rechtslage BGH ZIP 2003, 899 ff.

■ Welche Vorschriften sind das? (Das sollten Sie wissen!)
▶ Die Antwort gibt Fußnote[329]!

Zur Wiederholung der Voraussetzungen einer wirksamen Vertretung schauen Sie sich am besten nochmals § 164 BGB (dazu → Kap. 6 Rn. 3) an!

22 Bevor wir uns den Personengesellschaften des HGB zuwenden, lösen wir zur BGB-Gesellschaft abschließend noch einen umfassenden Fall:

Übungsfall 14

Nach dem erfolgreichen Examen beschließen die drei Studienfreunde Anastasia (A), Bengt (B) und Carla (C), sich zusammenzutun und eine Unternehmensberatungssozietät zu gründen. Die Büroeinrichtung, Miete und alle anderen Ausgaben sollen ebenso geteilt werden wie die Gewinne. Zu den Anschaffungen gehört folgendes Namensschild:

„A, B und C Premium-Consulting"

Im Gesellschaftsvertrag wird unter „Geschäftsführung und Vertretung" unter anderem folgender Passus aufgenommen: „Zum Abschluss der mit der Unternehmensberatungsgesellschaft zusammenhängenden Geschäfte ist jeder Beteiligte allein zu handeln berechtigt. Für die Eingehung von Verbindlichkeiten über 3.000 EUR bedarf es der Zustimmung aller übrigen Gesellschafter".

A möchte für 5.000 EUR ein repräsentatives Kunstwerk für eines der Beratungszimmer anschaffen. B, dem abstrakte Kunst zuwider ist, ist dagegen. C äußert sich dazu nicht. A meint, die Zustimmung des B sei nicht erforderlich, da der erste Satz des zitierten Passus aus dem Gesellschaftsvertrag eindeutig für sie spreche.

B, der eine Schwäche für ausgefallene Oldtimer hat, kauft im Namen der Unternehmensberatung ein historisches dreirädriges Rollermobil des Typs *Vespa Ape*, Baujahr 1953, günstig für 3.800 EUR. A und C meinen, diese „alte Rostlaube" sei als Geschäftsfahrzeug ungeeignet und zudem als Verbrenner völlig unzeitgemäß. Sie verlangen die Rückgabe der *Ape* an den Verkäufer. Dieser verlangt Zahlung der 3.800 EUR von A, da er weiß, dass diese schnell zu einem großen Privatvermögen gekommen ist.

C bemerkt schon nach kurzer Zeit, dass sie die Arbeit in der Unternehmensberatung nicht mit ihrem Work-Life-Balance-Konzept vereinbaren kann. Sie will ihren alten Freund Daniel (D) in die Gesellschaft aufnehmen, um die Arbeit auf mehr Schultern zu verteilen. A und B sind dagegen, da D an der „falschen" Hochschule studiert hat.

Fragen:

1) Kann B sich der Anschaffung des Kunstwerks mit Recht widersetzen?
2) Muss A an den Vespa-Händler zahlen? Falls ja, von wem kann sie den Ausgleich verlangen? Falls nein, welchen Anspruch hat der Händler?
3) Können A und B die Aufnahme des D in die Unternehmensberatungsgesellschaft verhindern?

Wir wollen die Antwort auf diese Fragen zwar nicht in Form eines vollständigen Gutachtens erarbeiten, doch anhand einschlägiger Vorschriften relativ ausführlich prüfen.

Zu Frage 1:

23 Kann B der Anschaffung des Kunstwerks widersprechen?

Wenn Sie den ersten Satz des Passus in dem Gesellschaftsvertrag der Unternehmensberatung lesen und mit § 715 BGB (lesen!) vergleichen, können Sie die Frage schon beantworten.

329 **§§ 164 ff. BGB!**

■ Wie lautet die Antwort? (Überlegen Sie!)

▶ Wenn nach dem Gesellschaftsvertrag Einzelgeschäftsführung vereinbart ist, kann jeder einzelgeschäftsführungsberechtigte Gesellschafter der Geschäftsführung des anderen gem. § 715 IV BGB widersprechen. Dies hat B getan. Somit muss das Geschäft der A gem. § 715 IV 2 BGB unterbleiben.

Zu Frage 2:
Zunächst: Kann der Vespa-Händler die 3.800 EUR für die „Vespa Ape" von A verlangen? 24

■ Wie lauten die Anspruchsgrundlagen und Voraussetzungen? (Denken Sie nach!)

▶ Der Händler könnte den Anspruch auf § 433 II iVm § 721 S. 1 BGB stützen. Die Gesellschafter haften für Verbindlichkeiten der Gesellschaft als Gesamtschuldner. Der Händler könnte gem. § 421 S. 1 BGB *jeden* Gesellschafter wegen der Zahlung des gesamten Kaufpreises nach Belieben in Anspruch nehmen.

Es ist also erstens zu prüfen, ob eine **Verbindlichkeit der Gesellschaft** vorliegt. Zweitens müsste A Gesellschafterin der betreffenden GbR sein.

Bleibt also zu prüfen, ob der Kaufvertrag, den B für die Gesellschaft mit dem Vespa-Händler geschlossen hat, wirksam ist. 25

■ Unter welchen Voraussetzungen ist es möglich, dass ein BGB-Gesellschafter nach außen ein Rechtsgeschäft tätigt, durch das die Gesellschaft verpflichtet wird? (Die Antwort sollten Sie nach dem bisher Gelesenen selbst geben können!)

▶ Das ist nur möglich, wenn es zu einer wirksamen Vertretung iSd §§ 164 ff. BGB gekommen ist. Eine eigene Willenserklärung des B im Namen der GbR liegt vor. Fraglich ist nur, ob B auch Vertretungsmacht hatte. Einzelvertretungsmacht liegt nach dem Gesellschaftsvertrag vor (§ 720 I BGB). In unserem Fall ist die Vertretungsmacht aber laut Gesellschaftsvertrag darauf begrenzt, dass B nur Geschäfte bis zu 3.000 EUR abschließen durfte. Der Kaufpreis beträgt allerdings 3.800 EUR.

■ Was bedeutet diese Beschränkung in unserem Fall für den Vertragspartner, der mit dem Gesellschafter verhandelt?

▶ Gem. § 720 III BGB erstreckt sich die Vertretungsbefugnis der Gesellschafter auf alle Geschäfte der Gesellschaft. Eine *Beschränkung* des Umfangs der Vertretungsbefugnis ist Dritten gegenüber *unwirksam*. Insofern gibt es auch bei der BGB-Gesellschaft einen *Verkehrsschutz* bezüglich der Vertretungsmacht, wie er zB bei der Prokura besteht (§ 50 HGB).

Somit hat B in unserem Fall mit dem Kauf der Vespa Ape für 3.800 EUR im Außenverhältnis innerhalb der Vertretungsmacht gehandelt. Es ist somit ein wirksamer Kaufvertrag geschlossen worden, eine Verbindlichkeit der Gesellschaft liegt vor. Auch ist A **Gesellschafterin** der GbR. Der Anspruch des Vespa-Händlers ist also gegeben. 26

■ Hat A, wenn sie gezahlt hat, einen **Ausgleichsanspruch**? Die Antwort, an wen A sich aufgrund welcher Anspruchsgrundlage halten kann, wenn sie die 3.800 EUR gezahlt hat, sollten Sie eigentlich geben können? (Denken Sie daran, dass A als Gesamtschuldnerin zahlt!)

▶ Wenn A den gesamten Betrag gezahlt hat, hat sie einen Ausgleichsanspruch gegen ihre Mitgesellschafter gem. § 426 I und II 1 BGB.

Zu Frage 3:

27 Können A und B die Aufnahme des D in ihre Unternehmensberatungsgesellschaft verhindern?

Über die Aufnahme eines neuen Gesellschafters in eine bestehende BGB-Gesellschaft werden Sie in den §§ 705–739 BGB keine spezielle Vorschrift finden. Da die BGB-Gesellschaft von A, B und C aufgrund eines Gesellschaftsvertrags zustande gekommen ist, müssen wir uns deshalb an den allgemeinen Vorschriften, genauer: an den Vorschriften des Allgemeinen Teils des BGB über das Zustandekommen von Verträgen, orientieren.

■ Welche Vorschriften sind das?
▶ Antwort: Fußnote[330].

28 Wenn Sie davon die erste Vorschrift lesen, haben Sie auch schon die Antwort auf unsere dritte Fallfrage: Nach § 145 BGB ist jeder Vertragspartner an sein Vertragsangebot („Antrag") gebunden. Daraus ergibt sich auch, dass er an einen wirksam zustande gekommenen Vertrag ebenfalls gebunden ist. „Verträge sind einzuhalten" heißt ein alter Rechtsgrundsatz, der schon im römischen Recht („pacta sunt servanda") galt und so selbstverständlich ist, dass er im Gesetz nicht ausdrücklich wiedergegeben ist.

■ Was folgt daraus für den Gesellschaftsvertrag unserer BGB-Gesellschaft? (Überlegen Sie!)
▶ Der Gesellschaftsvertrag ist zwischen A, B und C geschlossen worden und bindet alle drei Gesellschafter gleichermaßen.

29 Ein einmal geschlossener Vertrag kann deshalb, mangels besonderer Rücktritts- oder Kündigungsvereinbarungen, nur durch einen neuen Vertrag aufgehoben werden. Wenn der Gesellschaftsvertrag über die Aufnahme eines neuen Gesellschafters keine Vereinbarung enthält, müssten A, B und C darüber eine Vertragsänderung *beschließen*. Mit anderen Worten: Wenn A und B nicht einverstanden sind, kann C die Aufnahme des D als neuen Gesellschafter nicht erreichen. Die etwas unsachliche Begründung für die Ablehnung des D ist in diesem Falle unerheblich.

Gründe für das Ausscheiden eines Gesellschafters sind insbesondere

- der Tod eines Gesellschafters § 723 I Nr. 1 BGB
- die Kündigung durch den Gesellschafter § 723 I Nr. 2 BGB.

Wenn der C die Zusammenarbeit mit D wichtiger sein sollte als die gemeinsame Unternehmensberatung mit A und B, dann müsste sie ihre Zugehörigkeit zur Gesellschaft gem. §§ 723 I Nr. 2, 725 BGB (lesen!) kündigen. Dies führt zum Ausscheiden der Gesellschafterin C.

g) Beendigung

30 Die Beendigung der GbR vollzieht sich in zwei Phasen, die erste Phase ist die **Auflösung** nach den §§ 729–734 BGB.

Einen Katalog von **Auflösungsgründen** enthält § 729 BGB. Gründe für die Auflösung der Gesellschaft sind gem. § 729 BGB insbesondere

330 **§§ 145 ff. BGB!**

- Ablauf der Zeit, für welche sie eingegangen wurde, § 729 I Nr. 1 BGB,
- Eröffnung des Insolvenzverfahrens über das Gesellschaftsvermögen, § 729 I Nr. 2 BGB,
- Kündigung der Gesellschaft, § 729 I Nr. 3 BGB,
- Auflösungsbeschluss, § 729 I Nr. 4 BGB.

Die zweite Phase stellt die **Liquidation** bzw. Auseinandersetzung der Gesellschaft nach den §§ 735–739 BGB dar.

Erst der Abschluss des Auseinandersetzungsverfahrens führt zum **Erlöschen** der Gesellschaft, § 738 BGB.

Ist die Gesellschaft durch Liquidation oder auf andere Weise erloschen, verjähren Ansprüche gegen einen Gesellschafter aus Verbindlichkeiten der Gesellschaft grundsätzlich in fünf Jahren (§ 739 I BGB).

Lernzielkontrolle: Anschließend verdeutlichen wir uns das Wesen der BGB-Gesellschaft und die entsprechenden Vorschriften nochmals anhand der folgenden zusammenfassenden Übersicht 57.

Literatur zur Vertiefung (→ Kap. 8 Rn. 5–31): Arnold, Nichteheliche Lebensgemeinschaft, BGB-Gesellschaft, Auseinandersetzung, Formerfordernis, Aufwendungsersatz (OLG Hamm, 06.04.2022 – 8 U 172/20), JuS 2022, 967; Benner, Gesellschaften bürgerlichen Rechts als Instrument ambulant betreuter Wohngemeinschaften, NZS 2017, 447; Berisha/Göldner, Matratzenkauf – analog oder digital? Beides läuft nicht immer optimal! (Fortgeschrittenenklausur zum Schuldrecht und Gesellschaftsrecht), JURA 2022, 211; Bitter/Heim GesR § 5; Burchardi, Die GbR nach Inkrafttreten des MoPeGs – Ein Überblick über examensrelevante Änderungen, JA 2023, 981; Burchardi/Lamersdorf, Ein Café im Alten Land (Fortgeschrittenenklausur Personengesellschaftsrecht), JuS 2024, 139; Bezzenberger, Rechtsanwälte und Haftungsfallen (Referendarexamensklausur Gesellschaftsrecht u. allg. Leistungsstörungsrecht), JuS 2024, 55; Dehne-Niemann, Fehlerhafter Anteilskauf als Anwendungsfall der Lehre von der fehlerhaften Gesellschaft?, JURA 2020, 247; Eisenhardt/Wackerbarth GesR I §§ 4–8; Fehrenbach/Schikorra, Die actio pro socio nach dem MoPeG, Ad Legendum 2024, 145; Grunewald/Müller GesR § 1; Hell, Grundzüge und Modernisierung des Rechts der Gesellschaft bürgerlichen Rechts (GbR), JA 2021, 12; Hübner, Examinatorium Gesellschaftsrecht (Teil 1), JURA 2017, 130; Kuhn, Die Rechtsstellung des Gesellschafters einer Gesellschaft bürgerlichen Rechts (GbR) nach dem MoPeG, JURA 2024, 14; Lange, Von fehlerhaften und von Scheingesellschaften, JURA 2017, 751; Lettl Fälle GesR Fälle 4 und 14; Markworth, Die Haftung des GbR-Scheingesellschafters, JuS 2016, 587; Mittwoch/Grübler, TikTok and you don't stop (Referendarexamensklausur), JuS 2021, 584; Möslein, Nachwirkende mitgliedschaftliche Treuepflicht des ausgeschiedenen Gesellschafters, JURA 2023, 233; Mohamed, Die Reform des Personengesellschaftsrechts, JuS 2021, 820; Nazari-Khanachayi/Höhne, Grundzüge des Gesellschaftsrechts unter Berücksichtigung aktueller Entwicklungen – Teil 2: Personengesellschaftsrecht, JURA 2021, 1462; Oechsler/Mihaylova, Der Kronkorkenfall – Zu Gelegenheitsgesellschaft (§ 705 BGB), Auslobung (§ 657 BGB) und Inhabermarke (§ 807 BGB), JURA 2017, 997; Oechsler/Mihaylova, Ein Abiturjahrgang als Gesellschaft bürgerlichen Rechts? – Zustandekommen der Gelegenheitsgesellschaft (§ 705 BGB) und Möglichkeiten der Haftungsbeschränkung, JURA 2016, 833; Pieronczyk, Der „Mauracher Entwurf" zur Reform des Personengesellschaftsrechts – worauf Studenten und Referendare vorbereitet sein müssen, JURA 2021, 53; Reif/Walter, Die gesellschaftsrechtliche Treuepflicht, JuS 2021, 630; Rennig, Alles Neue macht der … Gesetzgeber (Examensklausur zur GbR und digitalen Inhalten), JURA 2024, 630; Saenger GesR § 3; Sanders/Berisha/Bühring/Reinold, Das MoPeG und seine Auswirkungen auf das Personengesellschaftsrecht – ein Rundgang für das Examen, JURA 2023, 1267; Sanders/Berisha/Klasfauseweh, Die persönliche Haftung im Personengesellschaftsrecht, JURA 2020, 542; Sanders/Rolfes, Einführung in das Recht der Familienunternehmen, JURA 2022, 461; Schäfer GesR §§ 18–20; K. Schmidt GesR §§ 58–60;

K. Schmidt, Neues Personengesellschaftsrecht, JuS 2024, 1; Schunke, Gesellschafterwechsel im Recht der Personengesellschaften nach Inkrafttreten des MoPeG, JURA 2022, 1287; Stürner, 20 Jahre Rechtsfähigkeit der Gesellschaft bürgerlichen Rechts, JURA 2021, 463; Weber, Abiturjahrgang als Gesellschaft bürgerlichen Rechts, JA 2017, 69; Windbichler/Bachmann GesR §§ 5–10; Wünsche, Ansprüche gegen die Gesellschaft bürgerlichen Rechts (GbR) und ihre Gesellschafter in der Fallbearbeitung, JuS 2024, 8.

Übersicht 57

31

Gesellschaft bürgerlichen Rechts[331]
Organisatorischer **Grundtyp** der Personengesellschaften; auch: „BGB-Gesellschaft" genannt.
Gesetzliche Regelung: §§ 705–739
Wesen (§ 705 I): Zusammenschluss mindestens zweier Gesellschafter durch Gesellschaftsvertrag mit gegenseitiger Verpflichtung, die Erreichung eines gemeinsamen Zweckes zu fördern; Zweck nicht Betrieb eines Handelsgewerbes (§ 105 I, § 1 II HGB).
Rechtsfähigkeit (§ 705 II)**: zwei Arten** • Rechtsfähige Gesellschaft • Nicht rechtsfähige Gesellschaft
Haftung der Gesellschafter im Außenverhältnis: Grundtatbestand: Unbeschränkte Haftung mit dem Privatvermögen als Gesamtschuldner (§ 721) Sondertatbestände: • § 721a BGB (Eintritt) • §§ 721, 728b BGB (Ausscheiden)
Geschäftsführung (Innenverhältnis!): Grundsätzlich (§ 715 I, III) *gemeinschaftlich* – Änderung durch Gesellschaftsvertrag möglich (§ 715 IV). Gegen Geschäft von Einzelgeschäftsführer Widerspruchsrecht der anderen geschäftsführungsbefugten Gesellschafter (§ 715 IV).
Vertretungsmacht (Außenverhältnis!): § 720: Grundsätzlich *gemeinschaftlich* – Änderung durch Gesellschaftsvertrag möglich (§ 720 I). Geltung der §§ 164 ff.
Entziehung von Geschäftsführungsbefugnis (§ 715 V) und Vertretungsmacht (§§ 720 IV, 715 V) möglich, wenn ein wichtiger Grund vorliegt.
Informationsrecht: Jeder Gesellschafter, auch wenn von Geschäftsführung ausgeschlossen (§ 717 I).
Gründe für das Ausscheiden eines Gesellschafters: insbesondere • Tod eines Gesellschafters § 723 I Nr. 1 • Kündigung durch den Gesellschafter § 723 I Nr. 2
Gründe für das Auflösen der Gesellschaft: insbesondere • Ablauf der Zeit, für welche sie eingegangen wurde § 729 I Nr. 1 • Eröffnung des Insolvenzverfahrens über das Vermögen der Gesellschaft § 729 I Nr. 2 • Kündigung der Gesellschaft § 729 I Nr. 3 • Auflösungsbeschluss § 729 I Nr. 4

331 §§ ohne Bezeichnung auf dieser Übersicht sind solche des BGB.

2. Offene Handelsgesellschaft (OHG)

Die OHG ist eine sog. Personenhandelsgesellschaft (siehe Überschrift Zweites Buch HGB). Sie ist gesetzlich primär in den §§ 105–152 HGB geregelt. 32

Prüfungsschema OHG (§ 105 I HGB):

(1) **Gesellschaftsvertrag**
(2) **Gesellschaftszweck:** grds. Betrieb eines **Handelsgewerbes**
(3) **Unbeschränkte Haftung aller** Gesellschafter

a) Gesellschaftsvertrag

Wie für die BGB-Gesellschaft ist auch für die Entstehung einer OHG ein Gesellschaftsvertrag Voraussetzung (§§ 105 III HGB, 705 I BGB). Erforderlich ist wiederum eine Einigung der Gründer. Der Gesellschaftsvertrag kann auch bei der OHG grundsätzlich formfrei geschlossen werden. 33

Hinweis: Für die OHG sind aufgrund der Verweisregelung in § 105 III HGB auch die Vorschriften über die BGB-Gesellschaft (§§ 705 ff. BGB) anwendbar, sofern das HGB keine Sonderregelungen enthält (§ 105 III HGB lesen und daneben §§ 705 ff. BGB notieren!).

Der Gesellschaftsvertrag regelt das Rechtsverhältnis der Gesellschafter untereinander (§ 108 HGB – lesen!) und lässt die OHG zunächst im *Innenverhältnis* entstehen. 34

Im *Außenverhältnis* wird sie unter den Voraussetzungen von § 123 I HGB wirksam, insbesondere mit Eintragung in das Handelsregister oder schon vorher durch Teilnahme am Geschäftsverkehr (§ 123 HGB – lesen!).

b) Gesellschaftszweck

Eine BGB-Gesellschaft kann zur Erreichung eines beliebigen Zwecks ideeller oder wirtschaftlicher Art (§ 705 BGB) gegründet werden. Die OHG ist gem. § 105 I HGB grundsätzlich auf den Zweck des **Betriebs eines Handelsgewerbes** unter einer gemeinsamen Firma gerichtet. 35

Nach § 105 HGB können folgende Gesellschaften OHG sein:

- **Grundsatz:** Eine Gesellschaft, die ein Handelsgewerbe betreibt, dh ein Unternehmen, das nach Art und Umfang einen kaufmännischen Geschäftsbetrieb erfordert (§ 105 I, § 1 II HGB).
- **Ausnahme 1:** Eine Gesellschaft, die nur ein Kleingewerbe betreibt (= Gewerbebetrieb, der nach Art und Umfang keinen kaufmännischen Geschäftsbetrieb erfordert), wird mit der Eintragung ins Handelsregister zur OHG (§ 107 I 1, 1. Alt. HGB).
- **Ausnahme 2:** Auch eine Gesellschaft, die „nur eigenes Vermögen verwaltet" und somit kein Gewerbe betreibt, wird mit der Handelsregistereintragung zur OHG (§ 107 I 1, 2. Alt. HGB).
- **Ausnahme 3:** Seit dem 1.1.2024 ist auch eine OHG möglich, deren Zweck die gemeinsame Ausübung Freier Berufe (Freiberufler) durch ihre Gesellschafter ist, soweit das anwendbare Berufsrecht die Eintragung zulässt und eine Eintragung im Handelsregister erfolgt ist (§ 107 I 2 HGB). Sie können aber, wie bereits erwähnt, u.a. auch eine BGB-Gesellschaft oder KG bilden.

36 Gleiches gilt für die KG, da § 161 II HGB auf die §§ 105 ff. HGB verweist.

Hinweis: Für das Verständnis der Systematik von GbR, OHG und KG ist es wichtig zu erkennen, dass diese Gesellschaftsformen durch die Verweisvorschriften in § 105 III und § 161 II HGB miteinander verknüpft sind.

c) Unbeschränkte Haftung aller Gesellschafter

37 In Abgrenzung zur KG haften gem. § 105 I HGB bei der OHG *alle* Gesellschafter Dritten gegenüber unbeschränkt mit ihrem Privatvermögen. Bei der KG gibt es, wie in → Kap. 8 Rn. 56 noch auszuführen sein wird, zwei Arten von Gesellschaftern. Namentlich sind das die unbeschränkt haftenden Komplementäre und die nur beschränkt haftenden Kommanditisten, § 161 I HGB.

d) Innenverhältnis

38 Soweit im Gesellschaftsvertrag nichts anderes vereinbart wurde, gelten gem. § 108 HGB für das Innenverhältnis die §§ 109–122 HGB. Im Einzelnen ergeben sich daraus folgende Rechte und Pflichten der Gesellschafter:

aa) Ersatz für Aufwendungen und Verluste

39 Jeder Gesellschafter kann gem. § 105 III HGB, § 716 BGB (lesen!) von der *Gesellschaft* seine persönlichen, erforderlichen Aufwendungen, die er gegenüber Gesellschaftsgläubigern erbracht hat, oder Verluste erstatten lassen.

Gegenüber *Mitgesellschaftern* besteht ein gesamtschuldnerischer Ausgleichsanspruch nach § 426 BGB. Insofern gilt – wie häufig bei der OHG – das bereits zur BGB-Gesellschaft Ausgeführte[332] entsprechend.

bb) Beitragspflicht

40 Jeder Gesellschafter einer OHG muss die im Gesellschaftsvertrag vereinbarten Beitragsleistungen erbringen, um den gemeinsamen Zweck zu fördern (§ 105 III HGB, §§ 705, 709 BGB). Insofern gilt das bereits zur BGB-Gesellschaft Ausgeführte[333] entsprechend.

cc) Wettbewerbsverbot

41 Gemäß § 117 I HGB darf kein Gesellschafter ohne Einwilligung der anderen Gesellschafter in dem Handelszweig der Gesellschaft Geschäfte machen oder sich als persönlich haftender Gesellschafter an einer anderen gleichartigen Gesellschaft beteiligen. Verstöße gegen dieses Wettbewerbsverbot können Schadensersatzansprüche auslösen (§ 118 HGB).

dd) Geschäftsführung

42 Soweit im Gesellschaftsvertrag nichts anderes bestimmt ist, sind alle Gesellschafter nach § 116 I HGB geschäftsführungsbefugt und -verpflichtet. Dabei ist jeder von ihnen grundsätzlich berechtigt allein zu handeln, § 116 III 1 HGB. Der Umfang der Geschäftsführungsbefugnis erstreckt sich gem. § 116 II 1 HGB auf alle Handlungen, die der gewöhnliche Betrieb des Handelsgewerbes mit sich bringt. Unter den Voraus-

332 → **Kap. 8 Rn. 18.**
333 → **Kap. 8 Rn. 14.**

setzungen von § 116 V HGB (wie immer: lesen!) kann einem Gesellschafter die Geschäftsführungsbefugnis entzogen werden.

ee) Mitverwaltungsrechte

Im Einzelnen sind dies insbesondere *Informationsrechte* gem. § 105 III HGB, § 717 BGB, das *Stimmrecht* nach § 109 III HGB bei der Beschlussfassung, bei der der Grundsatz der Einstimmigkeit von Gesellschafterbeschlüssen gilt. Zudem hat jeder Gesellschafter einen Anspruch auf *Gewinnauszahlung* iSd § 122 HGB. 43

Gemäß § 124 II HGB ist zur **Zwangsvollstreckung** in das Gesellschaftsvermögen ein gegen die Gesellschaft gerichteter vollstreckbarer Titel erforderlich. 44

■ Zwischenfrage: Sofern Ihnen in diesem Zusammenhang der Begriff „Titel" unbekannt ist, überlegen Sie einen Moment, was man darunter zu verstehen hat. 45

▶ Es handelt sich um einen Begriff aus dem Prozessrecht und ist die abgekürzte Bezeichnung für „Vollstreckungstitel". Die wichtigsten Vollstreckungstitel sind gerichtliche Entscheidungen wie Urteile, Beschlüsse, Prozessvergleiche sowie vollstreckbare Urkunden.[334]

Das Gesellschaftsvermögen der OHG ist somit Haftungsobjekt.

e) Außenverhältnis

Das Außenverhältnis der OHG ist in den §§ 123–137 HGB geregelt. 46

Voraussetzung für die Anwendung dieser Vorschriften ist, dass die OHG nach außen wirksam geworden ist. Dies richtet sich – wie schon erwähnt – nach *§ 123 HGB*: Danach wird die OHG nach außen wirksam, wenn sie entweder ins Handelsregister eingetragen ist (§ 123 I 1 HGB) oder am Rechtsverkehr mit Zustimmung sämtlicher Gesellschafter schon vor der Eintragung teilgenommen hat (§ 123 I 2 HGB).

Welche Geschäfte könnten das sein, die vor der Eintragung aufgenommen wurden? 47

Beispiele: Anmieten von Geschäftsräumen, Kauf von Einrichtungsgegenständen, Versenden von Werbematerial, Aufnahme eines Kredits und Ähnliches.

■ Was bedeutet in diesem Zusammenhang wohl der „soweit"-Halbsatz in § 123 I 2 HGB? Lesen Sie § 107 I HGB und überlegen Sie wieder einmal selbst, bevor Sie weiterlesen.

▶ Bei einem Gewerbe, das unter § 107 I 1 HGB fällt (Kleingewerbe), wirkt die Eintragung ins Handelsregister *konstitutiv*, also rechtsbegründend. Der Gewerbebetrieb gilt erst durch die Eintragung als Handelsgewerbe. Im Außenverhältnis kann eine solche OHG also nur durch Eintragung wirksam werden.[335] Der Gegenbegriff zu konstitutiv ist, wie Sie schon wissen, deklaratorisch.

aa) Firma

Bezüglich des Firmenkerns kann bei einer OHG zwischen einer Personenfirma, Sachfirma, Fantasiefirma oder Mischfirma gewählt werden. Die Firma muss gem. § 19 I Nr. 2 HGB den Rechtsformzusatz „offene Handelsgesellschaft" oder „OHG" enthalten.[336] 48

Beispiele: „Ochs & Esel OHG", „Maximilian Wagner Offene Handelsgesellschaft".

---

334 §§ 704, 794 ZPO.
335 S. § 105 II 1 HGB und § 123 I HGB.
336 → **Kap. 4 Rn. 3.**

Nach § 125 HGB (lesen!) sind folgende Angaben auf Geschäftsbriefen notwendig:

- Firma,
- Sitz der Gesellschaft,
- Registergericht,
- Registernummer.

Ist kein Gesellschafter eine natürliche Person, sind auf den Geschäftsbriefen ferner die Firmen der Gesellschafter anzugeben sowie die für diese Gesellschafter nach § 35a GmbHG oder § 80 AktG vorgeschriebenen Angaben.

bb) Rechtsfähigkeit

49 Dadurch, dass die OHG gem. § 105 II HGB „Rechte erwerben und Verbindlichkeiten eingehen" kann, erwirbt sie **Teilrechtsfähigkeit**.

cc) Vertretung

50 Schauen Sie ins Gesetz und finden Sie heraus, welche Möglichkeiten der Vertretung einer OHG existieren!

Übersicht 58

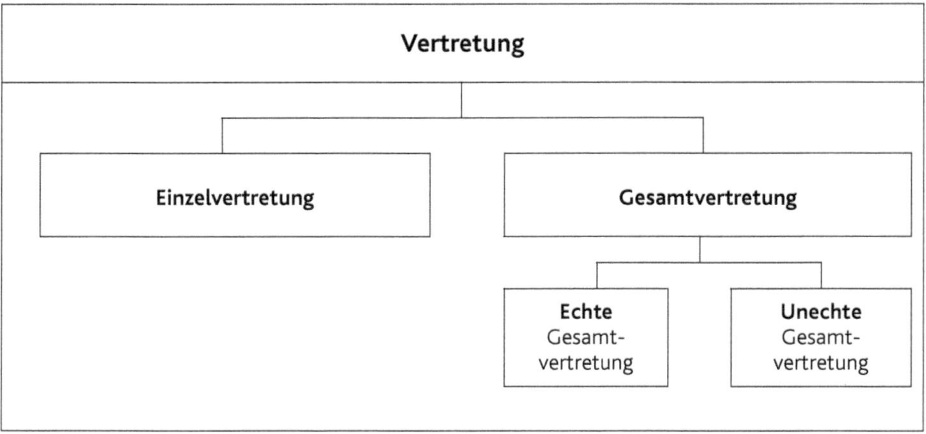

Grundsätzlich ist bei der OHG gem. § 124 I HGB **Einzelvertretung** gegeben. Jeder Gesellschafter ist einzelvertretungsermächtigt, sofern der Gesellschaftsvertrag nichts anderes bestimmt.

Gesellschaftsvertraglich möglich ist auch eine **Gesamtvertretung**. Es gibt die sog. echte und die unechte Gesamtvertretung. Bei der **echten** Gesamtvertretung kann bestimmt werden, dass alle oder mehrere Gesellschafter nur in Gemeinschaft zur Vertretung ermächtigt sein sollen (§ 124 II HGB, Legaldefinition lesen!). Im Gesellschaftsvertrag kann auch eine sog. **unechte** Gesamtvertretung vereinbart werden. Dies bedeutet, dass die *Gesellschafter*, wenn nicht mehrere zusammen handeln, nur gemeinsam mit einem *Prokuristen* oder einer Prokuristin zur Vertretung der Gesellschaft ermächtigt sein sollen (§ 124 III BGB, Vorschrift lesen!).

Der **Umfang** der Vertretungsmacht ist in § 124 IV 1 HGB geregelt. Er kann nicht mit Wirkung gegen Dritte beschränkt werden (§ 124 IV 2 HGB). Eine Entziehung der Vertretungsmacht ist gem. § 124 V HGB und entsprechend § 116 V HGB möglich.

dd) Haftung

Die Gläubiger der Gesellschaft haben wie bei der GbR zwei Zugriffsmöglichkeiten: Zum einen die Gesellschaft mit dem Gesellschaftsvermögen, zum anderen die Gesellschafter mit ihrem Privatvermögen. 51

Die **Gesellschaft** haftet mit ihrem Gesellschaftsvermögen. Aufgrund der Teilrechtsfähigkeit der OHG gem. *§ 105 II HGB* kann diese auch Verbindlichkeiten eingehen und verklagt werden.

Sonderproblem: Auch bei der Haftung der OHG wird § 31 BGB analog (Zurechnungsnorm) angewandt. Das bedeutet, dass die OHG für Schäden haftet, die ein Gesellschafter durch eine zum Schadensersatz verpflichtende Handlung einem Dritten in Ausführung der ihm zustehenden Verrichtung zufügt.[337]

Die **Grundkonstellation** der Haftung der **Gesellschafter** regelt § 126 HGB.

Prüfungsschema § 126 S. 1 HGB

1. Verbindlichkeit der Gesellschaft
2. Gesellschafter
3. Keine Einwendungen § 128 HGB

Gemäß *§ 126 S. 1 HGB* haften die Gesellschafter für die Gesellschaftsverbindlichkeiten der OHG.

(1) Es ist also zu prüfen, ob eine **Verbindlichkeit der Gesellschaft** vorliegt.

(2) Der Anspruchsgegner müsste **Gesellschafter** der betreffenden OHG sein.

(3) Ggf. **Einwendungen und Einreden:** Die unbeschränkte Haftung der Gesellschafter mit ihrem Privatvermögen findet durch § 128 HGB Einschränkungen:

- Eigene Einwendungen des Gesellschafters und
- Einwendungen der Gesellschaft.

So kann ein Gesellschafter zB Einwendungen, die von der Gesellschaft erhoben werden können, gleichermaßen geltend machen, wenn er wegen einer Verbindlichkeit der Gesellschaft in Anspruch genommen werden soll (§ 128 HGB – lesen!).

Beispiel: Gläubiger G hat gegen die Gesellschaft S-OHG eine Forderung, die am 31.7. verjährt ist.

■ Als G gegen den Gesellschafter S am 1.8. Klage erhebt, beruft sich dieser auf die Verjährung der Gesellschaftsschuld. Zu Recht?

▶ Die Antwort ergibt sich aus § 128 I HGB: Danach kann S sich zu Recht auf die Einrede der Verjährung berufen.

■ Was könnten typische „Einwendungen" der Gesellschaft sein, auf die sich ein Gesellschafter gegebenenfalls berufen kann? 52

▶ Die Anfechtung (§§ 119 ff. BGB) oder die Aufrechnung (§§ 387 ff. BGB)[338], s. § 128 II HGB.

---

337 S. Bitter/Heim GesR § 6 Rn. 12.

338 S. bei Interesse zur Anfechtung und Aufrechnung näher Wörlen/Metzler-Müller/Balleis BGB AT Rn. 214 ff.; Wörlen/Metzler-Müller/Balleis SchuldR AT Rn. 176 ff.

Hinweis: Nur wenn der Sachverhalt Anhaltspunkte für Einwendungen iSd § 128 HGB liefert, sollte auf diese eingegangen werden.

53 **Rechtsfolgen:**

- Alle Gesellschafter einer OHG haften **unbeschränkt** mit ihrem Privatvermögen.
- Zudem haften sie als **Gesamtschuldner** (§§ 126 S. 1, 421, 426 BGB).[339] Wie diese gesamtschuldnerische Haftung ausgestaltet ist, folgt aus § 421 BGB (S. 1 – lesen!). Auch bei der OHG bedeutet dies, dass ein Gläubiger der Gesellschaft seine Forderung nach Belieben ganz oder zT von jedem einzelnen Gesellschafter verlangen kann.

Die Gesellschafter können im Innenverhältnis vertraglich **anderweitige Haftungsvereinbarungen** regeln. Diese sind gem. *§ 126 S. 2 HGB* Dritten gegenüber, also im Außenverhältnis, unwirksam.

Aus der bereits öfter angesprochenen und in § 105 II HGB normierten rechtlichen Selbstständigkeit der OHG folgt die Regelung des § 129 II HGB: Ein gegen die *Gesellschaft* gerichteter vollstreckbarer Titel wirkt *nicht* automatisch gegen Gesellschafter.

54 **Sonderkonstellationen der Haftung der Gesellschafter:**

■ Wo ist die Haftung einer **neu eintretenden Gesellschafterin** in eine OHG geregelt?
▶ Dies ist in § 127 HGB geregelt. Die in eine bestehende Gesellschaft neu **eingetretene Gesellschafterin** haftet auch für die *vor* ihrem Eintritt entstandenen Verbindlichkeiten (Altverbindlichkeiten) der Gesellschaft (§ 127 I HGB lesen!).

■ Wo ist die Haftung eines **ausgeschiedenen Gesellschafters** für Altverbindlichkeiten geregelt?
▶ Aus § 137 HGB ergibt sich, dass ausgeschiedene Gesellschafter auch für die *vor* dem Austritt entstandenen Verbindlichkeiten (Altverbindlichkeiten) der Gesellschaft haften (§ 137 I HGB lesen!).

Ausscheidungsgründe sind in § 130 HGB normiert, insbesondere:

- Tod eines Gesellschafters,
- Kündigung der Mitgliedschaft und
- Eröffnung des Insolvenzverfahrens über das Vermögen eines Gesellschafters.

f) Beendigung

55 Die Beendigung der OHG vollzieht sich in zwei Phasen. Die erste Phase ist die **Auflösung** der Gesellschaft nach den §§ 138–142 HGB.

Einen Katalog von **Auflösungsgründen** enthält § 138 HGB.

Die Gesellschaft wird insbesondere aufgelöst durch:

- Eröffnung des Insolvenzverfahrens über Gesellschaftsvermögen (§ 138 I Nr. 2 HGB)
- Auflösungsbeschluss (§ 138 I Nr. 4 HGB).

339 S. dazu Wörlen/Metzler-Müller SchuldR AT Rn. 455 ff.

Die zweite Phase stellt die **Liquidation** bzw. Auseinandersetzung der Gesellschaft nach den §§ 143–152 HGB dar.

Erst der Abschluss des Auseinandersetzungsverfahrens führt zur endgültigen **Beendigung** der Gesellschaft.[340]

3. Kommanditgesellschaft (KG)

a) Gemeinsamkeiten und Abgrenzung zur OHG

Die KG (§§ 161–179 HGB) ist ebenfalls eine Personenhandelsgesellschaft, die sich **56**
von der OHG durch die Ausgestaltung der Haftung unterscheidet. Im Übrigen müssen die Voraussetzungen einer OHG bzw. GbR erfüllt sein. Die Ausführungen zur KG sind auch elementar für das Verständnis der GmbH & Co. KG (siehe → Kap. 8 Rn. 94 ff.)

Hinweis: Für die KG sind aufgrund der **Verweisregelung** in **§ 161 II HGB** auch die Vorschriften über die OHG (§§ 105 ff. HGB) und über **§ 105 III HGB** auch die der BGB-Gesellschaft (§§ 705 ff. BGB) anwendbar, sofern die §§ 162 ff. HGB keine Sonderregelungen enthalten.
Sie sollten in der Klausur darauf achten, gegebenenfalls die Verweisvorschriften genau zu benennen! Diese könnten Sie sich auch in Ihrem Gesetzestext an den entsprechenden Stellen notieren.

Prüfungsschema KG (§ 161 I HGB)

(1) **Gesellschaftsvertrag**
(2) **Gesellschaftszweck:** Grundsätzlich Betrieb eines **Handelsgewerbes**
(3) **Beschränkte Haftung** mindestens eines Gesellschafters

Zu (1) **Gesellschaftsvertrag:**

Auch bei der KG muss gem. §§ 161 II, 105 III HGB, 705 BGB ein wirksamer Gesellschaftsvertrag vorliegen (siehe Ausführungen zur GbR, → Kap. 8 Rn. 11 ff.).

Zu (2) **Gesellschaftszweck:**

Grundsatz: Die KG ist (wie auch die OHG) gem. § 161 I HGB auf den Zweck des *Betriebs eines Handelsgewerbes* (§ 1 II HGB) unter einer gemeinsamen Firma gerichtet.

Ausnahmen:

(a) Eine Gesellschaft, die nur ein Kleingewerbe betreibt, wird mit der Eintragung ins Handelsregister zur KG (§§ 161 II, 107 I 1, 1. Alt. HGB).

(b) Auch eine Gesellschaft, die „nur eigenes Vermögen verwaltet" und somit kein Gewerbe betreibt, wird mit der Handelsregistereintragung zur KG (§§ 161 II, 107 I 2, 2. Alt. HGB).

(c) Seit dem 1.1.2024 ist auch eine KG möglich, deren Zweck die gemeinsame Ausübung Freier Berufe durch ihre Gesellschafter ist, soweit das anwendbare Berufsrecht die Eintragung zulässt und eine Handelsregistereintragung vorliegt (§§ 161 II, 107 I 2 HGB).

340 S. Bitter/Heim GesR § 6 Rn. 74 f.

Zu (3) **Beschränkte Haftung** mindestens eines Gesellschafters.

Bei der KG gibt es zwei Arten von Gesellschaftern, § 161 I HGB (lesen!), also mindestens einen Komplementär und mindestens einen Kommanditisten.

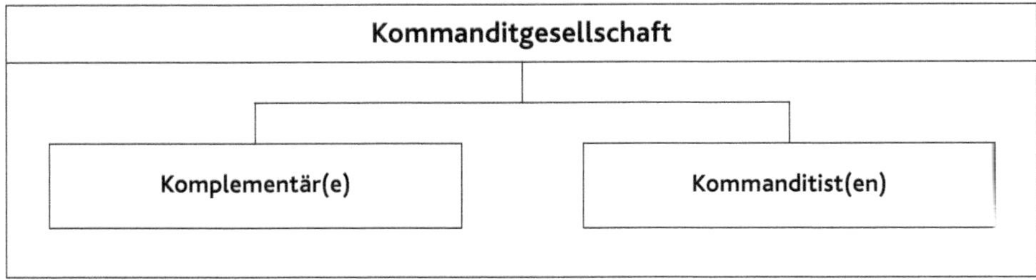

Die unbeschränkt bzw. persönlich haftenden Gesellschafter heißen **Komplementäre**. Sie haften wie die Gesellschafter einer OHG mit ihrem gesamten Privatvermögen.

Das Charakteristische bei der KG ist die bei mindestens einem Gesellschafter gegenüber den Gesellschaftsgläubigern auf einen bestimmten Betrag („Einlage") beschränkte Haftung. Diese Gesellschafter nennt man **Kommanditisten**.

57 Soweit sich aus der Unterscheidung zwischen Komplementären und Kommanditisten nichts Besonderes ergibt, gelten – wie bereits erwähnt – die Ausführungen zur OHG und zT auch zur GbR gleichermaßen für die KG. Gemäß § 161 II HGB (lesen!) finden auf die KG die Vorschriften des HGB über die OHG Anwendung, soweit in den §§ 162–179 HGB nichts anderes vorgeschrieben ist.

Diese Sondervorschriften tragen namentlich der Tatsache Rechnung, dass die Kommanditisten nur eingeschränkt haften. Dementsprechend können sie auch nur eingeschränkte Rechte haben (zB keine Geschäftsführungsbefugnis – § 164 HGB – und keine Vertretungsmacht – § 170 HGB –). § 177 HGB enthält eine gesetzliche Nachfolgeregelung für den Tod eines Kommanditisten.

Auch bei der KG kann im Firmenkern eine Personenfirma, Sachfirma, Fantasiefirma oder Mischfirma gewählt werden. Sie muss gem. § 19 I Nr. 3 HGB den Rechtsformzusatz „Kommanditgesellschaft" oder eine allgemeinverständliche Abkürzung dafür (zB „KG") enthalten.[341]

Beispiel: „Dr. August Oetker KG"

b) Geschäftsführung und Vertretung

58 Gemäß § 164 HGB sind die Kommanditisten von der **Geschäftsführung** ausgeschlossen. Insofern erfolgt die Geschäftsführung durch die Komplementäre, §§ 161 II, 116 HGB.

Kommanditisten haben nach § 170 HGB keine organschaftliche **Vertretungsmacht**. Die Vertretung der KG erfolgt gem. §§ 161 II, 124 HGB durch die Komplementäre.

341 → **Kap. 4 Rn. 3.**

c) Haftung

Zum einen haftet wiederum die Gesellschaft, also die **Kommanditgesellschaft**, mit ihrem Gesellschaftsvermögen. 59

Zum anderen haften die Gesellschafter. Bei der Haftung der Gesellschafter ist strikt zwischen Komplementären und Kommanditisten zu differenzieren.

■ Wie haften die **Komplementäre**?
▶ Komplementäre haften gem. §§ 161 II, 126 HGB wie OHG-Gesellschafter, also unbeschränkt mit dem Privatvermögen (→ Kap. 8 Rn. 51).

In der **Grundkonstellation** haften **Kommanditisten** ab Eintragung ins Handelsregister gem. § 171 I Hs. 1 HGB.

Prüfungsschema § 171 I Hs. 1 HGB

(1) Gesellschaftsverbindlichkeit
(2) Kommanditist
(3) Haftungsumfang, §§ 171 I Hs. 1, 172 I HGB
(4) Ausschluss der Haftung, § 171 I Hs. 2 HGB
(5) Wiederaufleben der Haftung, § 172 IV 1 HGB
(6) Keine Einwendungen, §§ 161 II, 128 HGB

Gemäß § 171 I Hs. 1 HGB haftet ein Kommanditist den Gläubigern der Gesellschaft bis zur Höhe seiner Haftsumme unmittelbar.

(1) Es muss also geprüft werden, ob eine **Gesellschaftsverbindlichkeit** vorliegt.

(2) Zudem muss der Anspruchsgegner **Kommanditist** der betreffenden KG sein.

(3) **Haftungsumfang:** Die Haftung der Kommanditisten ist beschränkt. Der Umfang ist gem. § 172 I HGB durch den im Handelsregister angegebenen Betrag (Haftsumme) bestimmt.

(4) Die Haftung des Kommanditisten ist gem. § 171 I Hs. 2 HGB **ausgeschlossen,** soweit die Einlage geleistet ist. Die Haftung des Kommanditisten kann also ganz oder teilweise erloschen sein.

(5) **Wiederaufleben der Haftung:** Nach § 172 IV 1 HGB gilt die Einlage den Gläubigern gegenüber als nicht geleistet, soweit die Einlage eines Kommanditisten zurückbezahlt wird. *Rückzahlung* bedeutet, dass die KG von dem Kommanditisten gar keine oder keine adäquate Gegenleistung bekommt.[342] Die erloschene Haftung kann also ganz oder teilweise wieder aufleben.

(6) Schließlich ist ggf. zu prüfen, ob **Einwendungen**, §§ 161 II, 128 HGB, vorliegen.

Sonderkonstellationen:

- Eintritt als Kommanditist in eine bestehende OHG oder KG (§ 173 HGB),
- Haftung vor Eintragung der KG ins Handelsregister (§ 176 I HGB),
- Haftung vor Eintragung des Kommanditisten ins Handelsregister (§ 176 II, I HGB),
- Haftung des ausgeschiedenen Kommanditisten (§§ 161 II, 137, 171 I HGB).

342 S. Hopt/Roth § 172 Rn. 6.

Lernzielkontrolle: Die wichtigsten Unterschiede der OHG und der KG gegenüber der BGB-Gesellschaft sind zusammengefasst auf der nachfolgenden Übersicht 59. Prüfen Sie kritisch, ob Sie alles verstanden haben!

Übersicht 59

60 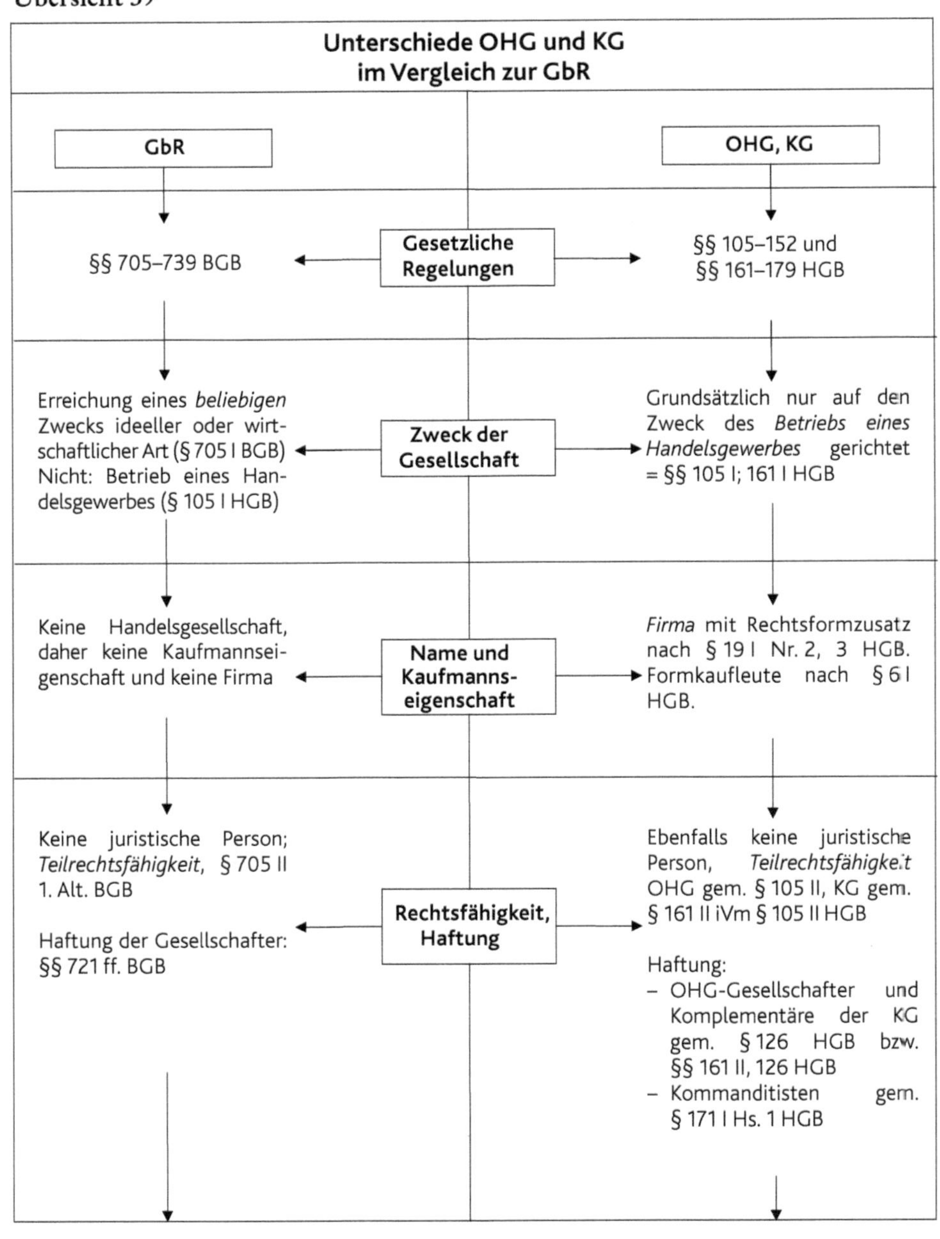

Übersicht 59 (Fortsetzung)

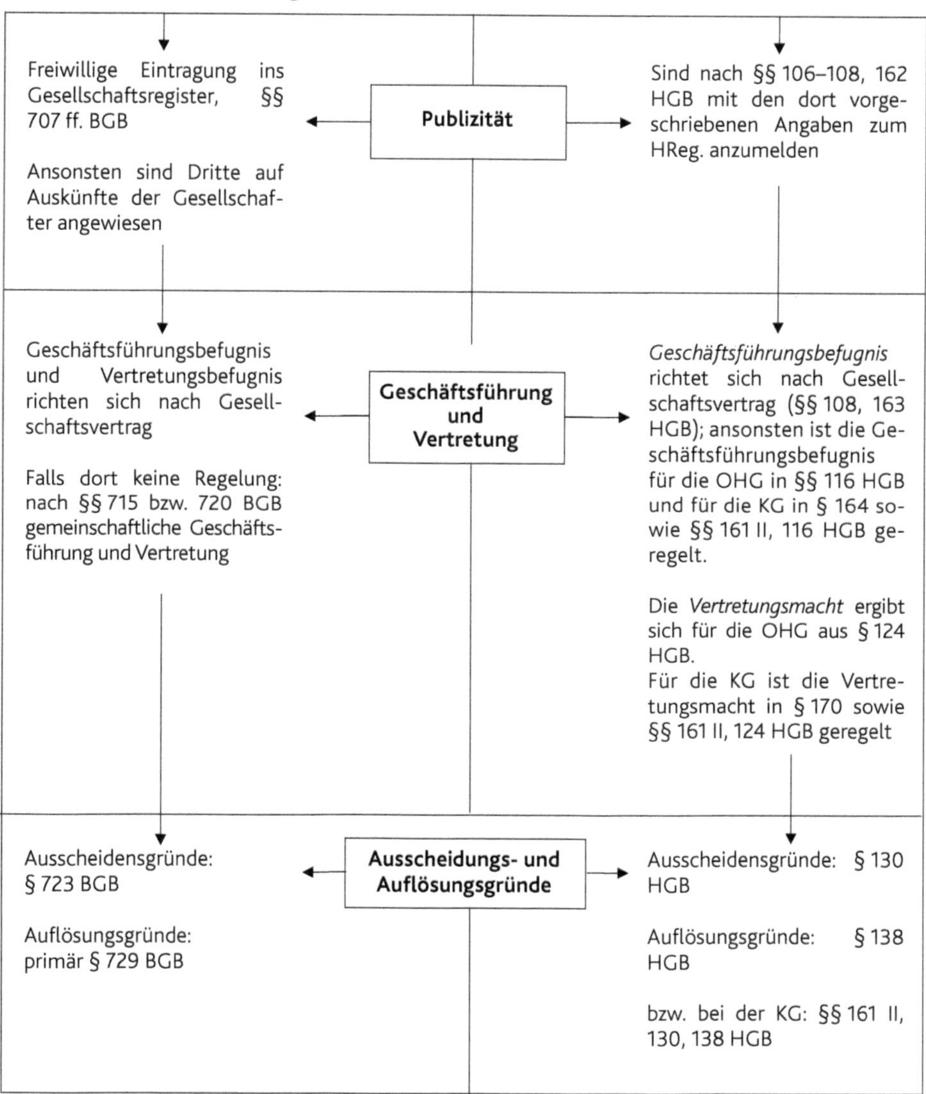

4. Stille Gesellschaft

Hinweis: Da der stillen Gesellschaft idR eine relativ geringe Klausurrelevanz zukommt, wird hier nur ein kurzer Überblick gegeben. 61

Begriff und Wesen der stillen Gesellschaft ergeben sich aus *§§ 230–236 HGB*.

Der stille Gesellschafter ist nicht „Kaufmann", da er kein – nach außen gerichtetes – Gewerbe betreibt.[343] Bei der stillen Gesellschaft handelt es sich gem. § 230 I HGB (le-

343 → Kap. 3 Rn. 6.

sen!) um eine Gesellschaft, bei der sich ein „stiller Teilhaber" an dem Handelsgewerbe eines anderen (Einzelkaufmann oder Handelsgesellschaft) mit einer in das Vermögen dieses anderen übergehenden Einlage gegen Gewinn- und Verlustanteil beteiligt (§§ 231 f. HGB).

62 Im Gegensatz zu den anderen Gesellschaften wird kein gemeinsames Gesellschaftsvermögen gebildet. Bei der stillen Gesellschaft handelt es sich um eine reine „**Innengesellschaft**": Der Inhaber des Handelsgewerbes tritt nach außen weiterhin als Einzelkaufmann auf und firmiert wie ein Einzelkaufmann.[344]

Beispiel: „Ochs e.K.", „Ochs eingetragener Kaufmann"

Gemäß § 230 II HGB wird aus den geschlossenen Geschäften allein der Inhaber berechtigt und verpflichtet.

Literatur zur Vertiefung (→ Kap. 8 Rn. 32–62): Bialluch, Die selbstkühlenden Bierfässer des Dr. L (Schwerpunktbereichsklausur: Handels- und Personengesellschaftsrecht), JuS 2020, 955; Bitter/Heim GesR §§ 6–7; Eisenhardt/Wackerbarth GesR I §§ 16 ff., 23, 24 ff. (OHG, PartG, KG); Gellings, Inanspruchnahme eines Gesellschafters: Innenregress und Gesamtschuldnerausgleich, JuS 2012, 589; Grunewald/Müller GesR §§ 2–4; Grunwald, Dualismus der Rechtsformen: Körperschaften und Personengesellschaften, Ad Legendum 2024, 89; Haag/Erdl Fälle HandelsR/GesR Fälle 9–13; Hahn, Die Rechtsnachfolge in der Personengesellschaft beim Tod eines Gesellschafters, JuS 2017, 720; Hecht, Personengesellschaftsrecht in der notariellen Gestaltungspraxis, JA 2012, 372; Hellgardt/Schwarzfischer, Das Catering-Chaos (Fortgeschrittenenklausur – Handels- und Gesellschaftsrecht), JuS 2020, 334; Hippeli, Das Widerspruchsrecht der Mitgeschäftsführer im Personengesellschaftsrecht, JURA 2017, 1192; Hübner, Examinatorium Gesellschaftsrecht (Teil 1 und 2), JURA 2017, 130, 257; Kindler, Grundfragen der Kommanditenhaftung, JuS 2006, 865; Kindler GK HandelsR §§ 10–13; Klein-Blenkers, Rechtsformen Teil C II; Lange, Von fehlerhaften und von Scheingesellschaften, JURA 2017, 751; Lange, Sonderformen der KG, JURA 2016, 225; Mittwoch, Die richtige Technik (Referendarexamensklausur Handels- und Gesellschaftsrecht), JuS 2017, 591; Mohamed, Die Reform des Personengesellschaftsrechts, JuS 2021, 820; Müller/Großmann, Ein unbürokratischer Kommanditist (Fortgeschrittenenklausur), JuS 2020, 535; Nazari-Khanachayi/Höhne, Grundzüge des Gesellschaftsrechts unter Berücksichtigung aktueller Entwicklungen – Teil 2: Personengesellschaftsrecht, JURA 2021, 1462; Saenger GesR §§ 4–7; Sanders/Berisha/Bühring/Reinold, Das MoPeG und seine Auswirkungen auf das Personengesellschaftsrecht – ein Rundgang für das Examen, JURA 2023, 1267; Sanders/Berisha/Klasfauseweh, Die persönliche Haftung im Personengesellschaftsrecht, JURA 2020, 542; Sanders/Rolfes, Einführung in das Recht der Familienunternehmen, JURA 2022, 461; Schäfer GesR §§ 4–17, 27–30; Scheuch, Vertretung und Haftung in der KG (Semesterabschlussklausur Gesellschaftsrecht), JuS 2019, 875; K. Schmidt GesR § 65; K. Schmidt, Neues Personengesellschaftsrecht, JuS 2024, 1; Schunke, Gesellschafterwechsel im Recht der Personengesellschaften nach Inkrafttreten des MoPeG, JURA 2022, 1287; Stabel, Die Kommanditistenhaftung nach Inkrafttreten des MoPeG, JuS 2024, 205; Stiegler, Grundwissen Gesellschaftsrecht: Sitz und Sitzverlegung, JURA 2023, 64; Steinbeck, Grundfälle zum Personengesellschaftsrecht, JuS 2012, 10, 105, 199; Wedemann/Schanze, Schicksal eines KG-Gläubigers, Ad Legendum 2013, 265; Windbichler/Bachmann GesR §§ 1–18.

344 Ausf. zum Ganzen zB Schäfer GesR §§ 27–30.

IV. Körperschaften, insbesondere Kapitalgesellschaften

1. Begriff und Wesen

Die zweite Gruppe der Gesellschaften bilden die bereits erwähnten *Körperschaften*, also insbesondere GmbH, UG, AG, KGaA und eG. 63

- Welche Gesellschaften werden als **Kapitalgesellschaften** bezeichnet? Dies könnten Sie noch wissen!
- ▶ Primär die AG, GmbH und KGaA werden auch als Kapitelgesellschaften bezeichnet.

- Wo im Gesetz ist der Begriff Kapitalgesellschaft definiert? Welche Relevanz hat dieser Begriff?
- ▶ Die Legaldefinition enthält die Überschrift „Zweiter Abschnitt" vor §§ 264 ff. HGB. Für Kapitalgesellschaften gelten gem. §§ 264 ff. HGB ergänzende Vorschriften ua bzgl. des Jahresabschlusses.

Für Körperschaften gelten insbesondere folgende **Grundsätze:**[345] 64

Übersicht 60

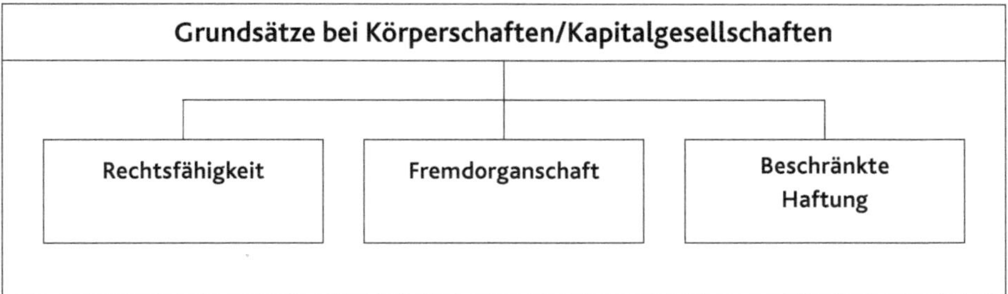

(1) Körperschaften sind grundsätzlich juristische Personen[346] und **rechtsfähig** (s. zB § 13 I GmbHG).
(2) Grundsatz der **Fremdorganschaft:** Geschäftsführung und Vertretung werden von verselbstständigten Organen (Geschäftsführer oder Vorstand) wahrgenommen. Deren Mitglieder müssen nicht Gesellschafter sein (s. zB § 6 III 1 GmbHG).
(3) **Beschränkte Haftung:**
Haftungsbeschränkung auf das Gesellschaftsvermögen (s. zB § 13 II GmbHG).

Im Folgenden sollen die Grundlagen zu den wichtigsten Körperschaften vermittelt werden.

345 Bitter/Heim GesR § 1 Rn. 15 ff.

346 Juristische Personen sind ferner privatrechtliche **Stiftungen** (§§ 80 ff. BGB). Sie sind aber **keine Körperschaften** (Personenvereinigungen), da sie keine Mitglieder haben. Bezüge zum Gesellschaftsrecht bestehen bei **unternehmenstragenden Stiftungen**, die selbst als e.Kfr. oder als Mehrheitsgesellschafterin ein Unternehmen betreiben (zB Lidl Stiftung & Co. KG), s. Kindler GK HandelsR § 9 Rn. 11.

2. Rechtsfähiger Verein

65 So wie die BGB-Gesellschaft den organisatorischen Grundtyp der Personengesellschaften darstellt, verkörpert der rechtsfähige Verein den organisatorischen **Grundtyp** der Körperschaften und insbesondere der Kapitalgesellschaften (§§ 21 ff. BGB).

■ Welche Beispiele für (bekannte) Vereine fallen Ihnen ein?
▶ Beispiele: ADAC eV, Deutsches Rotes Kreuz eV sowie Sportvereine.

Der rechtsfähige Verein ist eine juristische Person, deren Entstehung, Handlungsfähigkeit und Haftung bei Wörlen/Metzler-Müller/Balleis BGB AT Rn. 85–92 relativ ausführlich dargestellt ist. Lesen Sie bei Interesse die dortigen Ausführungen.

3. Aktiengesellschaft (AG)

66 Wenn wir den rechtsfähigen Verein soeben als organisatorischen Grundtyp aller Körperschaften bzw. Kapitalgesellschaften bezeichnet haben, lässt sich die Aktiengesellschaft als die typische Kapitalgesellschaft schlechthin bezeichnen. (Zum Begriff Kapitalgesellschaft s. nochmals die zweite Abschnittsüberschrift vor den §§ 264 ff. HGB).

Das Recht der Aktiengesellschaften ist primär im ersten Buch des AktG (**§§ 1–277 AktG**) zu finden.[347]

Für börsennotierte Aktiengesellschaften, § 3 II AktG, hat auch der **Deutsche Corporate Governance Kodex** große praktische Relevanz. Dies gilt insbesondere in Hinblick auf die sog. Entsprechungserklärung des § 161 AktG (Erklärung zum Corporate Governance Kodex). Vorstand und Aufsichtsrat müssen jährlich erklären, ob den Empfehlungen der „Regierungskommission Deutscher Corporate Governance Kodex" entsprochen wurde oder gegebenenfalls, warum diese nicht angewendet wurden (§ 161 I AktG – lesen!). Die Entsprechenserklärung ist auf der Internetseite der Gesellschaft dauerhaft öffentlich zugänglich zu machen (§ 161 II AktG – ebenfalls lesen!). Unter www.dcgk.de finden Sie nähere Informationen zu diesem Kodex.

a) Wesen

67 Das Wesen der AG beschreibt insbesondere § 1 AktG:

- Die AG hat nach § 1 I 1 AktG eine eigene Rechtspersönlichkeit, ist also juristische Person und *rechtsfähig*.
- Für die Verbindlichkeiten der AG *haftet* gem. § 1 I 2 AktG nur das *Gesellschaftsvermögen.*
- Das sog. Grundkapital der AG ist in *Aktien* zerlegt (§ 1 II AktG). Das Mindestgrundkapital beträgt gem. § 7 AktG 50.000 EUR.
- Gemäß § 2 AktG kann die AG von einer oder mehreren Personen gegründet werden.
- Es existieren börsennotierte und nicht börsennotierte Aktiengesellschaften (zum Begriff „börsennotiert" s. § 3 II AktG).

347 Das Recht der Aktiengesellschaften war ursprünglich im HGB von 1897 mitgeregelt. Ein eigenes Aktiengesetz gibt es in Deutschland seit 1937.

- Für die *Firma* der AG gilt § 4 AktG, der die Bezeichnung „Aktiengesellschaft" oder eine allgemein verständliche Abkürzung dieser Bezeichnung verlangt (zB „AG").

Beispiel: „Siemens AG", „FC Bayern München AG", „N-ERGIE Aktiengesellschaft"

Die AG ist *Formkaufmann* iSv § 6 HGB iVm § 3 I AktG, dh unabhängig vom Gesellschaftszweck gilt sie als Handelsgesellschaft (§ 3 I AktG lesen!).

b) Gründung

Für die Gründung einer AG sind nach der Gründungsentscheidung insbesondere folgende Gründungsschritte erforderlich (§§ 23 ff. AktG):[348] **68**

(1) Feststellung der Satzung (§ 23 AktG),
(2) Bestellung der Organe (§ 30 AktG),
(3) Aufbringung des Mindestkapitals (§ 36 II, 36a AktG),
(4) Gründungsbericht und Gründungsprüfung (§§ 33–35 AktG),
(5) Anmeldung beim Registergericht (§§ 36 I, 37 AktG),
(6) Eintragung ins Handelsregister (§§ 38 und 39 AktG).

(1) Zunächst erfolgt die **Feststellung der Satzung** (= Gesellschaftsvertrag). Die Satzung muss gem. § 23 I AktG notariell beurkundet werden. Einzelheiten zur Satzung ergeben sich aus § 23 II–V AktG. Mit der Übernahme aller Aktien durch die Gesellschafter ist die AG errichtet (§ 29 AktG).

(2) Weiter ist gem. § 30 AktG die **Bestellung der Organe** erforderlich, dh des Aufsichtsrats, des Vorstands und des Abschlussprüfers für das erste Geschäftsjahr.

(3) Vor der Anmeldung muss die **Aufbringung des Mindestkapitals** erfolgen. Dabei ist zu differenzieren zwischen Geld- und Sacheinlagen, §§ 36 II, 36a AktG.

(4) Nach § 32 AktG sind die Gründer zur Erstellung eines **Gründungsberichts** verpflichtet, dem sich eine **Gründungsprüfung** anschließt (§§ 33–35 AktG).

(5) Anschließend ist die **Anmeldung** der Gesellschaft beim Registergericht vorzunehmen (§§ 36 I, 37 AktG).

(6) Der letzte Gründungsschritt ist die **Eintragung** der Gesellschaft ins Handelsregister (§§ 38 und 39 AktG). Mit ihrer *konstitutiven* Eintragung ins Handelsregister ist sie entstanden. Für den Rechtszustand vor der Eintragung gilt § 41 I 1 AktG. Danach besteht die AG als solche vor der Eintragung nicht.

Es werden verschiedene Phasen bzw. Stadien der Gründung unterschieden:[349]

- Vorgründungsgesellschaft
- Vor-AG
- AG.

---

348 Ausf. zum Gründungsverfahren, den Gründungsphasen und der Haftung iRd Gründung Bitter/Heim GesR § 3 Rn. 13 f. sowie § 4 Rn. 24 ff.

349 S. näher Bitter/Heim GesR § 3 Rn. 13 f. sowie § 4 Rn. 24 ff.

c) Organe

69 Als juristische Person nimmt die AG am Rechtsverkehr durch Handlungen ihrer Organe teil.

■ Welche drei Organe sind bei einer AG vorgeschrieben? (Denken Sie nach!)
▶ Die Antwort zeigt Übersicht 61.

Übersicht 61

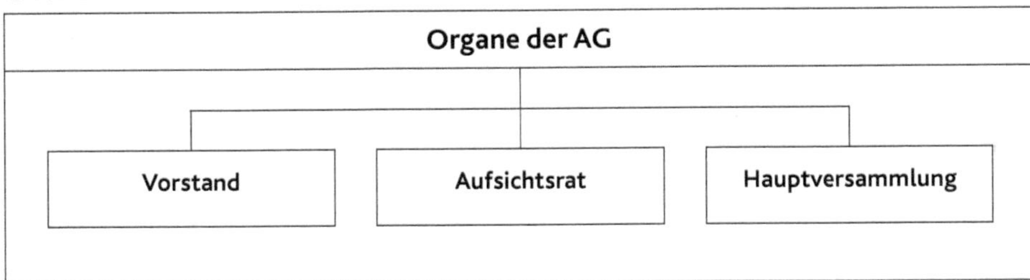

Diese drei Organe wollen wir uns im Folgenden etwas genauer ansehen.

aa) Vorstand

70 Die Regelungen über den Vorstand finden sich primär in den §§ 76–94 AktG.

Zusammensetzung: Nach § 76 II 1 AktG kann der Vorstand aus einer oder mehreren Personen bestehen. Zur Frauen- bzw. Geschlechterquote im Vorstand siehe § 76 IIIa, IV AktG.

Das Tätigkeitsfeld und die **Kompetenzen** des Vorstandes sind va in den §§ 76–94 AktG geregelt. Gemäß § 76 I AktG hat der Vorstand die AG unter *eigener Verantwortung* zu leiten.

Wenn es mehrere Vorstandsmitglieder gibt, besteht grundsätzlich Gesamtgeschäftsführung (§ 77 AktG) und Gesamtvertretung (§ 78 AktG). Der Vorstand vertritt gem. § 78 I AktG die AG gerichtlich und außergerichtlich.

■ Können Sie sich vorstellen, welche weiteren **Aufgaben** der Vorstand einer AG hat?
▶ Der Vorstand hat insbesondere folgende Aufgaben:
- Ausführung der beschlossenen Maßnahmen (§ 83 II AktG),
- Berichterstattung an den Aufsichtsrat (§ 90 AktG),
- Verantwortung für Buchführung und Risikoüberwachungssystem (§ 91 AktG),
- Einberufung Hauptversammlung (§§ 92 I, 121 II AktG),
- Vorlage des Jahresabschlusses mit Lagebericht an Aufsichtsrat (§ 170 I AktG),
- Insolvenzantragspflicht (§ 15a I InsO).

Gemäß § 84 I AktG wird der Vorstand vom Aufsichtsrat für höchstens fünf Jahre **bestellt**. Aus § 76 III AktG lässt sich mittelbar entnehmen, dass zu Vorständen Aktionäre oder andere Personen (Nichtgesellschafter) bestellt werden können. § 76 III AktG regelt, wer Vorstandsmitglied sein kann und die Ausschlusstatbestände.

■ Welcher für Körperschaften geltende Grundsatz bildet den Hintergrund dieser Option? (Das sollten Sie noch wissen!)

▶ Hintergrund ist der Grundsatz der *Fremdorganschaft* (falls nicht mehr gewusst: lesen Sie → Kap. 8 Rn. 64!).

Wenn es mehrere Vorstandsmitglieder gibt, kann gemäß § 84 II AktG ein *Vorstandsvorsitzender* ernannt werden. Dieser wird zT in der Unternehmenspraxis auch als CEO (Chief Executive Officer) bezeichnet.

Abberufen wird der Vorstand gem. § 84 III AktG ebenfalls vom Aufsichtsrat, was allerdings nur aus wichtigem Grund möglich ist. Wichtige Gründe sind insbesondere die grobe Pflichtverletzung, Unfähigkeit zur ordnungsgemäßen Geschäftsführung oder der Vertrauensentzug (§ 84 III 2 AktG – lesen!).

Primär in § 87 AktG sind die Grundsätze für die **Bezüge** der Vorstandsmitglieder geregelt (Vorschrift lesen!). Gemäß § 87 I 1 AktG ist der Aufsichtsrat zuständig für die Festsetzung der Gesamtbezüge der einzelnen Vorstandsmitglieder. Er hat dafür zu sorgen, dass diese in einem *angemessenen* Verhältnis zu den Aufgaben und Leistungen des Vorstandsmitglieds sowie zur Lage der Gesellschaft stehen und die übliche Vergütung nicht ohne besondere Gründe übersteigen. In § 87a AktG finden sich Regelungen zum Vergütungssystem börsennotierter Aktiengesellschaften. § 162 AktG sieht bei börsennotierten Aktiengesellschaften einen Vergütungsbericht vor.

bb) Aufsichtsrat

Die Regelungen über den Aufsichtsrat finden sich primär in den §§ 95–116 AktG. 71

Die **Zahl** der Aufsichtsratsmitglieder ergibt sich aus § 95 AktG. Der Aufsichtsrat besteht aus mindestens drei und – je nach Höhe des Grundkapitals – maximal 21 Mitgliedern. Die Anzahl muss durch drei teilbar sein, wenn dies zur Erfüllung mitbestimmungsrechtlicher Vorgaben notwendig ist (§ 95 AktG – lesen!).

Für die **Zusammensetzung** des Aufsichtsrats gelten § 96 AktG sowie gegebenenfalls die Mitbestimmungsgesetze (§§ 1 I Nr. 1, 4 DrittelbG; §§ 1 und 7 MitbestG, §§ 1 und 4 MontanMitbestG).[350] Zur Frauen- bzw. Geschlechterquote im Aufsichtsrat von grds. 30% s. §§ 96 II, III, 111 V AktG.

Die **Bestellung und Abberufung** der Aufsichtsratsmitglieder ergibt sich aus §§ 101 ff. AktG sowie aus den Mitbestimmungsregelungen. Der Aufsichtsrat hat einen Vorsitzenden und mindestens einen Stellvertreter zu wählen (§ 107 I 1 AktG).

■ Haben Sie eine Vorstellung, welche **Aufgaben** dem Aufsichtsrat obliegen?

▶ Der Aufsichtsrat hat folgende Aufgaben:
- Bestellung und Abberufung des Vorstands (§ 84 AktG),
- Überwachung des Vorstands (§ 111 AktG),
- Vertretung der AG gegenüber den Vorstandsmitgliedern (§ 112 AktG),
- Prüfung des Jahresabschlusses (§§ 170 f. AktG).

Persönliche Voraussetzungen und Ausschlussgründe für Aufsichtsratsmitglieder sind den §§ 100 und 105 AktG zu entnehmen. Die Vergütung der Aufsichtsratsmitglieder regelt § 113 AktG.

350 S. dtv-Gesetzessammlung *ArbG* (Beck-Texte im dtv, Nr. 5006), Nr. 86, 87 und 89 sowie (kurz) dazu Wörlen/Kokemoor ArbR Rn. 352 f.

cc) Hauptversammlung

72 Vorschriften zur Hauptversammlung finden sich schwerpunktmäßig in den §§ 118–149 AktG. Die Hauptversammlung ist die Versammlung der Aktionäre (= Gesellschafter), die dort ihre Rechte wahrnehmen können (§ 118 I AktG).

Ihre wichtigste Aufgabe besteht in der **Beschlussfassung**. Die Hauptversammlung beschließt insbesondere über die in § 119 AktG genannten Punkte.

> **Beispiele:**
> - Bestellung von Aufsichtsratsmitgliedern (§ 119 I Nr. 1 AktG),
> - Verwendung des Bilanzgewinns (§§ 119 I Nr. 2, 174 AktG),
> - Vergütungssystem und Vergütungsbericht bei börsennotierten AG (§ 119 I Nr. 3 AktG),
> - Bestellung des Abschlussprüfers (§ 119 I Nr. 5 AktG),
> - Satzungsänderungen (§§ 119 I Nr. 6, 179 AktG).

Man unterscheidet folgende **Arten** von Hauptversammlungen:

- Ordentliche Hauptversammlung,
- Außerordentliche Hauptversammlung,
- Präsenzhauptversammlung,
- Virtuelle Hauptversammlung, § 118a AktG.

Einzelheiten zum Verfahrensablauf einer Hauptversammlung regeln die §§ 121 ff. AktG. Regelungen zu nichtigen und anfechtbaren Hauptversammlungsbeschlüssen sind in den §§ 241 ff. AktG zu finden.

d) Haftungsfragen

73 Für Verbindlichkeiten der AG haftet den Gläubigern *nur* die **AG** mit dem *Gesellschaftsvermögen* (§ 1 I 2 AktG). Die Verschuldenszurechnung im Rahmen von Schadensersatzansprüchen erfolgt auch bei der AG mangels separater Regelung im AktG wie beim rechtsfähigen Verein, also analog § 31 BGB[351] bzw. § 278 BGB.

Eine Haftung einzelner **Aktionäre** mit ihrem Privatvermögen ist grundsätzlich ausgeschlossen (§ 1 I 2 AktG nochmals lesen!).

Vorstandsmitglieder haben gem. § 93 I 1 AktG bei ihrer Geschäftsführung die Sorgfalt eines ordentlichen und gewissenhaften Geschäftsleiters anzuwenden. Bei der Verletzung von Sorgfaltspflichten haften Vorstandsmitglieder der Gesellschaft insbesondere gem. § 93 II AktG. Weitere Haftungstatbestände sind insbesondere §§ 93 III, 9a I, 41 I 2, 48 AktG und § 823 BGB.[352]

Aufsichtsratsmitglieder haften unter anderem gem. den §§ 116, 93, 48 AktG und § 823 II BGB iVm einem Schutzgesetz.

e) Auflösung

74 Die Auflösung richtet sich nach den §§ 262 ff. AktG, dh dort sind die Auflösungsgründe, das Abwicklungsverfahren und die Löschung geregelt. Auflösungsgründe

351 S. Grüneberg/Ellenberger § 31 Rn. 3.

352 Eine **persönliche Haftung** von Vorstandsmitgliedern kann ferner insbes. gem. §§ 34, 69 AO gegenüber den **Steuerbehörden** relevant werden. Vorstands- (wie auch Aufsichtsrats-)mitglieder können ferner aus § 823 II BGB iVm mit einem Schutzgesetz schadensersatzpflichtig werden.

können § 262 AktG entnommen werden. Ist das Abwicklungsverfahren nach diesen Vorschriften beendet, ist die Gesellschaft im Handelsregister zu löschen (§ 273 I 2 AktG).

4. Kommanditgesellschaft auf Aktien (KGaA)

Die KGaA ist keine reine Kapitalgesellschaft, sondern eine **Mischform**, die Elemente der AG mit denen der KG verbindet.[353] Wegen ihrer Einbindung in das Aktiengesetz (Zweites Buch: §§ 278–290 AktG) bietet es sich an, diese Gesellschaftsform im Anschluss an die AG vorzustellen. Sofern sich aus dem Mischformcharakter der KGaA nichts anderes ergibt, gelten die Vorschriften des ersten Buchs des AktG (§§ 1–277 AktG) für die KGaA gem. § 278 III AktG sinngemäß.[354] Auch die KGaA ist eine rechtsfähige Kapitalgesellschaft. 75

Übersicht 62

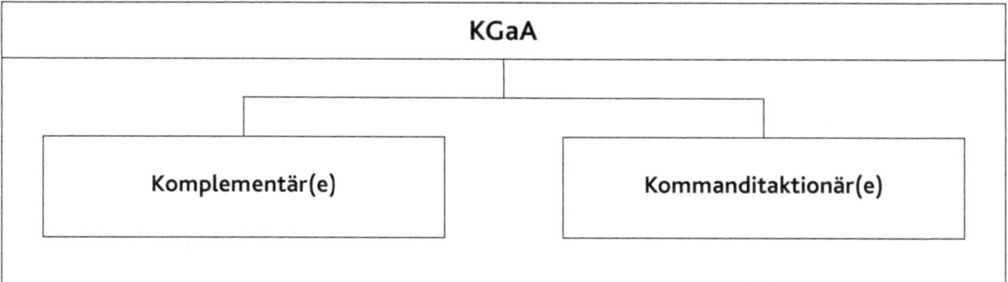

Im Unterschied zur AG haftet mindestens ein Gesellschafter den Gläubigern persönlich und unbeschränkt (**Komplementär; persönlich haftender Gesellschafter**). Die übrigen Gesellschafter sind ohne persönliche Haftung an dem in Aktien zerlegten Grundkapital beteiligt (**Kommanditaktionäre**) – § 278 I AktG (lesen!).

Für das Rechtsverhältnis der persönlich haftenden Gesellschafter der KGaA gelten gem. § 278 II AktG die Vorschriften für die KG (§§ 161–177a HGB). Diese verweisen in § 161 II HGB wiederum auf das Recht der OHG.

Für die **Firma** der KGaA gilt § 279 I AktG, der den Rechtsformzusatz „Kommanditgesellschaft auf Aktien" oder eine allgemein verständliche Abkürzung dieser Bezeichnung (KGaA) verlangt.

Beispiele: „Merck KGaA", „Henkel AG & Co. KGaA"

353 Windbichler/Bachmann GesR § 36 Rn. 2.
354 Ausführlicher zur KGaA Grunewald/Müller GesR § 10; Windbichler/Bachmann GesR § 36.

5. Gesellschaft mit beschränkter Haftung und Unternehmergesellschaft

a) Gesellschaft mit beschränkter Haftung (GmbH)

76 Die GmbH ist eine Kapitalgesellschaft,[355] die ähnlich wie die Aktiengesellschaft, aber einfacher strukturiert ist. Sie unterliegt weniger Formzwängen als die AG und lässt mehr Spielraum für die Gestaltung der Satzung (s. bei der AG § 23 V AktG).

77 2008 ist das Gesetz zur Modernisierung des GmbH-Rechts und zur Bekämpfung von Missbräuchen (MoMiG) in Kraft getreten. Damit wurde das GmbH-Gesetz (GmbHG) von 1892 einer grundlegenden Reform unterzogen.[356]

Zur *Modernisierung* des GmbH-Rechts haben vor allem folgende Änderungen beigetragen:

- § 5a GmbHG, der die Gründung einer sog. Unternehmergesellschaft (→ Kap. 8 Rn. 90) mit einem geringeren Stammkapital als bei der klassischen GmbH zulässt.
- § 2 Ia GmbHG, welcher ein vereinfachtes Gründungsverfahren vorsieht.

Der Bekämpfung von *Missbräuchen* bei der Vertretungsmacht von „führungslosen" Gesellschaften dienen namentlich der dabei neu eingefügte § 35 I 2 GmbHG sowie die §§ 15 I 2 und 15a III InsO.

aa) Wesen

78 Das Wesen der GmbH ergibt sich unter anderem aus § 1 GmbHG. Danach können Gesellschaften mit beschränkter Haftung zu jedem gesetzlich zulässigen **Zweck** durch **eine oder mehrere Personen** errichtet werden. Insofern ist hier eine Einpersonengesellschaft möglich.

Das **Stammkapital** der GmbH muss gem. § 5 I GmbHG mindestens 25.000 EUR betragen. Es besteht auch – wie bereits angedeutet – gem. § 5a GmbHG die Möglichkeit eine Unternehmergesellschaft zu gründen, also eine Variante der GmbH mit einem Stammkapital von unter 25.000 EUR.[357]

Der Vorteil der GmbH gegenüber Personengesellschaften liegt vor allem in der **beschränkten Haftung**. Die Gesellschafter haften für Verbindlichkeiten der Gesellschaft grundsätzlich nicht mit ihrem persönlichen Vermögen, sondern nur mit ihrer Einlage. Gemäß § 13 II GmbHG haftet für Gesellschaftsverbindlichkeiten den Gläubigern *nur* das Gesellschaftsvermögen.

Die GmbH ist juristische Person und hat gem. § 13 I GmbHG als solche „selbstständig ihre Rechte und Pflichten". Insofern ist auch bei der GmbH die **Rechtsfähigkeit** zu bejahen (Vorschrift lesen!).

Gemäß § 13 III GmbHG gilt die GmbH unabhängig vom Betreiben eines (Handels)Gewerbes als Handelsgesellschaft und ist insofern **Formkaufmann** iSd § 6 HGB.

---

355 **Zum Begriff der Kapitalgesellschaft s. – wie bei der AG – die zweite Abschnittsüberschrift vor den §§ 264 ff. HGB.**

356 Ausf. dazu Schürnbrand JA 2009, 81 ff.

357 Näher dazu → **Kap. 8 Rn. 90.**

bb) Gründung

Für die Gründung einer GmbH sind nach der Gründungsentscheidung fünf Gründungsschritte erforderlich.[358] 79

■ Zu Übungszwecken sollten Sie versuchen, zunächst selbst im Gesetz die notwendigen Schritte herauszulesen!

▶ Erforderlich sind folgende fünf Schritte:

(1) Abschluss eines Gesellschaftsvertrages (§§ 2, 3 GmbHG),
(2) Bestellung der Geschäftsführer (§ 6 I, III 2 GmbHG),
(3) Aufbringung des Mindestkapitals (§ 7 II und III GmbHG),
(4) Anmeldung zum Handelsregister (§§ 7 I, 8, 78 GmbHG),
(5) Eintragung ins Handelsregister (§§ 9c–11 GmbHG).

(1) Erster Schritt ist also der Abschluss eines **Gesellschaftsvertrages.** Dieser muss gem. § 2 I GmbHG *notariell beurkundet* werden. Im Einzelnen muss der Gesellschaftsvertrag nach § 3 I GmbHG enthalten (*Mindestinhalt*): 80

(a) die Firma und den Sitz der Gesellschaft (§§ 4, 4a GmbHG),
(b) den Gegenstand des Unternehmens,
(c) den Betrag des Stammkapitals (§ 5 I GmbHG),
(d) die Zahl und die Nennbeträge der Geschäftsanteile, die jeder Gesellschafter gegen die Einlage auf das Stammkapital (Stammeinlage) übernimmt (§ 5 II, III GmbHG).

Gemäß § 2 Ia GmbHG besteht unter den dort genannten Voraussetzungen die Möglichkeit der Verwendung von sog. *Musterprotokollen.* Diese sind in der Anlage zum GmbHG für Einpersonengesellschaften und Mehrpersonengesellschaften abgedruckt.

Gemäß § 2 III 1 GmbHG muss die notarielle Beurkundung des Gesellschaftsvertrages nicht mehr zwingend in Präsenz stattfinden. Sie kann grundsätzlich auch mittels *Videokommunikation* erfolgen. Insofern ist auch hier eine Digitalisierung des Gesellschaftsrecht festzustellen.

Die *Firma* der GmbH muss nach § 4 GmbHG die Bezeichnung „Gesellschaft mit beschränkter Haftung" oder eine allgemein verständliche Abkürzung dieser Bezeichnung (GmbH) enthalten.

Beispiel: „Robert Bosch GmbH", „Tchibo GmbH", „Borussia Mönchengladbach GmbH"

Wenn die GmbH ausschließlich und unmittelbar steuerbegünstigte Zwecke (§§ 51–68 AO) verfolgt, kann gem. § 4 S. 2 GmbHG die Abkürzung „gGmbH" lauten („gemeinnützige GmbH").

Beispiel: „Kliniken der Stadt Köln gGmbH"

(2) Ein weiterer Gründungsschritt ist die **Bestellung der Geschäftsführer** (§ 6 I, III 2 GmbHG). Die Bestellung erfolgt entweder im Gesellschaftsvertrag oder nach Maßgabe der Bestimmungen des dritten Abschnitts, also §§ 45, 46 Nr. 5 GmbHG. 81

358 Ausf. zum Gründungsverfahren und den Gründungsphasen sowie zur Haftung iRd Gründung Bitter/Heim GesR § 4 Rn. 7 ff. und 24 ff.

(3) Vor der Anmeldung muss die **Aufbringung des Mindestkapitals** erfolgen. Dabei ist zu differenzieren zwischen Geldeinlagen (§ 7 II GmbHG) und Sacheinlagen (§ 7 III GmbHG).

(4) Anschließend ist die **Anmeldung** der Gesellschaft beim Registergericht vorzunehmen (§§ 7 I, 8, 78 GmbHG).

(5) Der letzte Gründungsschritt ist die **Eintragung** der Gesellschaft ins Handelsregister (§§ 9c, 10 GmbHG). Mit der *konstitutiven* Eintragung in das Handelsregister ist sie entstanden. Für den Rechtszustand vor der Eintragung gilt § 11 GmbHG. Danach besteht die GmbH als solche vor der Eintragung nicht (§ 11 I GmbHG).

Wie bei der AG (→ Kap. 8 Rn. 68) werden verschiedene Phasen bzw. Stadien der Gründung unterschieden:[359]

- Vorgründungsgesellschaft,
- Vor-GmbH,
- GmbH.

cc) Organe

82 Die GmbH hat zwei obligatorische Organe und gegebenenfalls noch weitere Organe.

■ Welche Organe hat eine GmbH? (Das könnten Sie wissen!)

▶ Bei der GmbH gibt es zwei obligatorische Organe:
- Geschäftsführer und
- Gesellschafterversammlung.

Daneben kann – oder muss im Ausnahmefall – die GmbH noch einen *Aufsichtsrat* einrichten.

Übersicht 63

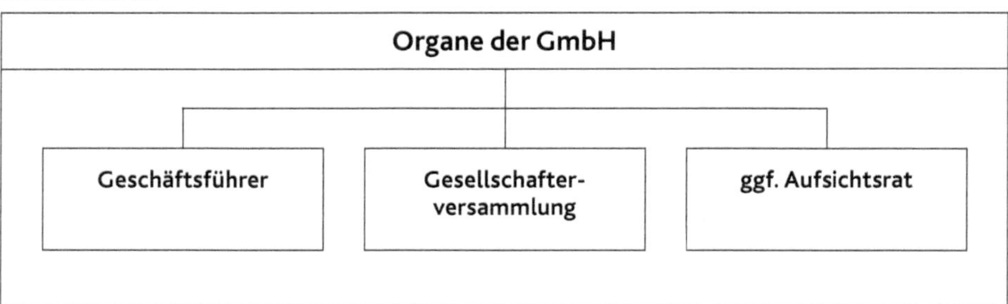

(1) Geschäftsführer

83 Gemäß § 6 I GmbHG muss die GmbH einen oder mehrere Geschäftsführer als leitendes Organ haben. Gemäß § 6 III 1 GmbHG können zu Geschäftsführern Gesellschafter oder andere Personen **bestellt** werden. Hintergrund ist der erwähnte (→ Kap. 8 Rn. 64) Grundsatz der Fremdorganschaft. Die Bestellung der Geschäftsführer erfolgt gem. § 6 III 2 GmbHG im Gesellschaftsvertrag oder durch Beschluss der Gesellschafter, § 46 Nr. 5 GmbHG. § 6 II GmbHG regelt, wer Geschäftsführer sein kann, sowie die Ausschlusstatbestände. § 36 GmbHG enthält die Zielgrößen zur gleichberechtigten Teilhabe von Frauen und Männern.

359 S. näher Bitter/Heim GesR § 4 Rn. 24 ff.

Grundsätzlich kann gem. §§ 38 I GmbHG die Bestellung jederzeit ohne wichtigen Grund **widerrufen** werden (Ausnahme: § 38 II GmbHG). Zuständig für die Abberufung ist gem. § 46 Nr. 5 GmbHG die Gesellschafterversammlung.

■ Wo sind die **Aufgaben** der Geschäftsführer im Gesetz geregelt? Schauen Sie in das Inhaltsverzeichnis Ihres GmbHG!
▶ Im Einzelnen sind die Aufgaben und Pflichten der Geschäftsführer vor allem in den §§ 35–44 GmbHG geregelt.

Gemäß § 35 I 1 GmbHG wird die GmbH durch die Geschäftsführer gerichtlich und 84 außergerichtlich **vertreten**. Der gesetzliche Regelfall ist die Gesamtvertretungsbefugnis, im Gesellschaftsvertrag kann allerdings anderes, also insbesondere Einzelvertretungsmacht, bestimmt werden, § 35 II 1 GmbHG. Gemäß § 37 II GmbHG kann im Außenverhältnis, also Dritten gegenüber, der Umfang der Vertretungsmacht nicht beschränkt werden.

Der Fall, dass eine GmbH keinen Geschäftsführer hat, wird als Führungslosigkeit bezeichnet. § 35 I 2 GmbHG (lesen!) enthält die Legaldefinition des Begriffs Führungslosigkeit. § 35 I 2 GmbHG stellt klar, dass die Gesellschaft bei Führungslosigkeit durch die Gesellschafter vertreten wird.

Gemäß § 15a InsO ist der Geschäftsführer bei Vorliegen eines Insolvenzgrundes ver- 85 pflichtet, *ohne schuldhaftes Zögern*, spätestens aber innerhalb von drei bzw. sechs Wochen einen **Insolvenzantrag** zu stellen (Vorschrift[360] lesen!).

■ Welche Insolvenzgründe sind im Rahmen von § 15a InsO relevant? (Schauen Sie in die InsO!)
▶ (1) *Zahlungsunfähigkeit* gem. § 17 InsO und
(2) *Überschuldung* gem. § 19 InsO.

■ Was ist die Folge, wenn eine Geschäftsführerin den Insolvenzantrag nicht, nicht richtig oder nicht rechtzeitig stellt?
▶ Dann macht sie sich gegebenenfalls wegen vorsätzlicher Insolvenzverschleppung (§ 15a IV InsO) oder fahrlässiger Insolvenzverschleppung (§ 15a V InsO) strafbar.

Bei „Führungslosigkeit" (§ 10 II 2 InsO; § 35 I 2 GmbHG) sind gem. § 15a III InsO ggf. die Gesellschafter verpflichtet, den Insolvenzantrag zu stellen.

360 **§ 15a InsO** lautet wie folgt: (Auszug)
„(1) Wird eine juristische Person zahlungsunfähig oder überschuldet, haben die Mitglieder des Vertretungsorgans oder die Abwickler ohne schuldhaftes Zögern einen Eröffnungsantrag zu stellen. Der Antrag ist spätestens drei Wochen nach Eintritt der Zahlungsunfähigkeit und sechs Wochen nach Eintritt der Überschuldung zu stellen. […]
(2) […]
(3) Im Fall der Führungslosigkeit einer Gesellschaft mit beschränkter Haftung ist auch jeder Gesellschafter […] zur Stellung des Antrags verpflichtet […].
(4) Mit Freiheitsstrafe bis zu drei Jahren oder mit Geldstrafe wird bestraft, wer entgegen Absatz 1 Satz 1 und 2, auch in Verbindung mit Satz 3 oder Absatz 2 oder Absatz 3, einen Eröffnungsantrag
1. nicht oder nicht rechtzeitig stellt oder
2. nicht richtig stellt.
(5) Handelt der Täter in den Fällen des Absatzes 4 fahrlässig, ist die Strafe Freiheitsstrafe bis zu einem Jahr oder Geldstrafe.
[…]".

Weitere Aufgaben der Geschäftsführer sind:

- **Buchführung** (§ 41 GmbHG),
- **Vorlage von Jahresabschluss und Lagebericht** (§ 42a GmbHG),
- **Einberufung der Gesellschafterversammlung** (§§ 49, 5a IV GmbHG).

(2) Gesellschafterversammlung

86 Daneben ist die Gesellschafterversammlung ein zwingendes Organ. Darunter versteht man die Gesamtheit der Gesellschafter. Die Gesellschafterversammlung ist das oberste Organ der GmbH, da deren Beschlüsse für die Geschäftsführer bindend sind (§ 37 I GmbHG).

Die Gesellschafterbeschlüsse werden grundsätzlich in Versammlungen gefasst (§ 48 I, II GmbHG). Gem. § 48 I 2 GmbHG können Versammlungen auch fernmündlich oder mittels Videokommunikation abgehalten werden, wenn sämtliche Gesellschafter sich damit in Textform (§ 1266 BGB) einverstanden erklären.

Die Rechte bzw. **Aufgaben der Gesellschafter** bestimmen sich gem. § 45 GmbHG primär aus dem Gesellschaftsvertrag, subsidiär aus den §§ 46–51 GmbHG. § 46 GmbHG hat den Aufgabenkreis der Gesellschafter zum Inhalt.

Beispiele:
- Feststellung des Jahresabschlusses und Beschluss über die Ergebnisverwendung (§ 46 Nr. 1 GmbHG),
- Bestellung und Abberufung sowie Entlastung der Geschäftsführer (§ 46 Nr. 5 GmbHG),
- Bestellung von Prokuristen und Handlungsbevollmächtigten (§ 46 Nr. 7 GmbHG).

(3) Aufsichtsrat

87 Grundsätzlich handelt es sich beim Aufsichtsrat einer GmbH um ein *freiwilliges* Organ, welches im Gesellschaftsvertrag vorgesehen werden kann (§ 52 I GmbHG).

Ausnahmsweise ist, abhängig von der Mitarbeiteranzahl aufgrund der gesetzlichen Unternehmensmitbestimmung, die Bestellung eines Aufsichtsrates *zwingend* (s. MitbestG, MontanMitbestG und DrittelbG).[361] Hintergrund ist die Beteiligung der Arbeitnehmerinnen und Arbeitnehmer durch Vertreter im Aufsichtsrat.

Zu den Vorgaben für einen **Frauenanteil** im Aufsichtsrat sowie unter den Geschäftsführern s. § 52 II, I GmbHG.

Der Aufsichtsrat ist primär für die **Überwachung** der Geschäftsführung zuständig (§ 52 GmbHG, § 111 AktG entsprechend).

dd) Haftungsfragen

88 Gemäß § 13 II GmbHG haftet den Gläubigern für Verbindlichkeiten der **GmbH** *nur* das *Gesellschaftsvermögen.* Die Haftung der Gesellschaft für das Handeln ihrer Geschäftsführer ergibt sich gegebenenfalls wiederum aus § 31 BGB analog[362] bzw. 278 BGB.

361 S. dtv-Gesetzessammlung *ArbG* (Beck-Texte im dtv, Nr. 5006), Nr. 86, 87 und 89, sowie dazu kurz Wörlen/Kokemoor ArbR Rn. 352 f.

362 S. Grüneberg/Ellenberger § 31 Rn. 3.

Grundsätzlich haften also die **Gesellschafter** einer GmbH nicht unbeschränkt mit ihrem Privatvermögen.[363] Dies ist – wie bereits erwähnt – einer der Vorzüge der GmbH gegenüber Personengesellschaften.

Laut § 43 I GmbHG haben die **Geschäftsführer** in den Angelegenheiten der Gesellschaft die Sorgfalt eines ordentlichen Geschäftsmannes anzuwenden. Gemäß § 43 II GmbHG haften Geschäftsführer bei der Verletzung von Pflichten der Gesellschaft (Innenhaftung) solidarisch für den entstandenen Schaden. Weitere Haftungstatbestände sind insbesondere §§ 43 III, 9a I, 11 II GmbHG und § 823 BGB.[364]

ee) Auflösung

Für die Beendigung der GmbH gilt im Wesentlichen dasselbe wie für die AG. Die 89
Auflösungsgründe sind in § 60 I Nr. 1–7 GmbHG geregelt. Im Gegensatz zu den für die AG geltenden Auflösungsvorschriften enthält § 60 GmbHG keine abschließende Regelung der Auflösungsgründe. Gem. § 60 II GmbHG können im Gesellschaftsvertrag gesetzlich nicht vorgesehene Auflösungsgründe vereinbart werden.

b) Unternehmergesellschaft (UG)

Wie bereits erwähnt, erlaubt **§ 5a GmbHG** seit der GmbH-Reform im Jahre 2008 90
auch die Gründung einer Unternehmergesellschaft. Dies ist eine Variante der GmbH, die das Mindeststammkapital von 25.000 EUR unterschreitet. Ein Euro pro Geschäftsanteil ist ausreichend (§ 5a I, § 5 II 1 GmbHG), in der Praxis jedoch nicht sinnvoll.

Grundsätzlich gelten auch für die UG die Vorschriften aus dem GmbHG.

■ Versuchen Sie anhand des Gesetzestextes herauszufinden, was neben dem Mindeststammkapital die weiteren **Unterschiede zur „klassischen" GmbH** sind!

▶ Es ergeben sich folgende Unterschiede:

- Zum Schutz des Rechtsverkehrs muss eine solche Gesellschaft gem. § 5a I GmbHG in der Firma abweichend von § 4 GmbHG die Bezeichnung „Unternehmergesellschaft (haftungsbeschränkt)" oder „UG (haftungsbeschränkt)" führen.
- Gemäß § 5a II 1 GmbHG darf im Unterschied zur „klassischen" GmbH die Anmeldung erst erfolgen, wenn das Stammkapital vollständig eingezahlt ist.
- Weitere Besonderheit der Unternehmergesellschaft ist, dass gem. § 5a II 2 GmbHG Sacheinlagen ausgeschlossen, dh nur Bareinlagen zulässig sind.
- Zudem muss bei der Unternehmergesellschaft im Unterschied zur GmbH aus dem Jahresüberschuss eine gesetzliche Rücklage gebildet werden (§ 5a III GmbHG).
- Schließlich ist die Gesellschafterversammlung in Abweichung von § 49 III GmbHG gem. § 5a IV GmbHG bei drohender Zahlungsunfähigkeit unverzüglich einzuberufen.

363 Zur Ausnahme der sog. **Durchgriffshaftung** s. zB Bitter/Heim GesR § 4 Rn. 2 mwN.

364 Weniger von gesellschaftsrechtlicher Bedeutung, aber von großer **praktischer Relevanz** ist insbesondere die **persönliche Haftung** von GmbH-Geschäftsführern gegenüber den **Steuerbehörden** gem. §§ 34, 69 AO sowie die Haftung gegenüber den **Sozialversicherungsträgern** für nicht abgeführte Arbeitnehmeranteile zur Sozialversicherung gem. § 823 II BGB iVm § 266a StGB als Schutzgesetz.

6. Eingetragene Genossenschaft (eG)

91 Die Genossenschaft ist eine juristische Person und **rechtsfähig,** § 17 I GenG. Sie ist eine Gesellschaft mit offener Mitgliederzahl, deren **Zweck** darauf gerichtet ist, den Erwerb oder die Wirtschaft der Mitglieder oder deren soziale oder kulturelle Belange mittels eines gemeinschaftlichen Geschäftsbetriebs zu fördern (vgl. Legaldefinition § 1 I GenG).

Der Begriff der Genossenschaft klingt nicht nur etwas altmodisch, er ist auch sehr alt: Das Genossenschaftsgesetz wurde bereits 1889 verabschiedet. Ihren Ursprung hatten die Genossenschaften im Bereich der Landwirtschaft: Um gegenüber Großgrundbesitzern konkurrenzfähig bleiben zu können, schlossen sich bäuerliche Kleinbetriebe zusammen. Im Vordergrund des Wirkens der Genossenschaft steht nicht die Gewinnerzielung als solche, sondern das Wohl ihrer Mitglieder.[365]

92 Die Genossenschaft gilt gem. § 17 II GenG als Kaufmann (**Formkaufmann**) iSd § 6 HGB. Die *Haftung* der Mitglieder (früher: „Genossen") ist wie bei der AG und GmbH auf die Einlagen beschränkt, dh für die Verbindlichkeiten der Genossenschaft haftet den Gläubigern gem. § 2 GenG *nur* das Genossenschaftsvermögen. Die Genossenschaft entsteht gem. §§ 10 und 13 GenG mit Eintragung in das Genossenschaftsregister.

Übersicht 64

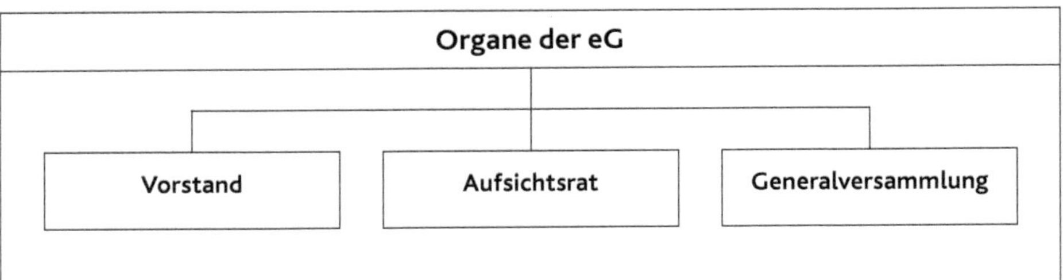

Organe der Genossenschaft sind:

- Vorstand (§§ 24 ff. GenG),
- Aufsichtsrat (§§ 36 ff. GenG) und
- Generalversammlung (§ 43 GenG) bzw. Vertreterversammlung (§ 43a GenG).

■ Fallen Ihnen Beispiele für (bekannte) Genossenschaften ein?

▶ Typische Genossenschaften sind zB
  - Kreditgenossenschaften (Volks- und Raiffeisenbanken),
  - Winzergenossenschaften (die ganz besonders um das „Wohl" ihrer Mitglieder bemüht sein werden)
  - Einkaufsgenossenschaften und
  - Wohnungsbaugenossenschaften.

Die *Firma* der eingetragenen Genossenschaft muss gem. § 3 GenG die Bezeichnung „eingetragene Genossenschaft" oder die Abkürzung „eG" enthalten.

Beispiele: „Deutsche Apotheker- und Ärztebank eG", „Raiffeisenbank München-Nord eG"

365 Ausf. zur Genossenschaft Saenger GesR § 12.

V. Besondere Gesellschaftsformen

Neben diesen genannten Gesellschaftsformen aus den beiden großen Gruppen der Personengesellschaften und der Körperschaften einschließlich der Kapitalgesellschaften gibt es noch Mischtypen und besondere Gesellschaftsformen. Wir wollen uns die Wichtigsten von ihnen ansehen. Dabei werden wir uns nur mit den Grundlagen beschäftigen, während wir Sie wegen der Details auf die angegebene Literatur zur Vertiefung verweisen. 93

1. GmbH & Co. KG

■ Können Sie sich vorstellen, welcher der beiden großen Gesellschaftsgruppen die GmbH & Co. KG zuzuordnen ist und worin ihre Besonderheit liegt? (Überlegen Sie!) 94

▶ Die GmbH & Co. KG ist eine Sonderform der *Kommanditgesellschaft* und damit eine *Personengesellschaft*. Gesellschafter sind eine juristische Person, die GmbH, und ein oder mehrere Kommanditisten. Es sind primär die Vorschriften aus dem Recht der KG anwendbar, für die GmbH gilt das GmbHG.

Übersicht 65

95

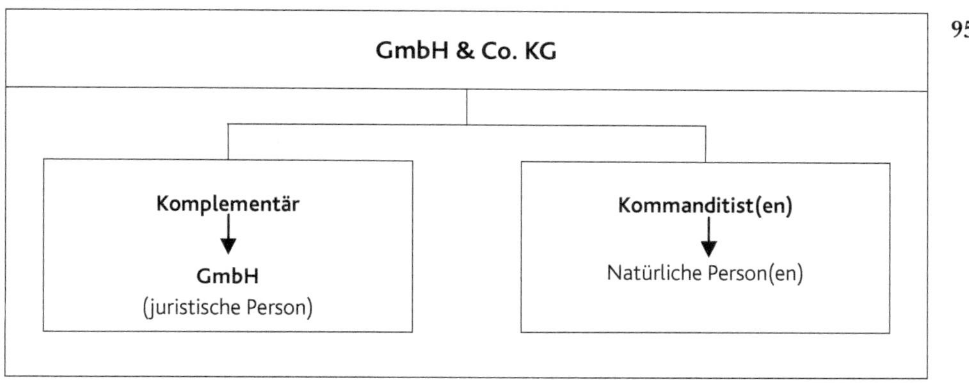

Die juristische Person „GmbH“ bildet dabei den **Komplementär** (Komplementär-GmbH), also den persönlich haftenden Gesellschafter. Die persönliche Haftung beschränkt sich auf das Gesellschaftsvermögen der juristischen Person „GmbH“ (§§ 161 II, 126 1 HGB, § 13 II GmbHG). Damit haftet das private Vermögen der einzelnen Gesellschafter dieser GmbH für Gesellschaftsschulden nicht mit.

Daneben haften die **Kommanditisten**, wie bei jeder anderen KG auch, beschränkt mit ihren Einlagen (§ 171 I, 172 I HGB). Die GmbH & Co. KG ist letztlich eine Personengesellschaft mit beschränkter Haftung.[366]

Die Haftungsbeschränkung ist somit ein Vorteil gegenüber der „normalen“ KG. Bei einer „normalen“ KG sind die Komplementäre natürliche Personen, welche unbeschränkt mit ihrem Privatvermögen haften. Bei der GmbH & Co. KG hingegen haftet keine natürliche Person unbegrenzt mit Ihrem Privatvermögen. 96

Auch eine Unternehmergesellschaft (UG) & Co. KG ist möglich.

366 S. ausf. zur GmbH & Co. KG Schäfer GesR §§ 45–51.

2. Versicherungsverein auf Gegenseitigkeit (VVaG)

97 Rechtsgrundlage für den VVaG ist das „Gesetz über die Beaufsichtigung der Versicherungsunternehmen", kurz „Versicherungsaufsichtsgesetz" bzw. VAG genannt. Die Regelungen zum VVaG finden sich insbesondere in den §§ 171 ff. VAG.

Dabei handelt es sich um eine Vereinigung von Personen, deren Beteiligung im Verein mit einem Versicherungsverhältnis verbunden ist. Das Versicherungsverhältnis begründet zugleich die Mitgliedschaft in diesem Verein (§ 176 VAG). Der VVaG ist eine juristische Person, die ein privates Versicherungsunternehmen betreibt und wird dadurch rechtsfähig, dass ihm die Aufsichtsbehörde erlaubt, als VVaG Geschäfte zu betreiben (§ 171 VAG).

Organe des VVaG sind Vorstand (§ 188 VAG), Aufsichtsrat (§ 189 VAG) und als „Oberste Vertretung" gegebenenfalls die Mitgliederversammlung (§ 191 VAG). Gemäß §§ 188–191 VAG finden zum Teil Vorschriften des Aktiengesetzes entsprechende Anwendung.[367]

3. Partnerschaftsgesellschaft

98 Das Partnerschaftsgesellschaftsgesetz, kurz PartGG (Gesetz über Partnerschaftsgesellschaften Angehöriger freier Berufe), ermöglicht seit 1995 eine spezielle Personengesellschaft für *Freiberuflerinnen und Freiberufler.*

Hinweis: Das PartGG besteht nur aus sehr wenigen Paragrafen. Hintergrund ist wiederum die Systematik, dh auch das PartGG arbeitet mit einer Verweistechnik. Ergänzend gelten für die Partnerschaftsgesellschaft die Vorschriften zur GbR (§ 1 IV PartGG) sowie zT auch Vorschriften der OHG (zB § 6 III 2 PartGG).

Die Partnerschaft ist gem. § 1 I PartGG eine Gesellschaft, in der sich ausschließlich Angehörige freier Berufe zur Ausübung ihrer Berufe zusammenschließen können (§ 1 I PartGG lesen!). Die Gesellschafter werden Partner genannt.

■ Erinnern Sie sich noch, was man unter **freien Berufen** versteht und wo man dies nachlesen kann?

▶ Eine Definition und eine Auflistung freier Berufe enthält § 1 II PartGG. Wie Sie wahrscheinlich wussten, sind Angehörige freier Berufe zB Ärzte, Rechtsanwältinnen, Steuerberater und Wirtschaftsprüferinnen (lesen Sie § 1 II PartGG und blättern Sie ggf. zurück zu → Kap. 3 Rn. 8!).

■ Welche **anderen Rechtsformen** stehen für freie Berufe insbesondere noch zur Verfügung?

▶ GbR, OHG, KG, GmbH und AG.

Die Besonderheit bzw. der Vorteil der Partnergesellschaft liegt im Vergleich zur GbR und OHG primär in der **Haftung der Partner** (siehe u.a. § 8 II PartGG).

Eine Haftungsprivilegierung enthält auch § 8 IV PartGG, dh für die sog. Partnerschaft mit beschränkter Berufshaftung (mbB).

---

367 Ausführlicher zum VVaG Grunewald/Müller GesR § 15; Saenger GesR § 13.

Die Partnerschaft ist rechtsfähig gem. § 1 IV PartGG, § 705 II 1. Alt. BGB. Der Name der Gesellschaft muss den Zusatz „und Partner“ oder „Partnerschaft“ enthalten, s. § 2 I PartGG. Die Gesellschaft ist anzumelden und einzutragen ins Partnerschaftsregister, § 4 f. PartGG.[368]

4. Europäische Aktiengesellschaft (SE)

Im **Gebiet der EU** kann aufgrund der EG-Verordnung Nr. 2157/2001 vom 8.10.2001 über das Statut der Europäischen Gesellschaft (SE-VO)[369] eine Europäische Aktiengesellschaft gegründet werden. Diese Gesellschaft wird auch als *Societas Europaea* und abgekürzt als SE bezeichnet. 99

Die Regelungen zur SE finden sich primär in der SE-VO. Da die SE eine europäische Gesellschaftsform darstellt, ist die sog. **Mehrstaatlichkeit** Voraussetzung. Wie sich Art. 2 SE-VO entnehmen lässt, müssen die Gründungsgesellschaften mindestens zwei verschiedenen Mitgliedstaaten der Europäischen Union entstammen.[370]

■ Kennen Sie zufällig bekannte Unternehmen, welche die SE als Rechtsform gewählt haben?

▶ Dies sind zum Beispiel die „Allianz SE“, die „PUMA SE“ und die „Zalando SE“.

Die SE ist wie die deutsche AG eine Kapitalgesellschaft mit eigener Rechtspersönlichkeit und auch im Übrigen der deutschen AG recht ähnlich (Art. 1 und 3 I SE-VO).

Die Haftung erfolgt grundsätzlich nur mit dem Gesellschaftsvermögen. Jeder Aktionär haftet nur bis zur Höhe des von ihm gezeichneten Kapitals (Art. 1 II 2 SE-VO).

Ihr Mindestkapital beträgt 120.000 EUR (Art. 4 II SE-VO). Das Kapital ist in Aktien zerlegt (Art. 1 II 1 SE-VO).

Die **Gründungsmöglichkeiten** einer SE sind in Art. 2 SE-VO geregelt:

Übersicht 66

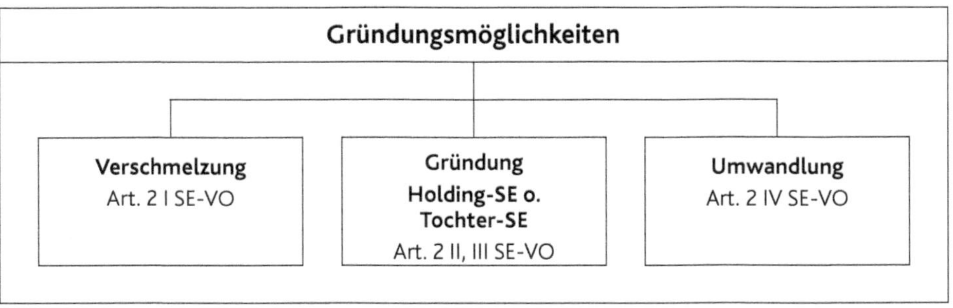

Hinsichtlich des **Aufbaus** sehen die Art. 38–60 SE-VO zwei Möglichkeiten vor: das sog. dualistische und das monistische System (Art. 38 SE-VO).

368 Ausführlicher zur Partnerschaftsgesellschaft zB Schäfer GesR §§ 21–26.
369 ABl. 2001 L 294, 1.
370 Ausf. zum Ganzen Windbichler/Bachmann GesR §§ 37 ff.

Übersicht 67

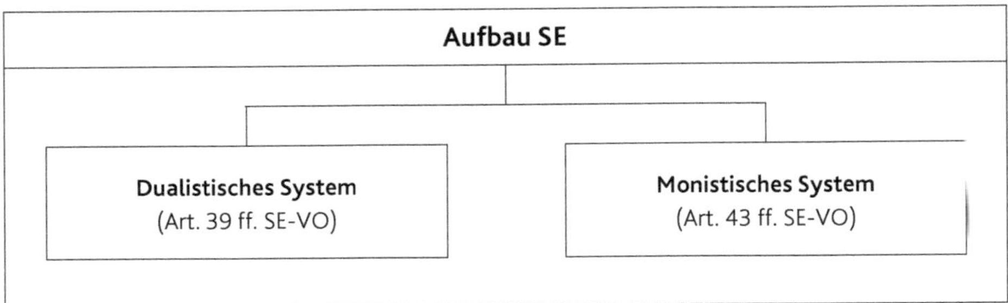

Dualistisches System:
Die SE verfügt wie eine deutsche Aktiengesellschaft über eine Hauptversammlung sowie ein Aufsichtsorgan und ein Leitungsorgan (Art. 39 ff. SE-VO).

Monistisches System:
Die SE verfügt wie im zB. im amerikanischen Recht (zB die Microsoft Corporation) über eine Hauptversammlung und ein Verwaltungsorgan (sog. board of directors) (Art. 43 ff. SE-VO).

Lernzielkontrolle: Prägen Sie sich die dargestellten besonderen Unternehmensformen mit Hilfe der folgenden Übersicht (68) ein und verschaffen Sie sich dann nochmals einen Überblick über die wichtigsten Gesellschaftsformen auf Übersicht 69.

Literatur zur Vertiefung (→ Kap. 8 Rn. 63–100): Bitter/Heim GesR §§ 3–4; Bornemann, Der unberufene Geschäftsführer – Fortgeschrittenenklausur – Zivilrecht, JuS 2016, 244; v. Bressensdorf, Das Sacheinlageverbot bei der Unternehmergesellschaft (haftungsbeschränkt), JURA 2016, 777; Denga, Grundzüge der Genossenschaft, JURA 2021, 1202; Fest, Die rechtliche Stellung des Vorstands nach § 76 I AktG, JuS 2023, 304; Eisenhardt/Wackerbarth GesR II §§ 2–4; Frenz, Supranationale Gesellschaftsformen, JURA 2012, 120; Grunewald/Müller GesR §§ 9–13, 15; Grunwald, Dualismus der Rechtsformen: Körperschaften und Personengesellschaften, Ad Legendum 2024, 89; Haag/Erdl Fälle HandelsR/GesR Fälle 14 und 15; Hageböke/Koukounakis, Leitung und Kontrolle – der Aufsichtsrat als Überwachungsorgan, JURA 2022, 327; Hennrichs/Klavina, Die Unternehmergesellschaft (haftungsbeschränkt), JA 2012, 169; Hornung, „Noch nicht einmal GmbH, und schon ist der Ärger da" (Examen, Handels- und Gesellschaftsrecht), Ad Legendum 2023, 290; Jonas/Schellenberg, Examensklausur Unternehmensrecht, JURA 2021, 800; Klein-Blenkers Rechtsformen Teil D; Kraft, Examensklausur zur Societas Europaea (SE), JURA 2020, 1223; Lange, Grundzüge des Rechts der GmbH, JURA 2016, 117; Lange, Sonderformen der KG, JURA 2016, 225; Lange, Grundzüge des Rechts der Aktiengesellschaft, JURA 2016, 333; Lettl Fälle GesR Fälle 1–3, 5–13; Lieder, Belastungen einer Gesellschaft (Referendarexamensklausur Sachenrecht und Handelsrecht), JuS 2021, 1169; Lingath, Organisationspflichten des AG-Vorstands beim Einsatz von KI-Systemen, JURA 2023, 940; Möslein, Rechtsnachfolge der „Limited" post Brexit, JURA 2023, 771; Möslein, Kapitalerhöhung der Unternehmergesellschaft (UG), JURA 2022, 1233; Nazari-Khanachayi/Höhne, Grundzüge des Gesellschaftsrechts unter Berücksichtigung aktueller Entwicklungen – Teil 1: Kapitalgesellschaftsrecht, JURA 2021, 1329; Neuefeind, Der privatrechtliche Verein: Begriff und Status – ein Überblick (Teil I und II), JA 2019, 337, 415; Piper, Die Haftung für Organe nach § 31 BGB, JuS 2011, 490; Saenger GesR §§ 10, 13–17, 19; Sajnovits/Nolten, Der pflichtvergessene Aufsichtsrat (Examensklausur im Gesellschafts- und Kapitalmarktrecht), JURA 2023, 1287; Sanders/Neitzel/Berenbrinker, Die Gesellschaft mit gebundenem Vermögen, Ad Legendum 2024, 102; Schäfer GesR §§ 45–51; Scheuch/Hesse, Der eingetragene Verein – ein unbekannter Bekannter, Ad Legendum 2024, 81; K. Schmidt GesR § 42; K. Schmidt, Geschäftsführerhaftung bei der GmbH & Co. KG (BGH 14.03.2023 – II ZR 162/21), JuS 2023, 690; Seel, Rechtsstellung des GmbH-Geschäftsführers – Worauf ist zu achten?, JA 2009, 451; Stiegler, Grundwissen Gesellschaftsrecht: Sitz und Sitzverlegung, JURA 2023, 64; Stöber, Die Aktienrechtsreform 2016, DStR 2016, 611; Weller/Grifo, Die „Zivilrecht auf Sardinien GmbH i.G." – Examensvorbereitung auf italienisch (Examensklausur), JURA 2020, 502; A. Wilhelm, Examensklausur Kapitalgesellschaftsrecht, JURA 2021, 1478; Windbichler/Bachmann GesR §§ 20 ff.

Übersicht 68

100

Besondere Gesellschaftsformen
GmbH & Co. KG
Sonderform der KG, also *Personengesellschaft*, deren Gesellschafter: – eine juristische Person (GmbH = Komplementär) und – eine oder mehrere beschränkt haftende Personen (Kommanditisten) sind. GmbH haftet voll mit ihrem ganzen Gesellschaftsvermögen; Kommanditisten haften beschränkt mit ihrer Einlage = Personengesellschaft mit beschränkter Haftung = Vorteil gegenüber normaler KG (Komplementäre haften dort unbeschränkt mit dem Privatvermögen).
Versicherungsverein auf Gegenseitigkeit (VVaG)
Gesetzliche Regelung: „Gesetz über die Beaufsichtigung der Versicherungsunternehmen" (Versicherungsaufsichtsgesetz – VAG) VVaG ist Vereinigung von Personen, deren Beteiligung im Verein mit Versicherungsverhältnis verbunden ist = juristische Person, die privates Versicherungsunternehmen betreibt. Mitglieder sind am Gewinn und Verlust beteiligt. Gemäß §§ 188–191 VAG finden zT Vorschriften des AktG auf den VVaG entsprechende Anwendung.
Partnerschaftsgesellschaft
Primär geregelt im Partnerschaftsgesellschaftsgesetz (PartGG): – Spezielle Personengesellschaft für Freiberuflerinnen und Freiberufler, – z.T. finden auch die Vorschriften zur GbR und OHG Anwendung.
Europäische Aktiengesellschaft (SE)
= Societas Europaea (SE) – ähnliche Struktur wie deutsche AG, – Mindestkapital 120.000 EUR, → s. insbesondere SE-VO.

101 **Übersicht 69**

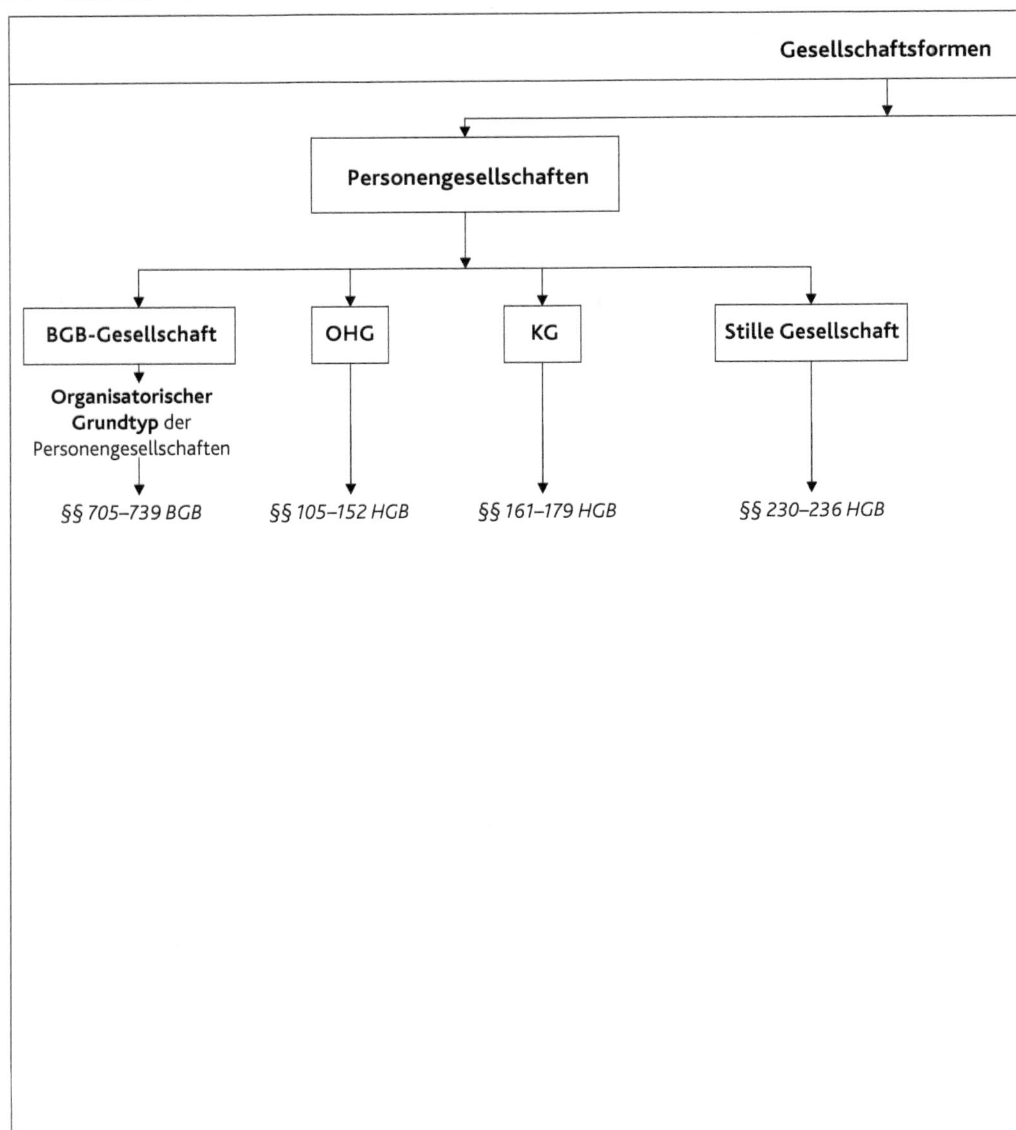

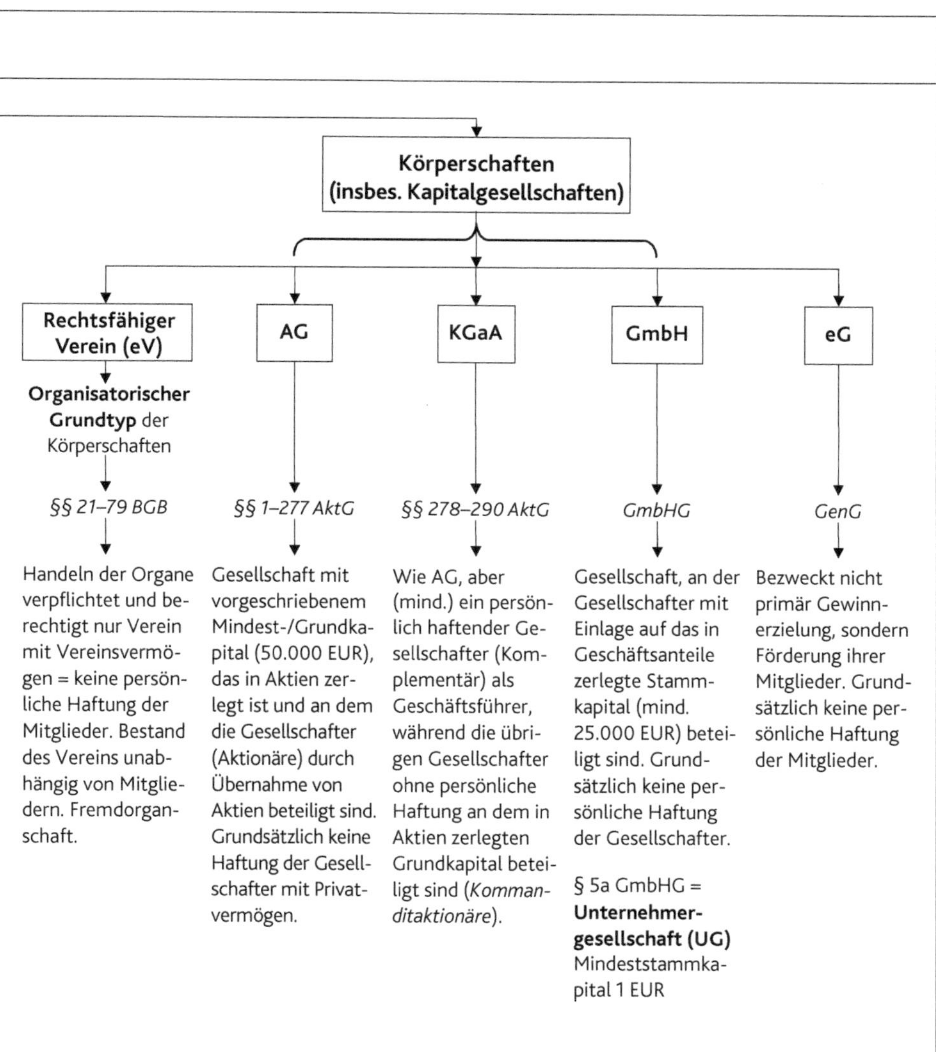

Körperschaften
(insbes. Kapitalgesellschaften)
Rechtsfähiger Verein (eV)
AG
KGaA
GmbH
eG
Organisatorischer Grundtyp der Körperschaften
§§ 21–79 BGB
§§ 1–277 AktG
§§ 278–290 AktG
GmbHG
GenG
Handeln der Organe verpflichtet und berechtigt nur Verein mit Vereinsvermögen = keine persönliche Haftung der Mitglieder. Bestand des Vereins unabhängig von Mitgliedern. Fremdorganschaft.
Gesellschaft mit vorgeschriebenem Mindest-/Grundkapital (50.000 EUR), das in Aktien zerlegt ist und an dem die Gesellschafter (Aktionäre) durch Übernahme von Aktien beteiligt sind. Grundsätzlich keine Haftung der Gesellschafter mit Privatvermögen.
Wie AG, aber (mind.) ein persönlich haftender Gesellschafter (Komplementär) als Geschäftsführer, während die übrigen Gesellschafter ohne persönliche Haftung an dem in Aktien zerlegten Grundkapital beteiligt sind (*Kommanditaktionäre*).
Gesellschaft, an der Gesellschafter mit Einlage auf das in Geschäftsanteile zerlegte Stammkapital (mind. 25.000 EUR) beteiligt sind. Grundsätzlich keine persönliche Haftung der Gesellschafter.
§ 5a GmbHG = **Unternehmergesellschaft (UG)** Mindeststammkapital 1 EUR
Bezweckt nicht primär Gewinnerzielung, sondern Förderung ihrer Mitglieder. Grundsätzlich keine persönliche Haftung der Mitglieder.

9. Kapitel. Grundzüge der handelsrechtlichen Rechnungslegung

Hauptlernziele: 1

- Welchen Zweck haben die Vorschriften zur handelsrechtlichen Rechnungslegung?
- Wozu dienen die Grundsätze ordnungsgemäßer Buchführung?
- Was versteht man unter „doppelter Buchführung", was unter einer „Bilanz" und einem „Inventar" im handelsrechtlichen Sinne?
- Welche Folgen kann die Verletzung von Rechnungslegungspflichten nach sich ziehen?

Das Dritte Buch des HGB (§§ 238–342r) ist mit der Überschrift „Handelsbücher" versehen. Es befasst sich unter anderem mit der Buchführungs-, Inventarisierungs- und der Bilanzierungspflicht von Kaufleuten. Die Vorschriften enthalten, wie man angesichts der Überschrift zum Dritten Buch annehmen könnte, aber nicht nur Regelungen für die Handelsbücher im engeren Sinn, sondern betreffen die handelsrechtliche Rechnungslegung und das gesamte kaufmännische Rechnungswesen.[371]

I. Bedeutung und rechtliche Grundlagen

■ Warum gibt es wohl gesetzliche Vorgaben zur Rechnungslegung? Überlegen Sie! 2

▶ Die Vorschriften des Dritten Buchs dienen einerseits der Selbstinformation des Kaufmanns. Andererseits sollen sie die Interessen der Allgemeinheit und seiner Gläubiger schützen.[372]

Durch die Offenlegung der Bücher wird ermöglicht, dass man sich einen Überblick über die Zahlungsfähigkeit und Bonität eines kaufmännischen Unternehmens machen kann. Dies ist namentlich bei Kapitalgesellschaften von Bedeutung, für deren Verbindlichkeiten bekanntlich kein Gesellschafter persönlich haftet, sondern das „anonyme" Gesellschaftsvermögen.

Das Dritte Buch des HGB ist nach der übersichtlichen sog. „Klammer-Methode", die 3
wir schon vom (gesamten) BGB und Buch 2 des BGB kennen,[373] aufgebaut.

371 Für Wirtschaftsjuristinnen und -juristen gehört dieses für die Unternehmenspraxis sehr bedeutsame Gebiet normalerweise zum Pflichtstoff. Allgemeine Grundkenntnisse sollten sich aber auch Juristinnen und Juristen verschaffen, für die dies kein Pflichtfach ist – viele Urteile und Rechtsprobleme mit ganz anderen Themenschwerpunkten – und selbst Wirtschaftsmeldungen in den Nachrichten – sind ohne die hier angesprochenen Grundbegriffe kaum zu verstehen.

372 Brox/Henssler HandelsR Rn. 163a; Lettl HandelsR § 8 Rn. 11.

373 Wörlen/Metzler-Müller/Balleis BGB AT Rn. 62 ff.; 64 f.

Übersicht 70

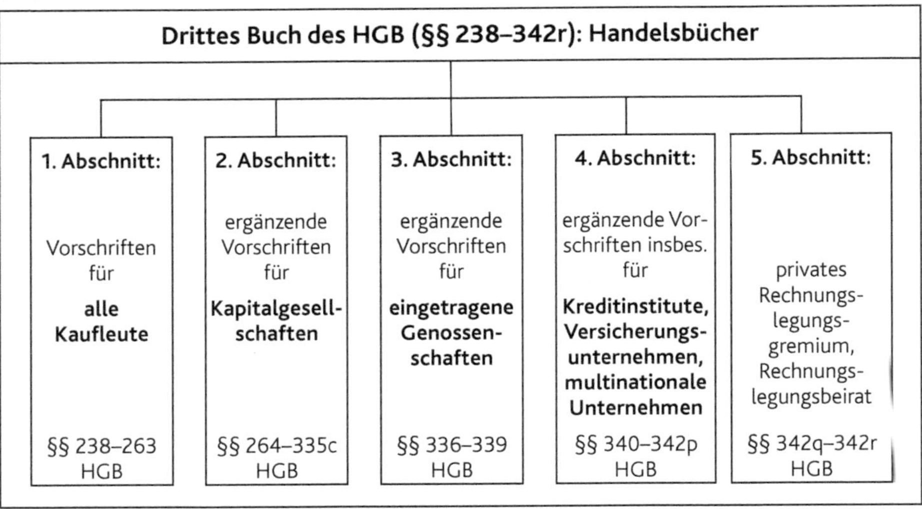

So finden sich zunächst im ersten Abschnitt, sozusagen im „Allgemeinen Teil" dieses Buchs, Vorschriften (§§ 238–263 HGB), die für „*alle* Kaufleute" gelten. Der zweite Abschnitt enthält Vorschriften für Kapitalgesellschaften (§§ 264–289 HGB) und Konzerne (§§ 290–335c HGB), während der dritte Abschnitt ergänzende Sonderregelungen (§§ 336–339 HGB) für eingetragene Genossenschaften enthält. Im vierten Abschnitt folgen schließlich ergänzende Vorschriften für Unternehmen bestimmter Geschäftszweige (§§ 340–342p HGB), insbes. für Kreditinstitute und Versicherungsunternehmen sowie für bestimmte umsatzstarke multinationale Unternehmen und Konzerne. Der fünfte Abschnitt enthält Regelungen über das private Rechnungslegungsgremium (§ 342q HGB) sowie den Rechnungslegungsbeirat (§ 342r HGB).

II. Buchführungspflicht

1. Inhalt

4 Die Buchführungspflicht ergibt sich unmittelbar aus § 238 I 1 HGB (lesen Sie § 238 I ganz!). Danach ist **„jeder Kaufmann"** (→ Kap. 3 Rn. 1 ff.) verpflichtet, *„Bücher zu führen und in diesen seine Handelsgeschäfte und die Lage seines Vermögens nach den Grundsätzen ordnungsmäßiger Buchführung ersichtlich zu machen"*. Nur kleinere Einzelkaufleute dürfen wählen, ob sie handelsrechtliche Bücher oder einfachere Aufzeichnungen führen, § 241a HGB.

Hinweis: Unterstreichen Sie „jeder Kaufmann" im Wortlaut des § 238 I 1 HGB und notieren Sie am Rand daneben „§§ 1–6, § 241a HGB"!

Gegenstand der Buchführungspflicht sind *Handelsbücher* im engeren Sinn, womit die fortlaufenden Aufzeichnungen der Handelsgeschäfte des Kaufmanns und seiner Vermögenslage gemeint sind. Zu diesen Handelsbüchern gehören insbesondere das *Grund*buch[374]

374 Nicht zu verwechseln mit dem Grundbuch iSd Grundbuchordnung und des Sachenrechts des BGB (dazu Wörlen/Kokemoor/Lohrer SachenR Rn. 196 ff.).

(Journal) und *Neben*bücher, wie zB Einkaufs- und Verkaufsbuch. Von den Handelsbüchern im weiteren Sinn werden, wie oben angedeutet, das gesamte *kaufmännische Rechnungswesen* einschließlich der *Inventare*, der *Bilanzen*, der Unterlagen über die Geschäftskorrespondenz sowie Buchungsbelege (vgl. § 257 I HGB) umfasst. Wenn § 238 I HGB die Buchführungspflicht auf die „Handelsgeschäfte" des Kaufmanns bezieht, so sind damit nicht nur einzelne Geschäftsabschlüsse, sondern *alle* Geschäftsvorfälle angesprochen.[375]

Die Buchführungspflicht ist gem. § 238 I 1 HGB die Pflicht zur *ordnungsmäßigen* Buchführung! 5

■ Was unter dem – subjektiv sicherlich vieldeutigen – Begriff der **„Grundsätze ordnungsmäßiger Buchführung"** („GoB") objektiv und nach der Absicht des Gesetzgebers zu verstehen ist, sollten Sie selbst beantworten können, wenn Sie dieses Kapitel bisher aufmerksam gelesen bzw. „studiert" haben! Denken Sie nach, bevor Sie weiterlesen!

▶ Sie wurden „einige Zeilen zuvor" aufgefordert, § 238 I HGB „ganz" zu lesen! Lesen Sie nun nochmals Abs. 1 S. 2: Danach muss also die ordnungsmäßige Buchführung „so beschaffen sein, daß sie einem sachverständigen Dritten innerhalb angemessener Zeit einen Überblick über die Geschäftsvorfälle und über die Lage des Unternehmens vermitteln kann."

Diese Konkretisierung der **Generalklausel** des § 238 I 1 HGB wird in § 238 I 3 durch die Bestimmung verstärkt, dass die Geschäftsvorfälle sich in ihrer Entstehung und Abwicklung verfolgen lassen müssen. Das bedeutet, dass alle Zu- und Abgänge an Geld, Waren und sonstigen Vermögensgegenständen (zB Wertpapiere, Grundstücke) in einer bestimmten, planmäßigen Ordnung aufgezeichnet werden müssen.

Die wichtigsten GoB, die insbesondere bei der Aufstellung des *Jahresabschlusses* beachtet werden müssen (§ 243 I), sind gesetzlich normiert (s. Übersicht 72 → Rn. 12). Es gibt aber auch ungeschriebene Grundsätze (Gewohnheitsrecht und Handelsbräuche[376]), die gleichermaßen verbindlich sind.[377]

2. Arten der Buchführung

Auf welche Art und Weise die Buchführung vorzunehmen ist, ist im Gesetz nicht explizit vorgeschrieben. Man unterscheidet zwischen einfacher und doppelter Buchführung. 6

Übersicht 71

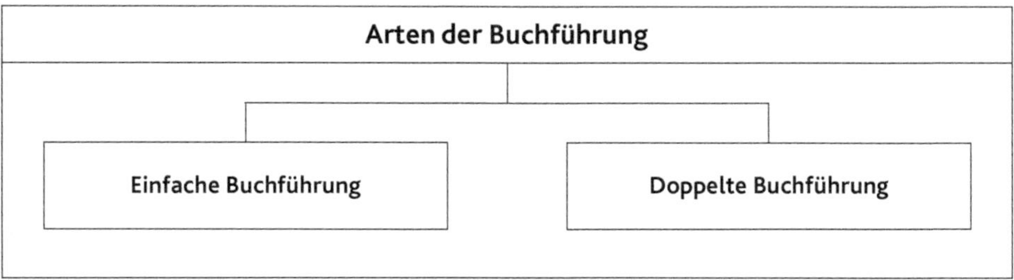

375 S. zum Ganzen Brox/Henssler HandelsR Rn. 165a ff.
376 Zum Handelsbrauch → **Kap. 7 Rn. 7 ff.**
377 Vgl. Brox/Henssler HandelsR Rn. 186.

a) Einfache Buchführung

7 Bei der einfachen Buchführung gibt es ein Kassabuch (Grundbuch), in dem Ein- und Ausgänge von Geld erfasst werden und Personenkonten, dh für jede Abnehmerin oder Lieferantin besteht ein Konto. Während bei Lieferantenkonten die Warenlieferungen der Lieferantin im Haben und die Bezahlung im Soll verbucht wird, werden bei Kundenkonten der Warenabnehmer links die Warenlieferungen und rechts die Zahlungseingänge „gut geschrieben".[378]

Beispiel (Abbildung 11):[379]

Einfache Buchführung					
Konto: Karla Knete (Abnehmerin)					
Soll		EUR	Haben		EUR
12.1.2024	Warenlieferung gem. Rechnung Nr. 0007/24	2.000			
			30.1.2024	Banküberweisung für Rechnung Nr. 0007/24	2.000

b) Doppelte Buchführung

8 Die einfache Buchführung kann gestiegenen und permanent steigenden Anforderungen des kaufmännischen Geschäftsverkehrs nicht genügen und ist nur für Kleinbetriebe (des Einzelhandels) oder für Handwerksbetriebe geeignet.

Handelsrechtliche Bedeutung hat daher vor allem die doppelte Buchführung. Dabei wird jeder Geschäftsgang mindestens auf **zwei verschiedenen Konten** (doppelt) sowohl im **Soll** als auch im **Haben** verbucht. Ihren Sinn erhält die doppelte Buchführung aus der Bilanz.[380]

■ Den Begriff haben Sie mit Sicherheit schon einmal gehört. Aber was ist eine „Bilanz"? (Lesen Sie §§ 242 I, 247 I HGB und denken Sie nach!)

▶ Eine **Bilanz** ist eine auf einen bestimmten Zeitpunkt (Bilanzstichtag) bezogene Gegenüberstellung des Vermögens (**Aktiva**) und der Schulden (Fremdkapital; Teil der **Passiva**) eines Unternehmens (s. § 242 I 1 HGB), wobei die sich ebenfalls auf der Passivseite ergebende Differenz (der Saldo) das Eigenkapital des Unternehmens ausmacht (vgl. §§ 247 I, 266 HGB). Die Aktiva müssen den Passiva betragsmäßig entsprechen (*Vermögenswerte = Schulden + Eigenkapital*), sie müssen „ausbalanciert" sein (sprachliche Herkunft: „bi-lanx"[381] = „zwei Waagschalen habend"[382]).[383]

378 Vgl. Lettl HandelsR § 8 Rn. 16.
379 Ähnlich Hübner, Handelsrecht, 5. Aufl. 2004, Rn. 62; weitere Beispiele zB bei Jung HandelsR Kap. 8 Rn. 10; Lettl HandelsR § 8 Rn. 16.
380 Vgl. Jung HandelsR Kap. 8 Rn. 11.
381 Lat.
382 Vgl. Duden, „Bilanz" (= frz. *balance*; it. *bilancia*).
383 Brox/Henssler HandelsR Rn. 181.

Ergeben sich zum Bilanzstichtag Veränderungen bei den Vermögensgegenständen oder Schulden gegenüber der letzten Bilanz, führt dies im Ergebnis zu einer Veränderung beim Eigenkapital, die als **Jahresüberschuss** oder Jahresfehlbetrag bzw. (unter Berücksichtigung der Gewinnverwendung, vgl. § 268 I HGB) als Bilanzgewinn oder Bilanzverlust bezeichnet und ausgewiesen wird. Während die Bilanz *stichtagsbezogen* erstellt wird, gibt die **Gewinn- und Verlustrechnung** (§ 242 II HGB; „GuV“) *zeitraumbezogen* an, aus welchen Aufwendungen und Erträgen das Jahresergebnis (Gewinn oder Verlust) im Lauf des letzten Geschäftsjahres entstanden ist. Die GuV soll es ermöglichen, die Ursachen für Erfolg oder Misserfolg auszumachen.[384]

Einzelheiten zur Gliederung der Bilanz einer Kapitalgesellschaft (AG, GmbH, KGaA) 9
regelt § 266 HGB, den Sie nur bei Interesse lesen müssen. Vereinfachend lässt sich sagen, dass die *Aktivseite* einer Bilanz die *Verwendung* der Mittel bezeichnet, wobei nach der Länge der Bindung zwischen Anlage- und Umlaufvermögen unterschieden wird. Die *Passivseite* nennt demgegenüber die *Herkunft* der Mittel und gliedert sich grob in das Eigenkapital und das Fremdkapital (= Verbindlichkeiten = Schulden).[385]

Aus § 266 HGB ergibt sich folgendes Grundschema:[386]

Abbildung 12

Bilanzaufbau (Grundschema)	
Aktiva	Passiva
A. Anlagevermögen I. Immaterielle Vermögensgegenstände (Rechte und Werte) II. Sachanlagen (Grundstücke, Maschinen) III. Finanzanlagen (Beteiligungen) B. Umlaufvermögen I. Vorräte II. Forderungen und sonstige Vermögensgegenstände III. Wertpapiere IV. Flüssige Mittel (Kasse, Bankguthaben) C. ...	A. Eigenkapital I. Gezeichnetes Kapital II. Kapitalrücklage III. Gewinnrücklage IV. Jahresüberschuss/Jahresfehlbetrag* B. ... C. Fremdkapital (Verbindlichkeiten) D. ...
* alternativ: Bilanzgewinn/Bilanzverlust (§ 268 I HGB)	

c) Führung der Handelsbücher

Hier ist § 239 HGB einschlägig, der unter anderem verlangt, dass bei der Buchfüh- 10
rung eine lebende Sprache verwendet wird und die Eintragungen vollständig, richtig, zeitgerecht und geordnet vorgenommen werden. Lesen Sie § 239 HGB hierzu einmal ganz durch!

384 Lettl HandelsR § 8 Rn. 46.

385 S. dazu Lettl HandelsR § 8 Rn. 20 ff. und 29 ff.

386 Ausführlichere Beispiele bei Brox/Henssler HandelsR Rn. 182; Jung HandelsR Kap. 8 Rn. 15.

III. Inventarisierungspflicht

11 Gemäß § 240 HGB wird die Buchführungspflicht durch die Pflicht zur Inventarerrichtung ergänzt. **Inventar** im handelsrechtlichen Sinn ist ein genaues Verzeichnis aller Vermögensgegenstände (Aktiva) und Schulden (Teil der Passiva) eines Kaufmanns und bildet die Grundlage für Eröffnungsbilanz und Jahresabschluss (lesen Sie dazu § 240 I, II HGB genau!). Das Inventar ist zu Beginn des Handelsgewerbes und zum Schluss eines jeden Geschäftsjahres aufzustellen (**Inventur**) und erfolgt grundsätzlich durch *körperliche Bestandsaufnahme* (vgl. § 240 III 2 HGB).[387] Vereinfachte Inventurverfahren gestattet das Gesetz in § 240 III, IV und § 241 HGB; kleinere Einzelkaufleute dürfen gem. § 241a HGB ganz von einer Inventarerstellung absehen (die zuletzt genannten Vorschriften müssen Sie nicht unbedingt lesen).

IV. Weitere Pflichten

1. Erstellung des Jahresabschlusses

12 Aus § 242 I HGB ergibt sich für den Kaufmann die Pflicht, eine *Eröffnungsbilanz* und einen **Jahresabschluss** zu erstellen. Dieser besteht nach § 242 III HGB aus der **Bilanz** und der **Gewinn- und Verlustrechnung** (§ 242 ganz durchlesen!). Nur kleinere Einzelkaufleute dürfen wählen, ob sie einen Jahresabschluss erstellen oder ob sie es bei einer einfachen *Einnahme-Überschuss-Rechnung* (= Methode zur Gewinnermittlung durch einfache Buchführung, bei der Einnahmen und Ausgaben einander gegenübergestellt werden) bewenden lassen, § 242 IV HGB.

Hinweis: Notieren Sie in Ihrem Gesetzestext § 242 IV HGB neben § 241a HGB!

Im Einzelnen sind die Grundsätze für die Aufstellung des Jahresabschlusses allgemein in den §§ 243–245 HGB und im Besonderen in den §§ 246–256a HGB geregelt. Einen Überblick über die wichtigsten hier zu beachtenden *Grundsätze ordnungsmäßiger Buchführung* (→ Rn. 5) gibt Übersicht 72:

Übersicht 72

Grundsätze ordnungsmäßiger Buchführung[388]
(1) Grundsatz der **Klarheit:** Der Jahresabschluss muss klar und übersichtlich sein (§ 243 II HGB). (2) Grundsatz der **Vollständigkeit:** Nach § 246 I HGB sind sämtliche Vermögensgegenstände und Schulden sowie Aufwendungen und Erträge zu erfassen. (3) Grundsatz der **Wahrheit:** Der Jahresabschluss ist nur dann vollständig, wenn er auch richtig ist (vgl. § 246 I HGB). (4) Grundsatz der **Kontinuität:** Die Wertansätze der Bilanz müssen mit denen der vorhergehenden übereinstimmen (vgl. § 252 I Nr. 1 HGB), wobei auch die Bewertungsmethoden grundsätzlich beizubehalten sind (§ 246 III; vgl. § 252 I Nr. 6 HGB). (5) **Vorsichtsprinzip:** § 252 I Nr. 4 HGB – danach sind insbesondere Risiken und Verluste schon bei ihrem Bekanntwerden (also sehr früh), Gewinne hingegen erst bei ihrer Realisierung (also relativ spät) zu berücksichtigen.

387 Dazu Jung HandelsR Kap. 8 Rn. 12.
388 S. Brox/Henssler HandelsR Rn. 187.

Kapitalgesellschaften (AG, GmbH, KGaA → Kap. 8 Rn. 4, 63 ff.) müssen den Jahresabschluss um einen **Anhang** sowie einen **Lagebericht** erweitern (§ 264 I 1 HGB). Während sich für Klein- und Kleinstkapitalgesellschaften (§§ 267a I, 267 I HGB) sowie für mittelgroße Kapitalgesellschaften (§ 267 II HGB) verschiedene größenabhängige Erleichterungen ergeben,[389] gelten für bestimmte andere Unternehmen – wie zB kapitalmarktorientierte, insbesondere börsennotierte Kapitalgesellschaften iSv § 264d HGB und große Unternehmen von öffentlichem Interesse iSv § 289b I HGB – zusätzliche, dh strengere Regeln. Einen Überblick über die Größenklassen vermittelt Übersicht 73.[390]

Übersicht 73

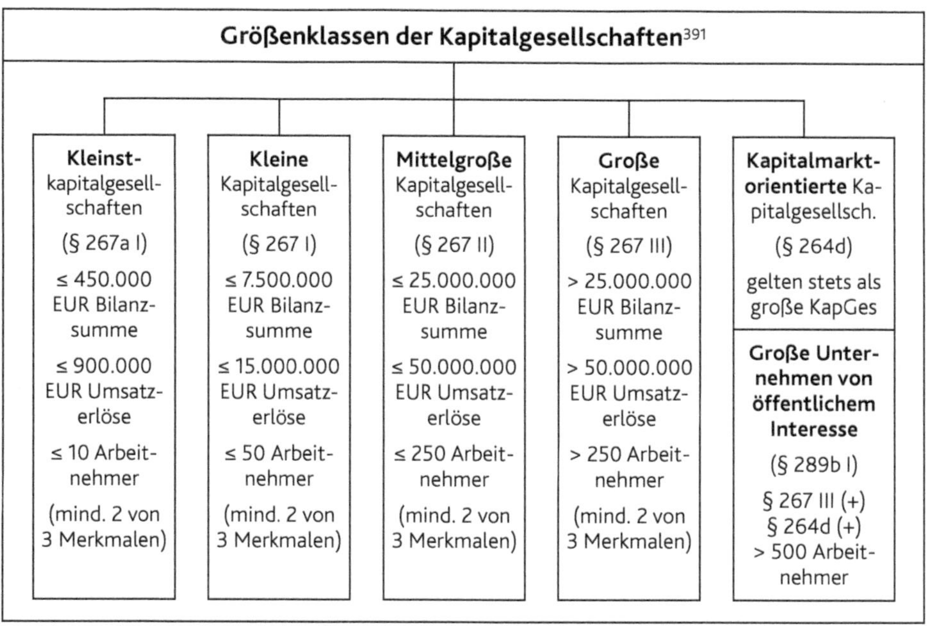

Hinweis: Nachhaltigkeitsberichterstattung 13

Nach der Corporate Social Responsibility-Richtlinie der EU (CSR-Richtlinie),[392] die in Deutschland in den §§ 289b ff. HGB umgesetzt wurde, sind große Unternehmen von öffentlichem Interesse mit mehr als 500 Mitarbeitern seit 2017 grundsätzlich verpflichtet, in den Lagebericht eine „nichtfinanzielle Erklärung" aufzunehmen, die die Auswirkungen der Unternehmenstätigkeit auf Umwelt-, Sozial- und Arbeitnehmerbelange beschreibt und auf die Achtung der Menschenrechte und auf die Be-

389 Größenabhängige Erleichterungen finden sich insbesondere in den §§ 274a, 276, 288 I, II HGB, s. dazu zB Hopt/Merkt § 267 Rn. 3 und 6.

390 S. dazu Zwirner DStR 2015, 375.

391 **Schwellenwerte zum 1.1.2024 angehoben** durch 2. Gesetz zur Änderung des DWD-Gesetzes sowie zur Änderung handelsrechtlicher Vorschriften v. 11.4.2024, BGBl. I Nr. 120.

392 Richtlinie 2014/95/EU zur Änderung der Richtlinie 2013/34/EU im Hinblick auf die Angabe nichtfinanzieller und die Diversität betreffender Informationen durch bestimmte große Unternehmen und Gruppen v. 22.10.2014, ABl. L 330/1, ABl. L 369/79. Näher dazu Schrader ZUR 2013, 451; Velte NZG 2014,1046; zur Umsetzung in Deutschland Meeh-Bunse/Hermeling/Schomaker DStR 2017, 1127.

kämpfung von Korruption und Bestechung eingehen muss (vgl. § 289b und überfliegen Sie § 289c HGB!). Mit der EU-Richtlinie zur Nachhaltigkeitsberichterstattung (Corporate Sustainability Reporting Directive, CSRD)[393] wurde die „nichtfinanzielle Erklärung" in „**Nachhaltigkeitsbericht**" umbenannt, um auch begrifflich zu zeigen, dass Nachhaltigkeits- und Finanzberichterstattung den gleichen Stellenwert haben. Anwendungsbereich sowie Umfang wurden dabei deutlich erweitert (vgl. §§ 289b I, 289c I, II HGB-E[394]). Aufzunehmen sind nun alle für das Verständnis der Auswirkungen der Tätigkeiten des Unternehmens auf Nachhaltigkeitsaspekte (Umwelt-, Sozial- und Menschenrechtsfaktoren sowie Governance-Faktoren) erforderlichen Angaben (überfliegen Sie § 289c I 1, 2 HGB-E). Die Pflicht zur Nachhaltigkeitsberichterstattung gilt bereits ab 2024 für Unternehmen, die schon bisher verpflichtet waren, eine nichtfinanzielle Erklärung abzugeben und findet ab dem 1.1.2026 auch auf kleine und mittlere kapitalmarktorientierte Unternehmen Anwendung (vgl. Art. 95 I, IV EGHGB-E). Durch Vorlage eines Nachhaltigkeitsberichts können Unternehmen zugleich auch ihre Berichtspflicht nach dem **Lieferkettensorgfaltspflichtengesetz** (LkSG) erfüllen (s. § 10 V, VI LkSG-E). Gemäß § 3 I 1 LkSG sind Unternehmen dazu verpflichtet, menschenrechtliche und umweltbezogene Sorgfaltspflichten in ihren Lieferketten in angemessener Weise zu beachten und jährlich einen Bericht über die Erfüllung der Sorgfaltspflichten im vergangenen Geschäftsjahr zu veröffentlichen (§ 10 II LkSG).

14 **Hinweis: Internationale Rechnungslegungsstandards**
Durch das „Bilanzrechtsreformgesetz" (BilReG) v. 9.12.2004 (BGBl. 2004 I 3166 ff.) sowie das „Bilanzrechtsmodernisierungsgesetz" (BilMoG) v. 26.5.2009 (BGBl. 2009 I 1102 ff.) hat das Bilanzrecht des HGB grundlegende Reformen erfahren. Es wurde insgesamt modernisiert und an die internationalen Rechnungslegungsstandards angenähert. Zu diesen internationalen Rechnungslegungsstandards zählen insbesondere die *International Financial Reporting Standards* (**IFRS**) sowie die Vorläuferregelungen der *International Accounting Standards* (**IAS**) sowie die *US-Generally Accepted Accounting Principles* (**US-GAAP**). Deutsche Kapitalgesellschaften können auf dieser Grundlage seit 2005 für die Offenlegung ihres Jahresabschlusses auch die IFRS verwenden (§§ 325 IIa, 315e III HGB), kapitalmarktorientierte Unternehmen müssen ihren Konzernabschluss zwingend danach erstellen (§ 315e I, II HGB)![395]

2. Aufbewahrungs- und Vorlagepflicht

15 Gemäß § 257 HGB sind Kaufleute verpflichtet, bestimmte Unterlagen (zB Handelsbücher, Inventare, Bilanzen und Buchungsbelege[396]) zehn Jahre bzw. (zB Handelsbriefe) sechs Jahre aufzubewahren. Bei einem Rechtsstreit sind sie dem Gericht vorzulegen (vgl. § 258 HGB).

3. Offenlegungspflicht

16 Gemäß §§ 325 ff. HGB (nicht lesen = es reicht, wenn Sie wissen, „wo es steht"...) sind *Kapitalgesellschaften* verpflichtet, *Unterlagen offenzulegen*. Dies gilt gem. § 264a I HGB auch für bestimmte offene Handelsgesellschaften und Kommanditgesellschaften.

393 Richtlinie (EU) 2022/2464 zur Änderung der Verordnung (EU) Nr. 537/2014 und der Richtlinien 2004/109/EG, 2006/43/EG und 2013/34/EU hinsichtlich der Nachhaltigkeitsberichterstattung von Unternehmen v. 14.12.2022, ABl. L 322/15. S. dazu zB Reuter ZIP 2023, 1572.

394 S. RegE Gesetz zur Umsetzung der Richtlinie (EU) 2022/2464 […] hinsichtlich der Nachhaltigkeitsberichterstattung von Unternehmen, www.bmj.de/SharedDocs/Gesetzgebungsverfahren/DE/2024_CSRD_UmsG.html (zuletzt abgerufen am 25.7.2024); vgl. zum RefE Kajüter IRZ 2024, 227; Velte/Wulf DB 2024, 1017.

395 S. Brox/Henssler HandelsR Rn. 164.

396 Der Regierungsentwurf für ein 4. BürokratieentlastungsG (BT-Drs. 20/11306 v. 8.5.2024) sieht vor, die Aufbewahrungsfrist für **Buchungsbelege** von zehn **auf acht Jahre abzusenken**, s. § 257 IV HGB-E.

Aus Gründen der Rechtssicherheit sind diese Unterlagen (insbesondere *Jahresabschluss* und *Lagebericht*) der das Unternehmensregister (→ Kap. 5 Rn. 6) führenden Stelle elektronisch zur Einstellung in das Unternehmensregister zu übermitteln (§ 325 I HGB).[397] Die Pflicht zur Offenlegung ist in § 339 HGB ähnlich für eingetragene Genossenschaften normiert.

■ Was lässt sich aus der Tatsache bzw. der Formulierung des Gesetzes, dass einige der hier genannten Pflichten für „den Kaufmann" (also für *alle* Kaufleute) bestehen, während die Offenlegungspflicht nur gesondert für Kapitalgesellschaften und Genossenschaften geregelt ist, schließen? Denken Sie nach!

▶ Einzelkaufleute und Personengesellschaften sind grundsätzlich nicht verpflichtet, den Jahresabschluss und den Lagebericht offenzulegen.[398]

Größenabhängige Erleichterungen für Kleinst-, kleine sowie mittlere Kapitalgesellschaften regeln die §§ 326, 327 HGB.

V. Pflichtverletzungen und ihre Folgen

„Die" Verpflichtung zur *handelsrechtlichen Rechnungslegung* – mit der sich im HGB (fast) ein ganzes „Buch" (3. Buch: Handelsbücher) befasst –, umfasst also eine *Vielzahl von Einzelpflichten der Kaufleute.* Zum Teil haben Einzelkaufmann, Personengesellschaften und Kapitalgesellschaften gleiche, zum Teil unterschiedliche Pflichten, wie Sie gelesen (und hoffentlich behalten) haben: 17

Jeder Kaufmann ist grundsätzlich zur *Buchführung*, *Inventarisierung* und zur Aufstellung des *Jahresabschlusses* verpflichtet (vgl. §§ 238, 240, 242 HGB[399]), sofern er nicht Scheinkaufmann ist.[400]

Darüber hinausgehende Pflichten (Offenlegung) haben *Kapitalgesellschaften* (und Konzerne) sowie Genossenschaften (§§ 325 ff. – nur bei Interesse).

■ Was aber gilt, wenn Kaufleute eine dieser Pflichten verletzen? 18

▶ Es „passiert" zunächst relativ wenig: Weder das HGB noch das BGB sehen unmittelbare *zivilrechtliche* Sanktionen bei der Verletzung von „Rechnungslegungspflichten" vor.

Rechtssystematisch sind die §§ 238 ff. HGB allerdings nicht zum Privatrecht, sondern vielmehr zum öffentlichen Recht zu zählen, weil sie nicht in erster Linie das Verhältnis von Privatrechtssubjekten untereinander regeln. Auch die Sanktionen sind daher primär hoheitlicher Natur.[401]

Es finden sich *Straf-, Buß- und Ordnungsgeldbestimmungen* für Kapitalgesellschaften in den §§ 331 ff. HGB, für Kreditinstitute und Versicherungsunternehmen in den §§ 340m ff., 341m ff. HGB sowie für bestimmte umsatzstarke multinationale Unternehmen und Konzerne in den § 342o, 342p HGB (nur bei Interesse lesen!).

---

397 Zur Anwendung der IFRS → Rn. 238b.
398 Brox/Henssler HandelsR Rn. 185.
399 Mit Ausnahmen für kleinere Einzelkaufleute gem. §§ 242 IV, 241a HGB.
400 Brox/Henssler HandelsR Rn. 189; Lettl HandelsR § 8 Rn. 5.
401 Lettl HandelsR § 8 Rn. 13; Jung HandelsR Kap. 8 Rn. 6. Die §§ 331 f., 340m, 341m HGB sowie die §§ 283 ff. StGB sind aber **Schutzgesetze iSd § 823 II BGB**, s. Lettl HandelsR § 8 Rn. 12.

Da die Handelsbilanz die Grundlage der *Steuerbilanz* bildet, kann die fehlerhafte oder fehlende Buchführung ferner den Tatbestand der Steuerhinterziehung nach § 370 I Nr. 1 AO erfüllen oder zumindest eine Ordnungswidrigkeit iSv § 379 I Nr. 3 AO darstellen.

Auch die §§ 283–283d StGB („Insolvenzstraftaten") können zu einer Bestrafung bei einer Verletzung der Buchführungspflichten führen, wenn dadurch auch nur fahrlässig einer der dort erfassten Insolvenztatbestände erfüllt wird. Lesen Sie hierzu zB den in Fußnote[402] wiedergegebenen § 283b StGB.

Lernzielkontrolle: Prägen Sie sich die wichtigsten Vorschriften zur handelsrechtlichen Rechnungslegung anhand der folgenden Übersicht 74 schlagwortartig ein und prüfen Sie kritisch, ob Sie noch wissen, was sich hinter den Begriffen verbirgt.

402 **§ 283b StGB – Verletzung der Buchführungspflicht**

„(1) Mit Freiheitsstrafe bis zu zwei Jahren oder mit Geldstrafe wird bestraft, wer

1. Handelsbücher, zu deren Führung er gesetzlich verpflichtet ist, zu führen unterläßt oder so führt oder verändert, daß die Übersicht über seinen Vermögensstand erschwert wird,
2. Handelsbücher oder sonstige Unterlagen, zu deren Aufbewahrung er nach Handelsrecht verpflichtet ist, vor Ablauf der gesetzlichen Aufbewahrungsfristen beiseite schafft, verheimlicht, zerstört oder beschädigt und dadurch die Übersicht über seinen Vermögensstand erschwert,
3. entgegen dem Handelsrecht
   a) Bilanzen so aufstellt, daß die Übersicht über seinen Vermögensstand erschwert wird, oder
   b) es unterläßt, die Bilanz seines Vermögens oder das Inventar in der vorgeschriebenen Zeit aufzustellen.

(2) Wer in den Fällen des Absatzes 1 Nr. 1 oder 3 fahrlässig handelt, wird mit Freiheitsstrafe bis zu einem Jahr oder mit Geldstrafe bestraft.

(3) § 283 Abs. 6 gilt entsprechend."

Übersicht 74

Handelsrechtliche Rechnungslegung*
Gesetzliche Regelung: Drittes Buch HGB → §§ 238–342r
Zweck: • Selbstinformation des Kaufmanns • Schutz von Interessen der Allgemeinheit und der Gläubiger des Kaufmanns
Buchführungspflicht: § 238 I (§ 239) • **Arten:** → **einfache** Buchführung → **doppelte** Buchführung (vgl. Bilanz → §§ 242 I 1, 247)
Inventarisierungspflicht: § 240
Weitere Pflichten: • Eröffnungsbilanz und Jahresabschluss erstellen (§§ 242–256a) • Aufbewahrungs- und Vorlagepflicht (§§ 257 ff.) • Offenlegungspflicht → Kapitalgesellschaften: §§ 325 ff.
Pflichtverletzungen: Evtl. §§ 331 ff. HGB, §§ 370, 379 AO oder §§ 283–283d StGB

* Paragrafen ohne Bezeichnung sind solche des HGB.

Literatur zur Vertiefung (→ Rn. 1–18): Askin/Scharaw, Business and Human Rights, JuS 2023, 21; Albrecht/Maciejewski, Steuer- und Bilanzrecht – Der wechselhafte Vagabund (Semesterabschlussklausur – Öffentliches Recht), JuS 2011, 713; Brox/Henssler HandelsR § 9; Canaris HandelsR §§ 12, 13; Dettmeier/Pöschke, Einführung in das internationale Bilanzrecht – IAS/IFRS: Ein Fall für Juristen?, JuS 2007, 313; Fink/Woring, Buchführung für Juristen, JuS 2001, 1067; Jung HandelsR Kap. 8; Kajüter, Nachhaltigkeitsberichterstattung nach dem RefE zum CSRD-Umsetzungsgesetz, IRZ 2024, 227; Lange/Pyschny, Einführung in das Recht der Bilanzierung, JURA 2005, 768; Leyens/Goetsch, Das neue Lieferkettenrecht, JURA 2024, 221; Meeh-Bunse/Hermeling/Schomaker, Aktuelle Aspekte zum Inkrafttreten der CSR-Richtlinie in Deutschland, DStR 2017, 1127; Prütting/Weller HandelsR §§ 20, 21; Reuter, Pflichtenvermehrung durch ESG – Die neuen Vorgaben der EU als multiple, verbundene und haftungsträchtige Eingriffe, ZIP 2023, 1572; Schrader, Nachhaltigkeit in Unternehmen – Verrechtlichung von Corporate Social Responsibility (CSR), ZUR 2013, 451; Velte/Wulf, Nachhaltigkeitsberichterstattung nach dem Referentenentwurf eines Umsetzungsgesetzes zur CSRD – Eine kritische Würdigung, DB 2024, 1017; Weller/Fischer, ESG-Geschäftsleitungspflichten, ZIP 2022, 2253; Wolf, Grundlagen der Buchführung für Juristen, JuS 2012, 486; Zwirner, Reform des HGB durch das BilRUG – mehr als nur eine Rechnungslegungsreform, DStR 2015, 375.

Sachregister

(Die Zahlen beziehen sich auf Kapitel und Randnummern.)